权威·前沿·原创

皮书系列为

“十二五”“十三五”国家重点图书出版规划项目

智库成果出版与传播平台

山东社会科学院创新工程重大项目

山东经济形势分析与预测（2020）

THE ANALYSIS AND FORECAST OF SHANDONG'S ECONOMY (2020)

主　编／李广杰
副主编／刘晓宁　袁爱芝

社会科学文献出版社
SOCIAL SCIENCES ACADEMIC PRESS (CHINA)

图书在版编目(CIP)数据

山东经济形势分析与预测. 2020 / 李广杰主编. -- 北京：社会科学文献出版社，2020.10
（山东蓝皮书）
ISBN 978-7-5201-7382-7

Ⅰ. ①山… Ⅱ. ①李… Ⅲ. ①区域经济-经济分析-山东-2019②区域经济-经济预测-山东-2020 Ⅳ. ①F127.52

中国版本图书馆 CIP 数据核字（2020）第 186831 号

山东蓝皮书
山东经济形势分析与预测（2020）

主　　编 / 李广杰
副 主 编 / 刘晓宁　袁爱芝

出 版 人 / 谢寿光
组稿编辑 / 宋月华
责任编辑 / 韩莹莹
文稿编辑 / 张倩郢

出　　版 / 社会科学文献出版社 · 人文分社（010）59367215
地址：北京市北三环中路甲 29 号院华龙大厦　邮编：100029
网址：www.ssap.com.cn
发　　行 / 市场营销中心（010）59367081　59367083
印　　装 / 三河市东方印刷有限公司

规　　格 / 开 本：787mm × 1092mm　1/16
印 张：23.25　字 数：381 千字
版　　次 / 2020 年 10 月第 1 版　2020 年 10 月第 1 次印刷
书　　号 / ISBN 978-7-5201-7382-7
定　　价 / 138.00 元

《山东经济形势分析与预测（2020）》编委会

《山东经济形势分析与预测（2020）》

专家咨询委员会

（以姓氏笔画为序）

王建国　曲永义　刘　冰　刘　兵　刘险峰

关兆泉　孙吉亭　孙建生　杨渊蘅　张月锐

张立光　张体勤　陈汉臻　郑贵斌　徐春义

栾晓平　高福一　董晓青　路士勋　翟振然

主要编撰者简介

李广杰　山东社会科学院国际经济研究所所长、研究员。主要研究领域为区域经济、对外经济、生态经济。入选“齐鲁文化人才”、山东省高端智库人才入库专家。主要社会兼职：“山东省经济形势分析与预测软科学研究基地”副主任、山东省服务贸易协会专家咨询委员会副主任委员、山东省政府研究室特邀研究员、山东省政协经济委员会首批特聘专家、中国生态经济学会常务理事、齐鲁工业大学硕士生导师。

刘晓宁　经济学博士，山东社会科学院国际经济研究所副研究员，山东省丄商联参政议政委员会、山东省服务贸易专家委员会特约专家，山东省贸促会专家库成员，山东青年政治学院产业教授。主要研究领域为国际经济与贸易、跨国投资。主持国家社科基金项目2项、山东省社科基金项目3项，1项成果获山东省社会科学优秀成果奖。在《国际贸易问题》《世界经济研究》等期刊发表论文20余篇。出版学术专著2部。

袁爱芝　山东社会科学院智库研究中心副主任，山东省经济学会理事。主要研究领域为区域经济、生态经济。主持山东省社科规划项目2项，在《生态经济》等学术期刊发表论文十余篇，参编多部著作。

前 言

2019年，在世界经济缓慢复苏、全球贸易保护趋强、国内经济运行稳中趋缓的大背景下，山东全面落实党中央、国务院和省委、省政府各项决策部署，坚持稳中求进总基调，坚持新发展理念，以供给侧结构性改革为主线，全面实施新旧动能转换、乡村振兴、海洋强省、三大攻坚战、军民融合、打造对外开放新高地、区域协调发展、重大基础设施建设等八大发展战略，大力推动高质量发展，认真落实“六稳”工作要求，经济运行总体平稳，全年生产总值增长5.5%，并呈现结构优化、质量提升的态势。2019年，山东经济运行总体符合预期，但经济运行中仍然存在投资增长乏力、实体经济活力不足等一些突出矛盾和问题。

展望2020年，山东经济发展的外部环境严峻复杂，经济运行面临不少挑战。从国际环境看，世界经济增长将维持弱增长态势，受地缘政治紧张局势可能加剧、全球贸易投资保护主义有所抬头、新冠肺炎疫情全球蔓延等因素影响，全球经济发展预期可能有所下调，跨境贸易和投资增速进一步放缓，山东经济融入国际分工与合作面临不少制约与考验。从国内环境看，一方面，中国经济发展总体向好的基本面没有改变，供给侧结构性改革将深入推进，现代产业体系建设步伐将进一步加快，改革开放力度将持续加大，为山东经济稳定运行、高质量发展带来新机遇；另一方面，中国经济结构性、体制性、周期性矛盾相互交织，实体经济发展仍然面临不少困难，加之新冠肺炎疫情短期内对经济发展产生较大影响，全年经济增长一定程度上存在放缓压力。从省内环境看，新旧动能转换、乡村振兴、海洋强省、军民融合、对外开放新高地等重大战略的深入实施，以及重点领域改革的进一步深化，将为山东经济发展注入新动力、拓展新空间；同时，也要看到，山东经济发展仍处在深度调整期、瓶颈突破期、动能转换胶着期，结构性问题依然突出，在世界经济增长放缓、全球经贸发展不确定不稳定因素增多、中国经济增速将延续稳中趋缓态势的大背景下，山东经济增长仍存在一定下行压力。

2020 年是全面建成小康社会、“十三五”规划的收官之年，也是山东新旧动能转换初见成效的决战决胜之年。面对新形势、新机遇、新任务，山东应深入贯彻落实党的十九大和十九届二中、三中、四中全会及中央经济工作会议精神，坚持稳中求进工作总基调，坚持新发展理念，坚持以供给侧结构性改革为主线，积极应对新冠肺炎疫情影响，完善和强化“六稳”举措，确保经济运行在合理区间，深化改革开放，深入推进新旧动能转换、乡村振兴、海洋强省、三大攻坚战、军民融合、对外开放新高地建设、区域协调发展、重大基础设施建设等八大发展战略实施，加快构建现代化经济体系，努力塑造高质量发展新优势。一是着力激发消费和投资需求潜力。落实稳消费政策，进一步优化消费结构，创新消费模式，积极培育消费增长点，促进消费扩容提质，发挥好消费的基础性作用；围绕“十强”产业发展、重大基础设施建设、民生领域补短板，深化投融资体制改革，加快推进重大项目、重点项目建设，扩大高质量投资需求。二是大力支持民营经济发展。落实好“非公十条”“实体经济 45 条”“民营经济 35 条”等支持民营经济发展的政策措施，更好地发挥民营经济在推动新旧动能转换、建设现代化经济体系中的重要作用。拓宽民营资本投资领域，深化垄断行业、基础设施和社会事业等领域投融资体制改革，加快向民营资本开放。丰富民营企业融资手段，引导民营企业通过供应链金融、金融租赁等新途径解决融资难问题。进一步降低民营企业要素成本和税费负担，在前期政策性降成本基础上进一步推动改革式降成本，增强民营经济发展活力。三是加快推进新旧动能转换。加快产业转型升级，聚焦新一代信息技术、高端装备、新能源新材料、高端化工等重点领域，大力培育先进制造业集群；加快传统制造业改造提升，推进传统制造业企业智能化、绿色化、服务化、品牌化；发展壮大现代服务业，促进生产性服务业向专业化和价值链高端延伸、生活性服务业向高品质和多样化方向发展。深入推进海洋强省建设，实施“蓝色粮仓”“蓝色药库”“蓝色能源”“蓝色游乐场”等一批蓝色产业培育工程，加快构建现代海洋产业体系；进一步推进港口资源整合，加快建设世界一流海洋港口，打造区域性国际航运中心。大力实施军民融合战略，进一步完善军地协调体制机制，完善军民融合政策支持体系，积极打造军民融合创新示范载体，推进军民融合深度发展。四是加快打造乡村振兴齐鲁样板。坚持农业农村优先发展，推进现代农业提质增效，进一步改善农村人居环境，持续深化农业农村改革，高质量打赢脱贫攻坚战，加快打造乡村振兴齐鲁样板；继续推进乡村振兴“十百千”示范创建工程和美丽村居“四一三”行动，以点带面推动乡村振兴。五是推动区域经济协调发展。构建胶东经济圈、省会经济圈和鲁南经济圈“三圈”协同发展区域经济新格局，推进省会、胶东、鲁南三大经济圈一体化发展；培育发展济南、青岛都市圈，打造具有全球影响力的山东半岛城市群，增强其在黄河流域高质量发展中的龙头作用；积极对接融入京津冀、长三角和中原经济区发展，深化与沿黄省（区、市）交流合作。六是深入实施创新驱动发展战略。组织实施重大科技创新工程，加强重大关键技术研发，为山东“十强”产业发展提供坚实的技术支撑；加强基础研究和共性关键技术研究，深入推进创新型城市建设和国家级高新区创建，实施开发区高新技术企业倍增计划；加强知识产权保护，完善科技成果转化机制，强化科技与经济、创新成果与产业的对接。七是深化重点领域关键环节改革。实施流程再造，推进“一窗受理·一次办好”改革，推动政务服务事项标准化。深入推进国企国资改革，进一步完善国有资产管理体制，深化重点领域国有资源整合重组，筛选推出一批优质国有企业引进民营资本实施混合所有制改革。加快财税金融体制改革，进一步规范省与市县财政事权和支出责任划分，全面落实减税清费政策，加快建设地方税体系。八是持续推进对外开放新高地建设。以深度融入“一带一路”建设为统领，大力推进中国（山东）自贸试验区和中国—上海合作组织地方经贸合作示范区建设，加快开发区转型升级，深化国际贸易投资合作，培育塑造外贸竞争新优势，探索中日韩地方经济合作新模式，实现对外开放新高地建设新突破。九是防范化解重大金融风险。加强金融风险预警，密切关注债券兑付风险，加强债券存续期管理。定期和不定期开展各种形式的调研排摸监测，及时掌握全省重点企业风险名单。完善金融风险防范化解措施体系，严厉打击恶意逃废金融债务行为，扎实开展互联网金融风险专项整治，完善和落实政府性债务管理制度，加强社会信用体系建设。十是大力推进生态山东建设。牢固树立“绿水青山就是金山银山”的理念，以加强环境污染防治和生态建设、大力推进黄河流域生态保护为重点，促进全省生态环境质量持续好转，实现生态山东建设新突破。着力加强黄河流域生态保护，统筹开展黄河水体、河岸、河口、黄河故道系统治理，加强黄河沿岸农业污染、工业污染和城镇生活污染防治。坚决打好污染防治攻坚战，加强生态环境治理体系和能力建设，强化大气污染、水环境污染、土壤污染防治，加大生态建设与保护力度，进一步提升全省生态环境质量。

编　者

2020 年 2 月

摘　要

《山东经济形势分析与预测（2020）》由山东社会科学院从事经济研究的专家、学者以及省内有关政府部门、高等院校的专家、学者经过深入调查研究撰写而成。全书由总报告、产业发展与专题分析篇、区域发展与对外开放篇、典型分析篇4个部分共20篇报告组成。

本书运用定量分析与定性分析相结合、调查研究与统计分析相结合等研究方法，对2019年山东省经济发展态势和经济运行中存在的问题进行了深入分析，并结合国内外经济形势对2020年山东省经济走势进行了预测，提出对策建议；同时，对山东省制造业、服务业、康养产业、海洋经济、乡村振兴、中小企业等领域进行了专题分析，对山东省沿黄生态保护和高质量发展、融入京津冀和雄安新区建设、海关特殊监管区发展、对外贸易、深化与日韩贸易合作、与韩国双向投资合作等问题进行了深入研究，对青岛、烟台、东营、潍坊等典型地区的自贸试验区建设、利用外资、城市转型、一体化发展等问题进行了分析探讨。

2019年，面对复杂多变的国内外宏观经济形势，山东省加速推进供给侧结构性改革和新旧动能转换，深化新一轮改革开放，经济运行总体符合预期，经济发展质量继续提升，全年生产总值增长5.5%，保持在合理区间。但是，山东省经济运行仍面临一些突出矛盾和问题，经济下行压力进一步加大。

展望2020年，世界经济将维持弱增长态势，且在新冠肺炎疫情的影响下不确定性进一步加大；中国经济韧性强、回旋余地大，增长有望继续保持在合理区间，但也存在下行压力。山东省应继续以高质量发展为目标，采取积极措施对冲疫情影响，以新旧动能转换、乡村振兴、海洋强省、三大攻坚战、军民融合、打造对外开放新高地、区域协调发展、重大基础设施建设等八大发展战略为重点，统筹推进稳增长、促改革、调结构、惠民生、防风险工作，保持经济运行在合理区间。2020 年，预计山东省 GDP 增速在 4.0% 左右，固定资产投资有望企稳回升，消费和出口有望保持平稳增长，居民消费价格涨幅在 3.5% 左右。

关键词： 山东经济　产业发展　区域协作

Abstract

The Analysis and Forecast of Shandong's Economy (*2020*) is written by the experts and scholars engaged in economic research in Shandong Academy of Social Sciences, and experts from relevant government departments, universities in Shandong Province. The book consists of comprehensive analysis and forecast part, industrial development and thematic analysis part, regional development and opening to the outside world part and typical analysis part, including 20 reports.

This book used quantitative analysis, qualitative analysis and the combination of the investigation and statistical analysis to discuss economic development situation and problems of Shandong Province in 2019, combining economic situation at home and abroad, predicted economic trends in 2020 of Shandong Province, and put forward relevant suggestions. Meanwhile, we also discussed the topic of manufacturing, service, health industry, marine economy, small and medium-sized enterprises, rural revitalization, ecological protection and high-quality development along the Yellow River, integration into the construction of the Beijing-Tianjin-Hebei and Xiong'an New Areas, the development of special customs supervision zones, foreign trade, trade cooperation with Japan and South Korea, and two-way investment cooperation with South Korea and so on, analyzed free trade pilot zone construction, foreign investment, urban transformation, integrated development and other issues in Qingdao, Yantai, Dongying, Weifang, etc.

In 2019, in a severe and complicated domestic and international situation, Shandong accelerated the supply-side structural reform and the conversion of old and new kinetic energy, deepened a new round of reform and opening up, the overall economic growth was in line with expectations, and the quality of economic development continued to improve. The GDP increased by 5.5% for the full year, keeping it within a reasonable range. However, Shandong's economic development still faces some prominent contradictions and problems, which have led to further downward pressure on the economy.

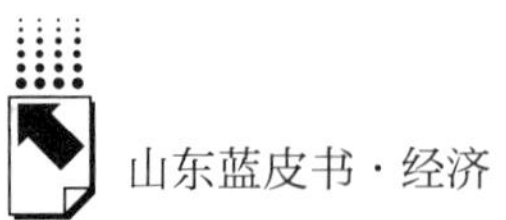

Looking forward to 2020, the world economy will maintain a weak growth trend, and the uncertainty will further increase under the influence of the coronavirus epidemic; China's economy is resilient and growth is expected to remain within a reasonable range, but there is also downward pressure. Shandong should continue to take high-quality development as the goal and take active measures to hedge the impact of the epidemic, focus on eight major development strategies, including new and old kinetic energy conversion, rural revitalization, strong marine provinces, three major battles, military-civilian integration, new highland for opening up, coordinated regional development, and major infrastructure construction, make overall plans to promote stable growth, promote reform, adjust the structure, benefit the people's livelihood, and prevent risks, and keep the economic operation within a reasonable range. In 2020, Shandong's GDP growth rate is expected to be around 4.0%, investment in fixed assets is expected to stabilize and rebound, consumption and exports are expected to maintain steady growth, and the consumer prices will rise about 3.5%.

Keywords: Shandong Economy; Industry Development; Regional Collaboration

目　录

Ⅰ　总报告

Ⅱ　产业发展与专题分析篇

Ⅲ　区域发展与对外开放篇

Ⅳ　典型分析篇

皮书数据库阅读**使用指南**

CONTENTS

I General Report

Ⅱ Industry Development and Special Analysis

Ⅲ Regional Development and Opening up

Ⅳ Typical Analysis

总 报 告

General Report

B.1 2020年山东经济发展形势分析与对策建议

山东社会科学院“山东经济形势分析与预测”课题组*

摘 要： 2019年，山东坚持高质量发展理念，加速推进供给侧结构性改革和新旧动能转换，全面实施八大发展战略，全省经济承压前行，呈现总体平稳、稳中提质态势，全年生产总值增长5.5%。但是，山东经济运行仍面临一些亟待解决的突出矛盾和问题。展望2020年，世界经济仍处在国际金融危机后的深度调整期，全球经济增速继续放缓的可能性较大，中国经济韧性强、回旋余地大，经济运行有望保持稳中向好态势，但突发的新冠肺炎疫情对经济发展的阶段性影响明显，经济下

* 课题组成员：袁红英，博士，山东社会科学院院长，研究员；李广杰，硕士，山东社会科学院国际经济研究所所长，研究员；刘晓宁，博士，山东社会科学院国际经济研究所，副研究员；袁爱芝，硕士，山东社会科学院智库研究中心副主任，副研究员。报告执笔人：李广杰、刘晓宁。

行压力增大。山东应坚持稳中求进工作总基调，坚定不移贯彻新发展理念，采取积极措施对冲疫情影响，加快推进新旧动能转换、乡村振兴、三大攻坚战、军民融合、海洋强省建设、对外开放新高地打造、区域协调发展、重大基础设施建设，以补短板为抓手全面做好“六稳”工作，统筹推进稳增长、促改革、调结构、惠民生、防风险、保稳定，努力保持经济平稳运行，塑造高质量发展新优势。

关键词： 山东经济　八大战略　高质量发展

2019年，在世界经济缓慢复苏和贸易保护趋强、国内经济运行稳中趋缓的大背景下，山东全面落实党中央、国务院和省委、省政府各项决策部署，坚持稳中求进总基调，坚持新发展理念，以供给侧结构性改革为主线，全面实施新旧动能转换、乡村振兴、海洋强省、三大攻坚战、军民融合、打造对外开放新高地、区域协调发展、重大基础设施建设等八大发展战略，大力推动高质量发展，认真落实“六稳”工作要求，经济运行总体平稳、稳中有进，并呈现结构优化、质量提升的态势，发展后劲正在积蓄。展望2020年，世界经济增速将有所下降，且不稳定不确定因素增多；中国发展仍处于重要战略机遇期，经济韧性强、回旋余地大，有望在应对疫情不利影响的同时保持经济运行在合理区间，实现经济平稳发展，完成全面建成小康社会目标。对山东来说，面临的国际国内形势仍然复杂，一些突出矛盾和风险依然存在，但也存在不少有利因素。通过继续深化供给侧结构性改革，深入实施八大发展战略，加快推进中国（山东）自由贸易试验区建设，2020年山东省经济有望实现总体平稳，同时在经济转型升级和动能转换上迈出更加坚实的步伐。

一　2019年山东经济运行的基本态势和存在问题

（一）2019年山东经济运行基本态势

2019年，山东积极应对错综复杂的发展环境，扎实推动供给侧结构性改革和新旧动能转换，着力稳就业、稳金融、稳外贸、稳外资、稳投资、稳预期，经济运行承压前行但总体保持平稳，经济增速、居民收入、就业、物价、财政收入等主要经济指标运行在合理区间。

1. 经济运行总体平稳，但增速进一步放缓

2019 年，山东经济走势总体平稳，全年实现生产总值（GDP）71067.5 亿元①，继续位列广东、江苏之后，居全国第三位（见图 1）；按可比价格计算，同比增长 5.5%，增速进一步放缓，比 2018 年低 0.9 个百分点，比全国平均水平低 0.5 个百分点（见图 2）。虽然经济增速稳中趋缓，但这种态势符合经济结构调整和动能转换规律，总体发展情况符合预期。

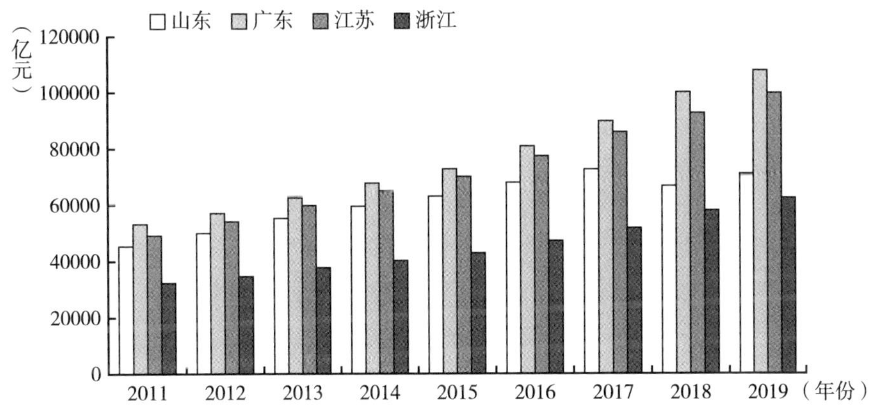

图 1　2011 年以来鲁、粤、苏、浙地区生产总值比较

说明：2018 年数据为根据第四次全国经济普查结果的修订数值。
数据来源：国家统计局网站，四省统计局网站。

（1）从供给方面看，一、二、三产业均延续增长态势，第三产业增速略有提高。2019 年，山东第一产业增加值 5116.4 亿元，增长 1.1%，比 2018 年降低 1.5 个百分点；第二产业增加值 28310.9 亿元，增长 2.6%，比 2018 年降低 2.5 个百分点；第三产业增加值 37640.2 亿元，增长 8.7%，比 2018 年提高 0.4 个百分点。农业生产基本稳定，夏粮总产量首次突破 2500 万吨，创历史

① 根据第四次全国经济普查结果，国家统计局对 2018 年生产总值初步核算数进行了修订。修订后的 2018 年山东全省生产总值为 66648.87 亿元。

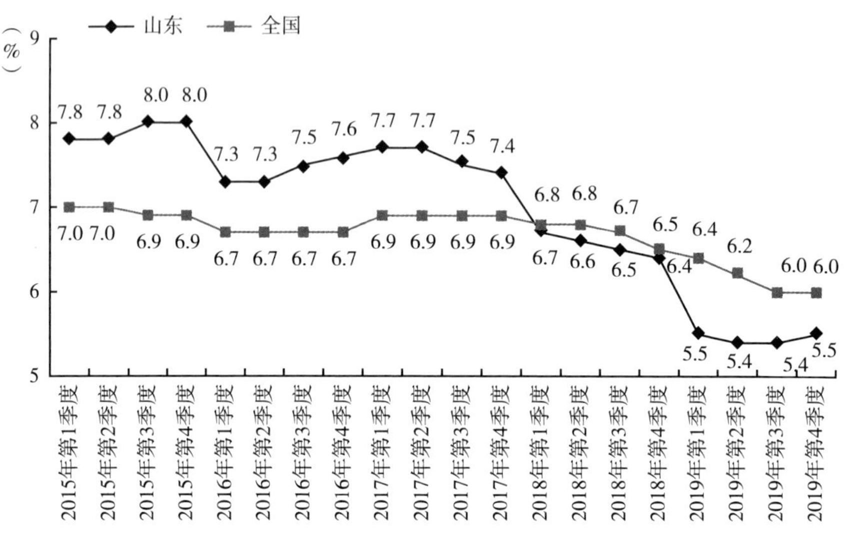

图2　2015 年以来山东省与全国 GDP 增速情况（季度累计）

数据来源：国家统计局网站，山东省统计局网站。

新高，全年粮食总产量达到 5357.0 万吨，增长 0.7%，连续 6 年稳定在 5000 万吨以上。工业生产稳中趋缓，规模以上工业增加值同比增长 1.2%，比 2018 年降低 4.0 个百分点；年末回暖态势明显，12 月规模以上工业增加值同比增长 4.8%，工业用电量增长 3.8%。服务业保持较快增长，增速高于第二产业 6.1 个百分点，对经济增长的贡献率高达 78.2%，拉动经济增长 4.3 个百分点，创历史新高；规模以上服务业营业收入比上年增长 8.0%，其中，互联网和相关服务、软件和信息技术服务业、商务服务业分别增长 51.4%、19.7% 和 16.9%。①

（2）从需求方面看，投资出现较大降幅，消费、出口增速均有不同程度放缓。一是投资由升转降进一步下滑，但第三产业投资逆势增长。2019 年，山东固定资产投资下降 8.4%，其中第一、第二产业投资分别下降 10.9% 和 30.3%，第三产业投资增长 6.3%；全省基础设施投资增长 3.9%，比 2018 年提高 4.3 个百分点；房地产开发投资增长 14.1%，与 2018 年基本持平（见图

① 山东省统计局、国家统计局山东调查总队：《2019 年山东省国民经济和社会发展统计公报》，http://tjj.shandong.gov.cn/art/2020/2/29/art_6109_8864126.html。

3）。二是消费增速稳中有降，网络消费保持较快增长。2019 年，山东省社会消费品零售总额同比增长 6.4%，比 2018 年下降 2.4 个百分点（见图 4）；网上零售额增长 15.8%，其中实物商品网上零售额增长 19.6%，高于全省社会消费品零售总额增速 13.2 个百分点。三是出口增速保持平稳，外贸新兴业态较快发展。2019 年，山东积极应对中美贸易摩擦，实现出口增长 5.3%，增速比 2018 年略有下降（见图 5）；网购保税和跨境直购合计进出口 29.6 亿元，增长 7.5%。①

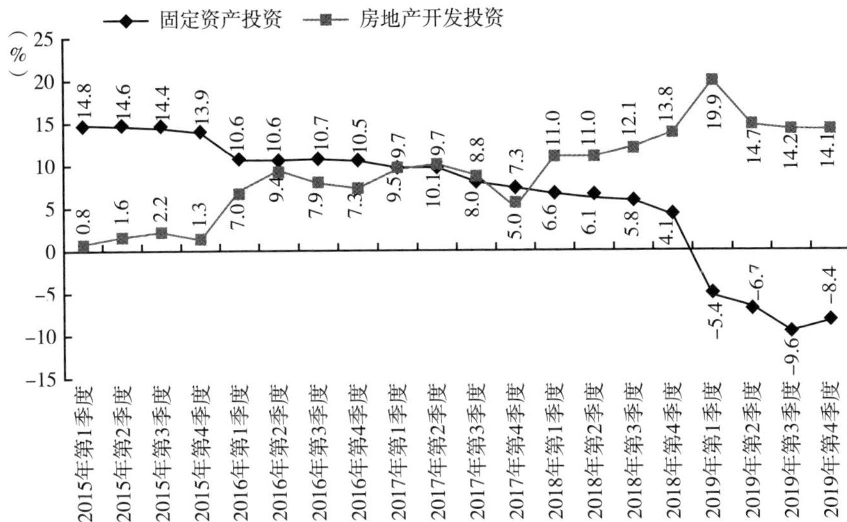

图 3　2015 年以来山东省固定资产投资与房地产开发投资增速情况（季度累计）

数据来源：国家统计局网站。

2. 结构优化效益提升，高质量发展态势进一步显现

2019 年，山东大力推进新旧动能转换和创新驱动发展，产业结构进一步优化，需求结构更加合理，科技创新能力持续增强，绿色低碳发展成效显著，经济运行质量明显提升，高质量发展态势进一步显现。

① 山东省统计局、国家统计局山东调查总队：《2019 年全省经济运行总体平稳　稳中有进　高质量发展蓄势发力》，http：//tjj.shandong.gov.cn/art/2020/1/21/art_6109_8754020.html。

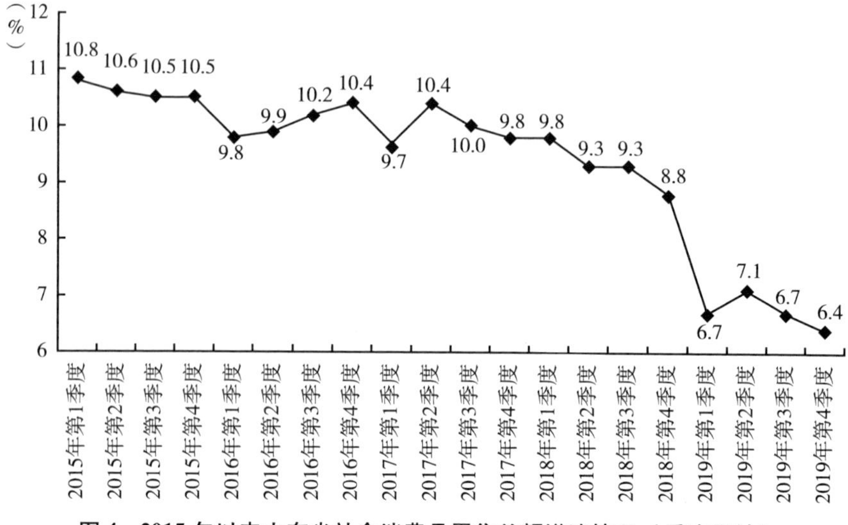

图4　2015 年以来山东省社会消费品零售总额增速情况（季度累计）

数据来源：国家统计局网站。

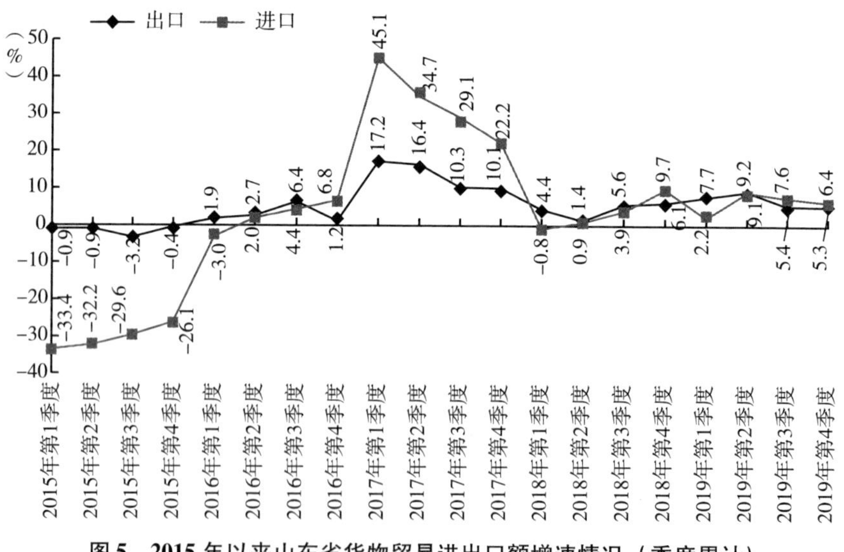

图5　2015 年以来山东省货物贸易进出口额增速情况（季度累计）

数据来源：青岛海关网站。

（1）产业结构持续优化。自 2016 年山东三次产业结构实现由“二三一”向“三二一”的历史性转变后，2019 年进一步调整为 7.2∶39.8∶53.0，服务业比重比2018年提高1.7个百分点（见图6），服务业占主导的产业结构得到持续巩固。一是农业结构继续优化。2019年，山东经济作物播种面积比重继续提高，其中蔬菜、中药材等播种面积占比提高0.1个百分点；农林牧渔服务业增加值增长10.7%，占农林牧渔业增加值的比重达到6.6%，比2018年提高0.5个百分点。[①] 二是工业结构迈向中高端。2019年，山东高技术制造业增加值增长1.7%，高于规模以上工业增加值0.5个百分点；新兴工业产业保持快速增长势头，新一代信息技术、新能源新材料、高端装备产业、高端化工产业增加值分别增长5.5%、5.7%、9.3%和1.7%，依次高于规模以上工业增加值4.3个、4.5个、8.1个和0.5个百分点。[②] 三是服务业结构加速调整。2019年，山东新兴服务业增速较快，以互联网和相关服务、租赁和商务服务为代表的其他营利性服务业增加值增长10.4%，高于全省规模以上服务业增速1.7个百分点，对经济增长的贡献率达到12.5%，拉动全省生产总值增长0.7个百分点。[③]

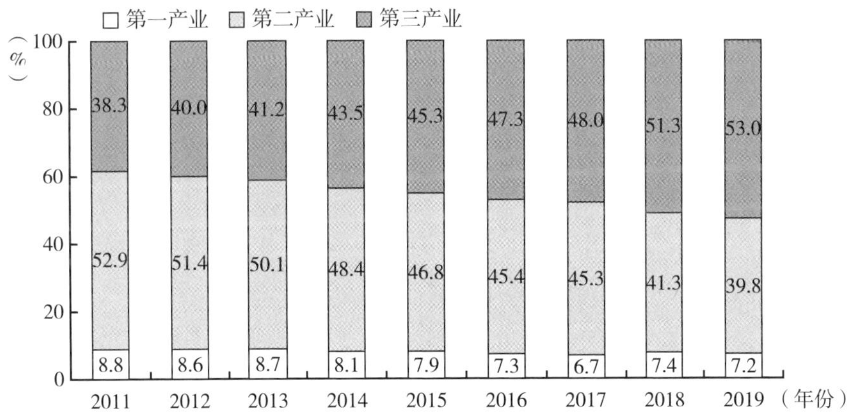

图6　2011～2019年山东省三次产业结构变动情况

数据来源：山东省统计局网站。

① 山东省统计局、国家统计局山东调查总队：《2019年全省农业稳定发展》，http://tjj.shandong.gov.cn/art/2020/1/23/art_6109_8756550.html。

② 山东省统计局、国家统计局山东调查总队：《2019年全省规模以上工业企稳回升》，http://tjj.shandong.gov.cn/art/2020/1/24/art_6109_8756570.html。

③ 山东省统计局、国家统计局山东调查总队：《2019年全省经济运行呈现三大特点》，http://tjj.shandong.gov.cn/art/2020/1/22/art_6109_8755703.html。

（2）需求结构更趋合理。2019 年，山东经济增长进一步向依靠三大需求协调拉动转变，消费成为拉动经济增长的主动力，投资、消费、出口结构优化。一是投资结构明显优化。2019 年，山东服务业投资占全部固定资产投资比重达到 68.2%，比 2018 年提高 9.4 个百分点；高耗能行业投资下降 21.9%，比重进一步降低；“四新”经济投资比重达到 44.8%。① 二是消费持续转型升级。2019 年，山东实物商品网上零售额占社会消费品零售总额的比重达到 9.6%，比 2018 年提高 1.1 个百分点；限额以上穿戴型智能设备、新能源汽车分别增长 37.8%和 63.2%，大幅高于社会消费品零售总额增速。三是出口结构有所改善。从贸易方式看，2019 年山东以一般贸易方式出口占比达到 69.7%，比 2018 年提高 0.7 个百分点，高于加工贸易出口占比 44.3 个百分点；从产品结构看，机电产品出口占比达到 37.4%，比传统劳动密集型产品出口占比高 17.9 个百分点；从贸易主体看，民营企业成为对外贸易主力军，出口占比达到 64.4%，比 2018 年提高 3.9 个百分点；从出口市场看，欧盟、美国、东盟、日本、韩国等传统出口市场比重更加均衡，新兴市场占比进一步提高（见图 7）。

（3）利用外资提质增效。2019 年，山东新设立外商投资企业 2517 家，同比增长 16.7%；实际使用外资 146.9 亿美元，增长 18.6%，比 2018 年提高 12.1 个百分点。一是利用外资行业结构优化。2019 年，山东新设高技术外商投资企业（含高技术制造业和高技术服务业）473 家，增长 24.2%；实际使用外资 20.8 亿美元，增长 14.2%；其中，高技术服务业实际使用外资增长 55.3%，医药制造业、医疗仪器设备和仪器仪表制造业等高技术制造业实际使用外资分别增长 111.5%、83.7%。二是外资来源地结构优化。欧盟、东盟实际投资增长迅猛，荷兰、新加坡、英国、中国香港、德国等传统外资来源地均呈现较快增长势头。欧盟对山东实际投资增长 54.9%，其中英国、德国实际投资分别增长 118.9%、33.7%；东盟实际投资增长 62.7%，其中新加坡实际投资增长 189.4%。三是利用外资方式更加多元。2019 年，山东以并购方式新设外商投资企业 257 家，合同外资 31.1 亿美元，分别增长 55.8%、126%，主

① 山东省统计局、国家统计局山东调查总队：《2019 年山东高质量发展动力活力增强》，http://tjj.shandong.gov.cn/art/2020/1/23/art_6109_8756547.html。

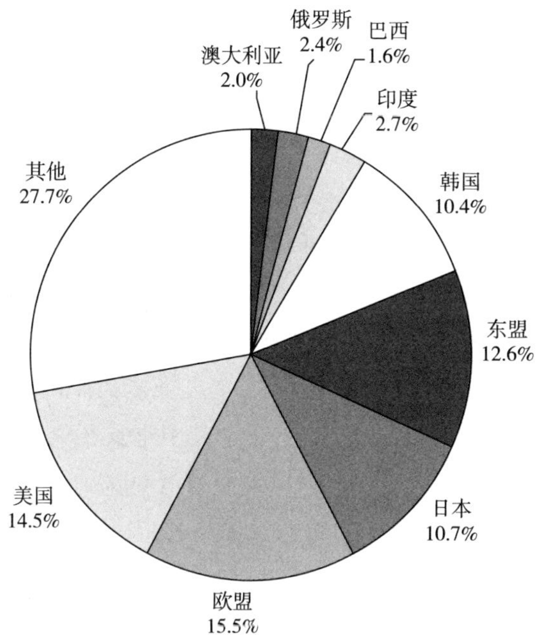

图 7　2019 年山东出口市场结构

数据来源：青岛海关网站。

要集中在商务服务业、批发业、科技推广和应用服务、化学原料和化学制品制造业等领域。①

（4）财税金融态势良好。一是财税运行总体平稳。2019 年，山东地方一般公共预算收入 6526. 6 亿元，比 2018 年增长 0. 6%，其中，税收收入 4849. 2 亿元，下降 1. 0 个百分点，占一般公共预算收入的比重为 74. 3%；地方一般公共预算支出 10736. 8 亿元，增长 6. 3%。② 二是减税降费力度加大。2019 年，山东新增减税降费 1500 亿元以上。其中，落实中央政策共减税降费约 1400 亿元，落实山东出台的地方政策共减税降费约 125 亿元。三是金融运行基本稳定。2019 年，山东贷款增势平稳，12 月末全省本外币贷款余额达到 86325. 6

① 商务部驻青岛特派员办事处：《2019 年山东省利用外资创新高》，https：//finance. sina. com. cn/roll/2020 - 02 - 07/doc - iimxxste9499445. shtml。

② 山东省统计局、国家统计局山东调查总队：《2019 年山东省国民经济和社会发展统计公报》，http：//tjj. shandong. gov. cn/art/2020/2/29/art_ 6109_ 8864126. html。

亿元，同比增长10.9%，比2018年提高1.2个百分点，是2015年以来的最高增幅；2019年全年本外币贷款增加8149.4亿元，同比多增1331.8亿元，是2018年的1.2倍。[①]

（5）绿色发展取得成效。2019年以来，山东加快清洁能源生产供给，优化工业能耗结构，能源资源利用效率进一步提高。一是清洁能源发电量快速增长。全年新能源和可再生能源发电装机总容量达到3624.3万千瓦，增长20.7%，占全省发电设备容量的25.8%，比2018年提高2.9个百分点；新能源和可再生能源发电量745.1亿千瓦时，增长41.8%，占全省发电量的14.1%，比2018年提高4.3个百分点。二是工业能耗保持稳定。2019年，全省规模以上工业能耗与2018年基本持平，其中重点耗能工业企业监测的68项产品中，有44项单耗下降，下降覆盖面超过60%；能源加工转换效率略有提高，规模以上工业能源加工转换效率达到79.7%，比2018年提高0.3个百分点。[②]

（6）创新能力进一步增强。一是山东专利数量和质量明显提高。2019年，山东发明专利授权量2.1万件，累计有效发明专利拥有量增长15.5%，每万人有效发明专利拥有量达到10.08件，比2018年增加1.30件。二是重大创新平台加速建设。山东产业技术研究院正式设立，中国科学院海洋大科学研究中心、山东能源研究院开始建设，国家级企业技术中心达到189家，国家级工业设计中心15家，数量均居全国首位。三是创新创业载体进一步完善。2019年，山东布局建设了20多家“政产学研金服用”创新创业共同体，启动了50多个重大基础研究攻关项目，国家科技型中小企业库入库企业达到8000多家。

3. 八大发展战略全面展开，战略叠加效应逐步释放

2019年以来，山东全面实施“八大发展战略”，即新旧动能转换、乡村振兴、海洋强省、三大攻坚战、军民融合、打造对外开放新高地、区域协调发展、重大基础设施建设，各项试点示范加快落地，战略叠加效应逐步释放，发展优势进一步凸显。

---

① 中国人民银行济南分行：《2019年山东省金融运行基本情况》，http://www.qlwb.com.cn/detail/11254646。

② 山东省统计局、国家统计局山东调查总队：《2019年全省能源生产显著改善　消费总体保持平稳》，http://tjj.shandong.gov.cn/art/2020/1/27/art_6109_8756636.html。

（1）新旧动能转换初见成效。一是“四新”经济快速发展。2019年，山东“四新”经济投资比重为44.8%，比2018年提高0.9个百分点；新旧动能转换“十强”产业中的新一代信息技术、高端装备、新能源新材料等产业增加值分别增长5.5%、9.3%和5.7%，增速分别高于规模以上工业增加值4.3个、8.1个和4.5个百分点。二是高新技术产业加快发展。2019年，山东新增高新技术企业2562家，总量达到1.1万家，增长28.8%；高新技术产业产值占规模以上工业的比重达到40.1%，比2018年提高3.2个百分点。三是重大项目建设进展良好。2019年，104个省重大建设项目全部开工，完成投资1172亿元，其中，重大基础设施项目完成投资538亿元，新兴产业培育壮大项目完成投资358亿元，传统产业改造提升项目完成投资275亿元。①

（2）乡村振兴全面起势。2019年，山东乡村振兴战略实施持续深化。一是示范创建工程效果显现。继续开展乡村振兴“十百千”工程、美丽村居建设“四一三”行动、美丽乡村示范村创建、乡村振兴齐鲁样板示范区创建等，搭建了一批示范创建平台。二是新型农业经营主体发展壮大。2019年，山东年销售收入500万元以上的农业龙头企业达到9600多家，家庭农场达到7.1万家，农民合作社超过21万家。建成国家级现代农业产业园7个、国家级农业产业强镇43个。三是农业科技支撑能力持续增强。全省主要农作物良种覆盖率达到97%以上，农业科技进步贡献率达到63.9%，现代农业产业技术体系创新团队总数达到27个，农作物耕种收综合机械化率达到86%以上。②

（3）海洋强省建设深入推进。2019年，山东深入推进海洋强省建设“十大行动”，海洋新兴产业快速发展，全省海洋生产总值增长9%，海洋经济高质量发展态势进一步显现。一是海洋科技水平显著提升。2019年，山东评审认定63家海洋工程技术协同创新中心，总数达到107家。二是海洋牧场建设步伐加快。2019年，山东启动海洋牧场示范创建新一轮三年计划，省级以上海洋牧场示范区（项目）达到105处，其中国家级海洋牧场示范区44处，占全国比重达到40%。三是沿海港口整合进展顺利。2019年8月，山东省港口

① 山东省工业和信息化厅：《2019年省重大项目超额完成年度投资任务》，http://gxt.shandong.gov.cn/art/2020/1/22/art_15164_8754659.html。

② 山东省农业农村厅：《2019年山东省农业和农村经济发展报告》，http://www.sdny.gov.cn/zwgk/sdny/fzlc/202001/t20200110_2503707.html。

集团在青岛挂牌成立，标志着山东沿海四大港口——青岛港、日照港、烟台港、渤海湾港——整合完成，向打造世界一流海洋港口的目标更进了一步。

（4）三大攻坚战成果显著。一是防范化解重大风险攻坚战。全力打造“金安工程”，建立大数据监管平台和企业信用体系；成立100亿元的纾困基金，加大重点风险企业处置力度；重点解决政府和国企对民营中小企业的欠账问题。二是污染防治攻坚战。深入实施“四减四增”三年行动方案，加强污染源头防治，渤海区域的环境综合治理取得显著成效；能源结构持续优化，清洁能源发电装机容量占比持续提高；压减煤炭消费工作深入推进，煤炭清洁化利用程度进一步提高。三是精准脱贫攻坚战。重点解决“两不愁三保障”中存在的短板，2019年，实施产业扶贫项目1581个，改造贫困户危房3.16万户，400个省扶贫工作重点村饮水安全工程全部完工，黄河滩区27个外迁社区主体全部封顶、28个新建村台完成淤筑。①

（5）军民融合实现创新发展。山东积极推进军民融合发展，形成了“军地共商、产业共融、科技共兴、设施共建、后勤共保”的军民融合发展模式。一是青岛（国家）军民融合创新示范区加快建设。2019年，示范区围绕海军、海洋、海防，加快领域融合、区域融合、平台融合，总投资1100亿元的86个军民融合重点项目加快推进。二是军民融合成效显现。2019年以来，山东布局实施了一批军民融合重点项目，培育形成一批军民融合龙头企业，一批军地创新成果实现对接转化，部分交通、市政、信息等基础设施领域实现军民合建共用。

（6）对外开放新高地加快打造。一是启动建设自由贸易试验区。2019年8月中国（山东）自贸试验区正式挂牌以来，聚焦制度创新、流程再造，大力推进试点任务落实，政策红利持续释放，济南、青岛、烟台三大片区积极开展差异化探索，自贸试验区建设已初见成效。二是启动建设上海合作组织地方经贸合作示范区。2019年9月，国务院正式批复《中国—上海合作组织地方经贸合作示范区建设总体方案》，在青岛胶州经济技术开发区内建设上合示范区，示范区将着力推进区域物流中心、现代贸易中心、双向投资合作中心和商

① 山东省统计局、国家统计局山东调查总队：《2019年山东省国民经济和社会发展统计公报》，http://tjj.shandong.gov.cn/art/2020/2/29/art_6109_8864126.html。

旅文化交流发展中心四大中心建设。三是与“一带一路”沿线经贸合作日益紧密。2019年，山东与共建“一带一路”国家实现外贸进出口6030.9亿元，同比增长15.9%，占全省进出口额的29.5%；对沿线国家实际投资134.6亿元，增长5.6%，占全省对外投资额的31.8%；与沿线国家基础设施合作不断推进，对外承包工程完成营业额510.1亿元，增长5.1%，占全省对外承包工程完成营业额的64.4%；“齐鲁号”欧亚班列实现常态化运行，27条运营线路已经联结起了国内外49个到发站，可直达“一带一路”沿线11个国家39个城市，为打造对外开放新高地提供了有力支撑。

（7）区域协调发展稳步推进。2019年以来，山东继续深入推进半岛蓝色经济区和黄河三角洲高效生态经济区建设，同时积极融入京津冀、长三角和中原经济区发展，特别是省会济南加大对接京津冀协同发展和雄安新区建设力度，取得初步成效。进一步健全突破菏泽、鲁西崛起的协调推进机制，支持菏泽推进乡村振兴。制定出台《贯彻落实〈中共中央、国务院关于建立更加有效的区域协调发展新机制的意见〉的实施方案》《关于加快胶东半岛经济圈一体化发展的指导意见》等，谋划构建胶东经济圈、省会经济圈和鲁南经济圈，推动形成全省区域一体化发展新格局。

（8）重大基础设施建设全面提速。2019年，山东交通基础设施建设投资达到1750亿元，投资总量建设规模创历史之最。鲁南高铁日照至曲阜段建成通车，全省高铁通车里程达到1987公里，省内高铁成环运行。济莱高铁、鲁南高铁菏泽至兰考段开工建设，济青高速、滨莱高速改扩建、青兰高速泰安至东阿段、宝菏高速东明黄河大桥段建成通车。根据“根治水患、防治干旱”的总目标，结合黄河流域生态保护和高质量发展，积极推进重点水利工程建设，庄里水库、黄水东调二期等主体工程基本完成。①

4. 民生状况持续改善，社会事业全面进步

2019年以来，山东各项民生政策加快落地，居民就业和收入指标整体良好，民生状况继续改善，人民群众获得感、幸福感、安全感进一步提升。

（1）居民收入持续平稳增长。2019年，山东居民人均可支配收入达到

① 山东省人民政府新闻办公室：《山东举行前三季度全省经济社会发展情况新闻发布会》，http：//www.scio.gov.cn/xwfbh/gssxwfbh/xwfbh/shandong/Document/1667431/1667431.htm。

31597 元，同比增长 8.2%，比 2018 年提高 0.7 个百分点。其中，城镇居民和农村居民人均可支配收入分别达到 42329 元和 17775 元，分别增长 7.0% 和 9.1%（见图 8）；农村居民收入增长连续 10 年高于城镇居民，城乡居民收入比进一步降为2.38∶1（见图 8）。全省居民人均工资性收入 18111 元，增长 7.7%，拉动居民人均可支配收入增长 4.4 个百分点，成为居民增收的主要来源；人均经营净收入 6813 元，增长 8.1%，占可支配收入比重 21.6%；人均财产净收入 2212 元，增长 8.2%；人均转移净收入 4461 元，增长 10.2%，在四项收入中增速最快。收入稳定增长的同时，物价水平温和上涨，全年居民消费价格总指数同比上涨 3.2%。

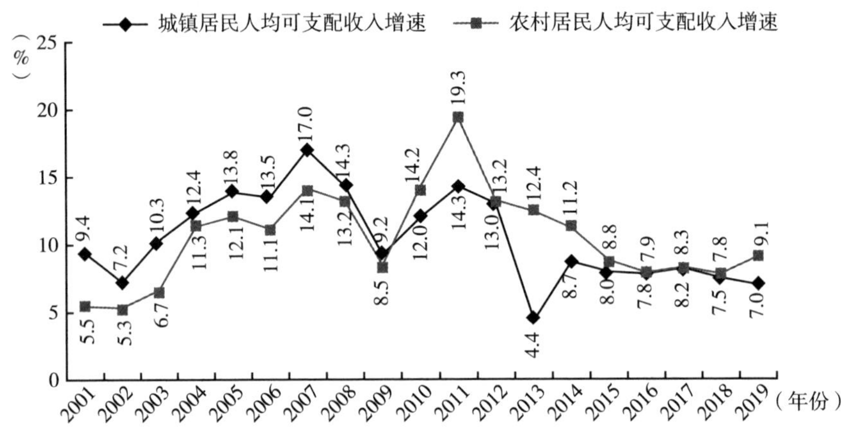

图 8　2001 年以来山东省城镇居民和农村居民收入增速情况

数据来源：山东省统计局网站。

（2）民生保障能力显著增强。一是就业形势总体平稳。2019 年，山东城镇新增就业 138.3 万人，增长 1.1%，实现全年计划的 125.7%；城镇登记失业率 3.29%，比 2018 年下降 0.06 个百分点。二是财政民生支出持续加大。2019 年，全省一般公共预算中用于民生方面的支出占比达到 79%；惠民生投资力度进一步加大，生态保护和环境治理投资增长 11.9%，其中大气污染治理投资增长达到 3.2 倍，学前、高等和技能培训教育投入分别增长 8.0%、140% 和 27.7%，基层医疗、专业公共卫生服务投资分别增长 65.2% 和 52.0%。三是居住条件不断改善。棚户区、老旧小区、农村危房改造年度任务超额完成，棚户区改造开工22.4万套、基本建成18.7万套，开工改造老旧小区935个、21.6万户。全省居民人均现住房建筑面积达39.9平方米，其中，城镇居民达37.1平方米、农村居民达43.5平方米。四是社会保障体系更加完善。社会保障覆盖面持续扩大，2019年末，全省居民基本养老保险和医疗保险参保人数分别达到4560.3万人和7395.8万人。

（3）公共服务质量明显提升。教育方面，山东入选全国首批6个职业教育改革成效明显省份之一；15所高职入选“双高计划”，3所试点本科高职获批；《山东省学前教育条例》正式实施，为学前教育健康发展提供法治保障。医疗方面，医养结合示范省建设步伐提速，山东第一医科大学组建完成，康复大学筹建积极推进，确定179个乡镇（街道）为首批省级医养结合示范乡镇（街道），基本公共卫生服务人均经费保障标准提高至64元。文旅融合发展方面，2019年，全省接待游客总人数达到9.3亿人次，实现旅游总收入超过1万亿元，增长12%；尼山世界儒学中心正式成立，第三届山东文化惠民消费季活动成功举办，青岛崂山区、潍坊青州市、济宁曲阜市获评首批国家全域旅游示范区，国家全域旅游示范省创建工作迈出新步伐。

5. 改革力度进一步加大，发展动力显著增强

（1）放管服改革成效显著。2019年，山东继续开展“一次办好”改革，深入推进优化营商环境专项行动，省、市、县三级“一次办好”事项达到全覆盖。省级新取消行政权力事项10项，承接下放管理层级行政权力事项9项，在全国率先启动“双随机一公开”监管平台。“多证合一”改革整合范围扩大到“45证合一”。改革促进了营商环境优化，有效激发了市场活力。2019年，全省市场主体突破1000万户，总量居广东之后列全国第二位；2019年全年，新登记市场主体216.8万户，增长29.0%，其中新登记企业71.2万户，增长30.6%；私营企业70.3万户，增长31.2%。

（2）国企国资改革持续深化。2019年以来，山东通过多种形式稳步推进省属企业混合所有制改革，首批58户混合所有制改革试点企业完成试点任务。推进企业做强做优做大主业，确认公布28户省属企业主业，2019年度省属企业投资97%投向主业。支持企业围绕主业加大创新，科技创新成效显著。2019年，山东省属企业投入研发费用153亿元，同比增长37.01%；省属企业全年实现新产品产值1096亿元，同比增长11.35%。2019年，山东省属企业

全年实现营业收入 14329.72 亿元，省属企业全年实现利润总额 727 亿元、净利润 497 亿元，营业收入、利润总额、净利润等均实现同比超过 10% 的增长。

（3）要素市场化配置改革成效明显。山东持续推进公共资源配置全流程信息公开，垄断行业价格监管体系更加健全，公共资源交易法制化、规范化水平不断提升。电力市场化改革稳步推进，2019 年，山东积极推动省际可再生能源电力交易，全年“外电入鲁”电量增长 33.7%，吸收省外清洁能源电量增长 111.4%；省内电力市场化交易 43 批次，实际交易电量 1715 亿千瓦时。① 实行资源要素差别化配置，“亩产效益”资源市场化配置改革试点全面铺开。农村集体资产清产核资工作基本完成，在全国率先启动农村宅基地“三权分置”试点。

（4）财税金融改革稳步推进。LPR 改革完善初现成效，2019 年 9 月，山东新发放贷款中 LPR 运用占比达到 48.5%，改革有效推动了贷款利率下行；9 月，全省企业贷款利率降至 5.23%，环比下降 0.09 个百分点；其中，大型企业贷款利率 4.81%，环比持平；中型企业、小微企业贷款利率分别降至 5.24%、5.75%，环比下降 0.12 个、0.16 个百分点；普惠小微贷款利率降至 6.49%，环比下降 0.15 个百分点。同时，继续加大济南区域性产业金融中心和青岛财富产品交易中心建设力度，支持齐鲁和蓝海两个股权交易中心稳健发展；积极推动区域性股权市场和民间融资机构规范发展，村镇银行数量居全国首位。②

（二）2019年山东经济运行中存在的困难和问题

2019 年，山东经济运行总体符合预期，但是，经济运行中仍然存在一些突出矛盾和问题，导致经济面临下行压力。其中有短期内凸显的，也有长期趋势性的。下面分别从投资、消费、出口三大需求，以及实体经济、科技创新等方面进行分析。

1. 固定资产投资出现较大降幅

2011～2018 年，山东固定资产投资增速从 21.8% 降至 4.1%，2019 年以来更是转为负增长，前三季度最高降幅达到 9.6%，全年降幅 8.4%（见图

---

① 《2019 年山东电力市场化改革释放改革红利 23.59 亿》，大众网，https://baijiahao.baidu.com/s?id=1654928665795389909&wfr=spider&for=pc。

② 中国人民银行济南分行：《2019 年第三季度山东省金融运行情况新闻发布会》，http://news.sdchina.com/show/4457428.html?from=singlemessage。

3）。其中，第一、第二产业投资分别下降10.9%和30.3%，第三产业投资增长6.3%。显然，第二产业投资的大幅下降是拖累固定资产投资下降的主要因素。2019年，山东基础设施建设投资和房地产开发投资均实现正增长，其中基础设施建设投资增长3.9%，房地产开发投资增长14.1%，因此制造业投资大幅下滑是全省固定资产投资下降的主因。在经济下行压力加大情况下，制造业企业特别是民营企业投资更加谨慎，持币观望情绪浓厚；再加上制造业企业在信贷资金、环境保护等方面受到的限制，以及“民营企业退场论”、中美贸易摩擦等负面因素的影响，导致企业投资新项目的意愿和能力均有明显降低，少数企业出现外迁现象。

2. 消费增速呈现持续下滑态势

2019年，山东社会消费品零售总额仅增长6.4%，比2018年降低2.4个百分点，为2000年以来最低增速（见图4）。综合来看，多种因素对消费形成挤压。居民杠杆率过高与增储意愿较强并存，高房价、高房租、高医疗教育成本等都在一定程度上导致居民扩大消费的预期和能力下降。2019年，山东居民消费收入比仅为64.6%，明显低于全国70.1%的平均水平。另外，由于最终消费品、中高端产品、个性化商品供给不足，近年来山东通过电子商务、境外市场等渠道产生的消费外流规模有逐渐扩大趋势。2019年，山东网络零售额占全国的比重只有3.6%，远低于广东22.6%、浙江18.5%、江苏9.2%的水平。消费属于慢变量，一旦增速出现趋势性下滑，短期内很难迅速回升，对当前和今后一个时期经济增长的支撑作用也会相应减弱。

3. 贸易摩擦导致的出口不确定性仍然较大

虽然2019年山东外贸出口基本保持平稳，但整体来看仍面临不少困难和较大不确定性。由于中美贸易摩擦因素，2019年山东对美出口大幅下降16%，尽管中美双方达成了第一阶段经贸协议，但长期来看双方经贸摩擦的态势恐怕很难改变，打打停停或将成为常态。在此背景下，中美贸易摩擦对山东的影响还将逐步向就业、市场、投资等多领域延伸。从就业看，贸易摩擦导致相当一部分外贸企业压缩产能进而压缩用工数量；从市场看，山东部分出口企业计划将国内生产基地分阶段转移到海外，将导致为其配套的省内中小微企业面临生存压力，对整个产业链造成负面影响；从投资看，部分在谈、拟谈美资项目无法落地或者延迟落地，个别美资企业停止增资或建厂计划。中美贸易摩擦带来的一些滞后影响还有可能在未来持续显现。

4. 实体经济仍面临较大困难

部分企业特别是制造业企业生产经营压力较大，实体经济仍然面临困境。一是企业效益大幅下滑。2019 年，山东规模以上工业企业营业收入同比下降 0.1%，利润总额同比下降 8.9%。工业生产者价格持续走低，2019 年山东工业生产者出厂价格下降 0.3%，比 2018 年降低 4.0 个百分点；购进价格下降 0.8%，比 2018 年降低 4.4 个百分点；自 6 月开始出厂价格和购进价格由涨转跌，并持续在负增长区间运行。二是融资难、融资贵问题依然严峻。在防风险、去杠杆形势下，金融机构贷款规模收紧，信贷审批加严，贷款期限延长。尤其对于小微企业，由于金融风险高、贷前调查和贷后管理成本都相对较高，综合回报率较低，贷款难度不断增加。

5. 科技创新和成果转化效率不高

近年来，山东科技创新步伐明显加快。2018 年，山东研究与试验发展（R&D）经费支出达到 1643.3 亿元，位居全国第 4。但是，从强度来看，山东 R&D 经费投入强度仅为 2.15%，远低于北京（6.17%）、上海（4.16%）和广东（2.78%）、江苏（2.70%）、浙江（2.57%），甚至低于全国 2.19% 的平均水平，列全国第 9 位。山东规模以上工业企业研发机构覆盖率不高，根据《山东省区域科技创新能力评价报告 2019》，2018 年度山东设有研发机构的规模以上工业企业占规模以上工业企业比重仅为 7.53%。特别是在经济下行、企业利润率下降的情况下，企业创新意愿减弱、创新资金不足，难以保证持续性的研发投入。而且，山东科技创新与经济发展没有实现良好衔接，全省科技成果总量虽多，但转化渠道不够顺畅和完善。2019 年，山东全年登记技术合同 35505 项，合同成交额 1152.2 亿元，无法与北京、上海相提并论，也远低于广东、江苏等先进省份。

二　2020年山东经济形势展望

（一）2020年国际国内经济走势判断

总体来看，当前世界经济呈现动能趋缓、分化明显、规则调整的特点，2020 年面临的不确定、不稳定因素依然较多，预计仍将维持弱增长态势。外部环境复杂严峻，加之结构性和周期性因素叠加影响，以及新冠肺炎疫情影响，2020年中国经济发展仍面临较大下行压力，但也存在积极因素，有望在动能转换中继续保持平稳增长。

1. 世界经济将维持弱增长态势，面临的不确定因素增多

2019年以来，贸易政策不确定性、地缘政治紧张局势以及主要新兴市场经济体的持续下滑拖累了全球经济活动，尤其是制造业和贸易。根据国际货币基金组织（IMF）、联合国、世界银行分别于2020年1月发布的《世界经济展望》《2020年世界经济形势与展望》《全球经济展望》的估算，2018年全球经济增速为3.6%、3.0%、3.0%，而2019年分别降至2.9%、2.3%和2.4%（见表1）。虽然估算的降幅有所不同，但显然2019年全球经济经历了明显的增速下滑，是近10年来最低增长水平。但2019年度第四季度部分先行指标显示，全球经济增长势头缓慢企稳，这可能得益于2019年初全球主要经济体更加宽松的货币和财政政策。

展望2020年，世界经济增长将维持弱增长态势，但面临的不确定因素依然较多。IMF、联合国和世界银行均做出2020年经济增速略高于2019年的预测，其中IMF的预测增幅最高，提高0.4个百分点达到3.3%（见表1），这种提升主要依赖于新兴市场和发展中经济体（包括巴西、印度、俄罗斯等）的增速回升、中美达成“第一阶段”贸易协议以及2019年大规模货币宽松政策的滞后效应。但同时，2020年仍然有不少可能导致经济下行的风险因素。一是地缘政治紧张局势可能加剧，尤其是美国和伊朗之间的对立可能扰乱全球石油供给进而挫伤本就脆弱的市场情绪。二是美国与其贸易伙伴之间贸易壁垒的抬高可能加剧部分经济体经历的周期性和结构性放缓，例如美国和中国、美国和欧盟之间贸易摩擦。IMF、联合国和世界银行均预测2020年全球贸易量将比2019年有明显的增速提升（见表1），贸易摩擦加剧则可能损害全球制造业和贸易刚刚出现的触底回升态势。三是新冠肺炎疫情全球蔓延的不利影响，目前一些国家新冠肺炎确诊患者人数爆发式增长，新冠肺炎疫情全球蔓延已成必须正视的现实，疫情风险难免给全球经济带来阶段性冲击，对2020年上半年世界经济和贸易增长造成影响，势必将导致全球经济发展预期下调。

表 1　2018 年、2019 年及 2020 年全球经济增长预测

单位：%

	2018 年			2019 年估算值			2020 年预测值		
	IMF	UN	WB	IMF	UN	WB	IMF	UN	WB
世界	3. 6	3. 0	3. 0	2. 9	2. 3	2. 4	3. 3	2. 5	2. 5
发达经济体	2. 2	2. 2	2. 2	1. 7	1. 7	1. 6	1. 6	1. 5	1. 4
美国	2. 9	2. 9	2. 9	2. 3	2. 2	2. 3	2. 0	1. 7	1. 8
欧元区	1. 9	1. 9	1. 9	1. 2	1. 2	1. 1	1. 3	1. 4	1. 0
日本	0. 3	0. 8	0. 8	1. 0	0. 7	1. 1	0. 7	0. 9	0. 7
新兴和发展中经济体	4. 5	4. 2	4. 3	3. 7	3. 4	2. 5	4. 4	4. 0	4. 1
俄罗斯	2. 3	2. 3	2. 3	1. 1	1. 1	1. 2	1. 9	1. 8	1. 6
巴西	1. 3	1. 1	1. 3	1. 2	1. 0	1. 1	2. 2	1. 7	2. 0
印度	6. 8	6. 8	6. 8	4. 8	5. 7	5. 0	5. 8	6. 6	5. 8
全球贸易量	3. 7	3. 9	4. 0	1. 0	0. 3	1. 4	2. 9	2. 3	1. 9

资料来源：IMF、联合国、世界银行分别于 2020 年 1 月发布的《世界经济展望》《2020 年世界经济形势与展望》《全球经济展望》。

2. 中国经济增速将延续稳中趋缓态势，但仍会保持在合理区间

2019 年，面对严峻的国际形势和国内艰巨的改革发展任务，中国以深化供给侧结构性改革为主线，实施宏观调控逆周期调节，统筹实施积极的财政政策和稳健的货币政策，大力度减税降费，有效对冲了经济下行压力，尽管经济增速逐季回落，但运行总体平稳。2019 年，中国国内生产总值（GDP）达到 990865 亿元，约合 14. 4 万亿美元，位居世界第二位；GDP 增长 6. 1%，符合 6. 0% ~6. 5% 的预期目标，对世界经济增长的贡献率达到 30% 左右。同时，2019 年中国人均 GDP 达到 70892 元，约合 10276 美元，与高收入国家差距进一步缩小。

展望 2020 年，全球主要经济体政策变动、地缘政治局势动荡等可能加大中国经济的输入性风险，同时中国经济自身也面临不少困难和挑战。一是新冠肺炎疫情的影响。疫情短期内对经济发展产生较大影响，对餐饮、旅游、电影、交通运输等服务业行业产生较大冲击，工业生产也面临企业开工复工推迟、物流阻隔、订单减少等因素影响。此次疫情对上半年特别是一季度经济发展将产生明显影响，但疫情影响是阶段性的、暂时的、可控的，随着统筹推进疫情防控和经济社会发展的有序开展，正常的生产生活秩序会得到恢复。二是

内需增长仍然乏力。受居民收入增速放缓、家庭贷款负担加重等因素影响，居民消费支出意愿明显下降；受外需不足、不确定性增加等因素影响，企业投资意愿也有所下降。三是结构调整阵痛持续显现。能源、资源、环保、安全等方面的约束不断强化，产品附加值和利润率较低的企业面临生存压力，加上“僵尸企业”退出缓慢，生产要素的重新优化配置不够顺畅。四是国内经济积累的风险仍未完全消除。中小金融机构经营压力持续增大，金融系统的脆弱性并未明显降低。但是，中国经济稳中向好、长期向好的基本趋势没有改变，仍具有巨大潜力、韧性和回旋余地，支撑经济平稳健康可持续发展的有利条件依然较多，2020 年中国经济有望在动能转换中实现平稳发展。

（二）2020年山东经济形势预测分析

在世界经济增长放缓、全球经贸发展不确定不稳定因素增多、中国经济增速将延续稳中趋缓态势的大背景下，2020 年山东经济运行面临不少挑战。从省内环境看，新旧动能转换、乡村振兴、海洋强省、军民融合、对外开放新高地等重大战略的深入实施，以及重点领域改革的进一步深化，将为山东经济发展注入新动力、拓展新空间；同时，山东经济依然存在动能转换较慢、实体经济较为困难等问题，加之新冠肺炎疫情的影响，经济增长存在较大下行压力。总体来看，经济增长可能呈现 V 形走势。

1. 从三大需求看，2020年山东投资增速有望企稳回升，消费和出口增速受疫情影响或将先抑后扬

（1）固定资产投资有望企稳回升。2019 年，山东固定资产投资出现较大降幅，特别是民间投资和制造业投资持续乏力。2020 年，基础设施投资作为政府推动补短板的重要抓手，有望实现稳定增长，成为山东投资增长的重要支撑。同时，围绕新旧动能转换和“十强”产业集群培育，山东将大力推进重点产业的重大支撑性、引领性项目建设，对产业投资特别是制造业投资将会产生明显拉动作用，制造业投资有望实现企稳回升。另外，政府高度重视民营经济困难，不断加大对民营经济的支持力度，着力稳定民营经济信心，随着“非公十条”“民营经济 35 条”“实体经济 45 条”等政策的落实，民间投资增速或将有所回升。综合判断，2020 年山东固定资产投资有望回归正增长。

（2）消费增长或将先抑后扬，全年有望实现平稳增长。生活必需品消费

将保持稳定，汽车消费有望降幅收窄，升级类消费将保持较高增速，消费稳定增长具有较强支撑。但也有一些不利因素：一是新型冠状肺炎疫情对餐饮、酒店、旅游、娱乐等消费的影响，使2020年一季度甚至上半年消费面临较大下行压力；二是价格上涨压力较大，在猪肉等价格快速走高带动下，2019年山东CPI逐渐走高，四季度达到5.1%的高点，全年居民消费价格总水平上涨3.2%，2020年物价上涨压力仍然较大，对消费增长将会造成一定制约；三是居民杠杆率持续走高一定程度上抑制消费增长。总体来看，预计2020年在消费环境持续改善、减税降费、个人所得税抵扣政策落实以及促消费政策逐步显效等多种正面因素的带动下，疫情影响会得到有效抑制，消费有望保持平稳增长。

（3）外贸出口增速前低后高，全年有望实现正增长。2020年，全球贸易增速将有所回落，山东外贸发展环境更加严峻复杂，面临的最大挑战依然是中美贸易摩擦，尽管双方达成了“第一阶段”贸易协议，但中美经贸摩擦长期化、复杂化、扩大化的态势恐将一直延续，一些认识到中美贸易摩擦长期性的进出口企业已经开始寻找替代方案，这将进一步导致两国间贸易量的下降。当然，从2019年态势来看，尽管山东对美出口大幅下滑，但对其他出口市场特别是新兴市场和“一带一路”沿线市场实现了良好的增长。同时，新冠肺炎疫情将对2020年上半年山东外贸出口产生巨大负面影响，出口总量下滑不可避免。随着稳外贸政策的深入落实，多元化市场的进一步拓展，以及新冠肺炎疫情影响的减弱，2020年下半年山东外贸出口有望出现反弹，全年有望实现正增长。

2. 从三次产业看，2020年山东第一产业增速有望保持稳定，第二、三产业受疫情影响或将全面下滑

（1）第一产业将保持稳定增长。2019年，山东乡村振兴全面起势，产业融合发展对农民增收和农业增产形成有效支撑，农产品出口继续领跑全国，农村改革扎实推进，为2020年农业稳定增长奠定了坚实基础。2020年，随着乡村振兴战略的深入实施，山东农业增长依然存在较多利好因素，且有望在产业融合发展方面形成新优势，第一产业有望保持稳定增长态势。但是也存在一些隐患，可能对农业增长造成负面影响。在粮食多年丰收、库存增加、国内外粮价倒挂等背景下，粮价长时间在低位运行，导致农民增产但增收有限；在依然以分散经营方式为主、养殖功能较为单一的背景下，畜牧产业周期性波动的不

确定性较大。

（2）第二产业增速或将出现V形走势。近年来，山东第二产业增加值增速持续降低。分产业看，新动能行业普遍保持较快增速，而下游行业尤其是以汽车制造业为代表的设备制造业增速下滑是拖累工业增长减速的主要因素。2020年，缓解企业生产经营困难的政策效应将进一步显现，战略性新兴产业、高技术制造业等新动能产业仍将保持较快增长，汽车行业增长也有望有所回升。但同时，部分行业去库存周期仍将延续，对工业生产形成制约，低迷的工业生产者出厂价格也将影响企业扩大生产和效益提升。综合考虑有利因素和不利因素，特别是疫情产生的巨大冲击，2020年山东第二产业增速可能先降后升。

（3）第三产业增速恐将显著下滑。近几年山东服务业保持较快较好发展势头，以软件信息、快递服务、金融理财等为主的现代服务业发展加快，第三产业比重不断提高，对经济增长的拉动效果日益显著。2019年，服务业继续成为山东经济增长的第一拉动力。2020年，在减税降费、居民服务消费持续扩大、制造业与生产性服务业加速融合的背景下，服务业仍将继续成为经济增长的主引擎。但是，突发的新冠肺炎疫情对服务业发展产生较大负面影响。若疫情发展无法在2020年上半年得到有效控制，则对第三产业的负面影响恐将进一步扩大。整体来看，2020年山东第三产业增速将有显著下滑。

综上所述，2020年山东经济发展面临的国际国内环境严峻复杂，经济转型升级阵痛凸显，经济运行稳中有变、变中有忧、下行压力加大，特别是新冠肺炎疫情的暴发让内外部环境雪上加霜。综合考虑各方面因素，并结合数量模型分析，对2020年山东经济发展主要指标预测如下（见表2）。

表2　2020年山东省主要经济指标预测

单位：%

	2017年	2018年	2019年	2020年(预测值)
GDP增长率	7.4	6.4	5.5	4.0
第一产业增加值增长率	3.5	2.6	1.1	1.3
第二产业增加值增长率	6.3	5.1	2.6	2.0
第三产业增加值增长率	9.1	8.3	8.7	6.0
全社会固定资产投资增长率	7.3	4.1	-8.4	3.5

续表

	2017 年	2018 年	2019 年	2020 年(预测值)
社会消费品零售总额增长率	9.8	8.8	6.4	6.0
出口总额增长率	10.1	6.1	5.3	3.0
居民消费价格上涨率	1.5	2.5	3.2	3.5

资料来源：实际值来自山东统计信息网，预测值为笔者预测。

三　2020年山东经济发展的对策建议

2020 年是中国实现第一个百年目标、全面建成小康社会的收官之年，是“十三五”规划的收官之年，也是山东新旧动能转换初见成效的关键之年。山东应深入贯彻落实党的十九大和十九届二中、三中、四中全会及中央经济工作会议精神，坚持稳中求进工作总基调，坚持新发展理念，坚持以供给侧结构性改革为主线，积极应对新冠肺炎疫情影响，完善和强化“六稳”举措，确保经济运行在合理区间，深化改革开放，深入实施新旧动能转换、乡村振兴、海洋强省、三大攻坚战、军民融合、打造对外开放新高地、区域协调发展、重大基础设施建设等八大发展战略实施，加快构建现代化经济体系，努力塑造高质量发展新优势。

（一）激发消费和投资潜力对冲疫情影响

面对疫情带来的负面影响，促进山东经济平稳运行的关键在于加大宏观政策调控和对冲力度，有效扩大内需。

推动消费稳定增长。优化消费结构，创新消费模式，积极培育消费增长点，促进消费规模持续扩大。落实《关于大力拓展消费市场加快塑造内需驱动型经济新优势的意见》，加快培育新一代消费热点，挖掘医养健康市场空间，因地制宜发展夜间经济，实施文化消费促进行动，加速升级旅游消费，大力推动数字消费，促进家政服务业提质扩容；培育农村消费新市场，开展新一轮汽车“下乡”行动，鼓励电商企业布局建设农村电商配送末端网点，打通农村消费“最后一公里”；吸引境外消费逐步回流，在条件合适的国际空港和海港开设免税店，加大跨境电商培育和集聚力度，扩大消费者直购规模。

积极扩大有效投资。围绕“十强”产业发展、重大基础设施建设、民生领域补短板，加快推进重大项目、重点项目建设，扩大高质量投资需求。着力于基础设施补短板，加快铁路、公路、机场等重大项目建设，加快济南、青岛城市轨道交通建设，加快“外电入鲁”输电工程建设；围绕“十强”产业集群培育，加快重大支撑性、引领性项目建设，引领和带动相关产业投资增长；激活企业投资意愿，建立专门项目库吸引民营企业投资，鼓励民间资本以多种方式灵活参与项目投资；加大财政政策支持力度，重点支持企业技术改造和战略性新兴产业发展，支持不同类型的市场主体开展投资。

（二）大力支持民营经济发展

山东省进一步落实“非公十条”“实体经济45条”“民营经济35条”等支持民营经济发展的政策措施，更有效地发挥民营经济在建设现代化经济体系、助推高质量发展中的重要作用。拓宽民营资本投资领域，深化垄断行业、基础设施和社会事业等领域投融资体制改革，加快向民营资本开放；筛选一批条件成熟的高铁、机场、港口项目开展社会资本投资示范，支持民间资本参与建设运营；鼓励民营企业在市场机制下，通过多种途径参与省属国有企业改制重组。拓宽民营企业融资渠道，引导民营企业通过创新性的金融工具解决融资难问题；推进实施民营企业信用融资计划，探索建立重点民营企业风险补偿制度。进一步降低民营企业要素成本和税费负担，允许民营企业平等进入土地市场，重点保障和支持民营经济创业基地、创新平台等建设用地；加快电、气、热等价格改革，进一步降低民营企业用能成本。推动民营企业优化法人治理结构，进一步改进家族式管理；引导中等以上规模的民营企业逐步分离所有权和经营权，建立和落实重大事项论证和决策机制、内部制衡和风险控制机制。

（三）加快推进新旧动能转换

加快产业转型升级。培育先进制造业集群，聚焦新一代信息技术、高端装备、新能源新材料、高端化工等重点领域，以重点企业培育、重点产业链改造、特色园区集群提升为重点，实施一批强链、补链、延链项目，推动产业向全球价值链中高端迈进；深入推进“现代优势产业集群+人工智能”，支持工业企业运用物联网、大数据、柔性制造等现代技术，加快数字化、智能化改造升级；加快传统制造业改造提升，推进传统制造业企业智能化、绿色化、服务化、品牌化，增强传统制造业市场竞争力。发展壮大现代服务业，推动先进制造业和现代服务业的融合发展，促进生产性服务业向专业化和价值链高端延伸，实现商贸物流、金融保险、电子商务、科技服务、技术研发、工业设计、信息服务、文化创意等生产性服务业发展新突破；推进生活性服务业向高品质和多样化方向发展，提高居民和家庭服务、健康服务、养老服务、旅游服务、文体服务、法律服务、教育培训服务等生活性服务业发展水平。

深入推进海洋强省建设。实施“蓝色粮仓”“蓝色药库”“蓝色能源”“蓝色游乐场”等一批蓝色产业培育工程，打造国家海洋牧场示范基地、海洋新能源利用试验基地、海水淡化综合利用示范城市、海洋医药产业示范园区、海洋新材料开发基地以及国家蓝色粮仓建设先行示范区等一批海洋新兴产业培育和集聚壮大载体，加快构建现代海洋产业体系。进一步推进港口资源整合，加快山东港口一体化发展，建设世界一流海洋港口，从根本上解决港口分散建设、同质化经营问题，把山东沿海港口众多优势转化为航运竞争优势，打造区域性国际航运中心。认定一批省级海洋特色产业园区和工程技术协同创新中心，建立以青岛蓝谷为核心的山东半岛海洋科技协同创新网络，加快建立开放、协同、高效的海洋科技创新体系。

大力实施军民融合战略。牢固树立军民“一盘棋”思想，进一步完善军地协调体制机制，完善军民融合政策支持体系，积极打造军民融合创新示范载体，推进军民融合深度发展。培育一批军民融合龙头企业，布局实施一批军民融合重点项目，促进军地创新成果对接转化，加强交通、市政、信息等基础设施领域军民合建共用。高标准建设青岛军民融合创新示范区，组织实施一批军民融合重大工程项目建设，以军港物流保障、军需船舶制造、海防装备设计和海洋权益服务为重点，打造军民融合的技术创新与产业发展链条，提升地方的涉海军工和服务保障水平。

（四）加快打造乡村振兴齐鲁样板

坚持农业农村优先发展，推进现代农业提质增效，进一步改善农村人居环境，持续深化农业农村改革，加快打造乡村振兴齐鲁样板。继续推进乡村振兴

“十百千”示范创建工程和美丽村居“四一三”行动，以点带面推动乡村振兴。

推进现代农业提质增效。强化高标准农田建设，确保粮食产量稳定在1000亿斤以上。像抓粮食生产一样抓生猪生产，着力恢复生猪产能。以海洋牧场建设为抓手，大力发展现代渔业。聚焦粮棉油菜果、花卉苗木、中药材等优势特色产业，加强现代农业产业园、特色农产品优势区、农业产业强镇等载体建设，培育一批优势特色农业产业集群。做大乡村旅游和农村电商，加快培育农村新产业新业态。

推进农村人居环境和基础设施建设。深化美丽乡村和美丽村居标准化建设，深入开展农村“厕所革命”、农村污水治理和村庄清洁、美化、亮化，高质量完成农村人居环境整治三年行动目标任务。推进城镇基础设施向农村延伸，加强农村公路和农村供电、水利、通信、冷链物流等基础设施建设，改善农村生产生活条件。

深化农业农村改革。健全城乡要素合理配置的体制机制，促进城乡产业互动、产业融合、资本联结，综合运用财政、金融、税收等相关手段引导更多城市要素向乡村流动。开展省级农村改革试验区建设，深化农村产权制度改革，完善承包地“三权分置”制度，探索实施宅基地“三权分置”，分类推进农村集体资源性、经营性和非经营性资产改革，推进农村集体经营性建设用地入市。深入推进村级集体经济发展三年行动计划，发展壮大村级集体经济，确保年内集体经济收入3万元以下的村实现清零。

高质量打赢脱贫攻坚战。坚持乡村振兴与脱贫攻坚相结合，积极探索“务工就业增收、扶贫收益增收、土地流转增收、辐射带动增收”等扶贫路径，增强脱贫攻坚后续动力。聚焦革命老区、黄河滩区、湖区、库区等重点区域和老弱病残等特殊困难群体，加大脱贫攻坚力度，落实特殊贫困人口保障政策，全面解决贫困人口“两不愁三保障”等问题。加快黄河滩区迁建进度，强化易地扶贫搬迁后续扶持。建立健全返贫监测预警和动态帮扶制度，防止返贫和产生新的贫困，积极探索解决相对贫困的长效机制。

（五）推动区域经济协调发展

积极对接融入京津冀、长三角和中原经济区发展，打造胶东经济圈、省会经济圈和鲁南经济圈构成的区域发展新格局，重点培育济南、青岛两大都市圈，推动形成世界一流水准的山东半岛城市群，促进区域经济协调发展。积极推进胶东、省会、鲁南三大经济圈一体化发展，重点提升中心城市集聚资源和引领带动的能力，促进生产力优化布局，推动资源要素有序流动。加快实施《山东半岛城市群发展规划（2016—2030 年）》，着力提高城市群开放发展和一体化发展水平，完善城市群基础设施网络和通达水平，创新协同发展的体制机制，着力推进济淄一体化、济泰一体化、青潍一体化和烟威一体化，促进城市群整体竞争力提升。加大区域开放合作力度，进一步融入京津冀协同发展，支持北部各市积极承接北京非首都功能疏解和京津产业转移；积极参与环渤海区域合作，争取与环渤海各省协同构建湾区经济；加强与长三角的经济联系与合作，支持南部各市融入长三角区域发展；深化与沿黄省（区、市）交流合作，增强山东半岛城市群在黄河流域高质量发展中的龙头作用，做好黄河流域对外开放桥头堡和高质量发展排头兵。

（六）深入实施创新驱动发展战略

创新是推动经济新旧动能转换、实现高质量发展的第一动力，应把科技创新摆在山东发展全局的核心位置，力争率先建成创新型省份。应进一步强化企业在创新体系中的主体地位，吸引创新资源和要素流向创新主体，落实支持企业创新的各项政策措施，包括财政扶持、税收优惠、金融支撑等政策，让企业有资金、有意愿加大研发投入，建设成为科技创新领军企业。加强对基础领域研究和关键技术研究的支持力度，争取在相关领域实现一批创新突破；开展重点领域科技创新工程，为山东重点产业发展提供科技支撑。着力推进山东半岛国家自主创新示范区建设、创新型城市建设和国家级高新区创建，在开发区开展高新技术企业倍增计划。强化人才作为创新第一资源的地位，深入实施高科技和稀缺人才工程，加强重点领域高级人才和创新团队的引进、培养和使用。深化科技体制改革，健全科技资源的市场化配置机制，进一步加强知识产权保护；健全科技成果的转化机制，实现科技创新与产业发展的有效衔接。

（七）深化重点领域关键环节改革

实施流程再造，推进“一窗受理·一次办好”改革，推动政务服务事项标准化；深入开展营商环境优化提升行动，完善山东省营商环境评价体系，开展各市营商环境第三方评价；深化“证照分离”改革，在自贸试验区济南、青岛、烟台片区开展“证照分离”改革全覆盖试点。深入推进国企国资改革，进一步完善国有资产管理体制，尽快出台新版国资管理权责清单，启动实施现代企业制度示范工程；选择一批条件成熟的国有企业实施混合所有制改革，在竞争性行业放松或取消准入和持股比例等方面的限制；在重点行业加快国企资源重组，推动各类要素集中于主业；支持条件成熟的省属上市公司实施股权激励。继续推动财税金融体制改革，进一步规范省与市县财政事权和支出责任划分，健全对下转移支付制度；加大减税清费政策落实力度，减轻企业负担；稳步推进地方金融改革，支持城商行通过引进优质战略投资者实现股权结构优化；积极稳妥地发展融资担保、互联网金融、股权融资、要素交易等新业态，支持金融机构扩展普惠金融业务。

（八）持续推进对外开放新高地建设

以深度融入“一带一路”建设为统领，大力推进中国（山东）自贸试验区和中国—上海合作组织地方经贸合作示范区建设，加快开发区转型升级，深化国际贸易投资合作，推进对外开放新高地打造。

大力推进中国（山东）自贸试验区和中国—上海合作组织地方经贸合作示范区建设。以制度创新为核心，以转变政府职能、投资领域改革、贸易转型升级、金融改革创新、创新驱动发展等为重点，高质量建设中国（山东）自由贸易试验区。建立符合山东实际的自贸试验区管理模式，科学开展《山东自贸试验区条例》制定工作。探索在省内国家级开发区、海关特殊监管区等功能区设立自贸试验区协同区或联动区，将自贸试验区先进经验和创新成果在区域内推广。加快中国—上海合作组织地方经贸合作示范区建设，按照跨境发展、物流先导、贸易引领、产能合作的思路，积极探索多边框架下地方经贸合作的新路径、新模式，拓展国际物流、商贸文旅、双向投资等领域合作，打造成为山东深度融入“一带一路”建设的重要载体。

探索中日韩地方经济合作新模式。紧密跟踪中韩自贸协定第二阶段谈判以及中日韩自贸协定谈判进程，积极争取将谈判中的焦点难点问题在山东自贸试验区内先行开展压力测试。支持青岛片区建设中日韩地方经济合作示范区，支持济南片区建设中日韩服务贸易和文化产业合作区，加快烟台片区中韩（烟台）产业园建设。

推动开发区转型升级创新发展。优化开发区形态和布局，按照功能定位整合提升各类园区。坚持市场化运营、专业化服务、国际化发展，实行依法依规充分授权、精简高效的开发区管理体制。深化开发区与世界500强等国际知名企业的战略合作，构建主导产业驱动、龙头企业带动、上下游配套的产业生态圈。创新共享开放合作模式，在开发区探索建设国际合作园区。着力推进国家级经开区开放创新、科技创新、制度创新，优化营商环境，激发对外经济活力，构建现代产业体系，打造改革开放新高地。

培育外贸竞争新优势。深化外贸领域供给侧结构性改革，塑造以技术、标准、品牌、质量、服务为核心的外贸发展新动能。积极培育贸易新业态新模式，加强外贸转型升级示范基地、贸易平台、国际营销网络建设。积极扩大服务业开放，加大科技教育、文化创意、精品旅游、医养健康等领域开放力度，加快服务贸易创新发展。积极主动扩大进口，增强进口集散功能，培育一批国家进口贸易促进创新示范区。

（九）防范化解重大金融风险

加强金融风险预警，密切关注债券兑付风险，加强债券存续期管理；定期和不定期开展各种形式的调研排摸监测，及时掌握全省重点企业风险名单。完善防范化解措施体系，建立薄弱环节金融风险处置工作台账，制定差异化防范措施；严厉打击恶意逃废金融债务行为，扎实开展互联网金融风险专项整治；通过加快推动企业“瘦身健体”、引导企业理性融资投资、创新市场化债转股、加强银行业联合授信管理等方式和途径，形成风险防范化解的“组合拳”；确保实现金融供给平稳接替、确保金融产品流动性合理充裕，避免出现大规模、大面积违约事件。稳妥处理政府隐性债务，完善和落实政府性债务管理制度，全面完成存量政府债务置换，严格管控政府性债务规模和债务率；利用大幅增加地方政府专项债券规模的机遇，积极争取更多项目纳入专项债范畴，为防范隐性债务风险提供支持。加强社会信用体系建设，在更大范围推动相关部门信息共享，帮助金融机构尽早实现基于信用信息的大数据信贷管理，降低企业对抵押担保的依赖，增强金融机构风险防控能力。

（十）大力推进生态山东建设

牢固树立“绿水青山就是金山银山”的理念，以加强环境污染防治和生态建设、大力推进黄河流域生态保护为重点，促进全省生态环境质量持续好转，实现生态山东建设新突破。

着力加强黄河流域生态保护。黄河流域生态保护和高质量发展成为重大国家战略，既为山东带来重大历史机遇，也意味着山东肩负重要责任使命。加强黄河流域生态保护是实现黄河流域高质量发展的重要基础和保障。黄河流经山东9个设区市，黄河山东段628公里，约占黄河总长度的11.5%。山东应着力加强沿黄国土综合保护，深入开展流域防洪工程建设、生态修复和污染综合治理。进一步完善黄河山东段防洪工程体系，高标准抓好黄河下游防洪工程、东平湖滞洪区安居工程建设，确保黄河下游防洪安全；推进黄河流域山东段生态保护与修复、环境污染防治，大力实施湿地治理、河流生态系统修复工程，统筹开展黄河水体、河岸、河口、黄河故道系统治理，加强黄河沿岸农业污染、工业污染和城镇生活污染防治，促进黄河流域山东段生态环境质量持续改善。

坚决打好污染防治攻坚战。加强生态环境治理体系和能力建设，强力推进“四减四增”，强化能源、工业、交通、建筑等重点领域环境污染综合治理，加大生态建设与保护力度，促进全省生态环境质量不断提升。加强大气污染防治，通过优化能源结构、压减煤炭消费、治理、强化工业废气治理、抓好机动车尾气达标排放等措施，全面完成大气污染物总量减排任务。加强水污染防治，深入开展城市污水集中处理、城市黑臭水体治理、工业园区污水处理、农村污水治理、农业面源污染防治，扎实推进入河入海排污口排查整治、近岸海域污染防治，显著改善全省地表水环境质量和近岸海域水环境质量。加强土壤污染防治，持续推进化肥减量增效、农药减量控害、农用废旧地膜回收处理，强化受污染耕地、污染地块的修复治理，促进土壤资源永续利用。加强生态建设与保护，坚持“山水林田湖”系统治理，大力推进泰山区域山水林田湖草生态修复工程，加快实施崂山和昆嵛山等生态治理工程；持续推进“绿满齐鲁·美丽山东”国土绿化行动，加强封山（滩）育林和森林生态廊道建设，深入开展乡村绿化美化和森林城市四级联创，实现山东国土绿化新突破。

B.2
2019 ~2020年山东经济运行的统计分析

杨渊蘅　董晓青*

摘　要： 2019年以来，山东全省以习近平新时代中国特色社会主义思想为指导，深入贯彻落实党的十九大及十九届二中、三中、四中全会精神及习近平总书记视察山东重要讲话、重要指示批示精神，以新发展理念引领高质量发展，坚持稳中求进的工作总基调，全面实施八大发展战略，扎实推进稳增长、促改革、调结构、惠民生、防风险、保稳定的各项工作，全省经济运行继续保持总体平稳、稳中有进、进中提质、承压前行的良好态势，但仍存在工业低速发展态势没有显著改善、区域发展协调性还不够强等问题。2020年，山东应继续按照高质量发展要求，坚持稳中求进工作总基调，全力做好“六稳”工作，加快推进动能转换，坚定不移扩大开放，大力推动区域融合互动发展。

关键词： 经济运行　转型发展　新动能　高质量

2019年以来，山东以习近平新时代中国特色社会主义思想为指导，深入贯彻落实党的十九大及十九届二中、三中、四中全会精神及习近平总书记视察山东重要讲话、重要指示批示精神，以新发展理念引领高质量发展，坚持稳中

---

* 杨渊蘅，硕士，国家统计局山东调查总队调研员，高级统计师，研究方向为经济形势分析；董晓青，硕士，山东省统计局处长，高级统计师，研究方向为统计分析研究。

求进的工作总基调，全面实施八大发展战略，紧盯难点、堵点、痛点，狠抓重点，补短板、强弱项，扎实推进稳增长、促改革、调结构、惠民生、防风险、保稳定各项工作，全省经济运行继续保持总体平稳、稳中有进、进中提质、承压前行的态势。核算数据显示，2019 年前三季度实现地区生产总值 62309.4 亿元，按可比价格计算，增长了 5.4%。其中，第一产业增加值为 3626.5 亿元，增长了 1.0%；第二产业增加值为 27011.3 亿元，增长了 2.5%；第三产业增加值为 31671.6 亿元，增长了 8.8%。

一　2019年经济运行的主要特点

（一）经济运行总体平稳

2019 年以来，山东经济与全国经济运行环境一样，承受着较大的下行压力，但主要指标经济仍保持相对平稳，特别是在一系列稳就业、稳金融、稳外贸、稳外资、稳投资、稳预期政策作用下，全省经济运行在合理区间。

1. 先行指标增势平稳

2019 年前三季度，山东公路水路货运量同比增长 3.6%，比上半年提高 2.6 个百分点；铁路货运量、港口吞吐量分别增长 12.0% 和 8.0%，继续高位运行。

2. 行业生产平稳增长

（1）农业生产基本稳定

2019 年，山东全年粮食生产总体保持稳定，单产水平创历史新高，总产量持续稳定在千亿斤以上，再获丰收。在全国各省（区、市）中，粮食播种面积和总产量列黑龙江、河南之后，居第三位；单产居第七位。全年粮食播种面积为 12469.22 万亩，比上年减少 138.05 万亩，下降 1.1%；单产为 429.62 公斤/亩，每亩增加了 7.68 公斤，增长 1.8%；粮食总产量为 5357 万吨，比 2018 年增加 37.49 万吨，增长 0.7%。夏粮总体呈现“面积减、单产增、总产增”的特点。播种面积为 6004.07 万亩，比上年减少 85.86 万亩，下降 1.4%；单产 425.26 公斤/亩，增加 19.30 公斤/亩，增长 4.8%；总产量 2553.27 万吨，增加 81.04 万吨，增长 3.3%。其中，小麦面积 6002.63 万亩，减少 85.26

万亩，下降1.4%；单产为425.30公斤/亩，增加19.30公斤/亩，增长4.8%；总产量为2552.92万吨，增加81.24万吨，增长3.3%。秋粮呈面积、单产、总产“三减”态势。播种面积6465.15万亩，比上年减少52.18万亩，下降0.8%；单产433.67公斤/亩，减少3.21公斤/亩，下降0.7%；总产2803.73万吨，减少43.55万吨，下降1.5%。其中玉米播种面积5769.70万亩，减少132.32万亩，下降2.2%；单产439.63公斤/亩，减少2.11公斤/亩，下降0.5%；总产2536.53万吨，减少70.63万吨，下降2.7%。

前三季度，全省猪牛羊禽肉类产量527.9万吨，同比下降15.1%。其中，猪肉194.3万吨，下降36.0%；牛肉53.3万吨，增长1.6%；羊肉28.2万吨，增长2.7%；禽肉252.1万吨，增长6.0%。牛奶214.5万吨，增长1.5%；禽蛋325.9万吨，增长3.0%。受非洲猪瘟疫情影响，生猪及产品价格持续走高，猪粮比价由低位时的6∶1上涨至12.9∶1，生猪养殖进入高盈利区间，牛羊禽肉替代效应显现，价格稳步上涨，养殖效益整体较好。出栏一头生猪利润1300元以上，一头肉牛利润7000元左右，一只羊利润800元以上，一只肉鸡利润5~7元，一公斤鸡蛋利润3~4元。蔬菜、水产品等主要农产品生产平稳，为经济平稳发展奠定良好基础。

（2）工业经济运行总体缓中趋稳

2019年前三季度，山东稳就业、稳金融、稳外贸、稳外资、稳投资、稳预期“六稳”各项政策加快落地，新经济发展逐渐加速，全省工业经济运行中的有利因素不断聚积，工业经济运行总体呈现缓中趋稳态势，规模以上工业增加值与上年同期持平。随着国家逆周期调节政策力度的加大，减税降费、稳投资、稳金融等一系列政策实施效果持续显现，多地投资项目陆续开工并加快建设，有力地带动了钢铁、建材等相关行业的快速发展。2019年前三季度，建材、钢铁行业增加值分别增长了4.7%和15.0%，分别高于规模以上工业增加值增幅4.7个和15.0个百分点。以新产业、新产品为代表的工业新动能指标发展壮大。前三季度，高技术产业增加值增速高于规模以上工业增加值增速1.1个百分点。其中，生物药品制造、电子器件制造、智能消费设备制造等新兴产业增加值分别增长9.5%、8.4%和22.9%；分别高于规模以上工业增加值增速9.5个、8.4个和22.9个百分点。传感器、光电子器件、服务器、城市轨道车辆等新产品产量分别增长48.7%、17.8%、17.3%

和5.9%。以营养、健康、智能化为标志的居民消费升级类制造业增势良好，成为工业增长的重要拉动力量。2019年前三季度，规模以上茶饮料及其他饮料制造、专项运动器材及配件制造、可穿戴智能设备制造等行业增加值分别增长3.0%、23.1%和35.3%，分别高于规模以上工业3.0个、23.1个和35.3个百分点。

（3）服务业增势良好

2019年前三季度，服务业实现增加值31671.6亿元，同比增长8.8%，增速分别比GDP和第二产业高3.4个和6.3个百分点；占GDP的比重达到50.8%，比上半年提高0.1个百分点；对GDP增长贡献率为77.0%，比上半年提高3.0个百分点，引领作用持续显现。

规模以上服务业企业经营状况平稳，行业增长面保持基本稳定，七成行业保持增长态势，新兴行业发展较快。1～8月，规模以上服务业实现营业收入4865.5亿元，增长了9.3%，35个行业（31个行业大类及4个行业中类）中有25个行业营业收入增长，行业增长面为71.4%，与前7个月持平。新兴行业发展较快：互联网、信息技术、商务服务等新兴服务业发展势头良好，引领作用不断增强。规模以上服务业中，互联网和相关服务、软件和信息技术服务业、商务服务业营业收入分别增长了62.8%、13.0%、22.4%，分别比规模以上服务业高出53.5个、3.7个和13.1个百分点，三大行业对规模以上服务业增长的贡献率达到36.0%。

私营经济发展空间不断扩大，成为推动服务业较快发展的重要力量。在1～8月规模以上服务业中，私营企业实现营业收入为1364.8亿元，占比为28.1%，比上半年提升0.5个百分点；营业收入增长12.1%，增速比全部服务业高2.8个百分点，分别比国有企业、港澳台商投资企业、外商投资企业高出0.7个、13.7个和8.1个百分点。

随着一系列减税降费政策的扎实落地，企业的获得感显著增强。生产经营景气状况调查显示，三季度规模以上服务业企业中，有40.2%的企业受益于相关政策的帮助和支持，受益面比上季度扩大了0.7个百分点。分行业来看，信息传输软件和信息技术服务业、科学研究和技术服务业、文化体育和娱乐业政策受益企业较多，受益面分别达到49.6%、42.2%和42.2%，依次比平均水平高9.4个、2.0个和2.0个百分点。

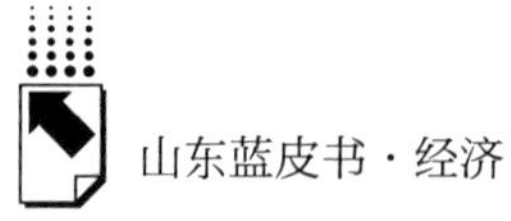

3. 需求领域稳中向好

（1）重大项目加快建设

在123个省重点项目中，已施工建设109个，开工率为88.6%，比上半年提高3.6个百分点；10亿元以上的项目数量、计划总投资、完成投资额分别增长了15.9%、15.7%和11.0%。国家已批复337个项目867亿元的2020年提前下达专项债券。基础设施建设全面提速，济莱高铁、鲁南高铁菏泽至兰考段开工建设，郑济高铁山东段、黄台联络线项目可研报告获得批准；济青高速、滨莱高速改扩建、青兰高速泰安至东阿段、菏宝高速东明黄河大桥段建成通车；省港口集团、机场管理集团组建完成。

（2）投资呈现积极变化

2019年以来，山东全省深入贯彻落实习近平总书记对山东工作的重要指示要求，进一步加大双招双引力度，推进新旧动能转换重大工程，着力实施八大发展战略，投资建设出现积极变化。

一是服务业投资引领作用突出。2019年前三季度，第一产业、第二产业投资分别下降7.8%和28.9%，第三产业投资增长3.0%，拉动全部投资增长1.8个百分点。三次产业投资比例为1.6∶30.6∶67.8，第三产业投资引领作用突出。

二是新动能投资项目占比增多。2019年以来，全省新动能投资项目份额上升，2019年前三季度，新一代信息技术制造业、高端装备、新能源新材料、高端化工施工项目个数占全部制造业项目比重为69.8%，同比提高了6.4个百分点；完成投资占全部制造业比重为87.3%，同比提高了16.6个百分点。

三是民生投资力度加大。2019年前三季度，全省不断加大民生领域投资，人民生活品质进一步提升。学有所教进展明显，教育投资增长了9.0%，其中高等教育、学前教育投资分别增长2.2倍和28.0%；卫生领域投资持续加强，专业公共卫生服务、基层医疗卫生服务投资分别增长了20.0%和19.8%；文化建设成效显著，文化艺术业、体育投资分别增长了40.2%和29.0%；环境污染治理力度进一步加大，大气污染治理投资增长了1.2倍。

四是基础设施建设不断加强。截至9月底，全省基础设施投资已连续5个月回暖，2019年前三季度降幅收窄到5.6%。主要得益于胶东国际机场、鲁南高铁和京台高速等项目的大力推进，交通运输业投资增长29.6%，其中航空、铁路、道路运输业分别增长了56.9%、39.3%和30.2%。信息传输、软件和信息技术服务业投资增长44.4%，其中互联网和相关服务增长了71.4%，高于上一年同期31.1个百分点。

五是高耗能行业投资明显减弱。近年来，山东坚持绿色发展，深入推进“四减四增”，加快发展清洁能源，高耗能行业投资回落，2019年前三季度下降20.9%，占全部投资比重降至10.8%。其中，钢铁、非金属、电力、化工行业投资分别下降了41.9%、28.9%、16.6%和14.6%。

（3）消费品市场平稳发展

前三季度，全省消费品市场保持总体平稳发展态势。实现社会消费品零售总额25560.0亿元，增长6.7%。一是振兴战略促乡村消费潜力释放。前三季度，城镇市场零售额20268.6亿元，增长6.5%；乡村市场零售额5291.4亿元，增长7.4%。受益于山东省乡村振兴战略支持，农村增速高于城镇0.9个百分点，高于社会消费品零售总额增速0.7个百分点。二是消费升级引领智能商品高速增长。在消费升级引领下，科技含量高的新商品需求强劲，大幅高于社会消费品零售总额增速。三是业态融合促网络零售持续快速发展。前三季度，实现网上零售额2879.6亿元，增长15.2%，其中实物商品网上零售额2381.5亿元，增长18.8%，增速比上半年提高1.5个百分点，高于社会消费品零售总额12.1个百分点；占社会消费品零售总额的比重为9.3%，同比提高0.9个百分点，对社会消费品零售总额增长的贡献率为23.6%，已成为拉动消费增长的重要力量。四是文旅活动、夜经济助推餐饮市场走旺。前三季度，实现餐饮收入额2853.1亿元，增长9.8%，增速比上半年提高0.5个百分点，高于社会消费品零售总额3.1个百分点。服务餐饮顺应时代发展，适应个性化消费需求，销售持续走旺，限额以上餐饮配送、外卖送餐服务营业额分别增长25.1%和1.8倍。

（4）房地产开发稳健运行

2019年以来，山东房地产开发市场呈现投资稳健、销售理性、经营平稳的特点。一是开发投资增长稳健，投资重心向住宅倾斜。1～10月，全省房地产开发投资7179.9亿元，增长14.9%，房地产开发投资平稳较快增长。新增项目对房地产开发投资支撑作用较强，总规模达到1.5万亿元，增长43.3%。从房屋类型看，住宅投资5545.9亿元，增长17.3%，增速比前三季度提高

0.4 个百分点；非住宅类商品房投资 1634.0 亿元，增长 7.3%，比前三季度提高 1.4 个百分点。住宅投资占全部投资比重 77.2%，投资重心向住宅领域倾斜。二是房地产市场销售趋于理性，改善型需求进一步释放。在“房住不炒”背景下，全省房地产市场发展趋于理性，1～10 月商品房销售面积 10057.3 万平方米，下降 5.8%，降幅比前三季度收窄 1.4 个百分点。从住宅市场看，住宅销售面积 9040.5 万平方米，下降 3.3%，降幅较前三季度收窄 1.8 个百分点。其中，90 平方米以上中大户型销售持续向好，销售面积 8303.4 万平方米，占全部住宅销售面积的 91.8%，增长 2.6%，增速比前三季度提高 1.5 个百分点，改善型需求明显释放；90 平方米以下小户型住宅销售明显放缓，销售面积 737.1 万平方米，下降 41.6%，占全部住宅销售面积的 8.2%。三是企业到位资金情况良好，项目建设进度加快。1～10 月，房地产开发到位资金 10090.3 亿元，增长 13.7%，为投资完成额的 1.4 倍。从资金来源看，以销售市场回笼资金为主的定金及预收款、个人按揭贷款合计到位 5068.6 亿元，增长 13.9%；自筹资金到位 3151.7 亿元，增长 6.8%；国内贷款到位 1440.5 亿元，增长 39.0%。企业建设资金有保障，在建项目施工建设进度加快。1～10 月，商品房施工面积 72319.6 万平方米，增长 9.6%，增速比前三季度提高 0.7 个百分点。商品房新开工面积 19246.8 万平方米，增长 22.8%，增速比前三季度提高 3.1 个百分点；其中住宅新开工面积 14510.8 万平方米，增长 24.7%，增速比前三季度提高 3.5 个百分点。

（5）对外贸易稳定增长

1～10 月实现进出口 16613.0 亿元，增长 5.9%。其中，出口增长 4.7%，进口增长 7.3%。外贸结构不断优化：一般贸易出口占比为 69.1%，高于加工贸易出口占比 42.8 个百分点；机电产品出口所占比重为 37.3%，高于传统劳动密集型产品出口占比 17.8 个百分点。民营企业表现亮眼，实现进出口 10731.9 亿元，增长了 11.5%；占全省的比重为 64.6%，同比提高了 3.3 个百分点。外贸新兴业态保持快速发展，跨境电商直购出口增长了 74.3%，网购保税进口增长了 82.7%。

4. 财税金融态势良好

2019 年前三季度实现一般公共预算收入 5099.0 亿元，同比增长了 0.7%，其中税收收入下降了 1.0%，落实新增减税降费 1000 亿元以上。9 月末，社会融资规模达到12.5万亿元，同比增长12.3%；社会融资规模增量11784亿元，同比多增4520亿元，为上一年全年增量的128%。金融机构本外币贷款余额为85666.8亿元，增长了11.3%，比年初增加了7490.6亿元，同比多增1526.6亿元。

（二）新动能持续成长

大力发展新兴产业，改造提升传统产业，动能转换成效初显。高端制造和高品质产品快速发展，航空航天器及设备、电子及通信系统设备等高技术制造业持续高位增长，实现增加值增速分别为40.0%和10.6%；光伏电池、稀土磁性材料、光电子器件、服务器等新产品产量分别增长31.6%、24.3%、17.8%和17.3%。网络零售保持较快增长，实物商品网上零售额增长18.8%。智能、环保类商品增势良好，其中，可穿戴智能设备、新能源汽车零售额分别增长了37.0%和1.0倍，能效等级1、2级家电类商品零售额增长了11.2%。新动能投资项目明显增多，新一代信息技术制造业、高端装备、新能源新材料、高端化工施工项目个数占全部制造业比重为69.8%，同比提高6.4个百分点；完成投资占全部制造业比重为87.3%，同比提高16.6个百分点。创新驱动显著增强，布局建设20家“政产学研金服用”创新创业共同体，开展了50个重大基础研究攻关项目。优秀创新成果大量涌现，前三季度全省登记技术合同成交额337.9亿元，增长28.8%，其中先进制造领域登记合同成交额增长33.2%，增速高于全部成交额4.4个百分点。打造高端创新平台，青岛全国首个国家高速列车技术创新中心加快建设，部级以上涉海高端研发平台达到34家；引进微软人工智能等高端研发机构11家，占全国同类研发机构的70%以上。大力培育“专精特新”企业，国家科技型中小企业库入库企业达到8125家。重大创新平台建设加速，山东产业技术研究院揭牌成立，中国科学院海洋大科学研究中心、山东能源研究院启动建设。

（三）转型发展稳步推进

经济结构继续调优，前三季度三次产业增加值比例为5.8∶43.4∶50.8，服务业占比与上一年同期相比提高了1.5个百分点，比第二产业高7.4个百分点；对经济增长的贡献率达到77.0%，为近年来同期最高水平，服务业成为支撑经济增长、转型升级的主导力量。现代服务业增长较快，前三季度互联网及相关服务、商务服务业、软件及信息技术服务业等营业收入分别增长了57.3%、22.1%和14.7%，三大行业对规模以上服务业增长的贡献率为36.0%。服务业持续健康发展，为全省经济平稳发展提供了重要支撑。投资优化调整力度加大，服务业投资占全部投资的比重达到67.8%，同比提高了9.7个百分点。高耗能行业投资持续减弱，下降了20.9%，占全部投资比重降至10.8%，其中钢铁、非金属、电力、化工行业投资分别下降41.9%、28.9%、16.6%和14.6%。传统产业升级改造深入推进，实施投资500万元以上的技术改造项目6543个；“十强”产业快速发展，“四新”产业投资占比达到43.1%，比上半年提高了2.3个百分点。体现新兴技术与高知识密集度的高技术服务业投资力度加大，增长了18.5%；研究与试验发展、互联网及相关服务投资分别增长了1.2倍和71.4%。青岛国际院士港、中国科学院青岛科教园一期和青岛中英生物药物研发平台建设等一系列项目是研发投资增长的主要推动力。消费升级带动明显，发展型和享受型消费增长加快，居民人均教育文化娱乐、医疗保健支出分别增长14.0%和12.8%，增速分别高于居民人均消费支出6.2个和5.0个百分点。最终消费支出对经济增长的贡献率达到60.6%，同比提高6.4个百分点。

（四）市场活力持续释放

加强制度创新、流程再造和“一次办好”改革，新取消省级行政权力事项10项，承接下放管理层级行政权力事项9项，“双随机一公开”监管平台在全国率先上线运行。山东省改善营商环境、双招双引和减税降费等政策力度不断加大，进一步激发了市场主体创业热情。2019年前三季度，全省实有各类市场主体1007.5万户，增长15.2%。新登记市场主体163.2万户，增长了40.2%。其中，新登记企业52.9万户，增长了33.9%；私营企业增长34.6%，所占比重达到98.7%。省属企业混合所有制改革步伐继续加快，实现营业收入达到1.07万亿元，利润总额达到520亿元。持续推进农产品目标价格保险、一般工商业电价等领域价格改革，农村集体资产清产核资工作基本完成，农村宅基地“三权分置”试点在全国率先启动。流通领域有序运转，前三季度公路水路货运量增长3.6%，比上半年提高2.6个百分点；铁路货运量、港口吞吐量分别增长12.0%和8.0%，继续高位运行。

（五）对外开放水平持续提升

2019年以来，山东进出口延续2018年下半年以来的增长趋势，除2月受春节因素影响进出口值大幅下降外，其余各月均维持高位，第一季度、第二季度、第三季度进出口规模分别为4623.9亿元、5126.5亿元、5140.1亿元，呈逐季攀升态势。外贸结构不断优化，前三季度一般贸易出口占比达到69.0%，高于加工贸易出口占比42.4个百分点；机电产品出口占比为37.4%，高于传统劳动密集型产品出口占比18.0个百分点。出口商品结构持续优化，电子技术、计算机集成制造技术、轨道交通装备、集成电路、航空航天技术、太阳能电池等商品出口规模分别大幅增长19.0%、28.0%、62.6%、20.5%、52.6%和3.8倍，助力全省外贸出口增长。民营企业表现亮眼，前三季度有进出口实绩的民营外贸企业达到4.2万家，较上年同期增加3100余家，实现进出口9563.8亿元，增长11.6%，占全省进出口总值的64.2%，对全省外贸增长的贡献度达到111.5%，充分发挥出中流砥柱的作用。外贸新兴业态保持快速发展，前三季度跨境电商直购出口增长51.5%。在稳固传统市场的同时，加大新兴潜力市场开拓力度，前三季度拉丁美洲作为新兴市场稳居山东第一大贸易伙伴地位，且以12.6%的进出口增速领跑山东主要贸易伙伴。随着“一带一路”建设的稳步推进，山东与共建“一带一路”国家的经济贸易合作越来越多，贸易往来更加密切、活跃，对共建“一带一路”国家的进出口额为4247.4亿元，增长了15.5%，占全省进出口总值的28.5%，同比提高了2.3个百分点，成为外贸增长的重要拉动力量。中国（山东）自由贸易试验区正式揭牌，上合组织地方经贸合作示范区建设总体方案获得审议通过，开放型经济新优势加快打造。“双招双引”成效进一步显现，前三季度实际使用外资84.3亿美元，增长5.4%；新设外商投资企业1705家，同比增长10.3%。“齐鲁号”欧亚班列量质齐升，累计发行791列。

（六）生态环境总体持续改善

深入贯彻落实绿色发展理念，深入推进“四减四增”三年行动计划，加快绿色动力发展，能源供给结构进一步优化。前三季度，全省光伏发电、风电、核电、水电等清洁能源发电设备容量达3145.1万千瓦，增长14.8%。一次能源发电量为307.9亿千瓦时，增长85.5%，占规模以上工业发电量的7.4%，同比提高3.5个百分点。在压减产能、市场供需和节能环保等因素共同作用下，传统能源产量明显减少，全省煤炭、原油、火电产量持续减少，前三季度分别下降5.2%、0.4%和4.9%。受原油加工显著放缓、炼化企业产品结构调整影响，汽油、煤油、柴油、原料油等产量均出现两位数下降，合计下降20.9%。能源、垃圾回收利用加快，前三季度余热、余压、余气发电114.4亿千瓦时，增长56.3%，增幅同比提高51.1个百分点；垃圾焚烧发电28.3亿千瓦时，增长12.8%。两者合计可替代煤炭消费600万吨。省外电力、天然气调入规模迅速扩大，前三季度从省外调入电量为710.4亿千瓦时，增长30.3%，增幅比上半年提高16.0个百分点。前8个月，国家三大油气公司供应山东省天然气117.8亿立方米，增长20.7%。工业能耗低位运行，重点行业得到有效遏制，前三季度规模以上工业能耗增长2.0%。分门类看，“两降一升”，其中采矿业能耗下降15.7%，电力、热力、燃气及水的生产和供应业下降3.6%，制造业增长3.3%。二次能源生产效率提高，前三季度规模以上工业能源加工转换效率为79.4%，同比提高0.5个百分点，相当于节约煤炭305.4万吨。从重点监测的68项单位产品综合能耗指标看，下降面为61.5%。坚决打好八场标志性战役，渤海区域环境综合治理、饮用水水源水质保护取得新进展。持续改善生态环境，大气污染防治成果继续显现，重污染天数逐年减少，空气质量明显好转。

（七）民生保障力度持续加强

1. 实施就业优先战略和积极的就业政策，就业形势总体保持稳定

前三季度，城镇新增就业人数达到108.5万人，完成年度计划的98.6%；9月末，城镇登记失业率为3.32%，同比下降0.02个百分点，控制在4%的目标以内。

2. 受猪肉价格拉动影响，居民消费价格指数小幅上涨

前三季度，居民消费价格总水平上涨了2.6%，涨幅同比扩大0.1个百分点，其中，城市上涨2.4%，农村上涨2.9%。在2.6%的涨幅中，新涨价因素约1.7个百分点，创近八年来最高，对价格总水平上涨的影响程度为65.4%。前三季度，食品价格上涨7.1%，拉动CPI上涨约1.35个百分点，影响程度为

51.9%。其中，猪肉、鲜瓜果、鲜菜价格上涨共同拉动CPI上涨约1.04个百分点，影响程度为40.0%。扣除食品和能源价格的核心CPI上涨1.7%，涨幅同比回落0.6个百分点。从当前情况看，CPI上涨主要是结构性因素影响，以猪肉为代表的少数食品价格上涨是拉动CPI上涨的主要因素。前三季度，山东居民消费价格涨幅比全国高0.1个百分点，居全国第9位。在华东六省一市居第3位，高于江西、安徽、上海、福建，低于江苏、浙江。预计第四季度居民消费价格涨幅有所扩大，总体保持温和上涨态势。

3. 持续改善收入分配体系，居民收入稳步增加

前三季度，全省居民人均可支配收入24154元，同比增长8.2%，增速比上半年快0.2个百分点，扣除价格因素，实际增长5.5%，实际增速比上年同期回落0.4个百分点。分城乡看，农村居民收入增长速度快于城镇居民。城镇居民人均可支配收入31879元，增长7.1%，扣除价格因素，实际增长4.6%；农村居民人均可支配收入14472元，增长8.8%，扣除价格因素，实际增长5.7%。农村居民收入实际增速快于城镇居民1.1个百分点，城乡居民收入比由上年同期的2.24下降为2.20。分构成看，全省居民人均工资性收入13718元，增长8.1%，拉动可支配收入增长4.6个百分点，是居民收入的主要来源，主要是各地贯彻落实就业优先战略和稳就业各项政策，就业形势保持总体稳定，外出农民工人数和月均收入继续增长，三季度末全省外出农民工人数增长0.7%，月均收入增长6.7%；居民人均转移净收入3423元，增长10.7%，增速在收入四大项中居首位，主要是各地加大惠民扶贫政策力度和个税改革降低居民税收负担；人均经营净收入5396元，增长6.6%，主要是经营户受惠于减税降费和农产品价格上涨影响；人均财产净收入1617元，增长8.4%，主要是人均转让承包土地经营权租金净收入增长加快，同时住房租赁市场成交活跃，房租价格上涨。

4. 加大力度，增加民生领域投资

补齐城乡基础设施短板，前三季度新开工老旧小区改造16万户，开工率80%；棚户区改造基本建成17.1万套，建成率158.2%，提前完成年度任务。学有所教进展明显，教育投资增长9.0%，其中高等教育、学前教育投资分别增长2.2倍和28.0%；卫生领域投资持续加强，专业公共卫生服务、基层医疗卫生服务投资分别增长20.0%和19.8%；文化建设成效显著，文化艺术业、

体育投资分别增长40.2%和29.0%；环境污染治理力度加大，大气污染治理投资增长1.2倍。着力解决“两不愁三保障”突出问题，全省各级财政安排专项扶贫资金70亿元，1551个产业扶贫项目已开工1070个。黄河滩区迁建累计下达投资计划226.6亿元，27个外迁社区和28个新建村台全部开工。易地扶贫搬迁后续扶持工作全面展开。

二 当前经济运行面临的主要问题

（一）工业稳增长仍需加力

受市场需求不足、传统优势产业动力明显减弱等影响，前三季度规模以上工业增加值增速比上半年回落1.2个百分点，低速发展态势没有显著改善。从重点行业看，41个大类行业中增加值保持增长的仅有18个，增长面仅为43.9%。从120种重点监测工业品看，产量增长面为43.3%。主要影响因素有四点。一是市场有效需求不足。主要工业产品供求关系趋紧，工业生产者价格持续下滑，前三季度出厂、购进价格分别下降0.1%和0.4%，降幅比上半年均扩大0.3个百分点。制造业主要原材料库存指数和产成品库存指数分别连续9个月和4个月下行，9月分别降至43.2%和42.4%，运行在45%以下的低位区间，表明制造业库存两端持续减少，仍处于被动“去库存”阶段，生产动力依然不足。二是传统产业转型困难。传统产业改造提升势头偏弱，部分企业能力不足、意愿不强，前三季度工业技改投资下降23.7%。以纺织、服装等行业为代表的消费品行业陷入困境，2019年以来持续负增长，全省规模以上消费品行业增加值下降5.5%，下拉全省增速1.2个百分点。三是产业布局面临重构。一方面，受市场遇冷、成本提高等因素影响，部分企业已重新调整产业布局，低端优势产能有加快转移苗头。前三季度，外资企业进出口、出口、进口分别下降6.8%、4.5%和10.3%，分别拉低全省进出口、出口、进口增速2.0个、1.5个和2.8个百分点。外资企业流出加大，新登记注册2322户、注销1571户，注销量为新增量的67.7%，仅净增751户。青岛反映，部分企业已着手在欧洲、东南亚等境外选址投资建厂。另一方面，国外投资布局已开始转向产业链的中高端，山东省吸纳能力相对偏弱，前三季度利用日韩投资持续走低。比如，日韩对中国投资转向微电子、新能源电池、电气设备等领域。韩国SK海力士投资86亿美元在江苏无锡建立芯片工厂项目；LG投资20亿美元在南京建设动力电池项目，带动江苏上半年韩资增长63.5%。日本夏普投资超400亿的逻辑芯片项目落户广东自贸区珠海片区。四是企业盈利能力较低。受原材料价格上涨、产品销售遇冷双重挤压，企业利润大幅减少。前三季度规模以上工业利润下降16.5%，降幅比上半年扩大3.9个百分点，比江苏、浙江和广东分别低12.0个、19.3个和19.5个百分点。企业负担居高难下，每百元营业收入成本费用93.76元，比上半年增加0.3元，比全国高1.93元，比江苏、浙江和广东分别高1.02元、2.28元和2.31元。

（二）投资潜能活力亟须激发

前三季度，固定资产投资降幅比上半年扩大2.9个百分点。其中制造业下降29.3%，降幅比上半年扩大3.9个百分点。制造业投资持续下滑，成为稳投资、促转型、强动力的最大症结所在。一是企业增产扩能动力不强。工业企业生产经营景气调查显示，三季度制造业企业有投资的仅占26.4%，比二季度降低0.4个百分点。其中，有三成企业投资用于扩大生产，比二季度降低0.9个百分点。前三季度，制造业新开工项目个数下降23.5%，降幅比上半年扩大7.7个百分点；单体规模下降26.6%，呈明显缩减态势。青岛市反映，2019年以来企业存款出现定期化倾向。东营242家规模以上工业企业调查显示，基本处于持币观望状态。二是促转型升级投资带动力不高。山东省正处于爬坡过坎、提质升级和加快新旧动能转换的关键期，传统路径依赖得到明显改观，"两高一低"投资不断弱化，但占比依然偏高；高新制造业投资规模较小，影响程度相对偏低。前三季度，山东省高耗能制造业投资占比为30.1%，分别高于江苏、广东14.4个和13.9个百分点。装备制造业方面，山东省占比为39.8%，分别低于江苏、广东17.6个和20.3个百分点。三是制造业信贷支持不够。9月末，制造业贷款比年初减少968.8亿元，制造业中长期贷款余额仅占15.5%，制造业融资规模压减，用于中长期建设发展的投资更是偏少。前三季度，制造业到位资金下降30.0%，其中国内贷款下降48.4%，占比为6.4%；自筹资金下降29.2%，占比高达八成以上，制造业投资更多地依赖于企业自筹。此外，煤炭、钢铁、纺织、造纸等传统行业改造升级项目也受到不同程度的限贷。此外，当前山东省经济发展已触及环保、资源和能源“天花板”，资源环境容量明显不足，项目落地制约更多、成本更高、风险更大。

（三）区域发展协调性尚待增强

受外部环境收紧、动能转换加快以及要素制约加大等多重困难矛盾叠加交织影响，产业结构相对单一的市地面临传统产业退化、新项目招引难和新动能跟进滞后等问题，与资源环境容量较大、吸纳能力较强的“三核”地形成“冰火两重天”，在下拉全省经济增速的同时，也减缓了全省转型升级步伐，推迟了动能转换进程，并有沿着产业链、供应链、资金链向全省蔓延的风险。

（四）外贸形势不容乐观

一方面，世界经济的下行压力持续加大。目前世界经济仍呈疲弱态势，美欧日等主要发达经济体经济发展继续放缓，不少新兴经济体经济增长也开始出现放慢迹象。有关资料显示，三季度，美国 GDP 环比增长 1.9%，增速比上季度回落了 0.1 个百分点；同比增长 2.0%，回落 0.3 个百分点，为 2017 年以来最低同比增速。欧元区工业生产萎缩、贸易增速波动回落、价格水平走低，GDP 增长乏力，三季度环比仅增长 0.2%，同比增长 1.2%，增速均与上季度持平。日本近期对外贸易继续下滑。印度尼西亚、墨西哥、中国香港等多数新兴经济体经济增长继续呈现放缓、回落甚至大幅滑坡迹象。特别是实体经济仍陷困局，经济增长动能减弱，表明世界经济并未摆脱衰退风险，影响世界经济增长的不确定因素依然较多。

另一方面，虽然中美经贸摩擦对山东企业的影响整体可控，但仍使企业面临三大困难。国家统计局山东调查总队 7 月对 108 家外向型企业的专题调研显示：对美有出口业务的占 81.5%，当前发展不受中美经贸摩擦负面影响的仅占 7.4%。烟台 36 家对美出口企业中，69.4% 企业对美出口同比下降，受影响较大的有：富士康出口游戏机下降 37%、数字电视下降 89%、宏田汽车零部件刹车盘下降 38%、三力汽车配件下降 54.6%。目前来看，中美经贸摩擦背景下，企业面临三大困难。一是订单减少。比如，聊城某轮胎有限公司 2019 年以来因无法接受美国客户降价的要求，已丢掉 7 个较大客户；安德利果汁因关税提升而停止对美业务，1 ~ 8 月对美出口额同比下滑 97% 以上。二是利润遭挤压。比如，栖霞长裕玻璃产品近40%出口美国，为应对被加征的25%关税，采取降价8%的策略保市场；玫德集团70.0%的市场需求来自美国，为减轻中美经贸摩擦影响，通过20.0%的让利争取留住70.0%的业务，2019年利润损失预计超过1亿元。三是竞争力减弱。中美经贸摩擦不断升级，对企业投资和发展预期产生较大负面影响。比如，济南某机床集团公司深耕美国市场多年，累计合同超过3亿多美元，但被加征25%关税后，企业赢得的美国市场被竞争对手占领。

中美是世界上排名前两位的经济体，经过长期的国际化和全球化发展，两国经济发展非常紧密，互补性融合度很强。当前中美经贸摩擦虽然有所缓和，但其对外贸企业产生的近期冲击不可小觑。叠加目前国际经济增长形势依旧黯淡，2020年山东省的外贸形势将比较严峻。

（五）生猪生产产能恢复面临诸多困难

受非洲猪瘟疫情影响，叠加猪周期因素，近期山东生猪产能大幅减少。截至三季度末，生猪存栏2175.2万头，同比减少28.0%。其中，能繁母猪存栏185.5万头，减少39.1%，后续供应能力趋紧。前三季度，全省生猪出栏2433.1万头，同比下降35.6%。生猪价格快速上涨，生猪平均价格从2月11.5元/公斤的低点上涨至9月的26.8元/公斤，同比上涨99.3%。尽管近期生猪市场价格高位运行，但由于非洲猪瘟病毒致死率高，目前还没有特效疫苗，养殖场户普遍缺乏防控经验，补栏态度相对谨慎，多数养殖户存有“想养不敢养”的心理。国家统计局山东调查总队专题调研显示，61.5%的养殖户表示保持现有规模，仅有33.3%的养殖户表示要扩大规模。虽然2019年8月以来，国家多部委相继出台与生猪产业相关的优惠政策，这将有助于生猪产能的逐步恢复，但是，由于政策落实期、基础设施建设期、种猪生产周期、仔猪育肥周期的存在，生猪产能恢复将是一个长期过程，短期内生猪存、出栏量下降态势仍将持续。

三　几点建议

（一）持续释放政策红利

按照高质量发展要求，坚持稳中求进工作总基调，全力做好“六稳”工作，步步为营、久久为功加快推进经济转型升级。全面落实中央和山东省支持实体经济的各项举措，加强研究、跟踪和配套，最大限度发挥政策效应。继续深入“一次办好”改革，持续优化营商环境，提升企业获得感。深入基层摸实情，逐项梳理难点、堵点和痛点，不折不扣落实好已出台的惠企政策，精准对接化解突出矛盾和问题，着力构建市场机制有效、微观主体有活力、宏观调控有度的经济体制，不断增强经济发展的创新力和竞争力。

（二）加快推进动能转换

进入新发展阶段后，山东省经济转型“空笼期”“阵痛期”与国内外需求不振相叠加，经济增速波动性放缓。为此，紧紧扭住新发展理念推动发展，在千方百计稳增长的同时，坚决限制“两高一低”，确保新旧动能高效转换、有序衔接。一方面，把该“稳”的稳住。统筹把握改革的力度、发展的速度和经济社会可承受的程度，稳定宏观政策、稳定经济运行、稳定社会预期、稳守风险底线，为更好地“进”提供稳定的宏观环境；另一方面，在“进”上取得积极成效。尤要在改革攻坚、创新驱动、结构调整等关键领域勇于进取，促进产业转型升级、提质增效，大力提高全要素生产率，推动山东省经济向形态更高级、分工更优化、结构更合理的阶段演进。

（三）更加注重扩大内需

继续深化供给侧结构性改革，深挖投资、消费潜力，推动供需良性互动，增强经济内生动力。紧盯消费升级新动向，培育新的消费热点，改善提升消费体验。通过实施供给侧结构性改革，全面对接各类转型升级消费需求，促进供需两侧良性互动、协调平衡。建立与新经济发展规律相适应的投融资体制机制，引导资金投向传统产业转型升级、战略性新兴产业、智慧互联式基础设施、三次产业融合发展等领域，大力发展智能经济、数字经济、平台经济、楼宇经济、共享经济、总部经济、夜市经济、特色经济等新经济，扩大有效投资规模。

（四）坚定不移扩大开放

充分利用中国（山东）自贸试验区、中国—上海合作组织地方经贸合作示范区等国家战略平台优势，进一步扩大开放度，强化对外开放的引领作用，以开放促创新、促改革、促发展。健全“一带一路”投资政策和服务体系，引导企业深度参与“一带一路”建设，推动优势产能“走出去”和优质资源要素“走进来”，全面提高对外开放水平，积极参与国际经济技术合作和竞争，为高质量发展提供强大动力。

（五）大力推动区域融合互动发展

积极融入“一带一路”、京津冀、环渤海、中原经济区等国家重大布局，拓展全省经济发展空间。突出做好“三核引领、多点突破、融合互动”发展大文章，提升省内核心城市集聚资源、辐射带动的作用，提升城市群一体化发展水平，促进生产力优化布局，促进资源要素有序流动，提升经济运行效率。要统筹城乡一体化发展，引导城市反哺农村，加快实施乡村振兴，开发广阔农村市场。

（六）着力破解发展难题

一是着力扭转实体经济供需结构错配。通过技术创新、业态创新、商业流程创新，人才培育创新，加快构建新的供需平衡结构，避免新旧动能转换过程中的资源错配和有效需求外溢。二是着力破解资源要素支撑不足。紧密围绕实体经济良性发展，全面落实《山东省人民政府关于印发支持实体经济高质量发展的若干政策的通知》，加快推进制度创新，不断优化实体经济发展环境。在不突破政策红线、不透支资源极限、不引发运行风险前提下，将资金、土地、人才、信息等要素最大限度向实体经济集聚，推动资源利用效率最大化。三是着力防范化解系统性金融风险。充分利用大幅增加地方政府专项债券规模的机遇，积极争取更多项目纳入专项债范畴，为防范山东省隐性债务风险提供支持。确保实现金融供给平稳接替、确保金融产品流动性合理充裕，避免地方政府、中小银行和企业出现大规模、大面积违约事件。

（七）多措并举稳定畜牧业生产

一是加大扶持力度，优化畜牧业发展环境。搞好畜牧业产前产中产后全程服务，引导农村一、二、三产业融合发展，统筹兼顾培育新型畜牧业经营主体和扶持小农户，把小农生产引入现代畜牧业发展轨道。在财政、金融、保险、技改、用地、用电和项目支持等方面出台操作性强的优惠政策，加强对产业发展规划、环境保护、资源配置、土地流转等的宏观调控，促进现代畜牧业经营体系健康发展。二是加强技术创新，构建科技畜牧体系。以企业为主体、基地为依托、产业为导向，构建与现代畜牧业发展相适应的科技创新体系，建立“产—学—研—用”深度融合平台，促进技术创新与产业的直接对接，加快科技成果转移步伐。完善人才培养体系，建立健全人才激励制度，吸引和鼓励涉农类大中专毕业生扎根企业。三是依托“互联网+”，打造智慧畜牧平台。利用物联网、大数据等现代信息技术，建立畜牧业综合信息平台，实时掌握和科学研判畜牧生产形势，以信息化引领畜牧业现代化；向畜牧监管部门和经营主体分别提供养殖、防疫、屠宰等各环节在线监管服务和政策审批、互联网金融、智能养殖、远程诊疗、在线培训及畜产品分销溯源等信息化服务，助力现代畜牧产业转型升级。四是加大力度，加快推进生猪恢复产能。出台更多鼓励生猪养殖的政策，特别是在土地和资金方面，强化具体措施，帮助恢复生产，扩大产能。加强对养殖户包括散养户生猪养殖的防疫技术指导，提供更有效的疫苗和防疫手段，降低养殖风险。保持政策稳定性，减少养殖户顾虑，增强生猪扩产信心。

产业发展与专题分析篇

Industry Development and Special Analysis

B.3
山东制造业发展新动能培育的现状、问题与对策

王　娜*

摘　要：　制造业是山东经济发展的脊梁。在全球制造业深刻变革背景下，山东制造业应紧紧抓住产业升级机会，通过技术创新推动制造业高质量发展，增强制造业核心竞争力。2019年，山东制造业继续依靠创新培育发展新动能，产业转型升级趋势向好，先进制造业发展速度加快。但同时，山东制造业在创新投入力度、创新投入效率、创新投入结构、人才分布结构、“互联网+”与制造业融合程度等方面仍面临一些困境和问题，未来应从加大创新投入、优化研发投入结构、完善创新体系建设、优化创新要素配置、发挥“互联网+”驱动作用、释放创新红利等方面重点突破。

* 王娜，博士，山东社会科学院经济研究所助理研究员，研究方向为数量经济、产业经济。

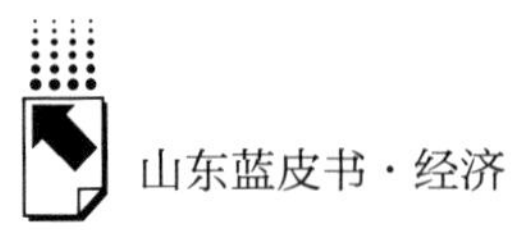

关键词： 制造业　新动能培育　“互联网＋”

当前，全球制造业正在经历深刻变革。山东是全国重要的制造业大省。新中国成立70年来，山东逐步建立起较为完整的工业体系，为经济社会发展奠定了坚实基础。目前，山东已经发展成为拥有41个工业大类、197个种类的工业大省，110种重点产品产量居全国前三位，46种产品产量居全国首位。与此同时，山东制造业的科技创新能力也在不断提高。创新是经济发展的第一动力，也是制造业发展的不竭源泉。创新不仅可以提升制造业的价值链分工地位，使其占据产业链高端，而且能够培育制造业发展的新动能，使其由大到强，实现高质量可持续发展。在山东现有工业基础上，加大创新力度，培育制造业发展新动能，是山东由制造业大省向制造业强省迈进的必由之路。扎实的制造业基础是山东“走在前列”的底气，创新发展则是山东制造业拥抱第四次工业革命，融入全球竞争的最有力支撑。

一　山东省制造业创新发展现状

自新旧动能转换重大工程实施以来，创新被作为推动新旧动能转换的重中之重，制造业是创新要素聚集的主要领域。在创新活力的推动下，2019年山东制造业新动能快速成长，转型升级趋势向好，先进制造业发展速度加快。2019年前三季度，山东航空、航天器及设备、电子及通信系统设备等高技术制造业保持快速增势，实现增加值分别增长40.0%和10.6%；光伏电池、稀土磁性材料、光电子器件、服务器等新产品产量分别增长31.6%、24.3%、17.8%和17.3%。2019年1～10月，新一代信息技术、高端装备、新能源新材料、高端化工等产业施工项目个数占全部制造业比重70.5%，同比提高5.4个百分点。从规模以上工业企业历年统计数据来看，近年来，山东制造业研发经费投入不断加大，创新产出水平不断提升，同时创新发展生态环境不断优化。

（一）创新投入不断增长

2018年，全省规模以上工业企业研究与试验发展（R&D）经费支出达到

1418.5 亿元，占规模以上工业企业主营业务收入比重达到 1.53%，比 2017 年提高了 0.42 个百分点。其中，制造业研发经费支出达到 1333.2 亿元，与 2012 年相比增长了 38.3%；研发人员全时当量达到 365422 人年，比 2012 年增加了 87414 人年，增长了 31.4%。从经费使用去向来看，试验发展经费支出占比最高，2018 年占比达到 97.2%，高于规模以上工业企业 96% 的平均水平；基础研究支出占比提高，2018 年基础研究占比为 0.14%，比上年提高 0.09 个百分点，比 2012 年提高 0.08 个百分点，增长幅度高于规模以上工业平均水平；应用研究支出占比增加，2018 年应用研究占比为 2.7%，比上年提高 0.3 个百分点，比 2012 年提高 1.1 个百分点。从研发经费来源看，企业投入是制造业研发经费投入的主要来源，2018 年企业资金投入占比为 95.5%，政府投入和民间投入占比分别为 2% 和 1.9%，分别比上年提高 0.3 个百分点和 0.7 个百分点。

（二）创新产出水平不断提升

2018 年，山东专利申请量和专利授权量均再创新高，分别达到 238795 项和 132382 项。规模以上工业企业新产品产值达到 15492.7 亿元，新产品项目数达到 40440 项，比 2017 年增加 2167 项。制造业新产品项目数达到 39550 项，比上一年增加 2152 项。持续提升的创新能力带来了不断攀升的经济效益，在创新驱动下，山东 2018 年实现工业增加值 2.89 万亿元，是“十二五”末的 1.1 倍，高新技术产业产值占规模以上工业产值比重达到 37%，装备制造业比重达到 28%，成为工业高质量发展的新引擎。规模以上工业企业资产总计 10.23 万亿元，实现主营业务收入 9.27 万亿元，实现利润 4872 亿元，居全国第三位。规模以上工业企业主营业务收入利润率为 5.26%，比 2017 年提高 0.25 个百分点，企业盈利能力有所增强，规模以上工业主营业务成本 79589.5 亿元，降成本成效明显。创新发展带动了品牌打造，高端品牌培育工作深入推进。2019 年 5 月，山东发布了制造业高端品牌培育企业名单，潍柴动力、歌尔股份、海信集团、青岛明月海藻等共 148 家企业上榜，上榜企业涵盖新材料、装备制造、信息技术等 15 大领域。

（三）创新发展环境不断优化

目前，中国正在加快完善制造业创新体系建设。2019 年，相关部门新批复建设智能网联汽车、轨道交通装备、农机装备、先进功能纤维等4个国家级制造创新中心。国家已累计批复了13家国家制造业创新中心、指导各地认定了107家省级制造业创新中心，同时更多支持制造业创新发展的新政正在加快落地，以推进创新成果的产业化和商业化。在制造业创新体系不断完善的同时，金融业也为制造业高质量发展提供了大力支持，更多的金融资源流向先进制造业和高技术制造业。

在国家创新环境不断优化的背景下，山东加速谋划制造业创新发展新政，奋力打造制造业强省。从智能制造、“互联网+”到制造业转型升级和高端装备制造，近年来，山东出台了一系列促进制造业高质量发展的政策文件。2017年，山东出台了《山东省智能制造发展规划（2017—2022年）》，采取专项支持、试点示范、强化基础等措施，推进智能制造发展。2017年7月，山东省出台了《关于贯彻国发〔2016〕28号文件　深化制造业与互联网融合发展的实施意见》，指出应立足山东制造业与互联网产业基础优势，加快融合发展进程，推进制造业数字化、网络化、智能化，形成新型制造业体系，提高制造业综合竞争实力。2018年10月，山东省出台了《山东省高端装备制造业发展规划（2018—2025年）》，聚焦装备制造业发展的重点领域，实施“七大工程”，通过高水平技术平台建设，推进重大技术装备创新，推动高端装备制造业加快发展，成为新旧动能转换的强大动力和制造强省的重要支柱。2019年1月，山东省出台了《山东省装备制造业转型升级实施方案》，从提高发展质量、提升创新能力、增强竞争实力、优化产业布局等方面提出装备制造业转型升级的总体要求、重点任务和实施路径，推动全省装备制造业转型升级。2019年5月，山东出台全国首个“智能+”省级政府文件，《关于大力推进“现代优势产业集群+人工智能”的指导意见》，不仅促进五大新兴产业集群加快成长，也推动五大传统产业集群转型升级。2019年4月，山东省工信厅出台了《山东省制造业创新中心建设工作指南（试行）》，极力迎合了制造业创新发展的重大需求，有力推动了山东制造业创新生态系统建设。2019年，相继认定虚拟现实、先进印染技术、高端智能家电、海洋药物等多家制造业创新中心，已累计认定10家省级制造业创新中心。2019年7月，《山东省深化“互联网+先进制造业”发展工业互联网的实施方案》经山东省政府同意正式印发，成为山东发展工业互联网的纲领性文件。从规模以上企业统计数据来看，“十三五”期间，山东省有研发活动的企业数量不断攀升，最高时达到8920家，比2015年的5766家增加了54.7%。创新正成为山东制造业发展的“底色”，树立新理念，用好新技术，山东制造业正努力闯出一条高质量发展新路径。

2019年7月，山东产业技术研究院挂牌成立。在成立不到半年时间里，山东产业技术研究院已累计洽谈引进高技术项目100余项，落地50余项，完成注册高技术产业化公司19家，引进省外投资总额超过50亿元，41个创新平台揭牌。山东产业技术研究院的成立为创新主体协同创新搭建了平台，有效链接了科研和产业“两张皮”，不仅增加了产学研互动，更是为产业创新发展打造了良好的生态环境。

二　山东省制造业新动能培育面临的主要问题

新旧动能转换重大工程的实施为山东制造业转型升级提供了良好的发展机遇和发展环境，从“山东制造”向“山东创造”和“山东智造”转变，山东这一制造业大省正在努力转变。但是作为传统工业大省，在制造业创新发展过程中，山东仍面临一定的困境和问题。

（一）制造业创新投入有待进一步加大

近年来，随着创新发展环境的不断优化，山东创新投入不断增加。然而，与苏浙粤相比，山东制造业研发经费投入规模较小，研发人员数量较少，仍存在较大的提升空间。从制造业研发投入规模来看，山东高于浙江但落后于江苏和广东（见图1）。与2017年相比，2018年，山东制造业研发经费投入规模有所下降，研发经费内部支出为1333.2亿元，与江苏差距约为670亿元，与广东差距约为740亿元，差距比2017年进一步拉大。从研发人员全时当量来看，山东制造业研发人员全时当量低于另外三省（见图2），且增速缓慢，广东、浙江两省研发人员全时当量增速明显快于山东和江苏。2012~2018年，山东研发人员全时当量从278008人年增加至365422人年，增长幅度为31.4%，而同一时期江苏、浙江、广东的增长幅度分别为40%、72.9%和54.5%。从研发投入强度来看，2018年山东研发投入强度为2.15%，比2017年下降了0.26

个百分点，仅处于全国第9位。其中，规模以上工业企业研发投入强度仅为1.53%（以研发经费内部支出/主营业务收入计算），低于山东省整体研发投入强度。对于有良好产业基础的制造大省山东而言，只有进一步加大制造研发投入规模和投入强度才能向制造强省迈进。

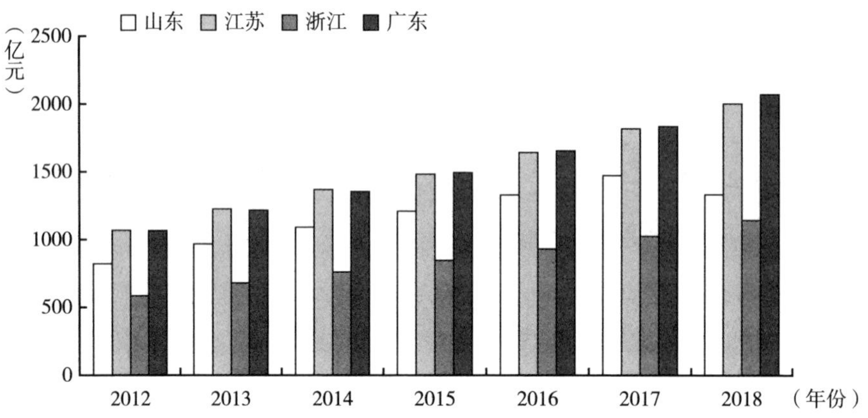

图1　鲁苏浙粤制造业研发经费支出的对比

资料来源：根据《中国科技统计年鉴》和各省统计年鉴数据整理。

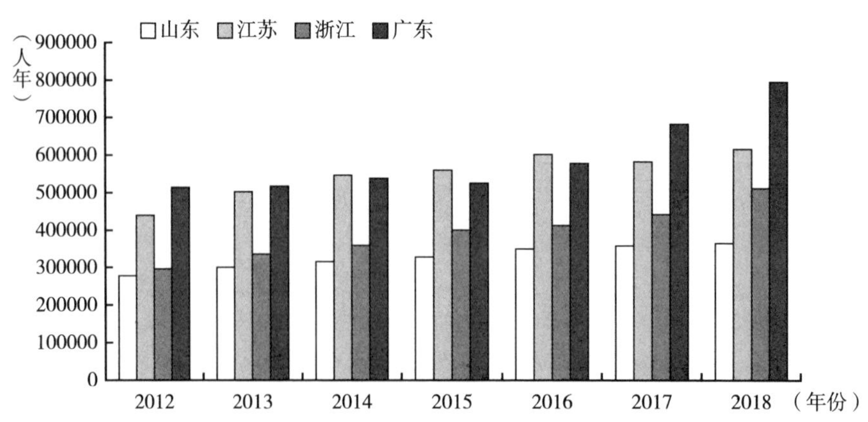

图2　鲁苏浙粤制造业研发人员全时当量对比

资料来源：根据《中国科技统计年鉴》和各省统计年鉴数据整理。

（二）制造业创新效率有待提高

创新效率是研发投入能否取得成效的关键因素，然而从创新投入产出比来看，山东制造业创新效率并不高。鉴于部分年度专利指标数据难以获得，以制造业新产品销售收入（下年）/新产品研发经费（当年）和制造业新产品项目数（下年）/新产品研发经费（当年）两个指标代表制造业研发投入产出比，并在鲁苏浙粤四省之间进行对比（见图3和图4）。对比结果显示，浙江省新产品研发投入产出比最高，远高于其他三省。多数年份下，山东新产品研发效率低于另外三省。2017年，山东新产品研发效率与上年相比有所下降，两类投入产出比分别下降24.7%和4.3%，同一时期浙江新产品研发效率约为山东的两倍。

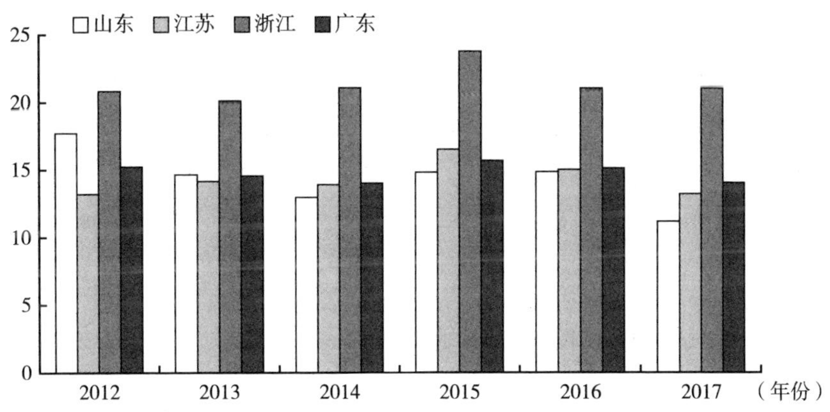

图3　制造业新产品研发的投入产出比（A）

资料来源：根据《中国科技统计年鉴》和各省统计年鉴数据整理和计算。

从衡量创新效率的另一指标——全要素生产率的变化来看，2000年以来，山东全要素生产率出现下降趋势，虽然这一变化与全国的整体变动趋势基本一致，但是从鲁苏浙粤四省的对比来看，山东全要素生产率较另外三省仍存在一定差距，尤其是自2008年开始，受全球金融危机影响，全要素生产率持续下降。从全要素生产率的分解因素变化来看，全要素生产率下降主要来自技术效率因素的下降，近年来技术进步指数变动仍呈现上升趋势，但由于技术进步指

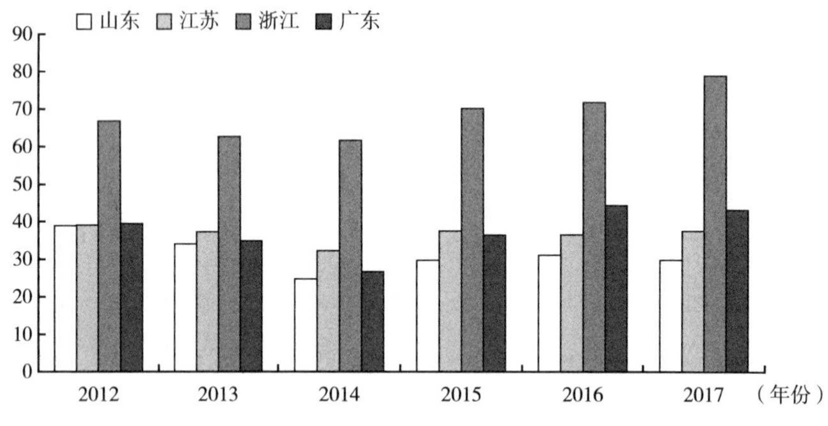

图 4　制造业新产品研发的投入产出比（B）

资料来源：根据《中国科技统计年鉴》和各省统计年鉴数据整理和计算。

数数值较小，难以弥补技术效率引起的下降，全要素生产率整体仍处于下滑阶段。[①] 上述现象表明当前一个阶段，工业化时期技术创新对要素配置效率的促进作用已逐渐减弱，新一轮科技革命下，技术创新尚未真正促进生产效率的提高，创新效率的提升有赖于信息技术向生产力的实质性转化，对于制造业而言应包括新技术与传统制造业的有机融合以及数字化制造、智能化制造的加速成长。

（三）制造业创新投入结构亟待优化

山东的支柱产业主要有化工石油、机械制造、金属冶炼等，从分行业研发投入和研发效率的对比发现，山东制造业研发投入的行业结构尚需进一步优化。从山东省制造业研发投入的行业分布来看，研发投入前 10 位的行业排名为化学原料和化学制品业、电气机械及器材制造业、计算机通信和其他电子设备制造业、医药制造业、有色金属冶炼业、通用设备制造业、汽车制造业、专用设备制造业、黑色金属冶炼业和石油煤炭及其他燃料加工业。以新产品研发经费的投入产出比代表新产品研发效率，与研发经费支出规模进行对比（见图 5），2018 年有色金属冶炼业和石油煤炭及其他燃料加工业的研发效率接近，

① 张卫国、郭东海：《改革开放富起来》，山东人民出版社，2019，第 111 ~117 页。

且远高于其他行业（对应数值分别为 28.1 和 27.4），其次为电气机械及器材制造业和汽车制造业（对应数值分别为 15.7 和 15.5），其余排名依次为计算机通信和其他电子设备制造业、通用设备制造业、化学原料和化学制品业、专用设备制造业、医药制造业和黑色金属冶炼业。这意味着部分行业（如有色金属冶炼业和石油煤炭及其他燃料加工业）尽管研发投入规模不大，但是研发效率相对较高，对于这类行业应考虑继续加大研发投入，以促进研发投入的产出效率提升。

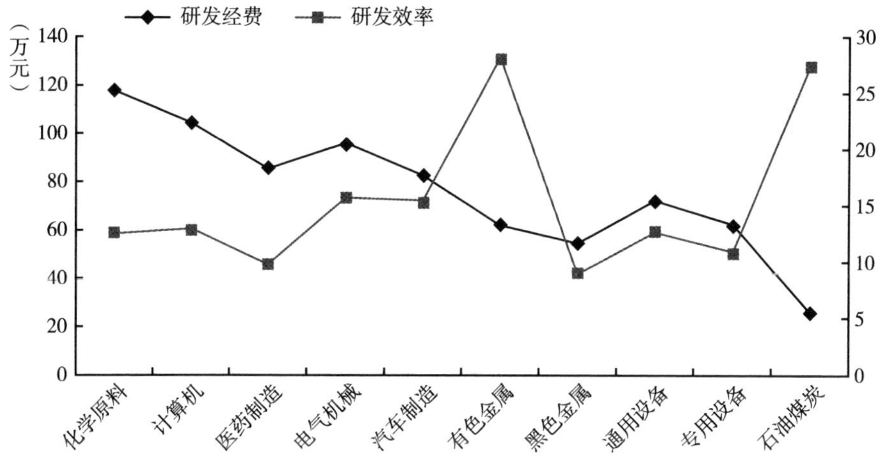

图 5　2018 年山东制造业主要行业新产品研发经费支出规模与研发效率对比

资料来源：根据《山东统计年鉴》数据整理和计算。

从企业的所有制结构来看，在 2018 年山东省规模以上工业企业中，有限责任公司、股份有限公司和私营企业三者的研发经费内部支出最高，三者经费之和约占规模以上工业企业研发经费内部支出的 88.5%，且 90% 以上的研发经费来自企业资金。与之相比，国有企业和集体企业的研发投入相对较少，二者研发经费之和仅占规模以上工业企业研发经费内部支出的 0.67%。随着国家对民营企业市场准入门槛的降低，国有企业、集体企业因垄断地位形成的政策红利将逐渐减少，在民营企业研发支出不断增加，创新能力不断增强的背景下，国有企业和集体企业有必要加大研发经费投入，以提高自身的市场竞争力，应对民营企业研发投入增长带来的冲击。

（四）创新型人才缺乏，人才分布结构有待调整

山东传统产业占工业比重约70%，从企业的微观角度来看，不少传统制造业企业的创新意识依然薄弱，创新动力不足，企业“重生产轻研发”的思想尚未完全转变。导致企业研发人员少、研发活动少、研发能力较弱、创新水平较低。加之部分企业创新激励机制尚未健全，难以有效激发员工的创新积极性，也难以形成对外来创新人才的吸引力。近年来，山东人才流失现象较多，其中本科以上学历人才的流失尤为严重，这使先进制造业的人才缺口也进一步扩大。

与此同时，山东重点产业的人才分布结构不尽合理。以新一代信息技术产业为例，高素质信息产业人才相对缺乏。随着济南量子谷、青岛国际创新产业园、国家超级计算济南中心等国际先进水平产业聚集地的诞生，山东新一代信息技术产业发展势头迅猛，但相关产业人才数量却明显不足，尤其是高层次人才相对比较缺乏，产业影响力、带动力尚显不足。在山东新旧动能转换“十强产业”中，新一代信息技术产业既是制造业新动能培育的重要载体，又是传统动能改造提升的助燃剂，应加大这一领域的人才引进力度和注重本地人才培养。

从山东人才分布现状来看，高学历高层次人才多集中分布在高校和科研院所，企业人才分布较少，技术人才研发活动与市场需求不匹配甚至脱节、人才潜力开发和使用效率较低。高技能人才更是面临严重短缺、分布不均衡、人才总量和结构与产业规模不相称、人才队伍建设亟待加强等问题。

（五）“互联网+”制造业发展的新动能培育不足

在“互联网+”创新驱动制造业发展过程中，山东乃至全国均处于起步阶段，在制造业转型升级、价值链地位上移、关键技术突破和智能化水平提升等方面仍与发达国家存在较大差距。从全省“互联网+”制造业的发展情况来看，目前还存在网络基础设施建设不完善、数字经济起步晚增速慢、网络安全和管理等配套工作重视不足等问题。《中国数字经济发展与就业白皮书（2019）》显示，2018年，山东数字经济占GDP比重在全国排第8位，数字经济增速排名第12位，这与山东现有的资源禀赋和产业基础并不相称。在未来

互联网的应用中，工业领域特别是制造业将成为互联网的重要应用领域和技术载体，山东作为制造业大省，拥有发展工业互联网的先天优势。2019 年 11 月，工信部发布了 2019 年跨行业跨领域工业互联网平台，共有 10 家企业的工业互联网平台上榜，山东凭借海尔 COSMOPlat 和浪潮云 In－Cloud 一举夺得两个工业互联网平台席位。《中国智能化发展指数报告（2019）》显示，2018 年，山东智能化发展指数居全国第 6 位，但智能制造指数位居全国第一。截至 2019 年 10 月，山东已培育国家智能制造试点示范项目 34 个，居全国首位。工业互联网平台创新与竞争的大幕已经拉开，对坐拥资源、产业禀赋的山东而言，应着力挖掘数据资源的基础作用，以大数据、云计算、物联网等技术为引领，布局人工智能、区块链等新兴产业，升级化工、机械制造等基础产业，推动工业互联网创新应用，使“互联网＋制造业”的红利充分释放。

三 山东制造业创新发展的对策建议

（一）加大研发投入力度，优化研发投入结构

根据山东省人民政府《关于深化创新型省份建设若干措施的通知》，到 2020 年，山东研发经费投入强度要达到 2.6% 以上，但目前来看，山东省制造业平均研发投入强度远低于这一水平，因此应进一步加大对制造业的研发投入力度。一方面，企业是制造业创新发展的主体，应从政策层面加大对企业研发的资金支持，优化创新政策环境。具体而言，可以推出更多的支持创新的政策，加大创新补贴的广度和强度，从而增强企业创新动力。尤其需要加大对民营企业、中小企业的扶持力度，推动创新资源向更具创新活力的企业集聚。另一方面，应鼓励企业自主加大研发投入，特别是加大对基础性研究的投入，使企业研发中心具备足够的实力来选择创新方向和组织研发活动。同时，政府应充分发挥资源整合优势，建设与科研活动配套的公共服务平台，降低企业研发成本；引导社会资金流入和聚集，有机融合金融资源与科技资源，为制造业发展提供高质量、高效率的资本市场服务。

仅依靠加大创新投入还不足以促进制造业高质量发展，应通过优化研发投入结构以释放更大的创新潜力。不同类型企业的创新效率存在差异，应通过加

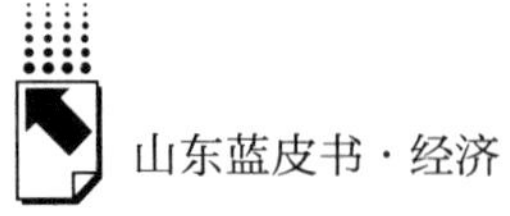

强对企业发展前景和创新成果转化能力等方面的考察，细化企业创新能力评价；通过完善研发投入经费的绩效评价机制，促进企业降成本增效益；通过加强研发投入的精准性，提高研发投入经费的产出效率；通过建立公平竞争的体制机制，为企业创新发展营造良好的创新环境。不同类型行业的创新效率也呈现显著差别，应结合行业劳动生产率、资本利用效率、研发投入增速、增加值占比增速等变量的表现，对行业竞争力进行评定，对未来产业发展规律进行研判，优先支持具有核心竞争力的行业进行研发，推进特定行业的转型升级和创新发展，在避免效率损失的同时促进制造业整体创新水平的提高。

（二）加快建设和完善创新体系，重视培养应用型人才

加快创新体系建设，促进成果转化。首先，应深化科技体制改革，破除创新体系建设中的机制障碍，大力推进科技成果转化的相关政策落实，完善支持成果转化的配套政策，打通科技与经济结合通道的“最初一公里”和“最后一公里”，促进科技成果转化。其次，应强化企业的创新主体地位，明确企业、大学、科研机构在创新活动中的功能地位，加强产学研互动，形成协同创新的有效机制。再次，加快制造业创新中心建设，为“政产学研金服用”的协同创新提供高质量载体，汇集多方科研资源进行前沿技术研发和核心技术攻关，提高制造业自主研发实力和能力，同时增加研发密集型企业的投资资本收益，实现研发资源共享、技术成果共享和商业利益共享。最后，推进制造业创新平台建设，发挥山东产业技术研究院等创新平台的桥梁作用，完善人才链、资本链、产业链和价值链，促进技术资源、市场应用的无缝对接。

重视教育培训，大力培育应用型人才。人才是制造业转型升级的重要支撑，但山东仍存在创新人才缺口，且人才结构不平衡。应完善人才引进、人才培养等制度安排，为培养领军人才、战略型人才以及青年科技人才提供有力支撑，推进创新团队建设。针对应用型科技人才缺乏问题，可借鉴美国的“教育与训练”方面的计划，加强面向应用的教育培训，根据新一轮工业革命带来的制造业变革，培养一批面向制造业创新需求的应用型创新人才。

（三）优化创新要素配置，完善创新激励机制

提高创新要素配置效率，即实现资金投入结构优化、人力资本按需分配、

知识资源合作共享。对于传统制造业企业，可以通过提高人力资本素质、增加知识资源存量、改善金融资源配置状况等，实现创新要素的质量和效率提升；对于新兴制造业企业，可以通过建立新型创新要素培育基地如科技企业孵化器实现创新要素的有效聚集和科学配置。创新要素配置还要适应制造业高质量发展阶段产业优化升级的需要，聚焦重点产业、重点区域和重大工程，兼顾改造提升传统优势制造业和培育战略性新兴产业，实现资本、技术与产业之间的耦合发展。

按照省委、省政府关于新旧动能转换重大工程决策部署，结合高端装备制造业发展规划，以济南、青岛、烟台“三核引领”、淄博、枣庄、潍坊、济宁、泰安、威海等胶济和京沪铁路沿线城市“一带支撑”的区域布局为参照，依托这些地区的区位、交通和资源优势，引导创新资源在这些区域的优先配置，发挥这些地区优质企业集聚、互联网经济发达等功能优势，积极培育技术创新要素、信息创新要素和制度创新要素等新型创新要素。与此同时，将生态、节约、循环等绿色理念融入创新要素配置模式中，将提高产出水平和资源节约、污染减少、持续发展作为创新发展的共同目标。

通过改进和完善创新激励机制，引导创新资源的高效配置。首先，落实和完善支持制造业转型升级的人力资源政策，创新成果薪酬分配制度。通过大项目吸引高端人才，同时以财务激励机制留住高端人才；其次，鼓励科研院所与企业的技术合作和利润共享，通过股权收益、期权确定等激励方式，让科技人员更多地享有技术升值的收益，充分调动科技人员创新创业的积极性，让科技人员“名利双收”。

（四）发挥“互联网＋”驱动作用，进一步释放技术红利

首先，优化和完善新一代互联网基础设施，夯实网络基础建设。借助“5G”等新一代通信技术，为工业互联网建设开展延时更低、质量更高、覆盖更广、带宽更大的改造升级，加快网络提速降费工作，为中小企业加入互联网平台降低成本。同时对企业内网进行改造升级，推动 IPv6 在工业领域的普及应用，推动传统产业的网络升级和数字化转型。

其次，充分利用工业互联网平台，促进“互联网＋”与制造业的深度融合。鼓励企业通过工业互联网平台进行资源整合和资源共享，利用互联网平台

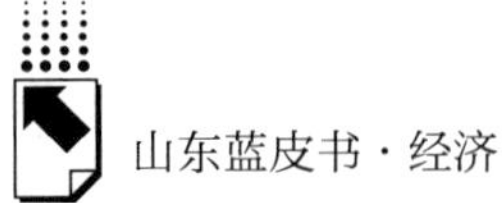

实现对企业的运行监测和跟踪评价，借助互联网平台开展针对用户个性需求的精准性产品设计和生产制造。发挥行业或区域内龙头企业的引领、示范和带动作用，加强对跨行业跨领域工业互联网平台的培育工作，为企业平台建设提供共性技术支撑，推进企业智能化技术改造。

再次，加大对“互联网＋”制造业新动能培育的技术供给和资金支持。对工业操作系统、工业大数据系统等关键技术研究给予重点关注，加速人工智能、区块链等新技术在工业互联网中的应用，延伸和拓宽工业互联网相关技术链、产业链。依托新旧动能转换基金，支持企业加大技术研发、加快智能化数字化转型。

最后，加强互联网治理的顶层设计，保障工业互联网的网络信息安全。完善互联网信息管理、信息保护等法律法规，依法保障网络安全。引进技术领先的智能网关、智能传感和控制、工业安全等软硬件产品，为工控设备提供安全的网络环境，促进工业互联网健康稳定发展。

B.4

山东现代服务业发展质量评价与对策建议

王　双*

摘　要： 党的十九大报告中指出，我国经济已由高速增长阶段转向高质量发展阶段，建设现代化经济体系必须坚持质量第一，效益优先，推动经济发展质量变革、效率变革、动力变革。改革开放40多年来，服务业已成为山东第一大产业和经济增长的主动力，擎起国民经济的半壁江山。在梳理山东现代服务业发展现状的基础上，从规模维度、效率维度、动力维度三方面入手对其发展质量进行评价，找出存在的问题与不足。未来，山东应进一步发挥重点行业的引领作用，优化提升传统服务业，大力培育壮大具有高技术含量和高附加值的现代服务业。

关键词： 现代服务业　发展质量　多维度评价

2018年，山东实现服务业增加值3.79万亿元，位居全国第三位，三次产业结构为6.5∶44.0∶49.5，“三二一”产业结构得到进一步巩固。2019年以来，山东全省以习近平新时代中国特色社会主义思想为指导，大力推动服务业由高速增长向高质量发展转变。服务业特别是现代服务业保持了较快增长，对经济增长的贡献持续提升，“稳定器”作用愈加明显，成为山东经济平稳发展的有力支撑。

一　山东现代服务业发展现状

现代服务业主要指依托电子信息等高技术或现代经营方式和组织形式而发

* 王双，山东社会科学院经济研究所博士，助理研究员。

展起来的服务业，其发达程度是衡量地区综合竞争力和现代化水平的重要标志。现代服务业全国至今没有统一的定义和范围。根据2011年《国民经济行业分类》和山东省制定的《山东省服务业统计报表制度》等标准规范，参考国内外相关研究成果，现代服务业主要包括第三产业中以下十个门类：信息传输、软件和信息技术服务业，金融业，房地产业，租赁和商务服务业，科学研究和技术服务业，水利环境和公共设施管理业，居民服务、修理和其他服务业，教育，卫生和社会工作，文化、体育和娱乐业。与现代服务业相对应的其他服务业行业，为传统服务业。

（一）产业规模不断扩大

2007年至今，山东服务业发展进入全面深化阶段，服务业发展规模逐渐扩大，产业增加值呈现持续上升趋势。为了贯彻落实《国务院关于加快发展服务业的若干意见》，省政府出台了《关于贯彻国发〔2007〕7号文件　进一步加快发展服务业的意见》、《关于加快发展养老服务业的意见》（2008）、《关于加快发展生产性服务业的意见》（2009）、《山东省“十二五”家庭服务业发展专项规划》（2015）等，重点培育金融保险业、现代物流业、科技与信息服务业、文化旅游业、房地产业、商务服务业、养老等现代服务业产业发展。据统计，2007～2018年，山东省服务业保持平稳较快发展，规模持续扩大，贡献持续提升（见图1）。2018年服务业增加值达到37877.4亿元，是2007年的4.39倍，服务业占GDP比重由33.4%上升为49.5%。2019年前三季度，服务业实现增加值31671.6亿元，增长8.8%，增速分别比GDP和第二产业高3.4个和6.3个百分点；占GDP比重达到50.8%，比上半年提高0.1个百分点；对GDP增长贡献率为77.0%，比上半年提高3.0个百分点，引领作用持续显现。

（二）产业结构明显改善

2007年至今，三次产业变动由9.7:56.8:33.5转变为2018年的6.5:44.0:49.5，服务业占比增加16个百分点（见图2）。2016年，服务业占比首次超过第二产业1.5个百分点，产业结构呈现“三二一”发展新格局，近几年，“三二一”产业结构得到深化与巩固。2019年前三季度，传统服务业发展稳定，全省社会消费品零售总额2.6万亿元，同比增长6.7%；货运量累计完成25亿吨，同

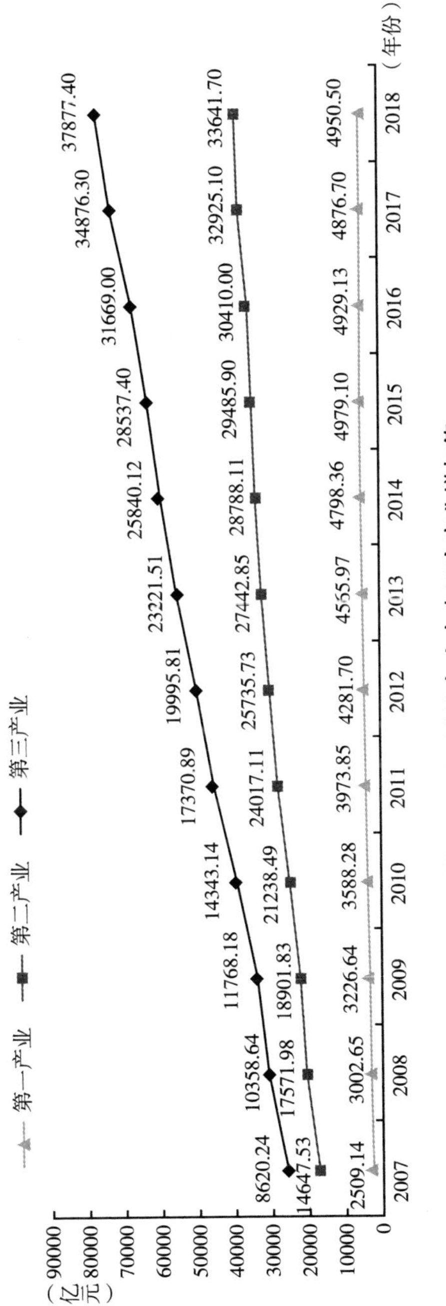

图1　2007~2018年山东省三次产业增加值

资料来源：2008~2019年《山东统计年鉴》。

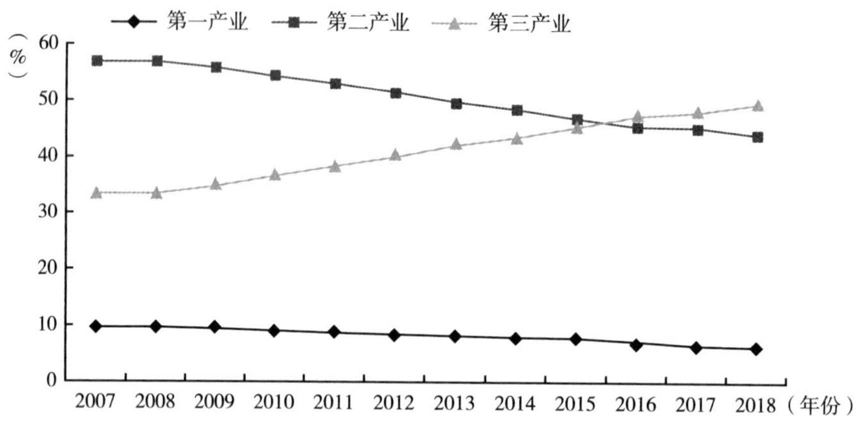

图2　2007～2018年山东三次产业构成情况

资料来源：2008～2019年《山东统计年鉴》。

比增长3.6%；金融机构本外币贷款余额8.6万亿元，增长11.3%。现代服务业发展迅速，互联网和相关服务，商务服务业，信息传输、软件和信息技术服务业等重点服务业保持两位数增长，增速分别为62.8%、22.4%和13.0%，三大行业对规模以上服务业增长的贡献率达到36%；快递服务企业业务量累计完成19.6亿件，同比增长31.4%，业务收入累计完成202亿元，同比增长25.4%。

（三）税收收入稳步提升

2019年前三季度，全省服务业完成税收3589亿元，占全部税收的41.3%。其中水利环境和公共设施管理业，信息传输、软件和信息技术服务业，科学研究和技术服务业等行业增势明显，增速分别达到35.4%、24.1%和22.0%。济南、临沂、泰安和威海的服务业税收占总税收的比重超过50%，济南达到62.6%，菏泽、泰安和临沂的服务业税收同比增速较快，分别为12.6%、9.2%和5.7%。①

（四）发展后劲持续增强

服务业固定资产投资在固定资产投资总额中占比较大。从表1可知，2007

① 数据来源：山东省统计局。

年，山东服务业固定资产投资额为4668.4亿元，到2018年，山东服务业固定资产投资总额达到33198.3亿元，是2007年的7.11倍。山东服务业占GDP比重由37.2%上升为58.8%，提高了21.6个百分点。2019年前三季度，全省服务业固定资产投资增长3%，全省三次产业投资构成由上年同期的1.9∶40.4∶57.7调整为2∶30.6∶67.4，比第二产业高出36.8个百分点，同比提高9.7个百分点，投资占比连续3个季度保持在65%以上。金融业，科学研究和技术服务业，交通运输、仓储和邮政业，信息传输、软件和信息技术服务业，投资增速超过两位数，分别为32.2%、23.7%、17.6%和16.9%。2019年1～10月，高技术服务业投资保持较快增长，高耗能行业投资明显下降，投资产业结构不断优化。高技术服务业投资增长23.2%，比全部投资增速高31.9个百分点，占全部投资比重4.0%，同比提升1.1个百分点。其中，科学研究和技术服务业以及信息传输、软件和信息技术服务业投资分别增长30.7%和20.4%。高耗能行业投资下降20.1%，占全部投资比重10.8%，同比降低1.9个百分点，其中黑色金属冶炼和压延加工业、石油煤炭及其他燃料加工业投资分别下降38.8%和33.9%。

表1　按产业分固定资产投资总额

年份	固定资产投资额（亿元）	按产业分（亿元）			构成（%）			服务业固定资产投资额增速（%）
		农业	工业	服务业	农业	工业	服务业	
2007	12537.0	360.4	7508.2	4668.4	2.9	59.9	37.2	18.6
2008	15435.9	563.2	8182.1	6690.6	3.6	53.0	43.3	43.3
2009	19031.0	614.8	9615.4	8800.8	3.2	50.5	46.2	31.5
2010	23276.7	551.8	11332.4	11392.5	2.4	48.7	48.9	29.4
2011	25927.1	533.3	12425.3	12968.5	2.1	47.9	50.0	13.8
2012	30319.8	679.6	14432.3	15207.9	2.2	47.6	50.2	17.3
2013	35875.9	644.8	17204.1	18027.0	1.8	48.0	50.2	18.6
2014	41599.1	705.3	21287.7	19606.1	1.7	51.2	47.1	8.8
2015	47381.5	898.3	24092.7	22390.4	1.9	50.8	47.3	14.2
2016	52364.5	973.6	27425.7	23965.1	1.9	52.4	45.8	7.0
2017	54236.0	1029.6	26876.3	26330.1	1.9	49.6	48.5	9.9
2018	56459.7	959.8	22301.6	33198.3	1.7	39.5	58.8	12.6

资料来源：2008～2019年《山东统计年鉴》。

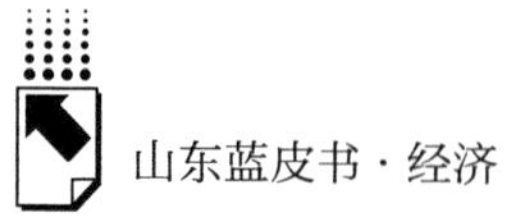

（五）发展质量明显提高

现代服务业发展优化了山东省服务业的内部结构，培育了信息传输、软件和信息技术服务业、互联网和相关服务、研发与设计服务、服务外包、康养、旅游、人力资源服务等新兴产业，成为山东省经济发展重要的经济增长点。2019 年前三季度，新兴行业发展较快，规模以上服务业企业经营状况平稳，行业增长面保持稳定，七成行业保持增长。规模以上服务业实现营业收入 4865.5 亿元，增长 9.3%，35 个行业（31 个行业大类及 4 个行业中类）有 25 个行业营业收入增长，行业增长面为 71.4%，与前 7 个月持平。新兴行业发展较快。互联网、信息技术、商务服务等新兴服务业发展势头良好，引领作用不断增强。规模以上服务业中，互联网和相关服务，信息传输、软件和信息技术服务业，商务服务业营业收入分别增长 62.8%、13.0%、22.4%，分别比规模以上服务业高 53.5 个、3.7 个和 13.1 个百分点，三大行业对规模以上服务业增长的贡献率达到 36.0%。

（六）产业集聚作用不断增强

2017～2019 年，山东省共确定了 22 个省级现代服务业集聚示范区，包括 8 个县（市、区）和 14 个服务业园区，规划总投资 5239 亿元，截至 2019 年前三季度，完成累计投资 2986 亿元，占规划总投资的 57%。从集聚格局看，22 个集聚区分布在全省 13 个市，涵盖文化创意、电子商务、现代物流、商贸流通等多种形态。从集聚效果看，8 个县（市、区）服务业增加值占 GDP 的比重均超过 60%；14 个服务业园区从业人员 35.2 万人，其中超过 1 万人的园区有 9 个；阿里巴巴、猪八戒网等知名平台企业和一批电商、创意等企业陆续落户各集聚区，带动了集聚区规模扩大、质量效益提升，对全省现代服务业集聚集群发展起到积极的示范带动作用。

二　山东现代服务业发展质量评价

高质量的现代化经济体系应坚持质量第一、效益优先，以供给侧结构性改革为主线。从供给侧来看，高质量的现代化经济体系需进行“三大变革”，从经济发展规模维度来看，服务业高质量发展不仅要注重“质”而且要关注“量”，追求发展速度和效益平衡；在效率维度，应着力消除影响服务业发展的体制机制障碍，发挥市场在资源配置方面的调节作用；在动力维度，发挥科技创新能力对现代服务业的积极影响，以新动能加快促进现代服务业持续快速发展。以“三大变革”共同促进服务业发展质量的整体提升。

（一）规模维度

近年来，山东服务业取得长足发展。2016～2018 年，全国服务业增加值占 GDP 比重分别为 51.8%、51.89%、52.16%，与全国相比，山东服务业发展规模相对较低，同时期服务业增加值占 GDP 比重分别为 47.3%、48.0%、49.5%。2019 年前三季度，山东规模以上服务业实现营业收入 5510.7 亿元，增长 8.8%，增速比全国低 0.5 个百分点，比江苏、浙江、广东分别低 0.3 个、6.4 个、2.2 个百分点，在 31 个省（区、市）中居第 13 位，处于中上游水平。

从经济总量方面看，广东、浙江、江苏、北京、上海、山东服务业增加值均位居全国前列。2018 年，广东服务业增加值高达 52751.2 亿元，位居全国首位，同比增长 9.7%，高于山东约 40%。江苏服务业增加值为 47205.2 亿元，位列全国第二，同比增长 9.3%，高于山东约 25%。与此同时，2018 年浙江、北京、上海服务业增加值同比增长 11.3%、8.7%、7.8%，山东服务业增加值为 37877.4 亿元，位居全国第三，同比增长 8.6%（见表 2）。

表 2　2007～2018 年部分地区服务业增加值比较

单位：亿元

年份	广东	浙江	江苏	北京	上海	山东
2007	14076.8	7613.5	9730.9	7236.1	6821.1	8620.2
2008	16321.5	8799.3	11888.5	8375.8	7872.2	10358.6
2009	18144.0	9975.0	13629.1	9179.2	8930.9	11768.2
2010	20711.6	12063.8	17131.5	10600.8	9833.5	14343.1
2011	24464.9	14449.1	20842.2	12363.1	11142.9	17370.9
2012	27061.0	16071.2	23518.0	13669.9	12199.2	19995.8
2013	30503.4	17948.7	27197.4	14986.5	13785.5	23221.5
2014	33223.3	19220.8	30599.5	16627.0	15275.7	25840.1
2015	36853.5	21341.9	34084.8	18331.7	17274.6	28537.4
2016	41446.0	24091.6	38152.0	19995.3	19662.9	31669.0

续表

年份	广东	浙江	江苏	北京	上海	山东
2017	48085.7	27602.3	43169.7	22569.3	21191.5	34876.3
2018	52751.2	30724.0	47205.2	24553.6	22843.0	37877.4

资料来源：2008～2018 年《广东统计年鉴》《浙江统计年鉴》《江苏统计年鉴》《北京统计年鉴》《上海统计年鉴》《山东统计年鉴》，2018 年各省（区、市）国民经济和社会发展统计公报。

从产业结构方面看，北京、上海服务业占 GDP 比重明显高于全国先进省（区、市），其中北京为 80.98%，上海为 69.90%，浙江、广东服务业占 GDP 比重高于全国平均水平，分别为 54.67% 和 54.23%，江苏、山东低于全国平均水平，服务业占 GDP 比重分别为 50.98% 和 49.53%（见表 3）。

表 3　2018 年部分地区服务业占 GDP 比重

单位：%

	全国	广东	浙江	江苏	北京	上海	山东
服务业占 GDP 比重	52.16	54.23	54.67	50.98	80.98	69.90	49.53

资料来源：2018 年各省（区、市）国民经济和社会发展统计公报。

从发展速度方面看，2018 年广东、浙江、江苏、上海、山东服务业增速高于全国平均水平，其中上海增速高达 8.7%，山东服务业增速为 8.3%，高于广东（7.8%）、浙江（7.8%）、江苏（7.9%）等省（区、市），保持了较快增长水平（见表 4）。

表 4　2018 年部分地区服务业增长速度

单位：%

	全国	广东	浙江	江苏	北京	上海	山东
服务业增速	7.6	7.8	7.8	7.9	7.3	8.7	8.3

资料来源：根据 2018 年《中国统计年鉴》《广东统计年鉴》《浙江统计年鉴》《江苏统计年鉴》《北京统计年鉴》《上海统计年鉴》《山东统计年鉴》，2018 年各省市国民经济和社会发展统计公报计算得出。

（二）效率维度

高质量发展的重要表现是市场资源配置和生产服务供给的高效率，从投入产出比和产业效率等指标可以体现。据统计，2018 年，北京服务业投入产出比为 3.57，广东、江苏、浙江服务业投入产出比分别为 1.82、1.72、1.27，同时期山东服务业投入产出比为 1.14。从生产效率指标看，相比第二产业，服务业的最大优势在于其生产效率比较高，即同样数量的人力资本投入，服务业产出高于第二产业。2007 ~ 2015 年服务业产出效率低于第二产业，2016 年至今，服务业产出效率高于第二产业，并逐渐拉大差距。2016 年，服务业产出效率为 13.4 万元/人，当年第二产业产出效率为 12.9 万元/人，差距为 0.5 万元/人。2018 年，服务业产出效率为 16.6 万元/人，第二产业产出效率为 15.4 万元/人，差距上升为 1.2 万元/人。

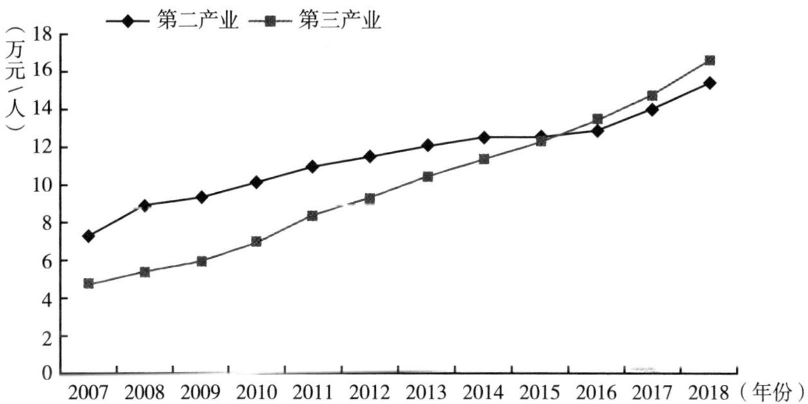

图 3　2007 ~ 2018 年山东服务业（第三产业）与第二产业生产效率*

说明：从业人员的产出效率为增加值除以同期平均从业人员。

资料来源：2008 ~ 2019 年《山东统计年鉴》。

（三）动力维度

现代服务业以现代科学技术特别是信息网络技术为主要支撑，格外倚重科技进步与创新。从 2018 年各地区研究与试验发展（R&D）经费情况来看，各地区持续加大科技经费投入力度，广东 R&D 经费投入为 2704.7 亿元，位居全国首位，排名第二、三位的是江苏、北京，R&D 经费投入分别为 2504.4 亿元、1870.8 亿元，山东 R&D 经费投入为 1643.3 亿元，位列全国第四。

从山东服务业就业情况来看，2007～2018 年山东和全国服务业就业人数占就业总人数比重呈上升趋势，2018 年山东服务业就业人数占就业总人数比重为 36.9%，同时期全国服务业人数占就业总人数比重为 46.3%。山东服务业就业人数占就业总人数的比重低于全国平均水平，2007 年山东比全国低 2.4 个百分点，到 2018 年，山东比全国低 9.4 个百分点（见表 5）。由此可见，山东服务业是吸纳劳动力就业的最主要产业，为服务业高质量发展提供动力支持，但其吸纳能力低于全国平均水平，且这种差距呈扩大趋势，需要引起重视。

表 5　2007～2018 年山东与全国服务业就业情况主要指标对比

单位：万人、%

年份	全国			山东		
	就业总人数	服务业就业人数	服务业就业人数占就业总人数的比重	就业总人数	服务业就业人数	服务业就业人数占就业总人数的比重
2007	75321	24404	32.4	6081	1826	30.0
2008	75564	25087	33.2	6188	1919	31.0
2009	75828	25857	34.1	6294	1983	31.5
2010	76105	26332	34.6	6402	2042	31.9
2011	76420	27282	35.7	6486	2088	32.2
2012	76704	27690	36.1	6554	2141	32.7
2013	76977	29636	38.5	6580	2224	33.8
2014	77253	31364	40.6	6606	2289	34.6
2015	77451	32839	42.4	6633	2331	35.1
2016	77603	33757	43.5	6650	2360	35.5
2017	77640	34872	44.9	6561	2368	36.1
2018	77586	35938	46.3	6181	2281	36.9

资料来源：2008～2019 年《中国统计年鉴》和《山东统计年鉴》。

2019 年前三季度，高技术服务业投资力度加大，增长 18.5%；研究与试验发展、互联网和相关服务、科学研究和技术服务投资分别增长 121.9%、71.4% 和 26.3%。金融创新支持强劲，济南首创“人才有价”评估平台，与银行、保险等机构联动，形成“银行授信、保险担保、政府补偿、基金支持、配套参与”多维金融创新协同机制，量化测算人才资本价值。山东山大华天软件有限公司通过人才有价系统评估获得亿元授信。推动实体零售创新转型，山东举办零售业创新转型培训班，聚焦培育消费支撑力，通过线上线下融合、业态模式创新、质量服务提升，形成持续增长的新动能。

三　制约山东现代服务业发展的主要问题

（一）传统观念制约

山东是儒家文化的发祥地，儒家文化以农为本、重农轻商的思想深刻影响着经济社会发展。在当前世界科技革命、产业变革的背景下，思想保守、小富即安的传统观念已成为制约山东经济社会发展的桎梏。仅有率先从思想观念上取得突破，才能把握发展大势，在新旧动能转换中做到创新领先发展。当前，许多地方对于现代服务业的认知尚不充分，导致对现代服务业的重视程度不够，没有将现代服务业置于与第一、二产业相同的地位，仅将现代服务业作为一产、二产的附属物，严重制约了现代服务业的发展。

（二）区域发展不均衡

山东现代服务业存在显著的区域发展非均衡特征。全社会固定资产投资、人力资本水平、城镇化率、出口规模和进口规模等因素对现代服务业发展具有明显影响。从区域分布来看，山东省东部沿海地区，如威海、烟台、青岛和潍坊现代服务业增加值达1000亿元以上；中部地区，如东营、淄博、临沂、泰安和济宁，现代服务业增加值达到500亿元以上；西部地区发展相对滞后，许多城市现代服务业增加值达不到500亿元。① 现代服务业发展呈现不平衡局面。

（三）产业集聚程度较低

现代服务业高质量发展要求企业实现集聚发展和分工协作，单一的服务业企业已无法满足服务业高端发展的目标和任务。从山东现代服务业发展现状来

---

① 陈景华、王素素：《现代服务业发展的地区差异与影响因素——以山东为例》，《山东社会科学》2018年第8期。

看，近年来，现代服务业中小企业数量急剧增长，规模逐渐扩大，但是企业产业集聚程度相对较低，地缘分布不够合理，尚未形成竞争有序、合理分工的现代服务业集聚发展格局，无法实现资源合理配置，制约了现代服务业结构优化升级。

（四）龙头企业相对缺乏

当前，山东省现代服务业与国内外先进地区现代服务业发展水平仍有较大差距，培育现代服务业龙头企业是加快形成产业集群的关键环节，有利于加快产业结构调整、培育新的经济增长点。针对当前省内现代服务业企业“小、弱、散”的现状，应加快培育和引进具有较强竞争力和较大规模的龙头企业，特别是具有高技术含量、先进管理水平、知名品牌服务的大企业集团。

（五）体制机制约束

体制机制约束是制约山东现代服务业发展的一大障碍，一方面，现代服务业市场准入门槛较高，很多行业资源以政府干预为主，使现代服务业发展缺乏活力和市场竞争力，无形中限制了现代服务业发展；另一方面，政策措施不完善，仍存在体制不顺、机制不活等问题，亟须坚持创新体制机制，完善法律法规和各项行业规章，提高市场化程度。

（六）高端人才紧缺

人才是现代服务业发展的第一资源，现代服务业发展依托电子信息技术，是知识密集型部门。较高的行业进入门槛也对人员素质有较高要求，员工需具备较高的科学技术水平和专业背景。针对山东现代服务业人员整体素质参差不齐，高端人才短缺的现状，需要一支结构合理、素质优秀的创新人才队伍，应加大人才的培养与引进力度，制定适应各行业特点的人才引进计划，探索建立人才培育机制。

四　山东现代服务业发展提升对策

近年来，山东把全面推动经济转型升级作为转方式、调结构的关键，加快服务业转型升级是推进结构调整和创新驱动的“敲门砖”。应大力发展重点行业和产业，发挥重点行业的引领作用。优化提升传统服务业，大力培育壮大具有高技术含量和高附加值的现代服务业。

（一）加大现代服务业政策支持

按照高质量发展要求，积极发挥政府规划引导作用，强化政府职能，建设服务型政府，营造良好的政策环境，加快形成公平透明的政策支持体系。充分调动市场主体积极性，深化供给侧结构性改革，着力打造产业新引擎、加快培育新动能。一是统筹促进山东现代服务业发展，大力支持现代服务业创新，加快落实国家、省、市相关扶持政策，因地制宜制定相关政策，引导现代服务业高质量发展。二是立足山东产业转型升级需求，结合宏观产业发展规划，确定现代服务业发展的战略目标、重点领域、发展思路、保障体系等，制定现代服务业产业发展战略和专项规划。三是创新财政政策，助推现代服务业创新发展，引导国家级金融机构加大对山东相关产业的支持力度，加快设立现代服务业发展引导资金，运用贷款贴息、投资补助等多元方式，重点支持现代服务业重点领域、引领项目、薄弱环节建设。支持财政资金预算向现代服务业倾斜，设立各类现代服务业专项资金，引导社会资金支持现代服务业。

（二）降低现代服务业融资成本

引导金融资源配置到现代服务业发展的重点领域和关键环节，积极发挥资本市场作用，扩大服务业贷款规模，创新金融产品，借助互联网大数据等技术，突破银行授信中信息不对称的难题。拓宽投融资渠道，加快资本市场发展，提高直接融资比重，支持服务业企业通过上市、发行债券、引进股权投资等多种渠道融资，鼓励产业投资基金、创业投资机构、融资性担保机构等服务业企业提供融资服务，提高金融服务的效率。积极培育成长性好、科技含量高的现代服务业企业上市融资。积极发展新兴金融组织和业态，推动互联网金融规范有序发展，发展各类创业投资和股权投资基金。规范小额贷款公司、典当行、融资担保公司、商业保理公司、地方资产管理公司、区域性股权交易市场、融资租赁公司等地方金融组织和机构建设。鼓励新兴的非银行金融机构发

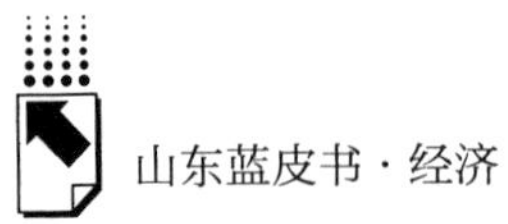

展，探索建立各类特色鲜明的现代服务业产权交易市场打破行业垄断和所有制政策歧视，引导民间资本参与金融市场，构建活跃的金融市场。

（三）优化服务业供给结构

聚焦服务业重点领域，重点培育现代服务业，引导生产性服务业向专业化和高端价值链延伸，生活性服务业向精细和高品质转变。一是充分发挥山东新旧动能转换工程对新动能培育的引领作用，积极支持科技含量高、产业链带动作用明显的集成电路、人工智能、5G等重大优质项目引进和建设，以人工智能的融合应用为契机，加快多产业融合步伐，大力推动软硬融合、制造与服务融合、网络和产品融合，加快转型升级，构建产品、内容、服务融合的产业生态体系，加大对具有优势的EDA（电子设计自动化）工具、碳化硅材料、红外成像芯片等领域项目的支持力度。二是促进现代物流、现代商贸等流通服务业转型发展，引导全省实体零售企业围绕“加快发展流通促进商业消费”，推动流通创新发展，优化消费环境，促进商业繁荣。要深入推进传统零售创新转型、便利店品牌连锁发展，鼓励和引导重点零售企业加快向数字商务方向发展，引领市场主体向数字化、网络化、智能化发展，适应消费新模式趋势。三是扩大教育、医疗、养老、文化、体育等社会服务有效供给。在教育方面，积极举办各类教育培训服务，推进优质教育资源放大，着力扩大优质教育资源覆盖面。在医疗方面，深化医药卫生体制改革，加快推动优质医疗资源扩大供给、均衡布局，进一步推动社会办医持续健康规范发展，增加医疗服务供给、促进民生改善。在养老方面，进一步扩大养老服务供给，大力发展城市社区养老、居家养老、机构养老等服务，有效拓展农村养老服务，逐渐满足广大老年人多样化多层次养老需要。在文化方面，利用数字和网络技术与文化产业充分融合，推动有发展潜力的“互联网+”文化新业态企业做大做强，将传统文化产业转型升级为网络信息时代“互联网+”文化产业，成为文化产业发展的新动能和新增长点。在体育方面，促进体育产业与多元产业相互融合，鼓励市民积极参与体育健身活动，促进全面健身、拉动体育消费，鼓励社会力量办体育，多渠道丰富体育服务供给，不断满足人民群众日益增长的体育需求。

（四）优化现代服务业土地供应

优化土地供应调控机制，加强服务业用地保障，研究制定符合服务业发展需求的投资强度和用地标准，保障服务业高质量发展用地需求。适应服务业新产业、新业态、新模式特点，创新用地供给方式，优先保障现代服务业项目的用地需求。结合土地利用总体规划修编，逐步增加现代服务业发展用地比例，政策鼓励工业企业利用自有工业用地举办促进企业转型升级的自营生产性服务业，经依法批准，对提高自有工业用地容积率用于自营生产性服务业的工业企业，可按新用途办理相关手续。鼓励利用闲置土地资源发展现代服务业，适当简化用地手续。针对不同行业、不同类型工业项目特点，推行弹性年期出让、租赁、使用标准厂房等多种用地方式。对具有龙头带动性或战略引领性的新兴产业工业项目用地，可实施“退二进三”“退低进高”，对提高自有工业用地容积率用于自营生产性服务业的工业企业，依法按新用途办理相关手续。加强历史建筑的活化利用，有效发挥历史建筑服务功能。

（五）降低现代服务业税负

加大对生产性服务业税收力度优惠，落实国家已出台的在现代物流业、科技服务业、信息技术、会展业、金融服务等领域的税收优惠，并且支持在节能环保领域服务行业的发展。进一步优化税收制度结构，打通服务业内部，二、三产业之间抵扣链条，消除重复征税，最大限度降低企业的税收负担，让企业发展“轻装上阵”，将更多的精力和资本投入研发和生产中。全面落实国家和省内出台的服务业收费减免政策，实施税费优惠，对新设立的服务业企业可适当减免房产税和城镇土地使用税，实行研发投资税前扣除政策。扩大税收优惠的范围，使其惠及现代服务业细分行业，增加现代服务业中小企业税收减免税种。调整税收优惠政策的流程，将税后征税环节向税前征税环节调整，在税率优惠、加速折旧、成本费用列支、延期纳税等环节实行优惠。加大对乱收费行为的监督检查力度，规范行政事业性收费项目。

（六）建设现代服务业人才体系

人才是现代服务业发展的第一资源，尤其是在研发设计、信息咨询、金融证券、互联网等生产性服务业，人才问题更为重要。应加快构建现代服务业人才发展体系和公共人才服务体系，大力开发和储备现代服务业发展所需的人才，列入经济社会发展总体规划。积极推广先进的管理理念和发展模式，实施人才引进和人才培育专项计划，建立健全人才吸引和人才激励机制，营造有利于人才发展的创业、生活和人文环境，引进国内外现代服务业领军企业、前沿创新机构和高端专业人才，着力构建符合人才发展需要的社会氛围和市场环境，靠人才引领发展。同时，要加强服务业人才培育，在高等院校、职业院校加快开设现代服务业相关紧缺专业，不断满足金融投资、文化旅游、健康养老、研发设计、品牌建设等现代服务业发展的人才需求，坚持校企合作、产学研结合，加快探索建立校企合作服务业实训基地和人才工作站，实现全省现代服务业发展水平的跨越式快速提升。

（七）推进产业融合发展

充分发挥现代服务业高辐射性的特点，促进现代服务业、先进制造业和现代农业融合发展，强化服务业对先进制造业和现代农业的全产业链支撑，打造以服务业为主体的一、二、三产业融合龙头企业，推进相关服务业态和环节整合重组，构建产业融合的生态系统，实现现代服务业聚变式发展，培育打造新的经济增长点。一是充分利用制造业的“市场需求”，深化“双轮驱动”，不仅要发展服务型制造，推动企业发展重心从“产品和技术”向“应用与服务”转变，而且要推动服务型企业向制造拓展，搭建服务制造融合平台，借助智能化生产体系，提高现代服务业与先进制造业融合发展效率。二是引导新型农业生产经营主体向生产经营服务一体化转型，培育多元化融合发展主体。大力发展融合新业态，鼓励发展生产、生活、生态有机结合的功能复合型农业，促进农业生产托管、创客空间、田园综合体、乡村旅游等融合创新模式。推动农业服务社会化，扩展农业服务内容，创新数字农业、现代农业、会展农业、农业金融等新业态新模式。三是提高服务业内部融合发展效率，共建“平台+模块”产业集群。以创新为驱动提高现代服务业的服务功能和水平，提升现代服务业各行业专业集聚程度，发挥集群效应，加快形成功能完备的现代服务业产业链网络，发挥平台型、枢纽型服务企业的引领作用，打造良性现代服务生态系统，提高行业配套水平和综合服务能力，实现现代服务业高质量发展。

（八）建立健全服务业国际供给产业体系

深化服务业改革开放，持续扩大现代服务业对外开放程度。一是扩大对外开放，抓住中国—上海合作组织地方经贸合作示范区、中国（山东）自由贸易试验区、胶东半岛经济圈一体化发展等战略叠加机遇，吸收借鉴上海等自贸试验区等扩大开放综合试点经验，在放宽准入限制、规范标准等方面创新体制机制，在省内形成可复制可推广的“山东经验”，打造面向世界的服务贸易新高地。二是有序推进各领域开放发展，由于现代服务业涉及范围较广，行业差别大，应根据行业特色制定不同的开放策略，做到“梯度开放、有序推进”。山东应结合优势产业，制定开放战略。全面开放文化旅游、商贸物流、人力资源服务等开放程度较高的领域，深入推进科技服务、康养、教育等与人民群众生活密切相关的领域开放，稳妥开放金融服务、医疗卫生、社会服务等领域。三是拓展海外发展空间，加快外向型经济发展步伐，打造联通东西、汇聚南北的开放型服务贸易新高地，推进电子信息技术、电子商务、科技服务、金融服务等平台建设，打造一批国际知名现代服务企业，形成具有高美誉度的品牌，推动山东服务贸易走向世界。四是注重“双招双引”，提高企业市场竞争力，借招商引资、招才引智东风，打造良好发展环境，实现转型升级和高质量发展。五是探索建立有助于服务市场扩大开放和投资自由化的国民待遇 + 负面清单管理模式，鼓励外商投资山东省科技创新、工业设计、工程咨询、检验检测认证、商贸物流、健康养老等现代服务业领域。

（九）深化体制机制改革

创优现代服务业发展环境，推进现代服务业发展更加有序、高效。一是优化营商环境，放宽市场准入，开展“双创双服”活动，激发社会资本积极参与现代服务业发展。减少服务业企业设立的前置审批和资质认定，破除“玻璃门”“弹簧门”等诸多制度壁垒，探索服务业“准入前国民待遇 + 负面清单”开放新模式，鼓励各类民营资本和社会资本投入现代服务业，提高市场化程度，激发服务业市场主体发展活力，形成多元主体的竞争新格局。二是持续深化“放管服”改革，进一步深化行政管理体制改革，推动简政放权，建设服务型政府。提升审批效能，学习借鉴新加坡、新西兰等先进经验做法，构建联合审批平台，逐步实现企业网上登记注册，减少行政审批事项。三是深化集中行政许可权改革，实行“一颗印章管审批”，降低行政成本，克服人员管理、业务流程再造、服务能力提升等方面的缺陷，切实提高审批效率。四是完善现代服务业诚信体系，以政府为主导，健全现代服务业服务规范、服务标准和诚信记录，构建跨地区、跨部门、跨领域守信联合激励和失信联合惩戒机制，逐步建立公共和社会信用服务机构互为补充、信用信息基础服务和增值服务相辅相成的多层次、全方位信用服务体系，鼓励和支持行业协会、企业联盟等行业组织建立，充分发挥其在市场开发、行业规则制定、技术创新等方面的作用，打造健康有序的发展环境。

B.5
山东康养产业发展态势、展望及对策*

程臻宇**

摘　要：　近年来，中国康养产业发展迅速。山东作为全国唯一的医养结合示范省，在国际、国内都非常重视发展康养产业的大背景下，取得一定的发展成绩：优势产业集群逐步形成、领军企业带动作用初步显现、康养产业基础设施建设进展迅速、多项重大科技创新工程取得关键技术新突破、重点领域特色项目开始形成品牌知名度。但是需要认识到，山东省健康养生服务业在整个医养健康产业中占的比重低、区域康养项目融资竞争力较弱、区域康养产业人才资源供给不足的问题依然存在。因此，下一步需要在重点领域继续发力，并通过创造更加灵活的产业政策、形成更加优化的市场环境、完善符合省情的需求引导以及提升目标人群的康养观念来发展山东省康养产业。

关键词：　康养产业　医养结合示范省　十强产业

自2016年国家颁布《健康中国2030规划纲要》以来，以促进国民健康为产业发展目标的中国康养产业日益蓬勃兴盛。康养产业发展迅速有深刻的国情因素。首先，中国老龄化社会的严峻态势倒逼康养产业不断升级发展。据国家统计局数据，截至2018年末，中国60周岁及以上人口为24949万人，占总人

---

* 本章节涉及山东省的相关数据由山东省卫计委提供，特此说明，这部分数据不再一一标注。

** 程臻宇，山东社会科学院经济所副研究员，产业经济学博士，研究方向为产业经济、生态经济。

口的 17.9%；65 周岁及以上人口 16658 万人，占总人口的 11.9%，中国正在进入深度老龄化社会，老龄化将深刻影响中国康养产业格局。其次，康养产业也是中国全面深化改革攻坚战的新疆域，由于康养产业链条与医疗体系有深度关联，中国正在进行的医疗体制改革也使康养产业有了更大的发展空间，而康养产业发展壮大客观上也能推动中国医疗体制改革向纵深进展。

一　山东康养产业发展态势分析

国民健康是山东全面建成小康社会的必然要求。全民健康是全民小康的先决条件，有了全民健康才能谈实现全民小康，正如习近平总书记所指出的，国民健康意味着民族昌盛和国家富强，国民健康是中国经济社会发展的基础条件，是广大人民群众的共同追求。山东康养产业的发展可以推进健康山东建设、加快新旧动能转换，实现高质量发展，最终增强群众的获得感、幸福感、安全感。

（一）康养产业国际国内发展态势综述

21 世纪以来，康养产业已经成为引领全球新经济增长的重要产业门类，几乎每个国家健康产业的增长速度都超过了本国 GDP 的增长速度。全球经济增长离不开康养产业的贡献率，在全球股票市值中，健康产业相关的股票市值约占总市值的 13%。

1. 康养产业国际国内发展现状

（1）康养产业已成为发达国家国民经济的重要支柱

目前，加拿大和日本健康产业产值占 GDP 比重都已经超过了 10%，美国医疗健康产业产值目前占美国国民经济比重的 20% 以上，并将在 2020 年占到美国国民经济比重的 25%。在美国，服务业中占比最大的产业门类就是健康产业。健康产业吸纳了大约 1/7 的美国成年劳动力。在瑞士，健康服务业以对国民经济近 30% 的贡献率，已经超过瑞士传统的钟表制造业所占比重[①]。此外，韩国、日本都非常重视医疗保健、健康服务业的发展。日本是世界上老龄化程度比较高的国家之一。早在 20 世纪 70 年代，日本政府就提出“健康产业”的概

① 李后强等：《生态康养十一讲》，四川人民出版社，2019。

念，并在20世纪90年代制定了非常详细的产业服务标准和管理政策，大力支持健康产业发展。而韩国于1999年出台《韩国保健产业振兴法》并设立了韩国保健产业振兴院，提出要把韩国打造成世界医疗保健强国的目标。

（2）康养产业发展得到中国宏观政策大力支持

中国政府对康养产业发展也高度重视，2013～2018年，国家先后出台了多项针对康养产业发展的文件。例如，《关于促进“互联网＋医疗健康”发展的意见》（2018）、《关于支持社会力量提供多层次多样化医疗服务的意见》（2017）、《关于全面放开养老服务市场提升养老服务质量的若干意见》（2016）、《健康中国2030规划纲要》（2016）、《关于支持健康养生产业发展若干政策措施的意见》（2015）、《关于推进医疗卫生与养老服务相结合的指导意见》（2015）、《关于促进健康服务业发展的若干意见》（2014）、《国务院关于加快发展养老服务业的若干意见》（2013）等。2017年、2018年的中央一号文件也都提到要发展康养产业、打造康养基地、拓展健康养生服务等内容。2019年，国家卫生健康委员会发布《健康中国行动（2019—2030年）》，围绕疾病与预防，对于实现国民健康标准提出更高更科学的要求。此外，相关部委也发布了针对康养产业发展的相关文件，如国家旅游局发布《国家康养旅游示范基地标准》（2016）、国家林业局发布《关于启动全国森林体验基地和全国森林养生基地建设试点的通知》（2016）、国家林业局等四部委发布《关于促进森林康养产业发展的意见》（2019）等政策文件，以顶层设计的方式大力推动康养产业发展。

（3）各省把康养产业作为区域重点产业加以发展

“康养”成为省域经济发展的重头戏。近年来，东、中、西部有条件发展康养产业的省（区、市）陆续发布本省康养产业发展规划，众多城市政府以康养基地、康养产业园和康养小镇等多种方式招商引资，吸引康养项目落户本地。如中医药资源丰富的西南省份四川，就将养老服务和健康服务作为本省的五大新兴先导服务业重点发展，力争打造中医药健康养生产业强省；海南省借助区域竞争优势，以博鳌乐城国际医疗旅游先行区为核心引擎，持续优化全省营商环境，大力推动高端医疗、国际健康旅游、互联网智慧健康以及康复疗养等特色优势产业领先成长，力争成为全球重要的健康旅游目的地。浙江省以建设高质量森林浙江和健康浙江为目标，打造省内多个高规格森林康养城市，构建融合医疗、保健、养生、康复、旅游、教育、文化和体育于一体的新型森林康养体系，力争成为国际知名的森林康养目的地和森林康养大省。

（4）国有企业和非国有资本积极进军康养产业

传统房地产头部企业（如万科、万达、恒大、融创等）开始大举进军医疗健康产业。融创中国的医疗康养服务主要布局在养老中心、社区养老服务和“候鸟式”养老，并于2019年推出新的康养品牌——融爱家。截至2017年7月底，万达集团在大健康领域投入的资金已经高达1500亿元。[①] 2018年，万达集团与全球顶尖医疗机构、美国匹兹堡大学医学中心共同合作投资，在中国建设国际一流的综合医院。全国五大森林工业集团之一的吉林森工集团，积极开展森林康养旅游基地建设，2016年将集团下吉林森工旅游公司更名为吉林森工森林康养发展集团后，积极启动和全面推进全国首家国家森林风景道示范项目，启动长白山文旅康养产业发展项目建设等。2019年，吉林森工集团联合吉林多家政府部门重点推进的长白山原始森林观光小火车、长白山仙人桥温泉城项目建设，以及以8家国家森林公园为底蕴打造森林康养综合体、以二道白河闲置工业用地为支撑打造国际康养旅游综合体等项目必将对国家森林风景道建设和长白山森林文旅康养产业发展起到有力的推动作用[②]。

（二）国际国内康养产业发展典型案例

1. 美国佛罗里达半岛太阳城

佛罗里达是美国气候条件最好的地区，从20世纪60年代开始，在政府对老年群体给予充分的社会保障背景下，位于美国佛罗里达半岛西海岸的地区开始了接近20年的开发浪潮，形成了美国专供退休老人居住和疗养的集中地之一——美国太阳城，是世界退休老人康养居住地的典范。

佛罗里达太阳城主要采取自助型居家养老模式，根据每一个老年人的健康

① 《【康养旅居】万达1500亿狂砸大健康产业　昆明将成大健康城》，搜狐焦点，https：//km. focus. cn/zixun/455f823ec8dc059c. html。

② 国家林业和草原局、国家公园管理局：《吉林森工集团签约推进全国首家森林风景道示范项目暨长白山森林文旅康养产业发展项目建设》，http：//www. forestry. gov. cn/main/102/20190828/143204763552661. html。

情况和年龄情况，为其提供人性化的养老服务。从独立生活所需要的配套服务，到需要协作的半独立生活所需要的协助式服务，最后到老年疾病之后完全丧失自理能力所需要的护理式服务，以及临终关怀服务等丰富的服务产品体系，提供给老年人，让其自由选择。太阳城通过有效结合退休老人养老金、长期护理保险和住房抵押贷款等灵活的金融产品和创新型的金融模式，降低了养老产品的市场风险，也极大提高了老年人的康养支付能力和意愿。

2. 瑞士蒙特勒医疗养生城

瑞士日内瓦地区的蒙特勒小镇，是世界知名的高端医疗美容养生高地。从20世纪50年代后，该地区专注于提供高端医疗美容设施和服务，拥有多家世界知名的抗衰老医疗服务机构。其中成立于1983年的瑞士静港医疗中心，是瑞士规模最大的专业抗衰老治疗中心。它拥有先进的医疗技术，超越了瑞士医美领域传统的羊胚胎素活细胞注射疗法，采用了最先进的全器官精华素提取技术，更有针对性的改善衰老。蒙特勒经过几十年的发展已经形成了与高端医疗旅游配套的完善的五星级私人医院、高端疗养院和高端养生场所等配套设施，多年来一直吸引众多的高端医疗美容和健康保养需求者。

由于高端医疗美容的需求者往往都是明星名流，而且体验者众多，这些明星名流产生的名人效应，进一步巩固了蒙特勒在高端医疗美容领域的领先格局。

3. 海南博鳌乐城国际医疗旅游先行区

海南博鳌乐城国际医疗旅游先行区，是2013年国务院批准设立的集医疗康复养生、生态节能环保、绿色国际组织和休闲度假于一体的世界领先的绿色城市项目，是中国唯一的国际医疗旅游先行区，由海南博鳌乐城国际医疗旅游先行区管理局管理。博鳌乐城国际医疗旅游先行区享有很多优惠政策条件，如可以开展干细胞等特许前沿技术研究，可以支持特许医疗技术、人才和药品等的准入，允许外资控股、独资等经营方式，对国际医疗组织的引入、创建以及承办国际医疗会议等方面给予了较大的自主权。整个先行区的招商发展重点是医疗、养老、科研等国际医疗旅游相关产业，力争打造国际国内一流的医疗旅游标杆和医疗旅游度假天堂①。

① 《海南博鳌乐城国际医疗旅游先行区管理局，海南博鳌乐城国际医疗旅游先行区概况》，琼海市人民政府网站，http：//qionghai. hainan. gov. cn/rdzt/hnbalc/。

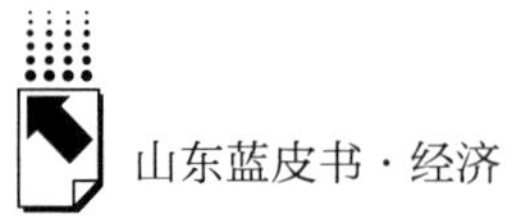

（三）山东康养产业发展现状

官方渠道可以获得的山东省医养健康产业的最近统计数据显示，截至2017年底，全省医养健康产业增加值为4711.81亿元，比上年增长10%，占GDP比重达到6.49%，比上年提高0.19个百分点。青岛（686.6亿元）、济南（556.2亿元）、临沂（426.4亿元）医养健康产业增加值位列全省前三名，济南（71.3%）、日照（28.2%）和泰安（21%）增速位列全省前三名。

1. 优势产业集群逐步形成，领军企业带动作用初步显现

第一，全省形成济南、青岛、烟台、威海、淄博、临沂、菏泽七大医养健康产业集群，2018年营业收入总计3608亿元，集聚医养健康产业骨干企业57家，其中高新技术企业50家，占比87.7%。2018年以来，全省医养健康领域新增上市公司1家（青岛蔚蓝生物）、新三板挂牌公司5家。第二，威高集团、齐鲁制药等16家医养健康产业领军企业2018年主营业务收入合计1556亿元、实现利税115亿元。山东罗欣药业集团等6家健康及健康相关企业入选国家技术创新示范企业，齐鲁制药等13家医药企业入选中国医药百强企业，山东能源集团等13家健康及健康相关企业入选中国民营企业500强。

2. 康养产业基础设施建设进展迅速

第一，首家康复大学成立。由山东省主办，中国残疾人联合会、国家卫生健康委员会等部门共同建设的中国第一所康复大学，于2019年6月11日被教育部正式批复，在青岛揭牌。康复大学以建成国际一流应用型大学为目标。第二，全省医养健康重点建设项目进展顺利。国家健康医疗大数据中心北方中心2#、3#机房楼已完成封顶。山东第一医科大学开工建设38栋单体建筑，24栋已进入装饰装修收尾阶段。济南国际医学科学中心重点项目目前已经集中开工，国家人类遗传资源山东创新中心、中能医用直线加速器、精准医学产业园等11个建设项目总投资148亿元。山东省肿瘤医院质子临床研究中心医疗综合楼、质子治疗楼和国际学术交流中心正在加紧建设，后者已经封顶。日照国医坛世界养生城医院主体施工即将完成。

3. 多项重大科技创新工程取得关键技术新突破

“重大新药创制”“精准医疗”“中医精方”“脑科学与人工智能”等系列重大科技创新工程加快实施、成效显著。青岛杰华生物的“乐复能”成为山东省14年来首个一类生物新药，2019年将实现销售收入15亿元。绿叶集团开发的注射用利培酮缓释微球即将成为国内首家在美国上市的新药。荣昌生物研发新药“泰它西普”，实现了全球红斑狼疮治疗领域重大突破。中国海洋大学、中国科学院等联合研制的治疗阿尔茨海默病新药“甘露寡糖二酸”顺利完成三期临床试验，有望成为中国第2个、国际上第14个海洋创新药物。山东海天智能工程有限公司研发出世界首台采用脑机交互技术用于神经损伤康复的智能机器人产品。2018年，山东省新获批药品注册文号137个，居全国首位，占全国近1/6。

4. 重点领域特色项目开始形成品牌知名度

截至2019年12月，山东省已有6家企业、12个街道和3个智慧健康养老基地入选国家智慧健康养老试点示范名单。青岛崂山湾国际生态健康城入选首批国家健康旅游示范基地名单，日照市入选国家中医药健康旅游示范区创建单位，东阿阿胶世界等4家单位入选国家中医药健康旅游示范基地。安丘等5个小镇被国家体育总局列入首批运动休闲特色小镇试点项目奖予以扶持发展。泰安市创建了赛展合一的“跑泰马、逛庙会、观民俗”特色城市马拉松品牌，2018年泰山国际马拉松赛带动直接经济效益2.58亿元。

二　山东康养产业发展展望

2017年12月出版的中国首部康养蓝皮书《中国康养产业发展报告（2017）》，将康养产业的核心功能定义为“尽量提高生命的长度、丰度和自由度”①。康养蓝皮书《中国康养产业发展报告（2018）》给出的数据显示，2018年中国康养类相关企业已超过240万家，康养市场的总规模为6.85万亿元。②实际上，康养需求存在于人的整个生命周期，无论是幼年、青年、壮年还是

① 何莽：《中国康养产业发展报告（2017）》，社会科学文献出版社，2017，第4~9页。

② 何莽：《中国康养产业发展报告（2018）》，社会科学文献出版社，2018，第5~15页。

老年，不同的年龄段对于康养的需求有所差别，但对生命的珍视、对健康的追求逐渐成为当代的社会风潮。① 在这样的国情背景之下，山东省从自身省情特点出发，重点扶持发展医养健康产业，并将医养健康产业列入支撑新旧动能转换的十强支柱产业之一，率先印发实施《山东省医养健康产业发展规划（2018～2022年）》，并于2018年成为国家首个医养结合示范省、打造建设国家健康医疗大数据北方中心，可以肯定的是，山东省做出的战略选择无疑非常具备前瞻眼光，也紧紧抓住了全球康养产业发展的前沿趋势。

（一）山东康养产业发展的问题与不足

但必须正视的是，尽管山东省敏锐地抓住了世界康养产业发展前沿，目前全省康养产业仍处在起步阶段，产业水平整体不高，存在产业结构不合理、产业发展不均衡等问题。

1. 健康养生服务业在整个医养健康产业中占的比重低

目前，山东省康养产业服务产品更多的还是以医疗服务产品为主，健康服务业占整个医养健康产业的比重比较低，传统的产业优势集中在医疗服务和药品器械制造。综观发达国家，健康服务业都是康养产业的主流。2019年11月30日，山东省发改委公示了山东省第一批“十强”产业集群领军企业以及拟入库领军企业名单共11家（如表1所示）。

表1　山东省医养健康行业领军企业（第一批）情况一览

领军企业（第一批）	成立时间	地区	企业主要经营业务范围简介
威高集团有限公司	1988年	威海	医用制品、血液净化、骨科、生物科技、药业、心内耗材、医疗商业、房地产、金融
齐鲁制药有限公司	1958年	济南	肿瘤药、心脑血管、抗感染、精神系统、眼科疾病的制剂及其原料药的研制、生产与销售
鲁南制药集团股份有限公司	1978年	临沂	中药、化学药品、生物制品的研制、生产与销售

① 程臻宇：《区域康养产业内涵、形成要素及发展模式分析》，《山东社会科学》2018年第12期。

续表

领军企业(第一批)	成立时间	地区	企业主要经营业务范围简介
山东丹红制药有限公司	2002 年	菏泽	大容量和小容量注射剂的生产,中药材的种植、销售、中药材技术的研究与技术转让
瑞阳制药有限公司	1966 年	淄博	原料药、普通粉针剂、冻干粉针剂、片剂、胶囊剂、小容量注射剂、颗粒剂、合剂、栓剂生产
山东罗欣药业集团股份有限公司	1988 年	临沂	冻干粉针剂、粉针剂、固体制剂、化学原料药、头孢菌素类原料药、口服头孢系列等中西药品、医药原料药的研制、开发、生产、销售,以及医药物流等
山东颐养健康产业发展集团有限公司	2018 年	济南	经营医疗服务、医养结合、医疗器械、医地协同、医药产销、医保融合“六医”特色医养健康产业(由山东能源集团注资)
山东新华医疗器械股份有限公司	1993 年	淄博	医疗仪器设备及器械、消毒剂及消毒器械生产、销售;卫生材料及医药用品的制造;制药设备生产、销售;环境保护专用设备制造、销售;仪器仪表及配套软件生产
愉悦家纺有限公司	2003 年	滨州	以家纺产业链为主业,向健康睡眠为核心的健康产业,向着融合健康产品创制、健康检测、日常保健、医疗康复和社会养老服务的大健康产业转型迈进
辰欣药业股份有限公司	1998 年	济宁	各类制剂、针剂、原料药,精神药品制剂、保健食品的生产与销售
山东新华制药股份有限公司	1998 年	淄博	西药、中药材、化工原料、食品添加剂、保健食品、固体饮料、兽用药品、鱼油、制药设备、医药检测仪器及仪表生产、批发、零售、仓储服务、电商代运营

资料来源：山东省发展与改革委员会网站。

可以看出，现阶段山东省医养健康产业的龙头企业依旧以老牌国营和民营制药企业为主，健康服务业相关领军企业成立时间晚、规模小，显示未来山东在发展健康养生服务业方面无疑还有很长的路要走。从纵向而言，山东省健康养老、体育运动、休闲康养和健身等细分领域的产业链条延伸不够，产业上下游之间的链接较为松散；横向而言，健康养生服务业各细分领域之间的产业融合渗透和创新仍然非常有限，新业态发展缓慢，远不能满足多元化个性化的康养服务需求，个性化的健康咨询、诊断综合服务稀缺。此外，健康养生服务产业发展和服务标准制定、服务产品的质量评价管理体系也落后于产业发展速

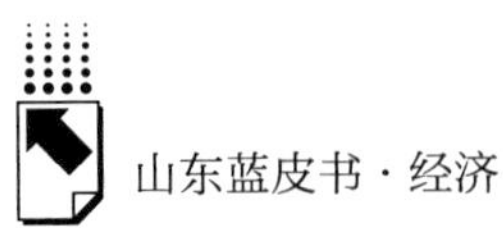

度，不能起到很好的引领预判作用。

2. 区域康养项目融资竞争力较弱

来自中国资讯行的数据显示，2016～2018 年医疗健康领域全国省市融资的 1949 件热门事件中，北京有 550 件，上海有 385 件，广东 270 件，浙江 187 件，江苏 232 件，四川 61 件。而同期山东仅占 26 件。该数据表明，山东医养健康行业吸引外来资本投资本区域康养项目的区域吸引力不大。资金投入的积极性，很大程度受当地优惠政策和营商环境影响。目前国内康养产业项目也呈现一定的同质化趋势，在多数地区的康养产业政策和规划、康养产业项目趋同时，投资者更倾向于关注区域位置、产业未来发展态势和区域营商环境等，而山东半岛区域与长三角、珠三角、京津冀等区域相比，显然在营商环境方面所占优势不大。

3. 区域康养产业人才资源供给不足的问题依然存在

作为全国首家医养结合示范省，山东在“医养结合”领域尝试了诸多新探索，走在全国前列。2019 年 2 月，《大众日报》文章《山东省首次绘制重点产业人才图谱——对山东省重点产业人才发展状况的分析报告》中指出，目前全国医养健康 TOP 人才分布主要集中在北京和上海，分别占到全国的 17.2% 和 16.3%；济南和青岛两个城市的医疗健康 TOP 人才全国占比 12.8%，排名为全国第三。① 但从目前发展现状看，中高端的医养、医疗康复结合以及康养结合型、复合型人才仍旧非常缺乏。由于一些医养结合机构盈利能力有限，人员工资待遇偏低，客观上也造成了专业人员的流动性过强，部分人才流失，一些人才匮乏的传统养老机构因此难以充分承接医养结合服务。不仅医养领域专业人才缺乏，在生命科学、医药、健康信息管理、健康咨询、科学健身、中医药养生及健康食品研发等领域研发及成果转化的战略人才、领军人才、创新创业人才、青年科技人才都比较缺乏。与北京、浙江、江苏等地相比，山东全省医疗机构中国医大师和“两院”院士数量非常少。总之，现阶段山东省医养健康产业的人才储备与康养产业发展需求不相适应，难以满足人民群众多元化和个性化医养健康服务需求。

---

① 《山东省首次绘制重点产业人才图谱》，凤凰网山东频道，http://sd.ifeng.com/a/20190224/7233153_0.shtml。

（二）山东康养产业重点发展领域和市场前景

根据《山东省医养健康产业发展规划（2018～2022年）》，在充分考虑与国家相关最新政策对接、符合山东省产业发展基础和特色优势的基础上，经过专家和专业人士多方论证，提出医养健康各产业领域的重点发展内容。

1. 重点发展领域

目前，山东省已经确定了医养健康产业的十大重点领域，分别是健康养老、生物医药、医疗器械与装备、医疗服务、健康教育与管理、中医中药、体育健身、健康旅游、健康食品和健康大数据。预计在未来几年内，山东省发展医养健康产业的关键重点是培育重点领域各产业集群中的龙头领军企业，并在融资、土地批准供应、立项项目、特许政策支持等方面向行业内的重点内容和重大项目集中。山东医养健康产业的十大重点领域中的重点发展内容如表2所示。

表2　山东省医养健康行业重点发展领域、内容和项目一览

重点领域	重点发展内容	重点项目(部分)
医疗服务	加快医疗服务创新发展 推进多元化办医 强化临床新技术应用 推动智慧医疗发展	济南国际医学中心孵化器 山东第一医科大学项目 长庚医院青岛分院项目 日照兰信国际医学中心项目
健康教育与管理	广泛开展健康教育 发展多元化健康管理服务 拓展预防保健服务 推进家庭医生签约服务 提升妇幼健康保障水平 丰富健康保险产品及服务	国家人类遗传资源共享基地山东创新中心 淄博美中基因有限公司肿瘤基因检测 临沂华大基因科技有限公司华大基因健康项目 青岛华大基因集团华大基因二期
健康养老	推进医养结合 开展社区居家健康养老服务 丰富养老服务业态 增加老年用品供给 加快适老化建设改造 推广普及老年教育	佳诺华国际医养健康小镇 潍坊医养健康产业城 泰安医养融合产业示范基地 临沂蒙山国际医疗健康养老中心 章丘东部医疗中心健康养老基地

续表

重点领域	重点发展内容	重点项目(部分)
生物医药	发展生物技术药物 培育特色海洋药物 研发小分子药物 做大做强药品流通业	青岛、烟台、威海海洋生物医药国家创新型产业集群 齐鲁制药生物医药产业园 华润山东现代医药物流中心 青岛国家海洋基因库、海洋生物医药研究院
医疗器械与装备	研发医疗器械特色优势产品 发展医用生物材料及高端耗材产品 开发智能健康设备	青岛泰安国家康复辅助器具发展试点城市 山东医疗器械检验中心淄博分中心威海分中心 众阳全科医生机器人项目
中药医药	壮大中医药种植基地 加快发展现代中药 提升中医医疗保健服务水平	五大中药生产基地 中药材规范化种植工程中心、中药材良种选育工程技术中心 济南等地中医药综合改革试验区
体育健身	拓展体育健身休闲产业 提升体育健身用品制造水平	乐陵国家体育产业示范基地 黄河口(东营)国际马拉松赛
健康旅游	发展滨海休闲健康旅游 发展山地生态健康旅游 发展温泉浴养健康旅游 发展田园休闲健康旅游	长岛生态旅游度假岛 济南宏济堂中医药文化产业园 泰安泰山养生文化体验园
健康食品	积极发展功能性农产品 大力开发营养保健食品 加快发展海洋健康食品	黄河三角洲万吨红曲国家火炬计划示范项目 烟威青优势海产品健康养殖基地 威海西洋参种植基地
健康大数据	夯实健康大数据应用基础 全面深化健康大数据应用 培育健康大数据新业态	国家医疗大数据北方中心和产业园 山东省人口健康信息资源综合平台 “数字疾控　智慧公卫”健康服务平台

资料来源：山东省人民政府网站。

2. 山东康养产业市场前景

2019 年 11 月 21 日，中共中央、国务院印发了《国家积极应对人口老龄化中长期规划》，为积极应对人口老龄化决策部署，同时选择有特点和代表性的区域进行应对人口老龄化工作综合创新试点。而山东省是全国唯一的医养结合示范创建省，康养产业无疑具有十分广阔的发展前景。过去一年以来，山东积极突破政策障碍，健全完善标准规范，持续提升医养结合服务质量，创建居家机构信息平台，先后推广 8 批医养结合服务典型，有力地推动了全省医养结合繁荣发展。截至2019年上半年，全省医养结合机构达1728家、开设床位21.2万张，入住老人15.7万，平均入住率达74%。1303家医疗机构与养老机构开展签约合作。1013万名老年人签约家庭医生。314个智慧医养社区功能日趋完善，57.73万名老年人享受到智慧化社区居家医养服务。16市全面推行长期护理保险制度，1378家机构纳入长护险定点机构，累计8万余人享受到护理保险待遇。

（1）行业引资平台建设。2018年以来，通过举办儒商大会医养健康产业平行论坛、中国国际医养健康产业博览会（山东）、医养健康产业项目洽谈会，为全省医养健康产业的发展提供了行业投融资、展示交易和开放合作的平台。

（2）智库平台建设。截至2019年底，医养健康领域院士工作站已达136个。举办了创新驱动发展院士恳谈会医养健康产业创新发展论坛，9位海内外院士出席论坛，6个院士团队项目现场签约，目前项目全部落地、顺利推进。

（3）省级医养健康产业可视化数据平台建设。依据健康产业链构成的系列要素，划分项目布局、医养结合、人才支撑等十大板块，全面展现医养健康产业基线数据，分析产业链优势和薄弱环节，为制定产业扶持政策提供有力数据支持。

（4）省级医养健康智慧服务平台建设。以电视、手机、电脑为入口，为百姓提供电视医院、居家社区养老、生理监测、老年大学、健康节目等一站式服务。目前已经完成一期工程并在滨州邹平市进家入户。

（5）职业培训体系建设。2019年，山东省卫生健康委在全省范围内组织开展医养健康相关职业培训工作，预计将定向培养1500名健康管理师、约2万名医养照护员；同时加强了老年医学、营养、心理、医养结合管理师、健康管理师、医养护理师等专业型技术劳动人才的正规培养、培训。

山东烟台福山区全面推广智慧社区医养结合服务，通过试点机构建设，以点带面实现医养服务的全面覆盖，同时坚持党建引领、网格管理，创造出烟台市福山区的“福山品牌”，实现社区医疗与养老服务无缝隙对接，日间照料中心服务与居家上门服务有机结合。总体而言，山东省医养健康产业发展的行业基础非常良好，政策支撑环境进一步优化、智慧康养试点示范工作继续推进，未来时期的市场前景明朗，可能在医养结合的智慧养老服务、老年功能代偿产品市场、老年辅助技术研发和应用等新的发展方向持续发力。

（二）山东康养产业发展与新旧动能转换

山东省新旧动能转换重大工程实施计划实施于2018年国务院批复《山东新旧动能转换综合试验区建设总体方案》后，国家明确提出支持济南建设国家新旧动能转换先行区。2019年7月山东省发展改革委员会公示了50个新旧动能转换重大攻关项目，医养健康产业占4项，其中生物传感器件制造技术平台构建与产业化应用示范项目、医养健康应用服务支撑平台项目和医养健康智慧服务平台项目都落户济南。

实施新旧动能转换重大工程是山东省的重大机遇，可以实现山东省“走在前列、由大到强、全面求强”的发展诉求。医养健康产业是山东省新旧动能转换“十强”产业，而且医养健康产业本身就是一个多业态融合发展产业，也是21世纪的朝阳产业，它的产业特点是产业链长、产业覆盖范围广、市场需求大、产业发展潜力大，发展医养健康产业，可以很好地满足人民群众对美好生活的需要。山东发展康养产业可以有助于山东全面深入实施健康中国战略，加快推进新旧动能转换重大工程，实现打造万亿级产业的发展目标，满足人民群众健康服务需求，促进经济发展和民生改善良性互动。

以居民健康为目标的山东康养产业体系，将以“互联网＋智慧康养”为关键的产业发展模式，重组山东省经济、医学和健康领域各类重要资源。山东康养产业与新旧动能转换的衔接呼应，以科技、创新、创业、链接为特征，同时对标康养产业发展领先国家，以它们的产业发展经验为参照，在全省各区域实现康养产业的崛起。

三　山东康养产业发展对策

作为支撑山东省新旧动能转换的十强支柱产业之一，山东康养产业将在《山东省医养健康产业发展规划（2018～2022年）》的指导下有序发展。康养产业的发展、普及与繁荣可以有效避免山东省居民在未来支付高昂的国民医药费用，有效减轻山东未来需要面对的医疗和养老压力，这对于山东省实现区域转型、提升区域竞争力将产生深远的正向影响。为促进山东省康养产业更好发展，需要创造更加灵活的产业政策、形成更加优化的市场环境、完善符合省情的需求引导、提升目标人群的康养理念和形成重视康养的社会文化。

（一）创造更加灵活的产业政策

第一，推进山东省医养健康产业布局优化，推动多部门协调配合，破除影响产业结构调整和融合的行政和区域壁垒，积极吸引社会投资，建立涵盖健康旅游、健康体育、生物制药、健康教育、健康金融、健康管理、医疗服务、医疗器械、中医中药、健康养老、健康信息、健康食品等在内的全产业链的康养产业体系。协调康养产业的产、学、研、销售服务各部分关系，强化产业链条，科学合理的利用产业资源，提高资源配置效率。

第二，推动康养产业集聚化发展，特色化发展。要依托山东的区位、交通和资源优势，强化核心引领、带状集聚、多点支撑，整体构筑“三核三带多点”的医养健康产业发展格局。

第三，整合全省优质康养资源，促进区域和产业融合，促进康养产业与其他产业如文旅、教育、医疗等产业的深度融合；科学统筹规划全省康养生产服务业布局，因地制宜优化升级。促进医疗治疗、健康教育和康养资源的三结合，依托领军企业的龙头效应，形成分工合理、创新系统、产出高效、地方特色明显、具有一定综合竞争力的康养产业集群。

（二）塑造更加优化的市场环境

第一，优化康养产业营商环境，提高政府工作效率。各地政府需要强化组织领导，健全自上而下的工作机制，完善政策配套，健全公共服务平台，出台相关政策法规为提高医养健康产业产出绩效提供良好的营商环境。

第二，大力推动康养与保险结合，开展区域试点工作，在社保卡实现全国全覆盖的大背景下，康养、保险的结合也必须从全民福利制度视角来重新设计，康养服务价格不能完全遵循商品市场规律，而是成为人人都可以享受的准公益性质的国民康养福利产品。提高资金结算效率，大力推广康养服务消费的医保卡结算体系，并形成全省统一结算制度，节约医疗成本。同时推动建立全省统一的康养保险监管制度体系，规范康养保险制度运营，最终形成政府、企业、个人多元共担风险，地方财政、医保基金、个人账户缴费等多渠道筹集、可持续的康养保险筹资机制。

第三，充分发挥医养健康产业协会等行业组织发挥协调、服务和行业监管作用。政府的产业政策不要形成对康养行业市场力量的挤出效应，要充分培育市场活力和竞争力，激励行业协会进行行业内部合理监管，鼓励各分支行业间充分竞争、优胜劣汰，提升康养产业服务的质量标准，同时积极抢滩国际康养市场。

第四，加速形成康养产业的核心竞争力，注重形成具有自主知识产权的产品，在产业发展中，要重点扶持应用前景好、带动作用强、附加值高的康养产业项目和技术。完善重点项目扶持政策，加大重点项目扶持力度，不断提升康养服务质量和康养产品品质。

第五，仿效日本和韩国，建立并推动康养行业专业人才的培养和专业护理人员的专业技能培训机制、教育制度，并纳入省级人力资源资格管理体系。积极化解康养行业人才和劳动力短板问题，吸纳人才，为康养产业发展储备人才。促进区域和国际交流合作，鼓励人才进修，鼓励全省各级公共医疗机构在康养项目、医养技术、教育培训等方面积极与国际国内知名康养品牌、基地和企业进行合作。

（三）完善符合省情的需求引导

第一，利用大数据分析技术，精准定位不同人群的康养需求，尽快形成全流程、全要素的省级一体化综合管理平台，汇总全省乃至全国的康养需求数据，科学界定不同康养需求人群的多样性需求特征，有针对性地提供更为合理化的康养产品、制定更接地气的区域康养产业发展政策。

第二，努力打造以养老保障、医疗保障和长期照护保障三大制度安排为核心的、面向老龄化时代的，兼顾老、中、青、少全年龄段康养需求的康养产业体系。健全家庭养老为基础、居家服务为主干、机构服务为支撑、邻里互助和志愿服务为补充的老龄服务体系；对于中年、青年、少年，健全运动健康为基础、智能健康管理为主干、智慧医疗与智慧康养为支撑、康养旅游和休闲为补充的非老龄服务体系。

（四）提升目标人群的康养观念

第一，提升老年人群的康养观念。2019 年 12 月，由社会科学文献出版社出版、中国老龄科学研究中心在北京发布的《中国老年人发展质量报告（2019）》显示，中国老年人生活质量指数综合排名山东为第 8 名①，整体而言生活质量较高。这一排名意味着在经济保障和医疗服务方面，绝大部分山东老年人能获得较便利的医疗服务，但“看病贵”仍然严重影响老年人的生活质量，高昂的医药费用也遏制了老年人群的康养需求。所以要从根本上树立起“治未病”的中心思想，强调“不治已病治未病”和“未病养生”。

第二，提升非老龄人群的康养观念。康养不仅功在现在，更服务于未来。青壮年、青少年和儿童代表的是未来，在山东全面进入老年社会的当前时期和未来时期，年轻劳动人口的存量意味着山东省宝贵的人力资源财富，其健康需要得到更好的呵护和滋养以保持活力和健康。应该从义务教育阶段开始普及康养教育，对于属于未来劳动人口的青壮年人群、青少年和儿童群体尽早进行普及性、公共性的康养教育，使之获得有益于健康的知识积累，可以有效地减少未来的巨额医疗支出，提升未来的国民健康程度。

（五）形成重视康养的社会文化

第一，山东作为传统中医药大省，必须重视传统医学思想在康养产业中的指导性作用，积极推动中医与康养产业深度融合，促进特色区域康养产业发展。面对现代社会高发的如糖尿病、高血压、肥胖等诸多慢性病和抑郁、失眠等疑难杂症，西医往往束手无策，加上西医治疗方式医疗成本巨大，病人往往无力承担，与此相比，传统中医包括了很多绿色治疗方式，成本低廉，效果良好，且副作用相对较小。同时，中医药文化本身不仅包含了对人类各类疾病加以辩证治疗的“治已病”的医学文化，还包含了养生、养心等“治未病”的养生文化，推动山东省中医药文化繁荣有利于形成重视康养的社会氛围。

① 《〈中国老年人生活质量发展报告（2019）〉在京发布》，人民网，http：//health. people. com. cn/n1/2019/1227/c14739 - 31526469. html。

第二，山东省是老龄人口大省，需要在全省范围内构建养老、孝老、敬老的社会环境，强化应对人口老龄化的法治环境，保障老年人合法权益，构建家庭支持体系，建设老年友好型社会，形成老年人、家庭、社会、政府共同参与康养服务的良好氛围。

B.6
全面推动山东海洋经济高质量发展的思路与对策

刘 康*

摘 要： 推动海洋经济高质量发展是山东海洋强省建设的重要内容。2018年以来，山东海洋经济高质量发展取得进展，世界一流港口建设全面推进，海洋产业结构调整进程加快，海洋生态文明建设取得突破，但放眼全国，山东海洋经济总体发展质量还有待提升。海洋产业结构层次相对低下，海洋生态环境质量和海洋科技创新能力也不容乐观，区域发展统筹协调不足等问题依然突出。有鉴于此，山东海洋经济高质量发展应瞄准海洋强省建设，以新理念为指导，以新技术为支撑，以新需求为导向，以新机制为动力，率先在国内开展海洋经济高质量发展先行先试试点，统筹陆海产业发展，完善科技创新机制，构建海洋生态屏障，建立区域合作网络，全面优化海洋高质量发展格局，加快海洋经济国际化进程，把山东半岛打造成为国家海洋经济高质量发展的战略要地。

关键词： 新动能 陆海统筹 海洋强省 高质量发展

顺应全球蓝色经济发展大势，全面推进海洋强省建设，统筹全省陆海经济发展，加快培育海洋经济新动能，为海洋强国建设做出山东贡献是山东全省海洋经济高质量发展的基本战略定位。2018年以来，山东省委、省政府围绕海

* 刘康，山东社会科学院海洋经济文化研究院研究员，研究方向为海洋经济政策与区域规划。

洋经济高质量发展，以海洋强省建设为目标，以海洋经济新动能培育为重点，全面落实习近平总书记对山东海洋经济发展的三大要求，即加快建设世界一流的海洋港口，构建完善的现代海洋产业体系，建设绿色可持续的海洋生态环境，深入实施海洋强省建设“十大行动”，重点推进海洋战略新兴产业培育、沿海港口整合、海湾生态整治、海洋牧场建设试点、海洋经济运行评估与核算等项目建设，有力地推动了全省海洋经济高质量发展。

一　海洋经济高质量发展现状

近年来，受制于全球气候变化和贸易保护主义，全球经济增长乏力，区域经济发展面临诸多不确定性。寻求新的经济增长点，培育新的发展动能，突破传统产业发展的资源与环境束缚成为世界主要经济体推进国民经济持续健康发展的战略选择。海洋经济作为一个新兴的发展热点，不仅成为很多发展中国家区域经济战略重点，也得到欧美国家的普遍重视。以陆海产业统筹发展为突破口，协调海洋资源开发与生态环境保护矛盾，发展蓝色经济，培育新的区域经济增长极正在成为世界沿海国家和地区的共识。作为一个海洋大国，中国海洋经济发展得到中央和地方政府广泛的重视，从海洋强国到海洋强省、海洋强市/县，海洋经济发展全面推进，取得世界瞩目的成绩，海洋渔业、港口航运、滨海旅游、船舶制造、海盐及盐化工等海洋产业发展均走在世界前列，规模发展远远领先其他国家，是当之无愧的海洋经济大国，但质量效益却不容乐观。特别是随着近海资源环境压力的日益提升，中国海洋经济发展面临更大的挑战和不确定性，优化提升海洋产业结构，推进区域海洋经济协调发展，培育海洋经济新动能，提升海洋经济发展质量已成为今后中国海洋经济发展的必由之路。

（一）国内海洋经济发展形势

2018 年，中国启动海洋管理体制改革，自然资源部、生态环境部等部门的设立为中国资源、环境和产业陆海统筹管理机制的建立提供了保障。随着新的海洋经济管理体制的形成，国家海洋经济发展示范区、海岸带空间规划、海域环境综合治理等一批新的陆海统筹管理模式也随之实施，为中国海洋经济的持续健康发展注入了新的活力。

1. 海洋经济实现平稳增长，总量规模再上新台阶

2018 年，全国海洋经济继续保持平稳发展，海洋生产总值突破 8.3 万亿元，再上新台阶。海洋经济对全国国内生产总值的贡献达到 9.3%，占沿海省（区、市）地方生产总值比重的 16.8%，实现持续稳健增长（见图 1）。海洋三次产业结构进一步优化，滨海旅游业主导地位持续增强，海洋交通运输业、海洋渔业支柱产业地位稳固，海洋生物医药、海洋电力业、海洋牧场等海洋新兴产业和新业态快速成长，海洋经济的引领作用日益凸显。另据国家海洋信息中心最新数据，2019 年 1 ~9 月，中国海洋经济运行总体平稳，海洋经济总量规模继续小幅增长，全国海洋生产总值近 6.4 万亿元，同比增长 6.3%，海洋经济发展质量得到明显提升。①

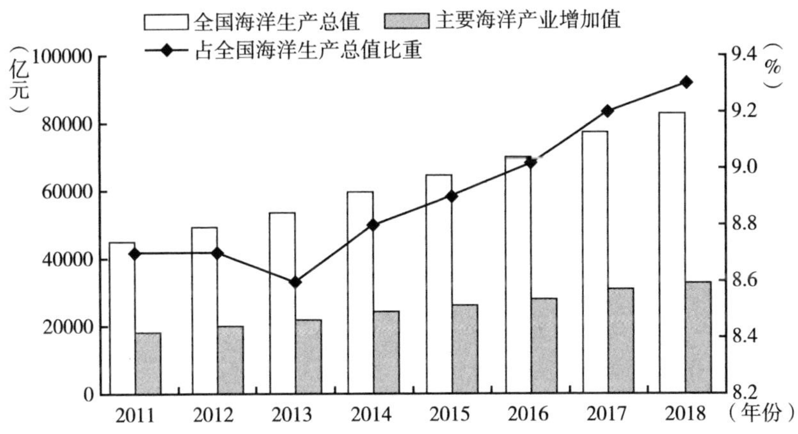

图 1　全国海洋生产总值与主要海洋产业增加值变化

2. 海洋产业结构加快调整，发展质量进一步提升

海洋产业结构调整成效显现。2018 年，全国海洋三次产业比重为 4.4∶37.0∶58.6。海洋第三产业优势突出，海洋生产总值贡献比“十二五”末增加近 6 个百分点；第二产业发展受海洋油气业与船舶工业等下滑的影响，占比下降超过 5 个百分点；以海洋生物医药业、海洋电力业等为重点的海洋新兴

① 全国海洋经济数据引自历年中国海洋经济统计公报；2019 年 1 ~9 月数据引自何广顺《今年前三季度海洋经济运行情况》，《中国海洋报》2019 年 12 月 12 日，以下同。

产业快速发展，年均增速远高于其他传统海洋产业，但规模占比依然不到2%。2019年1~9月，海洋第二产业发展有喜有忧，海洋原油、海洋天然气产量出现双增长，全国造船完工量同比增长6.7%，海洋工程装备制造年内首次实现同比增长，但新承接船舶订单总量和手持船舶订单总量均出现明显下滑，形势不容乐观。海洋交通运输业稳步发展，沿海货运量、远洋货运量、沿海港口货物吞吐量实现同步增长。海洋新兴产业下行压力突出，规模以上海洋生物医药企业营收和利润均出现大幅下滑，海洋工程装备新承接和手持订单均出现下降，全国邮轮码头出入境旅客量同比下降18.0%，未来发展不确定性持续增长。

3. 海洋工业增长波动加剧，未来发展面临新挑战

受全球市场波动的影响，中国海洋工业发展面临严峻挑战。2018年海洋工业增加值占比只有37.0%，海洋生产总值贡献持续7年下降。全球航运市场波动造成全球航运能力过剩，海洋船舶市场需求疲软，2018年，全国船舶工业增加值997亿元，比上年下降9.8%；海洋工程建筑业下行压力加大，全年实现增加值1905亿元，比上年下降3.8%；海洋油气业喜忧参半，海洋天然气产量达到154亿立方米，比上年增长10.2%。海洋原油产量4807万吨，比上年下降1.6%；海洋矿业保持小幅稳定增长，海洋盐业产量持续下降，海洋化工业平稳发展，全年实现增加值1119亿元，比上年增长3.1%。2019年1~9月，全国海洋油气产量保持增长，海洋原油产量3622万吨，同比增长2.3%；海洋天然气产量118亿立方米，同比增长5.0%。全国造船完工量同比增长6.7%，新承接船舶订单量同比下降27.4%，但降幅有所收窄，市场形势有所缓和。

4. 海洋第三产业稳步增长，涉海金融实现新突破

作为中国海洋经济的主导产业，以滨海旅游、海洋交通运输业为核心的海洋第三产业持续稳定增长。2018年，滨海旅游业和海洋交通运输业增加值占比分别达到47.8%和19.4%，高居中国海洋产业前两位，主导地位突出。全国沿海规模以上港口完成货物吞吐量92.1亿吨，比上年增长4.2%；海洋交通运输业全年实现增加值6522亿元，比上年增长5.5%；滨海旅游业全年实现增加值16078亿元，比上年增长8.3%。2019年1~9月，全国沿海港口货物吞吐量完成68亿吨，同比增长3.6%；完成港口集装箱吞吐量2亿标准箱，

同比增长4.3%；远洋货运量超过6亿吨，同比增长10.1%，港航物流运输结构进一步优化。海上旅游发展有所突破，邮轮市场持续调整，邮轮码头出入境旅客降幅持续收窄。涉海金融服务业稳步发展，广东、山东及青岛、深圳等省市相继设立海洋发展基金。截至2019年9月底，开发性金融支持国内涉海项目贷款余额1413亿元，累计发放涉海项目贷款288亿元，均实现同比增长，金融服务海洋经济发展力度持续提升。

（二）山东海洋经济高质量发展进展

海洋强省战略实施两年来，山东省组建了海洋发展委员会和省海洋局，对全省海洋经济发展进行统筹协调，全面落实海洋强省建设“十大行动”，聚焦“三大任务”，发挥青岛、烟台、威海三个国家海洋经济创新发展示范城市的引领示范作用，重点围绕港口整合和现代海洋产业体系建设，加快推进海洋产业链协同创新和产业孵化集聚创新，探索海洋经济发展新模式和新路径，推动山东省海洋经济发展走在全国前列。

1. 海洋经济发展水平稳步提升

海洋强省战略实施以来，全省海洋生产要素配置效率得到有效提升，海洋产业结构明显改善，现代海洋产业体系加快形成。近10年来，全省海洋生产总值年均增长11.6%，高出全省地区生产总值年均增速2个百分点。2018年，全省海洋生产总值再创新高，超过1.6万亿元，占全省地区生产总值比重近

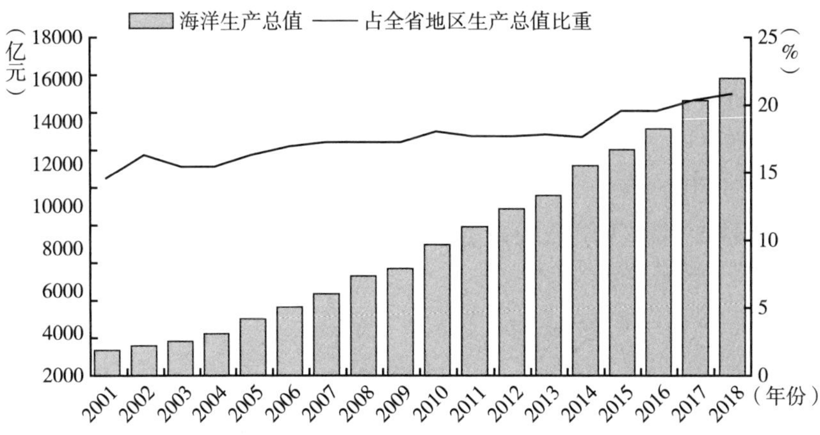

图2　山东省海洋生产总值及其占GDP比重年度变化

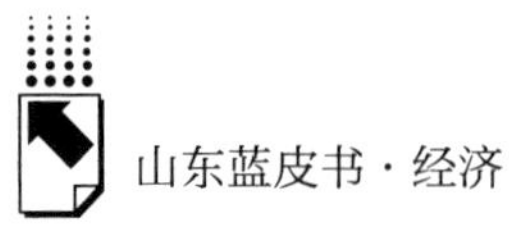

21%，海洋经济成为拉动全省新旧动能转换的重要引擎（见图2）。世界一流海洋港口建设全面实施，渤海湾港口集团的滨州、东营、潍坊港整合全面展开，青岛港、威海港整合顺利推进，山东省港口一体化发展正式启动。以山东港口集团为核心，组建东亚港口联盟，加快构建多式联运与物流中转运输体系，国际航运枢纽建设成效显著。

现代海洋产业体系建设初具规模。为加快全省现代海洋产业发展，山东省政府建立“6个1”工作推进体系，组建了现代海洋产业专班、山东海洋产业联盟，以及海洋产业智库等，发起设立300亿元的现代海洋产业基金，全面加大对海洋产业发展的扶持力度。相继出台《现代化海洋牧场建设综合试点方案》、《大力推进全域旅游高质量发展实施方案》、《化工产业安全生产转型升级专项行动总体工作方案》、《打好渤海区域环境综合治理攻坚战作战方案》以及《中国（山东）自由贸易试验区总体方案》等，加快推进现代海洋产业发展的行动计划，全省海洋产业转型发展取得突破。

海洋科技创新能力与生态环境质量明显提升。以青岛海洋科学与技术国家实验室和中科院海洋大科学研究中心建设全面落实，国家及省市海洋科技创新平台网络日趋完善，以企业为主导的海洋科技创新体系基本形成，海洋科技创新能力跻身世界前五强。海洋生态文明建设全面落实，长岛海洋生态文明综合试验区建设扎实推进，以“湾长制”为重点的陆海环境统筹治理与“蓝色海湾”整治工程加快实施，重点海域生态环境质量得到有效改善，近岸海域海水质量状况基本稳定，符合第一、二类海水水质标准的海域面积占80%以上，为全省海洋经济高质量发展提供了有效的科技支撑与环境保障。

地方海洋经济发展势头强劲。2018年，青岛市海洋经济生产总值实现3327亿元，同比增长15.6%，占全市地方生产总值的比重达到27.7%。滨海旅游业、海洋交通运输业、海洋设备制造业和涉海产品及材料制造业等支柱产业稳步发展，邮轮旅游、远洋渔业、海洋牧场、海水淡化等新兴业态快速崛起。2018年，烟台市实现海洋生产总值2241.1亿元，同比增长11.5%，占全市地方生产总值比重达到28.6%。以海洋高端装备制造、海洋生物医药与制品、海洋渔业、海运物流、滨海旅游、海水综合利用六大优势产业链为主体的现代海洋产业体系初具雏形。

2. 世界一流港口建设取得突破

世界一流港口建设加快推进，港口整合行动取得进展。为加快山东沿海港口整合进程，推动全省港口一体化发展，出台了《全省沿海港口改革方案》和《山东省港口集团组建方案》，对全省沿海港口的整合路径进行了整体设计。一是整合东营、潍坊和滨州三市港口，成立渤海湾港口集团；二是推进青岛港集团吸收合并威海港集团，形成青岛港、日照港、烟台港、渤海湾港口四大港口集团；三是整合四大港口集团，组建山东港口集团，对全省沿海港口进行统筹协调、一体化管理，全面提升港口运营效率和区域协作水平。

2018 年，全省沿海港口累计完成货物吞吐量 16.1 亿吨，居全国第 2 位。拥有青岛、日照、烟台三个超 4 亿吨大港，青岛港集装箱吞吐量实现 1932 万标箱，居全球第 8 位。另据交通运输部全国港口统计数据：2019 年 1～9 月，全省规模以上港口完成货物吞吐量 13.4 亿吨，同比增长 20.5%，仅次于广东省的 13.9 亿吨。其中，青岛港货物吞吐总量接近 5 亿吨，位居全国港口第 5；日照港接近 4 亿吨，烟台港 3.25 亿吨，分列全国第 8 和第 9 位，全国排名均实现提升。集装箱吞吐量完成 2492 万标箱，同比增长 23.1%，与领先的广东、上海差距较大，仅比浙江少 109 万标箱，位列全国第 4，远远领先于其他省（区、市）。青岛港集装箱吞吐量实现 1746 万标箱，同比增长 21.8%，全国排名第 5，仅次于上海、宁波—舟山、深圳和广州 4 港，全省港口吞吐量实现大幅提升，区域经济拉动效应显著。

3. 海洋产业结构调整进程加快

加快推进全省海洋产业结构调整，壮大海洋新兴产业，推动海洋传统产业升级是海洋强省建设的重要内容。为加快海洋渔业、海盐及盐化工、滨海旅游等传统优势产业高质量发展，省委、省政府结合全省新旧动能转换行动，出台了一系列有针对性的政策措施，加快推进产业结构优化和绿色化发展进程，取得一定成效。2018 年，全省完成海水产品总产量 691.3 万吨，比上年减少 40.6 万吨，近海捕捞产量进一步压缩。远洋捕捞稳步发展，年末拥有专业远洋渔船 542 艘，比上年增加 23 艘。具有国家远洋捕捞资格的企业达到 41 家，投入作业专业远洋渔船 484 艘，完成远洋捕捞产量 44.2 万吨，比上年增加 1.1 万吨。海洋牧场建设成效显著，以打造国际一流的现代化海洋牧场示范区为目标，全面推进海水养殖由浅海向深海、由近岸向离岸发展，有效地促进了现代海水养殖业高质量发展。现已累计创建省级以上海洋牧场示范区 83 处，国家级海洋牧场达到 32 处，其中新增国家级海洋牧场示范区 11 处，高居全国首位。新建成海洋牧场平台 10 座，省级海洋牧场示范项目 27 个，现代渔业产业融合发展取得突破。

海上旅游发展进程加快。以邮轮旅游为代表的海洋旅游新业态稳步发展，海岛、渔村旅游发展全面展开。青岛邮轮母港建设跻身全国前列，排名全国第六位，发展势头强劲，“中国北方邮轮中心”建设初具规模。2019 年 1 ~ 8 月，青岛邮轮母港接待出入境旅客 5.3 万人次，同比增长 53%，成为 2019 年国内增幅最高的邮轮港口。烟台、威海等地市海上旅游取得进展，结合海洋牧场建设和海岛开发，一批新的海洋旅游项目加快实施，滨海旅游产品层次进一步优化。

海洋新兴产业稳步壮大。海洋生物医药产业快速发展，青岛、烟台、威海等地初步建成全国重要的海洋药物、海洋生物新材料、海洋功能食品研发中心和生产基地，海藻生物材料等产品具备国际一流水平，实现规模化生产。船舶海工产业转型发展加速，建成船舶修造、海洋工程装备、海洋油气装备三大海洋制造基地，聚集了武船重工、中集来福士、黄海造船等一批大型骨干企业，形成了一批具有自主知识产权的深海油气开发、深水离岸养殖、远洋特种运输和海洋牧场平台等特色海工装备产品。海水淡化、海上风电建设稳步推进，全省海水淡化装机能力位居全国第二位，实现产业化运营。

海洋产业发展载体进一步完善。青岛、烟台和威海三个国家海洋经济创新发展示范城市建设进展顺利，已累计完成 80 余个产业协同创新和集聚孵化项目。青岛蓝色硅谷、威海和日照国家海洋经济发展示范区建设稳步推进，青岛蓝色硅谷、潍坊高新区国家科技兴海产业示范基地加快建设，烟台经济技术开发区、威海南海新区六处等建设省级科技兴海产业示范基地如期开展。青岛海洋科学与技术国家实验室、国家深海基地、中国科学院海洋大科学研究中心等国家级海洋高端创新平台启动运行，海洋新材料、海洋生物制造、海洋智能传感装备、海洋大数据等领域 107 家省级及以上海洋工程技术协同创新中心获得认证，海洋科技创新助推海洋产业高质量发展能力明显提升。

4. 海洋生态文明建设深入推进

海洋生态文明建设是山东省生态文明建设的重要内容，也是实现海洋经济高质量发展的重要前提和基础。围绕海洋生态保护体系、陆海污染防治体系、资源循环利用体系、海洋监测防灾体系以及海洋产业绿色化发展体系建设，省委、省政府出台了一系列的政策措施。以青岛、烟台、威海、日照国家海洋生态文明示范区建设为核心，以长岛海洋生态文明综合试验区建设为重点，全面推进海洋生态环境保护行动。2019 年 2 月，山东省生态环境厅印发了《山东省海洋生态环境保护规划（2018～2020 年）》，对全省海洋生态环境保护进行分区管理。同时，为落实国家《渤海综合治理攻坚战行动计划》，相应出台了《山东省打好渤海区域环境综合治理攻坚战作战方案》，协调推进陆源污染控制、海岸带生态保护、海洋污染防治等工作。2019 年 10 月 1 日，山东省第一部海岛生态保护创制性立法《山东省长岛海洋生态保护条例》正式实施。

建立陆海统筹的海湾污染治理机制。全面实施“湾长制”，由省委、省政府主要领导担任总湾长，省分管领导任渤海湾（山东部分）、莱州湾、丁字湾三个跨行政区域的湾长，明确责任分工。沿海 7 个市全部推行市级“湾长制”，初步建立了省、市、县三级湾长制海洋生态治理体系。同时，将沿海城市管辖海域优良水质比例、入海排污口监管、国家及省控入海河流劣Ⅴ类水体整治等纳入考核。2019 年 3 月，启动渤海入海排污口排查整治行动，并加快落实近岸海域汇水区内的工业集聚区和城镇污水处理厂的升级改造工程。

海洋生态环境治理取得初步成效。截至 2018 年底，全省创建海洋生态文明示范区 15 个，其中国家级 5 个，海洋生态文明建设的区域示范引领作用初步显现。对全省 38 处省级以上海洋保护区（其中国家级 29 处）实施分类管理，提升海洋保护区管理水平。全面落实蓝色海湾整治和海岛、岸线修复工程，日照、威海、青岛、烟台等获得国家“蓝色海湾”工程资金扶持，重点受损海湾、岸线得到有效保护与修复，为全省海洋生态红线制度的落实和海洋经济高质量发展奠定了坚实的生态环境基础。

二　山东海洋经济高质量发展面临的问题与不足

近年来，以山东半岛蓝色经济区建设为起点，山东沿海地区统筹陆海经济发展，以海洋产业链集聚发展和海洋新兴产业培育为基础，全面推动海洋经济新旧动能转换，强化科技创新引领和生态环境支撑，海洋经济发展质量水平显著提升，但按照国家海洋高质量发展战略要地和海洋强省建设要求，山东海洋经济持续健康发展还面临很多难点和堵点，亟待进一步改进或加强。

（一）海洋经济发展质量有待提升

利用海洋经济发展、创新发展和绿色发展三大类 26 个指标构建的省级海洋经济高质量发展指数评估结果显示①：山东海洋经济发展在国内具有一定优势，但主要体现在产业发展规模以及海洋渔业、海盐及盐化工等传统海洋产业领域，而在单位产出或利用效率，以及发展速度等方面，有相当一部分指标与上海、广东等海洋强省（市）差距明显。如人均海洋生产总值、单位岸线海洋生产总值和海洋生产总值增速均落后，特别是人均海洋生产总值和单位岸线海洋生产总值与上海差距明显，说明山东海洋经济发展效率不占优势。在海洋产业链构成和新兴产业发展拓展等方面也存在明显短板，如在海洋产业发展中，海洋服务业、滨海国际旅游、海洋风电及海洋油气业发展水平落后较多，特别是滨海国际旅游、海上风电建设等方面差距明显，说明山东在海洋新兴产业培育和海洋高端产业链发展方面仍存在很大不足，海洋产业发展层次有待提升。此外，涉海研发投入强度、高新技术企业数量、单位海洋生产总值专利申请量、涉海技术市场成交量与国际专利申请数量等指标也明显落后，这与山东海洋科技大省地位不相符。

（二）海洋产业结构层次相对低下

山东主要海洋产业类群发展规模差异巨大，协调均衡发展不足，海洋捕捞、水产品加工、滨海旅游、海洋化工等部分海洋传统产业链发展层次低，存在大而不强的问题。2018 年，在全省 12 个主要海洋产业类群中，滨海旅游业、海洋渔业、海洋交通运输业三大产业合计占比高达 80%，再去掉海洋工程建筑业的 10%，其他 8 个以海洋新兴产业为主的产业增加值合计占比只有 10% 左右，海洋产业构成比例失衡严重，海洋经济新旧动能转换面临严峻挑战。海洋渔业等传统粗放式资源利用产业占比过高，全省海洋渔业增加值占比超过 25%，远高于上海和广东的海洋渔业占比水平，是全国海洋渔业占比的

① 山东社会科学院：《海洋高质量发展评估体系研究报告》，2019。

近2倍，海洋捕捞能力过剩、近岸局部养殖密度过大、水产品加工层次低等问题突出，已经成为山东海洋渔业持续发展的重要制约因素。滨海旅游发展一枝独秀，多年来保持稳定增长，但产业发展主体与海洋缺乏密切关联，真正以邮轮游艇、海岛和海上休闲度假为核心的海上旅游产品少，海洋旅游产品国际市场竞争力亟待提升。海洋交通运输业以传统港口货物吞吐为主，港航专业服务和海上航运发展不足，全省港口建设存在突出的能力过剩问题。船舶制造、海洋油气业发展相对落后，产业发展规模不足，在国内同行业竞争中处于明显劣势。

（三）海洋生态环境质量不容乐观

据国家和山东省海洋生态环境状况公报①，山东渤海湾近岸海域和莱州湾海域海洋环境质量依然不容乐观，海水水质超标问题突出，莱州湾等部分海湾低于劣四类水质的海域面积占比超过1/3，局部海域富营养化严重。全省近海海域约有10%的海域水质不达标，超过1/3的重点监测入海污染源邻近海域海水水质未达到海洋功能区水质要求，黄河口、莱州湾和庙岛群岛三个典型海洋生态系统均处在亚健康状况，部分海域的生态环境质量出现反复。全省陆海联动的环境污染治理体系尚未健全，蓝色海湾、岸线整治工程缺乏统筹规划，相当一部分生态修复工程未实现既定修复目标，反而造成新的生态损失。部分河口、滩涂及海岛地区围填海及海洋生态红线管理压力较大，海域自然生态系统健康受损严重，原生海洋生物多样性和生境完整性遭到破坏，生态环境承载力下降，对海水养殖、海洋旅游等产业高质量发展形成制约。以国家公园为主体的现代海洋保护区体系尚未建立，海洋自然保护区管理不完善，生态保护资金投入不足，与地方经济发展存在利益冲突。海洋特别保护区占比过高，但保护力度不够，存在过度开发，海洋保护效益未得到充分体现，未来海洋生态环境保护工作面临很大的不确定性。

（四）海洋科技创新引领能力不足

据自然资源部编制的《国家海洋创新指数报告2019》②，山东区域海洋创

① 生态环境部：《2018中国海洋生态环境状况公报》，2019；山东省海洋与渔业厅：《2017山东省海洋环境状况公报》，2018。

② 自然资源部第一海洋研究所等：《国家海洋创新指数报告2019》。

新指数排名已经从2015年的第2位下降到2017年的第3位，落后于广东和上海，创新投入和产出方面表现欠佳。《中国海洋统计年鉴（2018）》数据显示：2016年，山东省海洋科研机构发表论文数量、出版著作数量和专利授权量全国占比分别为12.14%、8.94%、12.98%，相比广东的19.18%、13.28%、27.64%，三项指标均明显偏低，承担课题经费全国占比14.44%，低于上海的15.11%。这说明山东省的海洋科技领跑优势在逐渐缩小，部分领域的优势正在丧失。另据国家海洋信息中心数据，山东省海洋科研教育管理服务业对全省海洋生产总值贡献率多年来一直低于全国平均水平，分别落后上海和广东9.9个和9.6个百分点，且增幅也落后于天津、浙江、江苏等省市。此外，海洋应用研发投入不足。山东海洋科研经费总量仅次于上海，位居全国第二位，但其中用于技术研发的经费占比严重偏低。目前，全省海洋技术研发经费占海洋科技总投入的比重不到40%，不仅远低于广东、江苏、辽宁、上海等地，甚至低于全国平均水平。海洋科技创新链后期投入严重不足，中试环节资金远不能满足海洋科技成果转化的需要，这在很大程度上制约了海洋科技创新的产业发展引领作用。

（五）区域发展统筹协调亟待加强

沿海七市海洋经济发展差异显著，顶层设计不足，整体发展规划缺乏统筹，青岛一枝独秀，但区域辐射和引领作用没有得到有效发挥。港口建设遍地开花，不同城市港口间缺少深层互动与协作机制，吞吐能力过剩与泊位不足共存，港口之间没有紧密的业务合作和深层次战略融合。如青岛港拥有丰富的班轮和航线资源，但是深水码头岸线资源不足，而日照港有充足的深水码头岸线资源，却因航线少、班轮少而吃不饱。山东港口集团对沿海主要港口的整合主要通过行政干预实现，短期内成效显著，但长期来看缺少市场机制的润滑，港口企业整合运作效率不高。滨海旅游发展各自为政，旅游产品开发同质化竞争严重，旅游线路缺乏全省整体设计，市场竞争力低下。船舶修造、海工装备、海盐化工、海洋生物医药等产业发展缺乏集聚效应，产业链整合不足，低端项目重复投资问题突出。海洋环境治理与保护缺乏统筹，特别是莱州湾等跨行政区划的海域污染治理问题更为突出，跨地区的海洋生态保护与环境治理机制尚未建立，重点河口、海湾等海域污染、海洋垃圾和海洋灾害等公共产品治理面临挑战。

三　山东海洋经济高质量发展思路与对策建议

（一）发展思路

山东海洋经济高质量发展应瞄准海洋强省建设，坚持陆海统筹和绿色发展，融入新理念、新技术、新需求和新机制，加快由海洋经济向蓝色经济转型进程，打造高质量发展战略要地。

1. 以新理念指导海洋经济发展

把党的十八大提出的“创新、协调、绿色、开放、共享”五大发展理念融入全省海洋经济高质量发展目标定位，坚持海洋经济发展与海洋资源环境的协调，树立可持续的蓝色经济发展理念，以海洋经济绿色化、海洋产业融合化、海洋发展民生化和海洋治理开放化为纽带，充分把握世界海洋经济发展潮流和海洋产业发展模式，构建可持续的现代海洋经济体系。

2. 以新技术助推海洋产业突破

充分发挥新一代信息技术、材料技术和装备技术的优势，全面推进智慧海洋建设，提升海洋高端装备、海洋人工智能与海洋大数据产业化创新能力，以技术创新推动深海大洋矿产、生物资源和海洋能源开发，引导海洋产业新技术、新业态、新模式、新产品的培育与壮大，建立新一代海洋高新技术产业创新体系。

3. 以新需求拓展海洋资源开发空间

坚持民生导向，拓展新的海洋产业发展空间，满足居民不断变化的品质生活需求和海洋经济新旧动能转换的传统产业优化提升和新兴产业培育壮大的需求。全面重视海洋新产品、新资源与新空间的开发利用，积极开拓海上休闲、邮轮游艇、海滨康养等民生产品市场，提升绿色海产品、海洋功能食品、海洋生物药物等海洋民生产品供给能力，以新的民生需求拓展新的海洋产业发展空间。

4. 以新机制提升海洋经济运行效率

全面创新海洋经济管理体制，建立以省市海洋局为核心，相关涉海行业主管部门为辅助的海洋经济管理机制，完善海洋经济统计监测运行体系和考核奖励机制。建立健全陆海产业联动发展机制、海洋开发与保护协调机制、海洋产业链集聚发展机制、海洋三产融合发展机制、海洋产业绿色化发展机制等，以机制创新确立山东海洋产业市场竞争优势，提升全省海洋经济运行效率，最终实现海洋经济高质量发展。

（二）对策建议

1. 开展先行先试试点，打造海洋高质量发展要地

争创国家海洋经济高质量发展先行区。积极顺应国际海洋开发潮流，贯彻落实“创新、协调、绿色、开放、共享”五大发展理念，吸收借鉴国际海洋发展经验，瞄准海洋强省建设定位，优化海洋产业发展路径，创新海洋经济体制机制，引领国家海洋经济高质量发展导向。发挥青岛、威海、烟台海洋经济创新发展示范城市和青岛蓝谷、威海、日照国家海洋经济发展示范区的政策优势，加快实施海洋战略性新兴产业培育和深远海开发工程，建设国家深远海开发保障基地、现代海工装备制造与海洋生物医药产业基地，巩固提升山东在全国海洋经济发展中的领先地位。积极吸收引进消化欧洲海洋开发模式，探索建立具有地方特色的海洋开发新模式、新路径，从产业发展、生态环保、科技创新、综合管理、文化引领等多层面出发先行先试，创建国家海洋经济高质量发展先行区。

建设国家军民融合创新发展试验区。以青岛国家军民融合创新示范区建设为先导，对标美国圣迭戈、英国普利茅斯、日本横须贺等海军基地建设，探索建立军地联动引导机制，以军港物流保障、军需船舶制造、海防装备设计和海洋权益服务为重点，打造军民融合的技术创新与产业发展链条，提升地方的涉海军工及服务保障水平。加快推进青岛、烟台、威海和潍坊军民融合创新产业园区建设，把现代船舶修造、海工装备制造、海洋新材料、海洋环保和海洋新能源产业作为主要发力点，培育壮大一批军民融合型创新企业和特色海洋产业园区。支持山东大学、中国海洋大学、中国石油大学、山东科技大学等涉海高校与海军合作，联合建立研发组织或人才培训机构，共建军民融合海洋科技协同创新平台。支持中船重工、中集集团等国有大型企业参与国家航母基地、深海基地等涉军项目建设，合作共建海洋工程实验室、海洋装备研究院等军民融合创新载体，打造青岛、烟台海军装备研发基地。积极推动青岛西海岸深远海

战略保障基地、威海国家浅海海上综合试验场等项目建设，提高青岛武船重工、烟台莱福士等企业的涉军海上维修保障能力，打造国家军民融合创新发展试验区。

打造国家陆海产业融合发展示范区。坚持陆海产业统筹发展，创新陆海产业联动模式，将海洋文化挖掘、海洋生态保护和海洋科技创新纳入海洋产业发展计划。以培育新模式、新业态、新产业和新产品为重点，推动陆海三次产业融合发展。科学定位海洋牧场建设，重点突破海水种苗繁育、工厂化设施养殖、深水设施养殖技术，加大对生态养殖和海洋牧场建设的投入。大力发展休闲渔业和海洋生物产业，推动海水养殖、休闲旅游、生态修复与生物医药产业的融合发展，打造现代渔业产业综合体。加大海洋文化遗产的挖掘力度，以海洋文化引领海洋旅游、休闲渔业、海洋环保产业发展，打造青岛、烟台、威海等国家海洋文化旅游名城。创新港航贸易联动发展模式，推动港口物流、临港制造、休闲购物、邮轮游艇产业深度融合发展，将邮轮母港旅游区、港航服务功能区和陆海物流集散地纳入上海合作组织地方经贸合作示范区建设，打造国家陆海产业融合发展示范区。

2. 统筹陆海产业发展，优化海洋高质量发展格局

加快构建陆海联动产业体系。以国家海洋经济发展示范区建设为核心，以省级海洋特色产业园区为重点，打造国家海洋新兴产业示范基地，培育壮大海洋装备制造、海洋生物医药、海洋新能源、海洋新材料等陆海融合产业链。实施“蓝色粮仓”“蓝色药库”“蓝色能源”“蓝色游乐场”等一批蓝色产业培育工程，创新产业集聚模式和发展路径，形成多个陆海联动的蓝色产业集聚区，打造国家海洋牧场示范基地、海洋新能源利用试验基地、海水淡化综合利用示范城市、海洋医药产业示范园区、海洋新材料开发基地以及国家蓝色粮仓建设先行示范区等一批海洋新兴产业培育和集聚壮大载体，加快重构现代海洋产业体系。提升海洋水产品加工产业链，大力开发海洋功能食品与海洋生物制品，打造国内一流的水产品贸易集散中心。加快开发邮轮游艇、游钓船舶及相关配套装备产品，推动邮轮旅游、海上运动、休闲垂钓、海岛观光等海洋旅游发展。统筹规划盐化工、海藻化工、海洋水产品加工等产业布局，全面拓展陆海联动产业链，培育陆海产业新业态。

全面培育陆海经济新动能。加大传统海洋产业技术改造投入，推动陆海产

业融合发展，拓展提升传统海洋产业链。加快推进山东省船舶与海洋工程装备创新中心建设，重点突破深海油气、海上发电、深远海养殖、深海空间站等大型海上智能装备平台。加大海洋创新药物研发力度，加快海洋功能制品发展，建设青岛、烟台、威海、日照四大海洋生物产业基地。实施“胶东海上调水”工程，鼓励沿海城市开展海水综合利用示范，支持青岛、烟台等城市建设国家海水淡化与综合利用示范城市。科学布局海洋新能源发电项目，适时推进海上风电、海上新能源装备研发、海洋新能源利用全产业链发展。加快推进海洋新材料研发，重点研制新型海洋防腐材料、涉海金属与高分子材料、海洋生物新材料等，推动海洋化工业转型发展。实施“海洋 + 物联网”工程，加快海洋装备制造、临港油气化工、海洋工程建筑、海洋化工等海洋工业的升级改造进程，培育陆海经济发展新动能。

3. 完善科技创新机制，推动海洋产业智慧化发展

创新海洋科技引导机制。统筹全省海洋科技创新资源，建立以青岛蓝谷为核心的山东半岛海洋科技协同创新网络，全面推进青岛全球海洋科技创新中心建设。改革全省海洋科技要素配置机制，引导各类海洋科技创新平台的跨区域部署，推动海洋科技创新资源的跨区融合、创新链跨区域整合和园区跨区域共建模式，支持地方特色海洋科技创新示范基地建设。探索重大海洋科技创新项目全球招标机制，研究设立面向全球的省级海洋科技创新奖励基金和海洋科技创新高端人才库。建立更加开放、灵活的海洋科技机构引进与人才培养机制，加大对海洋中高端研发人才与企业技术创新团队的扶持力度，建立省级海洋科技人才扶持基金，赋予科研机构和企业更多的人才引进和培育自主权。

加快智慧海洋工程建设。全面实施“智慧海洋”工程，建立智慧海洋信息共享机制，全面整合各级涉海科研和管理机构的多源异构涉海数据信息，建设全省海洋大数据共享平台。围绕海洋环境预报、防灾减灾、物流运输、海上安全等重点海洋信息应用领域，推出一批市场化的海洋大数据服务产品，提升海洋产业信息化水平。积极参与国家“透明海洋”工程建设，加快推动新型智能传感器、无人航行器、载人潜水器等海洋探测装备的国产化进程，培育壮大海洋信息技术产业。建设省级海洋大数据和云处理平台，优化重构全省沿海智能环境监测网络布局，搭建集监测、管护、救助、补给等功能于一体，覆盖全省近海海域的海洋环境立体观测网，为海洋污染治理、海洋灾害防治、海域

综合管理和海上安全生产提供大数据支持。鼓励引导现代信息技术在海洋产业领域的应用，以人工智能、大数据、虚拟现实、5G 等新一代信息技术推广为重点，加快提升海洋设备制造、船舶海工制造、海洋仪器仪表等现代制造业的智能化水平。重点加大对智能船舶、港口自动化装备、智能深水养殖装备、水下自动探测装备、海上旅游装备及海洋环境大数据设备的研发和产业化发展投入，争创国家智慧海洋示范区。

4. 构建海洋生态屏障，实现海洋产业可持续发展

构建半岛海洋生态安全屏障。统筹规划陆海污染防治体系，建立陆海环境治理协调机制，建立近岸海域水质目标考核制度和入海污染物总量控制制度。开展胶州湾、莱州湾、黄河口等重点海湾河口海域入海污染物总量管控试点，建立“流域—海湾”污染防治联动机制。严格落实国家环境保护督察制度，全面清理整顿入海排污口设置，坚决取缔违法违规设立的排污口，加强对设置不合理的排污口的管控。实施近岸养殖污染治理工程，严格控制养殖废水、废物排放，探索建立近海海域生态环境承载评估机制。科学实施蓝色海湾、自然岸线整治工程，建立基于生态系统的海域生境保护与修复机制，重点关注海域生境的完整性和海洋生物的多样性，减少不必要的工程建设和围填海工程。严格落实海洋主体功能区划和海域生态红线制度，强化海洋保护区分类管理。探索培育海岸海藻床和海滩碱蓬生态系统，加快恢复黄河口、莱州湾等河口海湾盐沼湿地。实施烟台、威海沿海海草床与海藻床修复工程，加快恢复近海渔业生物资源，推进生态修复型海洋牧场建设。编制海岸线保护利用规划，创新海岸带空间管理制度，加大自然岸线保护和修复力度。实施生态岛礁工程，突出海岛生态保护，加快推进海岛生态修复和生态旅游岛建设。

推动海洋产业绿色发展。坚持低碳环保理念，创新海洋特色产业园区循环经济发展模式，全面推进海洋产业绿色发展，科学配置海洋资源，从源头上减少资源消耗与污染物排放。以新技术应用、节能降耗和绿色发展为导向，搭建海洋产业绿色化技术创新平台。加快推进省级碳排放市场建设试点，建立省级碳排放交易网络平台。推动涉海龙头骨干企业组建绿色技术创新联合体，加快突破制约绿色技术产业化的瓶颈。加大对环境友好型、资源节约型涉海企业投资项目的扶持力度，加快推动海洋产业绿色化发展进程。编制海洋产业绿色发展路线图，明确产业绿色化发展路径，设立绿色产业引导基金。建立绿色产业

政策扶持机制，鼓励海洋渔业、海洋新材料、港口航运和海上旅游生态化发展，推动临海产业园区向绿色低碳、循环经济园区转化。制定海洋产业绿色发展清单，引导海洋资源与海域空间配置向绿色低碳型和海洋战略性新兴产业倾斜。

5. 建立区域合作网络，加快海洋经济国际化进程

创新区域合作机制。确立青岛在山东半岛的龙头城市地位，从山东半岛乃至黄渤海地区层面定位青岛城市功能，突出青岛的东北亚国际航运枢纽、国际休闲度假旅游中心城市和国家海洋科技中心城市定位，重点布局能发挥龙头引领和示范作用的海洋主导产业和前沿产业，建立以青岛为核心的山东半岛现代海洋产业体系。打破地域行政界限，创新港口物流、商品交易、产业发展和生态保护区域合作机制，以青岛、烟台、济南等省域中心城市为重点，加快推进中国（山东）自由贸易试验区、中国—上海合作组织地方经贸合作示范区、山东半岛自主创新示范区等国家经贸合作载体建设。实施山东半岛陆海经济一体化工程，推动山东沿海港口集群、青烟威海洋科技创新联盟和青烟威日滨海旅游共同体建设。积极对接国家黄河生态经济带战略，发挥山东半岛的港口物流和对外开放优势，建设黄河生态经济带陆海生态联动发展示范基地。

打造对外开放新高地。全面落实国家自由贸易试验区配套政策，加快建设青岛财富管理金融综合改革试验区、烟台中日韩贸易和投资合作先行区，加强与日韩、中国港澳台、东盟国家在跨境贸易、跨境投资、离岸金融、人才交流等领域合作。依托山东港口集团，加快山东国际航运中心建设，扩大航运、金融、贸易、文化和社会服务等领域开放，开展跨境贸易电子商务通关服务，实现传统对外贸易向现代国际贸易的转变。鼓励跨国企业、外贸公司以自由贸易试验区为载体，搭建国际海洋贸易合作网络，打造以贸易营运和控制能力为核心的离岸贸易合作平台。加强与欧盟国家在海洋新能源、海洋新材料、海洋生物医药和海洋生态环保等海洋战略性新兴产业领域的合作，吸引欧盟国家具有自主知识产权的中小企业或专业技术人才来山东发展，重点拓展高端装备、节能环保等新兴产业和工业设计、科技研发、文化创意等高端产业链。积极承担国家有关中韩、中澳自由贸易区建设的先行先试职能，建设海洋经济国际合作先导区，打造全省对外开放新高地。

B.7

山东平原地区乡村振兴路径探析与政策建议

山东省发展改革委课题组*

摘　要： 2018年以来，山东省委、省政府认真贯彻落实习近平总书记重要指示批示精神，立足山东农业大省、人口大省、经济大省优势，深入实施乡村振兴战略，加快打造乡村振兴齐鲁样板。以山东菏泽、聊城、德州、济宁、枣庄等为代表的5个平原市，充分发挥土地资源优势，紧紧围绕乡村产业、人才、文化、生态、组织振兴等“五大方向”，开展了积极探索和实践，取得了显著成效。但是，由于产业结构不均衡、经济基础较薄弱、人口流失较严重等共性问题，推进乡村振兴仍面临较大制约。今后，应加快推进农业供给侧结构性改革，积极培育农业“新六产”，着力构建现代农业产业体系、生产体系、经营体系，持续推动平原地区农业由大向强转变。

关键词： 平原地区　乡村振兴　齐鲁样板

实施乡村振兴战略，是党的十九大做出的重大决策部署，是新时代做好“三农”工作的总抓手。为深入贯彻落实习近平总书记对新时代山东工作的总要求，全力打造乡村振兴齐鲁样板，近年来，以鲁西北和鲁西南等地区为代表

---

* 课题组成员：梁文跃，山东省发展改革委副主任；马方奎，山东省宏观经济研究院助理研究员；孙涛，山东省发展改革委处长；翟振然，山东省发展改革委副处长；惠子益，山东省发展改革委科长。

的山东平原各市，以乡村振兴战略为总抓手，围绕“产业兴旺、生态宜居、乡风文明、治理有效、生活富裕”的工作总要求，在乡村产业、人才、文化、生态、组织“五个振兴”方面，积极探索新路径、新模式、新机制，着力破解制约平原地区推进乡村振兴的瓶颈障碍，为平原地区推进乡村振兴进行了有益探索，积累了丰富实践。本研究旨在以山东菏泽、聊城、德州、济宁、枣庄等5个平原市为例，通过深入调研分析，详细阐述山东平原地区推进乡村“五个振兴”的思路举措和改革创新实践，探究推进平原地区乡村振兴的具体路径和对策建议，为科学助推乡村振兴战略规划实施和农业农村优先发展提供决策参考。

一　政策背景与发展现状

2018 年 3 月，习近平总书记参加十三届全国人大一次会议山东代表团审议时，就实施乡村振兴战略特别是推动产业振兴、人才振兴、文化振兴、生态振兴、组织振兴和乡村振兴健康有序进行做出重要指示，要求山东充分发挥农业大省优势，打造乡村振兴的齐鲁样板，为山东做好乡村振兴工作指明了前进方向，提供了根本遵循，注入了强大动力。山东省委、省政府高度重视，各级各部门深入贯彻党的十九大精神，认真落实习近平总书记对山东工作的重要批示指示，把实施乡村振兴战略、打造齐鲁样板作为重大政治任务，强化组织领导，注重统筹协调，狠抓政策落实，以新思路新理念积极谋划富有山东特色的乡村振兴路径。

平原地区发展农业生产自古具有得天独厚的优势。中国东北平原、华北平原、关中平原和长江中下游平原等四大平原居住人口超过 7 亿，自古便集聚着中国重要的经济中心、文化中心，分布着全国重要的粮棉油生产基地。在人口、土地、资金等要素条件上，农业以土地为根本，平原地区具备发展农业生产的良好土地资源基础，对推进乡村振兴能起到重要的示范带动作用。山东是农业大省、人口大省、经济大省，平原主要分布在鲁西北地区和鲁西南局部地区，面积约占全省的 65%，仅次于“鱼米之乡”江苏（70% 以上），耕地保有量超过 1.1 亿亩。特别是鲁西平原地区，约占全省陆地面积的 1/4，且各市均为农业大市，已成为全省重要的粮棉生产基地、特色农产品基地和名优畜牧品种繁育基地。

改革开放以来，山东创造了不少农村改革发展经验，逐步确立起了全国农业大省的优势地位，平原地区也创出了各具特色的农业农村发展路径，特色比较明显，特征也比较清晰。主要表现在四个方面。一是粮食主产区，农业产值占比高。粮食等重要农产品产量在全省占有相当比重，农业占三次产业结构比重较高，高出全省平均水平3~5个百分点。2018年，菏泽、聊城、德州、济宁、枣庄等平原5市粮食产量2639万吨（见表1），占全省的49.6%，棉花总产16.11万吨，占全省的74%。二是人口密度大，基本为“大村庄”。这是平原地区农村的普遍特点，据了解，菏泽市等村庄的人口数量基本在300户1000人以上，村庄规划相对整齐划一。三是空心化严重，人去屋空现象普遍。随着农业机械化水平的提升和适度规模经营的发展，以种粮为主的农业剩余劳动力得到释放，青壮年外出打工，农村留守人员更多为“386199部队”。四是经济欠发达，基础条件相对薄弱。5市中的45个行政县区，有19个县生产总值排在100名之后，占比达到42%。受制于财政压力，部分农村的交通、养老、医疗等条件亟须改善。

表1　2018年山东省平原5市主要农业指标

	地区生产总值（亿元）	农林牧渔业增加值(亿元)	农林牧渔业增加值占地区生产总值比重（%）	粮食产量（万吨）	农村居民人均可支配收入（元）
菏泽	3078.78	311.28	10.1	746	12848
聊城	3152.15	328.72	10.4	521	13492
德州	3380.3	359.18	10.6	730	14564
济宁	4930.58	523.86	10.6	470	16055
枣庄	2402.38	171.37	7.1	172	15345
全省	76469.67	5272.53	6.8	5320	16297

二　平原地区推进乡村振兴的主要模式

乡村振兴战略实施以来，山东平原各市以产业振兴为基础，在组织领导、土地利用、人才引进、产业培育、品牌推广等各个方面，进行了积极探索，为推动平原地区乡村振兴积累了大量有益经验，发挥了很好的示范带动作用。

（一）聚焦平原产业振兴，不断夯实乡村振兴经济基础

产业兴旺是乡村振兴的重要基础，是解决农村一切问题的前提。平原地区拥有广阔的土地资源和农业人口优势，产业结构不均衡，一产所占比例普遍偏高，但具备发展壮大农业生产的先决性基础条件。以聊城市为例，全市耕地面积855.11万亩，基本农田保护面积724.08万亩，乡村人口494.35万人，是国家现代农业示范区、国家农业科技园区，是优质粮食和瓜菜菌、肉蛋奶等"菜篮子"产品的主要供应基地。近年来，聊城市立足现代农业高质量发展，通过科学合理布局、优化产业结构，坚持质量兴农、绿色兴农、科技兴农，加快促进产业融合发展，着力打造现代高效农业产业集群，不断增强乡村产业持续增长力。一是强化现代农业规划引领。编制印发了《现代高效农业产业集群发展规划（2019—2022年）》，成立乡村振兴暨现代高效农业产业集群研究院，大力创建现代农业产业园，目前共创建国家现代农业产业园1处，省级现代农业产业园2处，市级现代农业产业园17处，初步形成了现代农业产业园的梯次发展格局。二是着力提升农业生产能力。全面完成粮食生产功能区和重要农产品生产保护区划定工作，争取高标准农田建设指标38万亩。全市农机总动力达到1023万千瓦，农作物耕种收综合机械化水平达到89.13%，成功创建全省"两全两高"农业机械化示范县1个。2019年，粮食实现大幅增产，较上年增长8.2亿斤；蔬菜产值突破200亿元，居全省前列；肉蛋奶总产180万吨，畜产品稳产保供工作得到国务院副总理胡春华同志的肯定。三是坚持农业高质量发展。全市新增"三品一标"150个，其中绿色食品新增125个，新增绿色食品数量和累计数量均居全省第一位。推进农业首席质量官试点工作，213名农业首席质量官持证上岗，全市农产品质量检测合格率保持在98%以上。全市规模以上农业龙头企业达到512家，拥有国家级龙头企业5家，省级以上龙头企业48家。大力发展农业科技园区，全市共建有国家农业科技园区1家，省级农业高新技术产业开发区1家，省级农业科技园区7家，市级农业科技园区12家。四是培育壮大农业"新六产"。重点培育的30个"新六产"示范项目累计完成投资16.8亿元，推荐申报省级农业"新六产"示范县和农

产品加工示范县 3 个，省级农业“新六产”示范主体、农业产业化示范联合体、农产品加工示范企业 25 家，推荐全国“一村一品”示范村镇 2 个。农民合作社达到 13210 家，家庭农场 1473 家。五是加强农产品宣传推介。举办江北水城“双招双引”大会现代高效农业论坛，签约项目金额 102.18 亿元。举办第二届“聊·胜一筹!”品牌农产品展销会、“聊·胜一筹!”品牌农产品直供粤港澳推介会，与广州市签署了“粤港澳大湾区菜篮子建设合作框架协议”，已认定粤港澳大湾区“菜篮子”生产基地 2 处，申报配送中心 1 处，开辟了新的农产品销售渠道。

（二）聚焦平原人才振兴，切实增强乡村创新创业活力

补齐农业农村短板，必须优先保障人才供给。平原乡村地区产业结构不均衡，经济基础较差，人均收入偏低，难以留住人才，亟须不断优化人才发展环境，充分发挥高层次农业科技人才和高素质农业生产经营人才对农业生产的创新引领带动作用，吸引社会各界投身乡村发展。以济宁市为例，为充分发挥人才对产业发展的支撑保障作用，近年来，着力通过以下措施吸引人才、留住人才、发挥人才作用。一是完善人才引进政策。先后制定出台了《济宁市乡村振兴合伙人招募管理办法》、《济宁市农民工职业技能提升行动方案》、《2019年济宁市面向社会引进优秀人才方案》（15 人到基层农技机构就业）、《济宁市农业科技人才专家服务团管理办法》、《济宁市创业带动就业扶持资金管理办法》、《高校毕业生基层成长计划方案》等政策文件，济宁市农业高新技术示范园、山东省科创食用菌产业技术研究院入选“省级乡村振兴专家服务基地”。在全省率先开展“乡村振兴合伙人”试点，设立乡村振兴工作站 11 处，分别在泗水县圣水峪镇、任城区喻屯镇、兖州区新安镇、邹城市大束镇等开展乡村振兴合伙人招募，共招募合伙人 67 人。组织开展“孔孟之乡·文化济宁——名校人才直通车”校园招聘活动，多形式吸引高层次人才。与清华大学签订《共建清华大学学生社会实践基地协议》，在泗水龙湾湖示范区设立了“大学生乡村振兴工作站”。完成 2019 年高校毕业生“三支一扶”计划招募工作，上岗“三支一扶”大学生 157 名。二是强化人才服务指导。连续多年实施千名科技人员下乡活动。2019 年，济宁市现代农业产业发展创新团队数量达到 23 个，涉及大宗农产品、特色产业、农业绿色生产技术等专业，与中国

农业科学院、山东农业大学、省级农业产业创新团队等联合开展技术攻关，在产业乡镇、优势特色基地建立创新团队试验示范基地47个，形成了“创新团队＋基层农技推广＋新型农业经营主体”的农业科技服务模式。建成大豆、大蒜辛辣蔬菜、食用菌、淡水渔业等院士工作站12家。大力组建乡村振兴人才服务团，培训新型职业农民，以家庭农场主、合作社理事长、龙头企业负责人为主的新型职业农民达到1.4万人，2019年新培育3851人。遴选组建完成110名农业乡土人才信息师资库，并用于农民教育乡土专家师资授课。三是积极开展农民就业创业培训。大力开展农民转移就业培训，2019年完成农民工技能培训2.8万人。落实农民工和返乡创业人员就业创业贷款扶持政策，对农民工和返乡人员就业创业提供个人贷款，最高额度为15万元，劳动密集型小微企业的贷款额度最高为400万元，2019年以来全市为返乡农民工发放创业担保贷款1.77亿元。大力实施“村村都有好青年”选培，出台了《关于实施“助力乡村振兴·村村都有好青年”选培计划的意见》，共评选出市县乡村“好青年”5685名，通过整合资源、教育培训、搭建平台、选拔推优等助力“好青年”为乡村振兴建功立业。印发《做好2019年济宁市农村干部学校招生工作的通知》，面向村党员干部招收全日制学历教育300人，切实提升基层干部带领群众实施乡村振兴能力和水平。2019年公布评选了29名第三届“济宁乡村之星”，不断激发新型农业经营主体和村干部带领农民增收致富积极性。

（三）聚焦平原生态振兴，打造特色升级版美丽乡村

乡村生态优美是广大农民群众的殷切期盼。推动平原地区乡村振兴，必须牢固树立绿水青山就是金山银山的理念，着力推动农村人居环境改善、农业生产方式转变和农民生活方式改变，打造生态宜居、生产富足、生活健康的美丽家园。以枣庄市为例，近年来，围绕创优农村环境，不断完善乡村生态振兴推进机制，成立了市委、市政府主要领导任组长的农村人居环境整治领导机制，建立了八个工作专班和由市委、市政府分管领导为总召集人的联席会议制度，加强对乡村生态振兴的组织领导和统筹协调。采取了四方面举措。一是深入推进农村人居环境整治。出台了《枣庄市农村人居环境整治工作分工方案》，确定了10个重点任务，分别明确了牵头部门；推进美丽乡村建设，实行省、市、县三级联创，2019年新创建美丽乡村263个，其中省级示范村14个，市财政

统筹资金1亿元用于创建市级示范村100个，打造美丽乡村片区33个，全市美丽乡村规划设计完成率100%，实质开工率100%。实施村庄清洁行动，突出做好“三清一改”，全市累计出动人力33.8万人次，集中清运村内垃圾37.02万吨，清淤沟渠3600余公里。深入推进村庄清洁行动“四季战役”，推动村容村貌实现看得见的变化。深入开展“美在我家”主题活动。全市创建“美丽庭院”示范户5.7万户，创建率达11.6%，有“美丽庭院”示范户的村达96.93%。二是推进农村生活污水治理。印发《枣庄市农村生活污水治理行动方案》，建立2019~2025年治理目标工作台账，全面完成423个行政村农村污水治理省定目标任务。推动地方开展村庄水体清理，下发《关于开展农村河道治理工作的通知》，将农村水环境治理全面纳入河长制、湖长制管理。加快推进“厕所革命”，建立农村无害化卫生厕所改造台账，2016~2019年累计改厕39.99万户，基本完成涉农街道农村改厕。完成358个300户以上涉农自然村公共厕所无害化改造，比例达40%。三是深入开展爱国卫生运动和“绿满城乡·美丽枣庄”国土绿化行动。8个镇街顺利通过国家级卫生乡镇命名公示，占应创建镇街的15.4%，提前超额完成2020年8%的任务目标；累计创建省级卫生村638个，占比25.9%。枣庄市被表彰为“全国关注森林活动20周年突出贡献单位”，创建省级森林乡镇3个、森林村居30个。探索建立生活垃圾回收利用体系。全市全域实现“户集中、村居收集、镇街转运、区市处理”的城乡生活垃圾收运处理体系全覆盖。农村生活垃圾无害化处理率达100%，农村保洁员数量达到10281人。四是推动农业绿色发展。全市农药利用率达42.1%，化学农药施用总量同比减少10.4%，测土配方施肥技术推广覆盖率达到90%以上；农作物秸秆综合利用率达到95%以上；畜禽养殖污水处理利用率达到70%，规模养殖场粪污处理设施装备配套率达到94%。

（四）聚焦平原文化和组织振兴，树牢和谐有序乡风文明

文化振兴是乡村振兴的精神基础，组织振兴是乡村振兴的动力引擎。村基层党组织在推动农村工作中，既要抓好乡村文化传承、保护、弘扬，提振农村精气神，加快形成齐鲁乡村文明新风尚，又要抓好构建新型乡村治理体系，打造安居和谐乐业的乡村善治格局。以枣庄市和聊城市为例，分别在平原地区抓好乡风文明和支部建设中出台了很多创新性举措，取得良好成效。

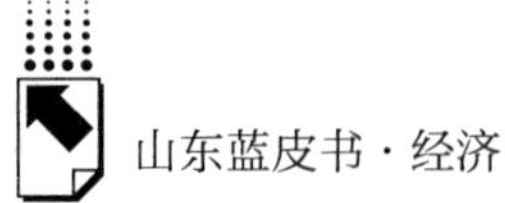

枣庄市围绕培育良好乡风。一是在文明达标村覆盖率方面，制定了2019年度文明达标村覆盖率考核标准，各区（市）制定了文明达标村推进目标计划和工作方案，组织召开文明达标村覆盖率专题培训会议，严格按照程序进行2019年度文明村镇评选复查，新申报、复查合格省级文明村镇90个，市级文明村镇268个。二是在农村公共文化服务方面，在全市完成送戏曲进乡村2116场，完成目标任务的100%，全市已建成村（社区）综合性文化服务中心2525个，完成目标任务的100%。积极组织好乡村振兴农民微视频大赛活动，全市共获得二等奖、三等奖各1项。三是在移风易俗工作方面，制定《关于倡导移风易俗推动绿色殡葬建设的实施意见》，全市所有村（居）均建立了红白理事会，把移风易俗内容纳入村规民约，开展了移风易俗全员培训活动，共开展培训90余场次，受训人员9600多人。开展了移风易俗专项宣传和督查活动，移风易俗社情民意大调研活动，在全市大力营造移风易俗浓厚氛围。四是在城乡环卫一体化方面，健全城乡垃圾收运处理体系，全市环卫一体化群众满意度始终保持在90%以上，在2019年全省环卫一体化工作年度暗访考核中获得91.81分。

聊城市围绕乡村治理建立健全农村治理体系，打造充满活力和谐有序的善治乡村。一是实施“头雁工程”，研究制定《关于实施乡村振兴“头雁工程”的意见》，建好用好村党组织书记后备人才库，共储备后备力量13610人。二是推进软弱涣散基层党组织整顿，将排查出的76名受过刑事处罚、存在“村霸”和涉黑涉恶等问题的村干部全部清理，调整撤换347名村党组织书记。三是大力实施“增收固本工程”，全市已全部消除集体经济空壳村，集体收入3万元以下村数剩余714个。结合扫黑除恶，对村集体“三资”逐村开展大排查大清理，累计清理集体土地23.19万亩、宅基地324.06万平方米、坑塘4.18万亩，废止不合理发包合同8973件，增加集体收入1.22亿元，村均增加1.95万元。四是大力推广支部领办合作社模式，依托“党支部+合作社”模式，实现村集体经济增收，全市共有887个村党支部领办合作社，入社群众27.32万人，年增加集体收入2337.82万元，村均增加2.6万元。五是扎实推进“万名干部下基层”，选派43支乡村振兴服务队、18支民营企业服务队、2支国有企业服务队、614名干部下基层、促发展。乡村振兴服务队工作实施一服务队一示范项目、一规划方案、一联合党组织、一政策支持、一工商资本投资、一落实措施“六个一”推进机制。六是有序推进“多村一社区”体制改革，已建成279个乡村振兴党建联合体，共覆盖2228个村庄，并稳妥启动了合村并居工作。扎实推进平安乡村建设，组织开展综治中心“星级创建”活动，对首批16个乡镇（街道）综治中心进行了审核验收。

（五）聚焦平原改革创新，积极探索做活“土地文章”

改革是推进乡村振兴的核心动力。推进乡村振兴普遍面临着“人、地、钱”等要素制约问题，平原地区土地资源相对丰富，但基础设施薄弱、土地资源优势不能有效发挥的问题仍普遍存在，德州市作为平原市同样面临这类问题，近年来，德州市在做活“土地文章”上做了大胆探索，取得一定成效。总结起来主要有四种路径。

一是探索“两区同建”。从2010年前后开始，德州市在地理位置相邻、群众意愿强烈、班子作风过硬的村，探索实施合村并居，统一规划居住区，统一进行基础设施建设。目前，全市建制村数量已经由10年前的8319个减至7910个。主要模式有三种。①政府推动。利用增减挂钩政策，采用行政推动的方式，拆迁部分村庄，建设农村社区集中居住，腾空了土地指标。比如，齐河县对整村迁建的增减挂钩项目按照净增耕地15万元/亩拨付补助资金，华店镇张博士社区是2013年批复的增减挂钩项目区，乡镇完成拆迁复垦，节约土地指标约372亩，由县里统筹，用于项目建设。②政企合作。比如，平原县通过引入山东省土地发展集团，与平原国有公司合作成立投资公司，投资30多亿元对桃园街道驻地统一规划，对54个村分期分批拆迁，引导人口向街道驻地集中。③多方融资。乐陵市成立土地开发整理有限公司，开展土地开发、整治和经营。为推动杨安镇、铁营镇、郑店镇的合村并居项目，该公司通过市场化手段，采取EPC模式公开招标，实现由总承包方垫资建设；借助低息贷款，在省农发行融资5亿元用于项目建设，为山东省首例城乡建设用地增减挂钩项目贷款。

二是探索“空心村”整治。在农民进城缺少资本与农村资源长期闲置的背景下，德州市实施“空心村”整治工作，主要有三种模式。①以“补偿”政策引导整治。比如，武城县创新农户安置补偿制度，建立“就地协调安置、进城镇购房居住、现金支付”等三种安置方式让群众自愿选择。建立了“房票”制度，鼓励农民“带权”进城。截至目前，该县共实施38个连片整治区，总投资4.2亿元，盘活农村闲散宅基地面积5000多亩。②以“补贴”政策助力整治。齐河县出台空心村整治政策，明确提出“缩村并居每新增一亩耕地，县财政按20万元/亩给予乡镇补贴”。2018年，该县潘店镇洪张村做通25户群众工作，集中连片拆除旧村址空闲宅院240间，复垦验收农用地47.61亩，获得上级补贴资金626.2万元。③以“有偿”政策倒逼整治。禹城市充分利用农村宅基地制度改革全国试点机遇，探索宅基地自愿有偿退出和综合整治，研究出台《禹城市农村宅基地有偿使用管理办法》。目前，该市腾退宅基地面积约1.5万余亩，收缴宅基地有偿使用费760余万元。

三是探索盘活闲散沉睡资源。对闲置废弃的建设用地、零散的废弃地、废旧坑塘等，做好整合文章，把分散的地聚起来、闲置的地用起来，让沉睡的资源活起来。也是三种模式。①推进入市交易置换。禹城市作为全国33个之一、全省唯一的一个承担农村土地制度改革试点县市，抢抓机遇，加快推进集体经营性建设用地入市，将农村边角、闲散土地集中连片，先后保障了90多个项目顺利落地。伦镇数控产业园用地原为乡镇砖瓦窑厂，由于环保原因被关停，2018年通过抢抓试点机遇，抱团引进28家数控机械设备企业，促进了新旧动能转换。②发展聚合经济。临邑县创新性地探索了盘活村庄闲散土地的“边角地”整治模式，发展特色种养、特色旅游、扶贫园区等，实现了“一村一品”“一村多品”，走出一条盘活村庄闲散土地、建设美丽乡村、助力乡村振兴的新路子。目前，整合沉睡土地7790亩，已开发利用5587亩。③推进“腾笼换鸟”。禹城市安仁镇聚融科技产业园项目，用地原为20世纪90年代奶牛养殖基地，近年来由于环保趋紧，被划为“禁养区”后废弃。2018年，安仁镇为盘活闲置资源，借助村集体建设用地入市试点政策，对原奶牛场进行了拆除，启动建设新型机械装备制造工业园区。

四是探索推进土地适度规模经营。德州市耕地面积960多万亩，土地成方连片，推进适度规模经营有基础、有优势。目前，主要有三种方式。①党支部领创办土地股份合作社流转。从2016年开始，在不改变原有土地承包关系前提下，创新“三权分置”实现形式，由农村党支部牵头成立合作社，村民以土地承包权入股，合作社统购、统管、统销，采取“保底分红+利润分红”模式，农民当股东，土地变股权，有地不种地，收益靠分红，实现小农户与发展现代农业的有机衔接。②新型经营主体流转。鼓励合作社、种粮大户和家庭农场等新型经营主体参与土地流转，发展适度规模经营，促进农业结构调整，形成以流转促发展、发展带动流转的良性循环。截至目前，全市发展农民合作社16577家、家庭农场3837家。③工商资本流转。平原县拿出100万亩良田实施大力度对外开放，有效对接龙头企业、农资企业、高校院所、终端市场。与山东鲁望集团合作，实施桃园全域乡村振兴示范区项目，组织农民以2万亩良田入股，种植糯玉米、黑小麦等优质高端农产品，发展种养一体、资源循环利用的绿色生态农业。

三 平原地区推进乡村振兴面临的主要制约因素

平原地区依托土地资源优势，在推动以种植为主的农业产业发展、以土地为要素的改革实践上做了积极探索，取得了一定成效，但受产业结构单一、基础设施薄弱等共性因素制约，推进乡村振兴仍面临以下几方面问题。

（一）产业发展方面

一是产业带动不强。平原地区带动性强的大型农业龙头企业、农民专业合作社较少，新型经营主体规模不大、实力不强的问题仍然存在。比如，聊城市全市只有国家级农业龙头企业4家、省级47家，大部分农业企业规模小、市场竞争力较弱，不能起到较强的区域带动作用。二是产业层次不高。平原地区多为农业大市，农产品产量大、品类全，大部分龙头企业还是停留在粮食作物、畜牧产品的初加工阶段，名优新特农产品占比小，特别是农产品精深加工滞后，产品附加值普遍偏低，产业链条较短，生产经营收益和抗风险能力较低。三是产业融合程度低。产业结构不均衡、种养品种单一等问题普遍存在。农业融合发展程度较低，现代农业产业园、农业特色小镇等新型载体较少，田园综合体建设刚刚起步。

（二）农民收入方面

受制于农业产业发展层次较低，平原地区农民群众普遍增收困难。以德州和枣庄为例，2018年德州市农村居民人均可支配收入为14564元，明显低于全省中位数16297元。2018年枣庄市农村居民人均可支配收入为15345元，同比增长8.3%，虽然增幅较大，但由于底子薄，基数小，人均可支配收入也明显低于全省中位数。

（三）农业基础设施方面

一是农村基础设施建设欠账较多，农村垃圾处理体系基本建立并运行，但是部分村庄污水未得到有效处理，改厕效果有待提升。二是部分地区的村庄空心化严重，自然村较多，人少且散，比如，德州市7813个自然村，村均343人，村庄数量占到全省的1/10，而村均人口比全省平均少271人，村级组织运转成本高，基础设施与城镇相比，差距较大。三是长期管理机制不够完善，个别村庄缺乏运作管理的长效机制，垃圾清理、环境保持、生态发展等方面出现“脏乱差”反弹现象。四是公共基础服务还不完善，教育、卫生、文化等基础条件依然与城镇比有较大差距，与乡村振兴要求相比也有很大差距。

（四）人才与基层组织建设方面

近年来，随着城镇化建设的推进，城市的发展理念、生活环境、基础设施、教育资源、公共服务等要素不断吸引年轻的大学毕业生，山东平原地区受制于较低的产业发展层次、薄弱的基础设施与公共服务配套，导致农村人才流失现象比较普遍，农村空心化、农民老龄化问题比较严重，各类管理人才、经营人才、专业技术人才缺乏。在基层组织建设方面，村庄多、小、散、弱问题较为突出，村级班子整体不强，年轻优秀人才外流严重，一些小村弱村甚至无人可选、无人可用。比如，聊城市村支部书记平均年龄52岁，60岁以上村支部书记占比近20%，初中以下学历的占比46%。

（五）资金投入方面

平原地区农业产业发展和农村基础设施建设，需要大量资金支持，近年来受经济下行影响，以农业为主导产业的财政收入更是日益趋紧，难以支撑乡村振兴不断增强的投入需求。比如，德州市2018年总的财政收入仅为202.5亿元，不足烟台（636.6亿元）的1/3，与潍坊（569.8亿元）相比，也存在较大差距，大部分农田水利项目基本靠争取上级资金扶持。

四　平原地区推进乡村振兴的对策建议

今后一个时期，山东将进入全面小康基础上的乡村振兴战略快速实施阶段，农业发展新旧动能接续转换，农业农村经济发展将面临重要关口期和机遇期，山东广阔平原地区也面临难得的发展机遇。平原地区农村人口众多、产业基础薄弱，推进平原乡村率先振兴，必须始终坚持农业农村优先发展的总方针，加快推进农业供给侧结构性改革，积极培育农业“新六产”，着力构建现代农业产业体系、生产体系、经营体系，持续推动平原地区农业由大向强转变。针对平原地区推进乡村振兴存在的薄弱环节和面临的主要问题，提出如下政策建议。

（一）切实加强党对“三农”工作的领导

进一步强化平原地区“党委领导、政府负责、部门协同推进”的农村工作推进机制，加强协作配合，积极探索平原地区推进乡村振兴的新路径、新模式，努力形成一批可复制、可推广的经验典型。强化平原地区基层党组织建设，严格落实“五级书记”抓乡村振兴，进一步强化领导、落实责任，凝聚上下联动、协同推进合力。加强对平原县（市、区）农业农村高质量发展的考核，并将考核工作整体纳入经济社会发展综合考核统一组织实施。

（二）大力发展现代高效农业

依托平原地区土地资源，充分借鉴“潍坊模式”“寿光模式”“诸城模式”经验，推动农业产业向集群化、规模化、现代化发展，打造一批精品粮油、绿色蔬菜、生态林果、健康畜禽、特色水产等现代高效农业产业集群。支持通过土地整理、土地流转、宅基地复垦等方式盘活土地资源，提升农业生产规模化、机械化水平。实施绿色高质高效农田创建工程，扩大高标准农田建设规模，稳步提升粮食综合产能。继续打造“一乡一业”“一村一品”示范镇、示范村，挖掘培育农业特色小镇。

（三）积极培育发展平原农业“新六产”

着力培育平原地区农村新产业、新业态，推动乡村旅游、农村电商、智慧

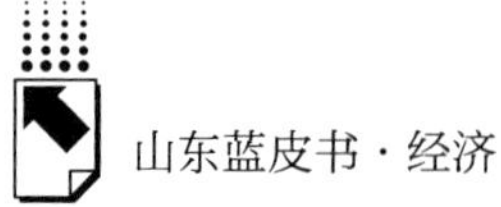

农业、创意和康养农业向高端迈进，促进农业立体化、复合式全产业链发展。着力打造平原乡村振兴示范载体和辐射主体，支持平原地区开展农业“新六产”示范创建活动，认定一批示范县和示范主体。扎实开展田园综合体、现代农业产业园和农村产业融合发展示范园“一体两园”创建工作，引领平原地区三产融合纵深推进。

（四）统筹推进平原乡村人才队伍建设

鼓励各类人才返乡投资兴业、创新创业，积极培育平原乡村振兴致富带头人，提供生活补贴、住房保障、创业服务等系列扶持政策，促进形成人回归、钱回流、业回创的“雁归”效应。以建设科技特派员队伍为抓手，构建高校院所、科技特派员、基层科技示范基地、农户农民“四位一体”的新型农业科技服务体系，打造科技特派员助力平原地区脱贫攻坚和乡村振兴的齐鲁样板。建立乡村文化人才管理库，加强文化人才培养服务，逐步建成多支门类齐全、数量充足、实力雄厚、结构合理的乡村文化队伍。

（五）加快推进平原地区农村人居环境整治

建立完善农村人居环境整治工作联席会议制度，协调推进平原地区农村人居环境整治工作。加强平原地区村庄基础设施建设，持续推进农村“七改”。加快推进城乡基本公共服务均等化，全面提升平原地区农村教育、医疗卫生、社会保障、养老、文化体育等公共服务水平。巩固提升城乡环卫一体化，提高农村垃圾收运处置能力，支持在平原地区开展农村垃圾分类、减量化、无害化项目试点。大力推进平原地区乡村绿化美化，积极建设美丽宜居乡村。推进平原地区“四好农村路”和通户道路硬化建设，逐步建立健全长期稳定的“四好农村路”管理体系和运行机制。

（六）切实补齐平原地区基础设施短板

持续加大投入力度，抓好平原地区重大水利、交通物流、基础设施等方面薄弱环节的改造提升。深入实施全省水安全保障规划，积极推动一批平原重大水利工程建设，继续实施农村饮水安全巩固提升工程，切实提高平原地区水安全保障能力。加快推进农村物流网络节点建设，解决物流入村“最后一公里”

问题。启动实施数字乡村战略，持续推进平原地区移动和固定宽带网络建设，推动远程医疗、远程教育等应用向平原地区普及。着力推进农村能源结构调整，加快新一轮农村电网升级改造，推动供气设施向平原地区农村延伸，开展绿色能源示范村镇、可再生能源集中供热等重大工程建设。

（七）积极稳妥推进平原地区合村并居

充分吸收借鉴合村并居建设新型社区的“德州模式”，以县为单位编制村庄空间布局规划，完善小城镇、农村居住社区布局和选址。围绕现代农业改革试点、新型城镇化、融入京津冀协同发展及土地指标跨区域交易等重大政策，发挥政策红利和聚合效应，集中优势促进合村并居工作开展。强化用地保障、财政投入、金融服务等要素支撑，满足社区建设要素需求。完善用地保障机制，将年度新增建设用地计划指标确定一定比例用于支持农村住房建设。完善财政保障机制，探索财政投入与乡村振兴任务相适应的财政保障机制，保障合村并居有序开展。鼓励通过土地增减挂钩项目，吸引社会资本和工商企业参与合村并居工作，尽快形成可供复制推广的样板和模式。

（八）全面深化平原农村各项改革

聚焦完善产权制度和要素市场化配置，建立健全城乡融合发展体制机制和政策体系，充分释放和激发平原农村发展活力。落实好农村土地“三权分置”制度，积极开展平原地区土地承包权依法自愿有偿退出试点，巩固完善农村集体土地所有权和农村土地承包经营权登记颁证成果。稳妥推进农村土地征收、集体经营性建设用地入市、宅基地制度改革试点，支持县级调整优化村庄用地布局，推动零星分散存量建设用地向农村新产业、新业态倾斜。加快推进农村集体产权制度改革，强化分类指导，提高农村集体收入。

B.8 山东中小企业高质量发展的现状与对策

邵 帅*

摘 要： 中小企业在山东经济社会发展中发挥着不可替代的重要作用。进入新时代，面对高质量发展的机遇与挑战，山东中小企业继续“冲锋在前”，推动全省高质量发展走在前列。本报告首先从企业数量、增加值、对外贸易、吸纳就业、“双创”能力等宏观指标和营收水平、赋税情况、盈利情况等微观指标对近几年山东中小企业的发展现状进行归纳与分析；然后围绕产业结构、创新能力、人才引进、企业融资、公共服务水平等五个方面梳理出当前山东中小企业高质量发展面临的主要问题，包括对传统产业和传统动能的依赖性大、核心技术专注度与自主研发能力弱、公共服务体系不完善等；最后，立足山东现状，以政策优化为重点，从鼓励技改、激励创新、强化支撑等方面提出新时代促进山东高质量发展的对策建议。

关键词： 中小企业 高质量发展 政策优化

中小企业是中国国民经济的重要组成部分，是民营经济的主要存在形式，也是最富活力和创造力的市场主体。以习近平同志为核心的党中央高度重视中小企业发展，党的十九届四中全会通过的《中共中央关于坚持和完善中国特色社会主义制度 推进国家治理体系和治理能力现代化若干重大问题的决定》中明确指出，健全支持中小企业发展制度；在此基础上，中央经济工作会议将

* 邵帅，经济学博士，山东社会科学院经济研究所助理研究员，研究方向为区域经济。

完善中小企业发展的政策体系确定为2020年深化经济体制改革的重要任务之一。山东作为GDP位列全国第三的经济大省，中小企业在其经济发展中发挥了举足轻重的作用。据统计，近几年，全省规模以上中小工业企业为全部规模以上工业企业贡献了60%以上的GDP、年均550万人以上的就业、50%左右的出口和60%以上的税收。当前，山东正稳步迈进高质量发展，若要在推动高质量发展上走在前列，就必须进一步深挖中小企业潜力，持续释放中小企业活力，让中小企业成为高质量发展的主力军。

一　山东中小企业发展概况

按照中国《中小企业划型标准规定》，中小企业划分为中型、小型、微型三种类型，具体标准根据企业从业人员、营业收入、资产总额等指标，结合行业特点制定。依此标准，山东中小企业占全部企业总数的99%以上，数量众多，种类齐全，是经济发展不可替代的重要力量。对山东中小企业发展情况进行较为全面和系统的分析有助于明晰中小企业在全省经济高质量发展中的角色定位、发展优势与目标方向。鉴于此，本文从宏观指标和微观指标两个维度探究山东中小企业发展质量。宏观指标包括企业数量、增加值情况、对外贸易情况和“双创”能力，侧重中小企业的经济和社会贡献；微观指标包括营收水平、赋税情况和盈利情况，重点从企业经营状况与创新能力的角度考察中小企业发展质量。

需要说明的是，受限于中小企业数据的可得性，一是文章中所涉及的中小企业数据大多截至2017年，二是数据以规模以上中小工业企业数据为主。

（一）企业数量持续增加

作为占比最高的市场主体，中小企业数量的变动不仅能够反映出该种市场主体的活跃程度还能从中窥探经济运行状况。中小企业数量的持续增加既是企业发展的表征也是经济向好的表现。2017年，山东中小企业数量在连续三年大幅度增长的基础上再创新高，达到225万户，新增35万户，同比增长18.4%，尽管这一增幅较前三年有所回调，但依然保持强势增长，较同期市场主体增幅高4.8个百分点；此外，新增中小企业数量占新增市场主体的比例为

23.4%，总量占市场总体总量的比例达到27.9%，均较上年有所提升。据山东统计局最近发布的资料显示，2019年1~10月，山东新登记市场主体178.7万户，增长37.4%，其中新登记企业58.3万户，增长34.2%；私营企业57.5万户，增长34.9%，私营企业中中小企业占比高达95%以上，由此推断，2019年山东中小企业很大程度上仍可能保持了高速增长态势。进一步从山东17个地市（2017年）的表现来看，规模以上工业中小企业数量排名前三的是青岛、临沂和潍坊，其中，青岛领先优势明显，数量达到4300多家，较数量最少的地区多7倍。一系列数据说明，近年来，山东中小企业数量持续增加，源源不断地为市场注入新动能，为高质量发展提供更多生力军。

（二）增加值保持增长

增加值是衡量中小企业发展状况的重要传统指标。山东省统计局数据显示，2017年，全省规模以上中小工业企业增加值为17170.7亿元人民币，同比增长6.1%。虽然增速较前两年有所放缓，但仍然维持增长态势且在全省工业企业中一直处于主导地位，占全省全部工业企业增加值的比重高达63.6%，始终占据“半壁江山”。根据《2018年山东省国民经济和社会发展统计公报》发布的数据，2018年，全省全部工业增加值28897.0亿元，比上年增长5.4%，规模以上工业增加值增长5.2%。在规模以上工业企业中，90%以上为中小企业，由此可见，2018年，山东中小企业增加值依然稳步增长。

（三）对外贸易贡献突出

对外贸易情况是反映中小企业参与全球竞争和资源配置的有力证据。近年来，山东对外贸易发展屡创历史新高，其中，以中小企业为绝对主力的民营企业对外贸易表现亮眼。《山东省中小企业发展报告2019》中的数据显示，2018年，全省有进出口实绩的民营企业4.19万家，同比增长10.9%，进出口额达到1.19万亿元，同比增长13.3%，高于全省进出口额增速4.6个百分点，贸易额占全省贸易总额61.7%，高于全国占比22个百分点。从进出口商品结构来看，2018年，山东民营经济出口以机电产品、农产品、劳动密集型产品等为主，其中，机电产品出口额1667.2亿元，同比增长15.6%，占全省民营企业出口总额的26%，表现出“一枝独秀”的优势；进口方面，大宗商品是民营企业进口的主力产品，进口额同比增长17.3%，占民营企业进口总额的72.6%，原油进口增速较快，同比增长42.8%；另外，山东民营企业高附加值产品贸易增速较快，贸易商品结构持续优化。

（四）吸纳就业能力强

中小企业具有强大的吸纳就业能力。从中国的总体情况来看，中小企业提供了80%以上的就业岗位，是“稳就业”的绝对主力。山东中小企业年均吸收90%以上的新增就业，2015～2017年，全省规模以上中小工业企业从业人数始终维持在550万人以上，企业就业稳定器的地位不可替代。从各地市的情况来看，2017年，青岛规模以上中小工业企业吸纳就业人数全省之最，是全省唯一一个超过60万人的地市，临沂位列第二；而枣庄规模以上中小工业企业平均吸纳就业人数位居全省第一，平均每家企业吸纳就业人数超过200人。随着高质量发展的稳步推进，山东中小企业在吸纳就业方面依然存在巨大的潜力，可待开发。

（五）“双创”能力不断提升

“双创”，即“大众创新、万众创业”，一方面，中小企业是实施“双创”的重要平台；另一方面，“双创”能力是衡量中小企业发展质量的核心指标。在促进创新上，“专精特新”（专业化、精细化、特色化、新颖化）中小企业、“一企一技术”研发中心、创新企业、科技型中小企业等创新能力强的市场主体蓬勃发展。一是自2013年《工业和信息化部关于促进中小企业“专精特新”发展的指导意见》（工信部企业〔2013〕264号）发布以来，山东多措并举鼓励和引导中小企业走“专精特新”发展之路。截至2019年10月，省级“专精特新”中小企业总数已经超过15000家，是引领全省中小企业高质量发展的“排头兵”。二是“一企一技术”研发中心和创新企业加快成长。“一企一技术”研发中心和创新企业均以中小企业为培育对象，前者强调通过整合企业内部资源单独设立研发机构从事专项技术研发并转化为生产力，后者则多指没有单独设立研发机构，但在技术或工艺控制等方面具有专有技术和技术秘密的企业。截至2017年，山东共认定省级“一企一技术”研发中心1127家（不含青岛）、创新企业1105家，有效增强了全省中小企业的创新能力和核心竞争力。三是科技型中小企业成为新技术、新产品的重要来源。2017 年至 2019 年 11 月，根据《科技型中小企业评价办法》和《科技型中小企业评价工作指引（试行）》有关规定，山东省符合科技型中小企业入库标准的企业数量超过 12000 家且增速逐年提升，在科技创新上的引领作用逐渐显现。2019 年 1～10月，山东光伏电池、微型计算机设备、光电子器件、智能电视、服务器等新产品产量保持较快增势，分别增长 58.0%、33.3%、18.6%、17.7% 和 17.5%。此外，衡量企业创新能力的重要指标——专利授权情况在中小企业上也有不俗表现。2017 年，全省中小企业当年授权专利数达到 52752 个，同比增长 6.4%。

促进创业方面，中小企业的创业主体地位日益凸显。2014 年 9 月，李克强总理在夏季达沃斯论坛上正式提出“双创”后，在省内商事制度改革的推动作用下，山东中小企业进入大幅增长期，仅 2014 年一年新增的中小企业数量就比前三年的总和还多 3 万户，此后各年份依然保持高增速。目前，山东中小企业总量和每万人创办企业户数稳居全国第三位。值得一提的是，2019 年，省级及以上中小企业创新创业基地达到 463 个，中小企业“双创”载体建设为全省中小企业发挥“双创”主体作用创造了良好环境。

（六）营业收入企稳向好

营业收入是企业利润的基础，营业收入增长率已经成为衡量企业经营状况和市场占有能力的重要指标，企业数量、增加值、进出口额等一系列宏观指标的增加只有引致营业收入增加才更有可能从量变发展到质变。原山东省中小企业局数据显示，2017 年，山东 39377 家规模以上工业中小企业共实现营业收入 87367.8 亿元人民币，同比增长 2%，占全省全部规模以上工业企业营业收入的比例超过 60%，呈现企稳向好的发展态势。从分地市的情况来看，沿海各地市依然是“领头羊”，其中，青岛规模以上工业中小企业营业收入位居全省第一。

（七）税负显著下降

对于经营能力、盈利水平、抗压能力相对较弱的中小企业而言，税负是阻碍其高质量发展的重要因素。近年来，山东积极落实减税降费政策，中小企业从中受益良多。2017 年，全省规模以上工业企业每百元主营业务收入成本较 2016 年降低 0.4 元，2018 年为 85.85 元，较 2017 年再次降低 0.59 元。2017 年，山东全面落实小微企业税收优惠政策，全年为 4.41 万户小微企业减免预缴企业所得税 3.76 亿元。2019 年初，一揽子支持小微企业发展的普惠性税费减免政策相继落地，共涉及 8 个税种和 2 项附加，其中，影响力最大的是增值税和所得税两个主体税种：在增值税方面，将小规模纳税人起征点由月销售额 3 万元提高到 10 万元，受益面大幅度扩大；在所得税方面，放宽小型微利企业标准，引入超额累进计税方法，年应纳税所得额不超过 100 万元的部分，实际税负为 5%，年应纳税所得额超过 100 万元但不超过 300 万元的部分，实际税负 10%，另外，还有资源税等 6 个地方税种和两项附加，在中央规定减征幅度内，按 50% 的顶格减征幅度执行。山东省财政厅数据显示，2019 年 1～10 月，全省累计实现新增减税降费 1318 亿元，其中，新增减税 1085 亿元，中小企业税负将得到进一步减缓。

（八）利润水平总体上扬

盈利水平是衡量企业发展质量的重要指标，根据微笑曲线理论，企业只有不断地向附加值高的端位移动才能获得更丰厚的利润，而向价值链两端的高附加值端位移动的过程正是企业高质量发展的必经之路。尽管当前山东大多数中小企业的生产仍处于微笑曲线的中低端环节，但近年来利润水平总体向好的趋势没有改变。2017 年，全省规模以上工业中小企业利润总额合计为 5036.4 亿元人民币，较上一年增长了 0.7%，占全省全部规模工业企业利润总额的 60.5%，但前者增速远低于后者（11.5%），这说明，与大企业相比，中小企业的盈利能力仍存在明显差距。在 17 个地市（2017 年）中，青岛规模以上工业中小企业利润总额最高，但增速为负，位列第二的是临沂和潍坊，排在最末位的莱芜尽管绝对数值最低，但增速位居全省第一。

二　山东中小企业高质量发展面临的主要问题

虽然山东中小企业近几年在宏观指标和微观指标上不同程度地呈现高质量

发展态势，但是，相较苏、浙、粤三个经济大省，山东中小企业无论在企业数量、增加值、对外经贸、就业能力、“双创”能力还是营收情况、利润水平等方面，或处于劣势，或优势微弱，究其原因，山东中小企业发展过程中面临的一些问题成为阻碍中小企业甚至全省经济高质量发展的“绊脚石”，主要包括以下几个方面。

（一）对传统产业和传统动能的依赖性大

自山东实施新旧动能转换重大工程以来，高质量发展逐渐起势。2019 年 1～10 月，“十强”产业投入持续增强，新一代信息技术、高端装备、新能源新材料、高端化工等产业施工项目个数占全部制造业比重的 70.5%；“四新”经济投资占比达到 43.6%；互联网和相关服务、商业服务、信息技术服务等新兴服务业对规模以上服务业增长的贡献率达到 38.6%。尽管如此，新产业和新动能却依然无法在全省经济发展主旋律中“领唱”，传统产业占工业比重约 70%、重化工业占传统产业比重约 70% 的局面尚未发生根本性扭转。作为数量最多、市场活力最强、经济和社会贡献巨大的市场主体，山东中小企业对传统产业和传统动能的过度依赖是影响其自身乃至全省经济高质量发展不可忽视的重要因素。据统计，山东约 85% 的中小企业主要从事传统产业生产经营且集中分布在轻工、纺织、机械、化工、冶金、建材等传统行业，这也是山东主营业收入排在前列的行业，而广东和浙江的第一大行业均为计算机通信制造业。技术装备水平低、更新慢，生产过程污染高、环保压力大，创新周期长、投入不足，缺乏核心技术和自有品牌等是传统产业走向高质量发展过程中面临的共同困扰。

（二）核心技术专注度与自主研发能力弱

山东大多数中小企业尚处于价值链中低端，以组装、零部件生产等业务为主，核心技术专注度低、自主研发能力弱是发展过程中暴露出的突出问题。《山东统计年鉴 2019》的数据显示，2018 年，山东规模以上中小工业企业研究与试验发展（R&D）经费内部支出额为 587.4 亿元，同比下降 17.2%，低于 2016 年和 2017 年水平，只占同期大型工业企业 R&D 经费内部支出额的 70.7%，而广东、浙江、江苏 2018 年规模以上中小工业企业 R&D

经费内部支出额分别为766.5亿元、800.3亿元和1265.5亿元，均高于山东水平，其中浙江和江苏2018年规模以上中小工业企业R&D经费内部支出额是同期大型工业企业R&D经费内部支出额的2.31倍和1.67倍。从科技型中小企业的数量来看，山东也位于广东、江苏和浙江之后，与排名第一的江苏相差2倍之多。此外，通过对山东中小企业进行抽样调研走访发现，大多数中小企业尚未掌握该生产领域的核心技术，核心技术零部件通常以进口或外购的形式获取。

（三）企业人才引进难、用不好、留不住

山东中小企业是吸纳就业的主力军，同时，也是人才流动的集中营。在调研走访中发现，企业人才引进难、用不好、留不住是制约中小企业高质量发展的软实力提升的关键因素。第一，人才引进难，主要表现在高水平研发人才短缺、高质量技能人才不足以及高素质管理人才欠缺等方面。分析原因，一方面符合中小企业研发和技改需求的高层人才本就稀缺，人才市场上需求大于供给，竞争激烈，一才难求；另一方面，相比大型企业特别是国企，中小企业在工作稳定性、管理制度、晋升制度、职工福利等方面的劣势使中小企业缺乏吸引力，尤其对于深受儒家思想影响的山东人而言，工作的稳定性是择业的头等标准。第二，人才用不好。对于已有人才，中小企业由于受到研发平台低、企业管理落后、缺乏创新团队或创新团队不完整等因素的限制难以做到才尽其用，人才与职位或工作不匹配、一才多用以致荒废主业的现象屡见不鲜。第三，人才留不住。在中国，中小企业平均寿命仅有2.5年，中小企业工作的人才本身对此就形成了不稳定预期，加之企业在人才管理、使用、保障等方面的制度难以完善以及缺乏良好的企业文化和凝聚力等原因，最终造成企业人才大量流失的局面。

（四）融资难、融资贵束缚了发展“手脚”

中小企业融资难、融资贵是一个老生常谈的问题，但至今仍未从根本上解决。《2017年中小企业融资发展白皮书》指出，98%的中小企业主要问题仍然是融资难、融资贵。近几年，从频频爆出的山东民营企业债务违约事件来看，融资难、融资贵问题对大型民企来说都使其元气大伤甚至走向破产，对中小企

业而言更是难上加难。当前，山东中小企业融资难、融资贵突出表现在三个方面：一是银行支持力度小。相比其他融资方式，银行贷款行为规范且贷款成本相对较低，一般是企业贷款的首选。但是由于中小企业普遍存在信用资质低、抵御风险能力差、财务风险高、抵押物少等特点，商业银行对其放贷条件更加苛刻，不仅放贷的审批时间长、贷款时间短、贷款利率高，而且贷款数额往往难以满足企业的资金需求，很大程度上影响企业资金周转或投资。二是融资渠道窄。除了银行借贷困难外，中小企业受自身条件限制，也很难通过 IPO 上市实现股权融资，一些选择门槛较低的场外市场，例如全国中小企业股权转让系统（简称新三板）、区域性股权交易市场等，进行融资的中小企业，融资情况也并不乐观。据统计，在新三板上市的中小企业仍有 50% 以上没有交易。此外，通过债券市场发债融资对中小企业来说也并非坦途。在这种情况下，中小民间借贷、担保行业融资等成为中小企业融资的救命稻草，但由于民间金融机构发展尚不规范、监管不到位等原因，存在较大安全隐患。三是融资成本高。融资成本高是中小企业融资贵的集中体现，不仅金融机构贷款利率高，而且场外融资费用也是居高不下，具体到山东中小企业上，2017 年，山东新三板挂牌中小企业财务费用继续走高，达到平均每家 295 万元，比同期全国新三板挂牌中小企业平均财务费用高出 73.7%，占企业利润比重超过 30%，无疑加重了中小企业的融资负担。

（五）中小企业公共服务体系尚不完善

当前，山东大力推进政务服务“一窗受理”“一次办好”等政务改革，聚焦企业和群众“办事难”“办事慢”“多头跑”“来回跑”等问题实施了一系列改革措施，也取得了良好成效。但是，在中小企业服务方面，仍需下大力气改善营商环境，提高公共服务水平，针对重点问题精准施策。一是政策宣传和普及慢。利好政策出台后，若不能及时、准确地传达到企业，指导企业科学、正确地享受政策红利，政策就难以真正落地，发挥实效。然而当前，政务部门有关中小企业政策宣传和普及工作不到位，宣传和普及速度赶不上政策出台速度，致使许多中小企业因不了解、不会用甚至不知道相关政策而延误或错过了享受政策红利的机会。二是部门衔接度低，办事效率有待进一步提高。随着“一窗受理”“一次办好”等政务改革的实施，中小企业办事难问题得到一定程度的缓解，但是，涉及多部门的事情，由于部门之间条块分割且衔接度低，办事难、效率低的问题依然突出。三是办事过程的规范性、公开度、透明度不够。调研中发现，由于一些办事部门在某些办事环节存在不规范、不公开、不透明等现象，导致许多中小企业只有通过托关系、找门路等寻租行为才能办成事，扰乱了市场秩序、破坏了公平竞争的市场环境。四是中小企业诚信体系不健全。建立健全中小企业诚信体系是破解中小企业融资问题的关键，但是目前，针对中小企业的信用评价尚不能满足社会需要，信用评价机制不完善、监管不严格、企业的失信成本低等问题亟待解决。

三　促进山东中小企业高质量发展的对策建议

要促进山东中小企业高质量发展，必须针对问题对症下药，重点从以下几个方面着手。

（一）鼓励技改，释放企业发展新动能

技术改造是推动传统产业中小企业转型升级并从传统动能中培育新动能的必然举措。山东应着力支持和鼓励中小企业实施高品质技术改造。第一，优选并增加传统产业中小企业技改项目。牢牢抓住供给侧结构性改革这条主线，加大传统产业中小企业技改支持力度，将更多市场潜力大、税收贡献高、技术基础好、技改积极性高的传统产业中小企业技改项目纳入重点支持范围。第二，鼓励上下游产业链上的中小企业共同或联合实施技改。在年度技改重点项目导向目录中增设专门的产业链技改专题，在项目用地、用能以及财政金融支持与奖补等方面给予产业链技改项目一定的政策倾斜，旨在形成技改合力，提升传统产业中小企业技改效率和影响范围。第三，引导中小企业基于已有技术深挖技改潜力。对于投资能力有限、风险抵御能力低的中小企业来说，围绕已有技术进行技改，不仅能节约成本、降低风险，而且占据先发优势。因此，一方面，应鼓励中小企业提高已有技术水平、巩固自身技术优势；另一方面，引导中小企业找准已有技术与其他高新技术的结合点，通过拓展已有技术在新产业、新业态、新模式中的应用，更高效率、低成本地实现转型升级。

（二）激励创新，增强企业核心竞争力

创新是企业发展的不竭动力，是企业延长生存期限、增强市场竞争力的决定性因素。在激励中小企业自主创新方面，山东尚有不少工作要做。一是为中小企业创新营造良好氛围。应继续实施“专精特新”中小企业、“一企一技术”研发中心和创新企业、科技型中小企业等高创新型中小企业培育计划并制定明确的认定标准和培养方案，对于已认定的企业给予更大力度的财政与政策支持；在“十强”产业领域重点培养“小巨人”、“隐形冠军”、“瞪羚企业”甚至“独角兽”等高成长型企业，引导中小企业走创新发展之路。二是为中小企业创新提供资金支持。创新特别是自主创新需要企业巨大的资金投入。创新投入不足是制约中小企业创新行为的主要原因。应通过创新奖励、创新补偿、深化中小企业创新减免税改革、设立中小企业创新基金等方式给予中小企业一定的创新资金支持。三是为中小企业创新提供平台与条件。与大企业相比，中小企业创新除了缺少资金，还缺乏人才、设备甚至研发实验室。一方面，要大力发挥创新孵化中心作用，为中小企业创新提供一条龙服务；另一方面应积极建设开放性共享试验平台，为中小企业创新提供必要的场所和设备，提升资源利用效率的同时降低了中小企业创新成本。四是为中小企业创新提供法律保障。中小企业创新成果来之不易且容易受到不法侵害，自身又缺乏自我保护的能力，因此，必须加强中小企业创新的法律保护。应加强对侵害中小企业知识产权行为的监管和执法力度，提高犯罪成本，切实维护中小企业创新成果。

（三）强化人才支撑，提升企业发展软实力

无论是技改还是创新，都离不开人才的支撑。人才问题是中小企业走向高质量发展的道路上绕不开的核心问题。当前，加强山东中小企业的人才支撑必须从人才培养与输送和人才扎根中小企业两个方面同时切入。人才培养与输送方面，针对中小企业急缺的技工人才、创新人才和管理人才多管齐下，分类培养。一是重点打造一批特色鲜明的高质量职业院校和技工学校，鼓励校企联合培养模式，直接为企业培养和输送优秀的一线技工人才。二是切实推动企业特别是中小企业与高校间的产学研合作，有针对性地培养满足中小企业需要的管理人才和技术创新人才。三是建立健全有利于培养和传承“工匠精神”的长

效机制，形成“引才—聚才—育才—用才—留才”的一体化制度体系。人才扎根方面，增强中小企业的竞争力和吸引力才能扭转人才流动大的局面。首先，应通过正确的舆论引导方式科学传达人才发展与中小企业生存寿命之间的螺旋式上升关系，增强中小企业人才的自信心和使命感，减少不确定性预期。其次，通过人才工程计划给予中小企业紧缺人才一定的购房政策、落户政策、子女入学政策等政策优惠以及资金补助。再次，继续深化企事业单位、高校和科研机构人才到中小企业挂职服务或创新创业政策，更大力度地为中小企业提供智力支持。最后，规范中小企业的用人机制和人才保障机制，畅通人才晋升渠道，保障人才基本权益。

（四）改善融资环境，提升企业融资能力

中小企业融资难、融资贵的问题是多年来的旧疾、顽疾，无法一次性彻底解决，必须逐步推进中小企业融资环境改善。就山东而言，应鼓励银行等金融机构在中小企业贷款上发挥更大的作用。一是鼓励金融机构设立中小企业专营机构，创新中小企业金融产品，应特别发挥本地银行、中小银行、村镇银行等山东具有管理优势和数量优势的银行在中小企业贷款上的重要作用。二是建立中小企业多层次融资市场，扩宽融资渠道。鼓励中小企业利用新三板、创业板、中小板等进行直接融资，积极开发齐鲁股权交易中心和蓝海股票交易中心在服务中小企业上市上的潜力；规范债券市场、科学增设符合中小企业特点的企业债，引导中小企业有序参与发债融资；引入并完善政府和社会资本合作模式（PPP），通过政府基金撬动社会资本重点参与中小企业技改、创新以及成果转化环节。三是建立中小企业大数据金融服务平台，鼓励金融机构积极运用大数据、互联网、物联网、区块链等先进技术建立健全中小企业征信系统并共享征信信息，通过提升对中小企业的征信水平、金融机构服务效率以及贷款和其他金融产品监管水平等有效降低中小企业融资成本。

（五）完善公共服务体系，优化企业营商环境

良好的服务体系是中小企业高质量发展的有力支撑。完善中小企业政务服务，山东应重点关注以下几个方面。第一，畅通中小企业政策普及渠道。通过网络视频讲解、微信解读等现代媒体手段与组建政策宣讲团定期宣讲、现场咨

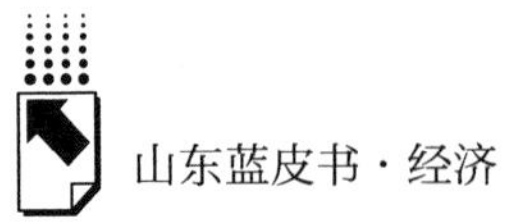

询的传统手段相结合的方式拓宽中小企业了解政策的渠道，帮助中小企业精准识别符合自身条件的政策红利。第二，继续深化中小企业政务服务改革。一是进一步减少审批事项，运用大数据、互联网等现代科技手段提高办事效率；二是将“一窗受理”“一次办好”改革与中小企业特点相结合，建立“店小二”式服务模式，提供更专业、高效、便捷的政务服务；三是组建协调服务中心，对涉及多部门的事件及时协调，明确各部门职责和办事流程，督促各职能部门按规定时间完成任务，向相关企业提供办事环节的动态跟踪情况等。第三，规范办事流程和办事过程，提高政务服务的规范性、公开度和透明度。加大监管力度、畅通监督举报渠道，对政务服务中存在的不规范的环节和行为予以纠正，责令整改，涉及违法犯罪的应加大惩处力度，提高犯罪成本，为中小企业营造公平、透明的政府服务环境。第四，建立健全中小企业诚信体系。通过建立中小企业诚信档案、设立中小企业诚信状况黑白名单、将中小企业诚信状况与金融机构贷款、享受政策红利等挂钩，加强对失信行为的打击和惩罚力度等措施逐步建立并完善全省中小企业诚信体系。

区域发展与对外开放篇

Regional Development and Opening up

山东沿黄九市生态保护和高质量发展的思路与对策

山东社会科学院课题组*

摘 要： 沿黄九市是山东省积极落实黄河流域生态保护和高质量发展战略的重要核心区，全区面积8.2万平方公里，常住人口5427万人，2018年区域GDP近3.9万亿元，是山东经济社会发展的半壁江山。党的十八大以来，沿黄九市积极开展黄河生态保护和治理工作，也十分重视推进产业转型升级，在提升区域生态质量、加快科技创新以及摆脱资源、生态约束方面取得一定进展，但是相对于高质量发展的目标要求还有不小的距离，突出表现为生态刚性约束趋紧、产业协作不强、人才流失严重、开放发展不足、高质量发展基础不坚实。报

* 山东社会科学院“黄河流域生态保护与高质量发展研究”课题组。负责人：张述存，成员：李广杰、周德禄、袁爱芝、徐光平、范玉波、程臻宇、刘爱梅、徐建勇、刘晓宁、张念明、王韧、钱进，统稿：周德禄。

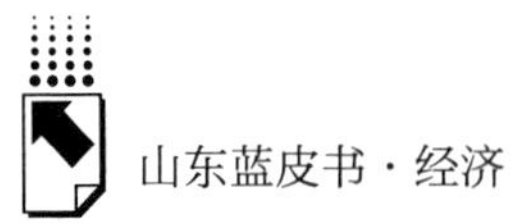

告建议，山东沿黄九市作为重要核心区域纳入国家黄河流域生态保护和高质量发展战略规划，突出抓好六大重点任务/“一廊、四带、一高地”，即沿黄生态走廊、沿黄生态产业协作带、沿黄新型城镇带、乡村振兴沿黄特色样板带、黄河文化传承发展示范带、沿黄高水平开放新高地，加快推进山东沿黄九市朝着更优质生态和更高质量发展目标迈进。

关键词： 生态保护　高质量发展　黄河流域　山东沿黄九市

黄河流域生态保护和高质量发展是国家的一项重大战略，山东在经济总量、人口总量方面具有绝对优势，必须也应该在推进黄河流域保护和高质量发展方面发挥积极作用。黄河流经山东省 9 个城市，分别是泰安、菏泽、聊城、济宁、德州、济南、淄博、滨州、东营，这 9 个城市位于山东的西部和北部，历史发展上受黄河直接影响较大，是落实国家黄河战略的核心区域，同时，也属于山东省经济相对欠发达地区，在实现高质量发展方面任务艰巨。

一　山东沿黄九市发展现状

山东境内黄河主河道长 628 公里，流经泰安、菏泽、聊城、济宁、德州、济南、淄博、滨州、东营共 9 个市，面积 8.2 万平方公里，约占全省总面积的 52%，常住人口 5427 万人，约占全省总人口的 54%，2018 年区域 GDP 总量近 3.9 万亿元，约占全省 GDP 总量的 49.8%（见图 1）。沿黄九市尽管与山东东部地区相比，发展的优势度不够显著，但是该区域发展历史悠久，人文基础和经济基础相对厚实，尤其是党的十八大以来，沿黄九市深入贯彻落实新发展理念，持续推进生态治理与经济协调发展，区域经济社会发展实力不断增强。

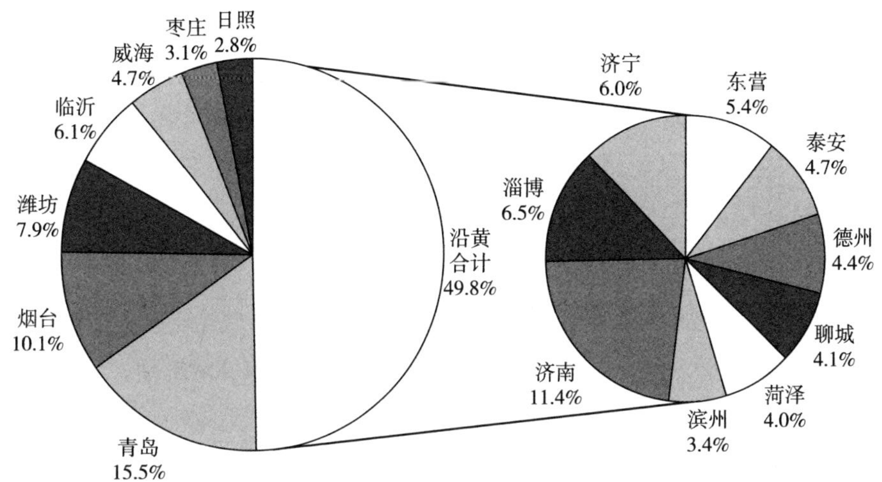

图1　2018 年山东省 16 市 GDP 占比

数据来源：2019 年《山东统计年鉴》。

（一）区位优势明显，利于高效推动生产要素集聚

山东沿黄九市北邻京津冀都市圈，南连长江三角洲经济区，东接山东半岛城市群，西有中原城市群和黄河流域协作区作为经济腹地，西北毗邻雄安新区，是环渤海地区的重要组成部分。在全国产业协作大局中处于华南向华北产业转移扩展的中间地带，是长三角和珠三角产业向北梯次转移的重要辐射地带。沿黄九市交通区位优势明显，交通四通八达，京沪、京九铁路和胶济、济邯铁路贯穿其中，京福、京沪高速公路和济青、济广高速公路连通东西。对外开放优势突出，东营、滨州北邻渤海，有明显的沿海优势，与辽宁沿海经济带隔海相望，向东出海与东北亚各国邻近，借助优越的出海条件，可以深化与东北亚地区的国际国内区域合作，主动接受辐射带动，高效集聚生产要素，高水平开展双招双引，推动沿黄九市经济不断朝着高质量目标迈进。

（二）经济实力不断增强，发展势头强劲

2018 年，山东沿黄九市 GDP 总量达 38806. 2 亿元，占全省 GDP 总量的 49. 8%，三次产业比重为 6. 6∶47. 2∶46. 2，区域经济实力不断增强。就经济总

量而言，沿黄九市位列全省前八位的有4个城市，分别是济南第2位、淄博第5位、济宁第6位、东营第8位。就人均GDP而言，沿黄九市有4个城市位列全省前八位，分别是东营第1位、淄博第5位、济南第6位、滨州第8位。济南作为省会城市，GDP总量达到8046.6亿元，仅次于青岛市，位居全省第2位，第三产业比重达到60%，人均GDP已经超过10万元，经济发展水平相对较高，是山东沿黄九市经济主要拉动力量。东营市人均GDP为19.2万元，是山东省内人均最高水平。泰安、德州、聊城、菏泽经济发展相对落后，无论总量还是人均都位列全省总体经济发展水平的下半区。沿黄九市工业门类齐全，规模以上工业增长较快，品牌效应凸显，形成了一批竞争力强、实力雄厚的主导、骨干产业，拥有了一批市场占有率较高的知名品牌。特别是中国重汽、浪潮集团、力诺集团、新华制药、齐鲁石化、胜利油田、鲁北化工、魏桥棉纺、晨鸣纸业、如意集团等一批大型龙头企业，对区域发展起到重要的带动作用。另外，商业、金融、物流、信息、旅游等行业也具有较大的潜力，经济发展后劲十足。

（三）劳动力资源丰富，科技创新实力较强

截至2018年底，山东沿黄九市人口总量5400万人，占全省的比重为54%，丰富的劳动力资源对推动山东黄河流域高质量发展起了强劲的支撑作用。山东省科技统计分析研究中心正式发布的《山东省区域科技创新能力评价报告2018》① 显示，山东沿黄九市的综合科技创新水平显著提高，其中济南、淄博、东营综合科技创新水平分别位居全省第1、3、6位；从创新资源指数看，济南、东营、淄博分别居全省第1、4、6位；从创新产出看，济南、淄博位居全省第1、3位，聊城、德州较上年上升2个位次；从创新绩效指数看，济南、淄博、泰安、东营分别居第1、3、5、6位，滨州比上年提高22个基点，增幅仅次于济南，从第16位上升为第10位；聊城企业创新指数较上年提高11.32个基点，增幅居全省第4位（见图2）。从上述数据可以看出，沿黄九市引领创新发展的地位和优势日益凸显，其创新资源的集聚能力、创新成果的产出效率和扩散效应、产业创新水平以及对周边地区的辐射能力都明显提

① 山东省科技统计分析研究中心：《山东省区域科技创新能力评价报告2018》，科学技术文献出版社，2019。

升。济南作为沿黄九市的核心城市，区域内集中了一大批国家和省部级科研机构、大型企业集团总部和企业技术开发中心，研发实力雄厚、创新能力较强。2018 年，济南市新经济增加值比重达到 26.5%，高新技术产业产值占规模以上工业企业总产值比重达到 56%，居全省首位。2018 年以来，济南借“拥河发展”之势，正在沿黄河两岸地带着力打造 1030 平方公里的新旧动能转换先行区，全力提升“四新”产业，该区域即将成为引领沿黄九市创新发展的重要增长极。

（四）生态保护成效显著，流域生态环境持续改善

党的十八大以来，山东沿黄九市围绕黄河生态环境大保护，积极开展了卓有成效的水生态治理工作。济南积极对接流域规划，统筹推进黄河生态带建设和济南市黄河国家湿地公园建设，逐步恢复黄河滩区原有湿地生态环境；实施黄河风景区升级改造，开展城区段绿色廊道建设；济南黄河防洪工程体系日臻完善，生态屏障作用不断发挥。东营作为黄河入海口城市，认真贯彻《山东黄河三角洲国家级自然保护区条例》，加强自然保护区管理，实施湿地修复和刁口河故道生态调水工程，先后修复湿地 2.3 万公顷，区内生态环境得到明显改善，生态功能显著增强。聊城认真践行“水林田湖草生命共同体”理念，持续推进沿黄水生态建设，植树 40 余万株、绿化苗圃 4000 多亩，形成了独具特色的黄河百里生态长廊。同时对聊城黄河大堤进行了五次大规模整修加固，实施了金堤河干流河道治理、黄河下游防洪工程等项目，基本建成了集防洪保障线、抢险交通线、生态景观线于一体的标准化防洪工程。滨州市秉承保护优先的原则，落实最严格的黄河河道管理制度，持续推进“清河行动”，促进河流生态系统健康。《菏泽市生态环境保护“十三五”规划》明确提出，搞好黄河滩区、黄河故道和中小河道等湿地工程建设，完善提升水生态系统，菏泽黄河已经初步建成了由堤防、河道整治工程组成的较为完整的防洪工程体系。济宁市委、市政府持续重视黄河治理工作，沿黄济宁段初步建成了由堤防、险工、河道整治工程和蓄滞洪区组成的防洪工程体系，自新中国成立以来，战胜境内出现的 12 次 1 万立方米/秒以上的大洪水，基本保障了黄河济宁段伏秋大汛岁岁安澜，为山东省乃至整个华北地区经济和社会发展创造了安定环境。在沿黄九市的积极努力下，黄河山东段的生态治理能力和水平明显提升，为沿黄九市实现高质量发展提供了重要生态保障。

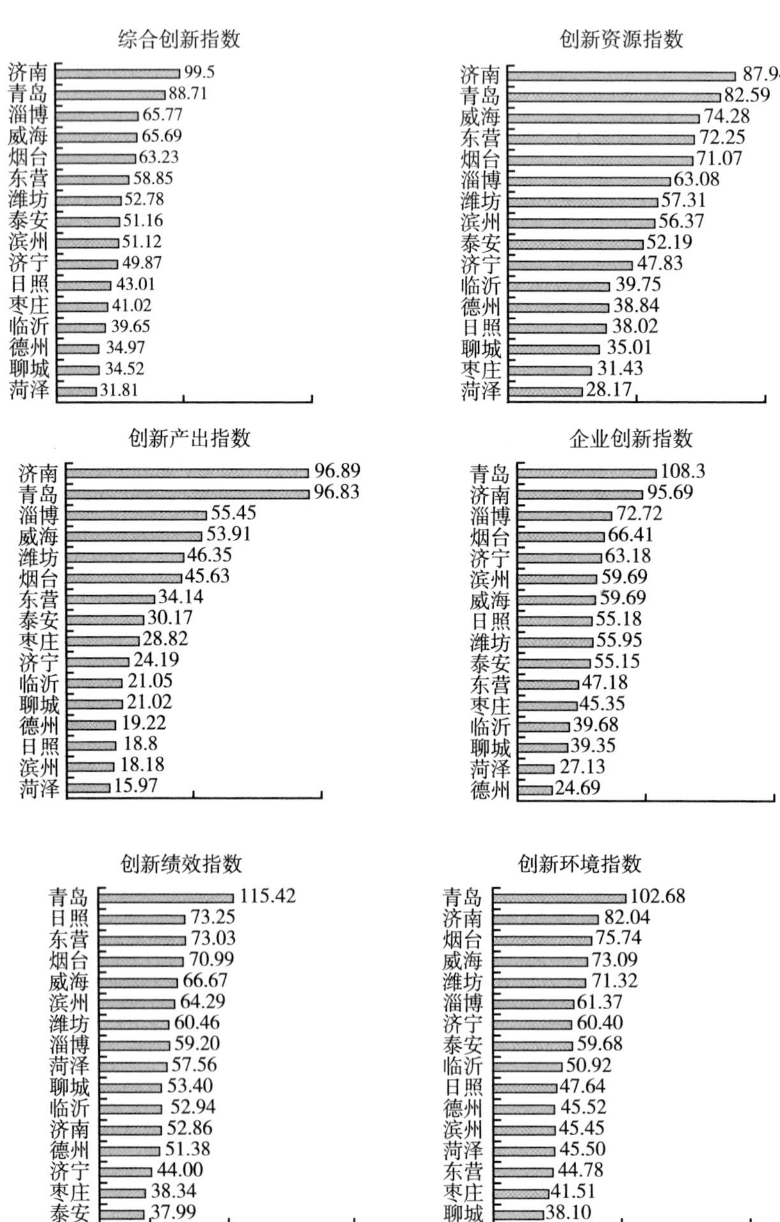

图 2　2018 年山东省 16 市创新指数比较

数据来源：山东省科技统计分析研究中心。

二 山东沿黄九市发展面临的主要问题

尽管沿黄九市在生态保护和推进高质量发展方面做出一些成绩，但是我们也应看到，面向中央提出的黄河流域生态保护和高质量发展的新战略目标，该区域仍面临不少问题与短板。

（一）生态约束日趋刚性

受黄河下游水沙比例不协调的长期影响，黄河山东段的地上河特征十分明显，黄河对流域周边水生态的影响基本上是单向的，无法形成双向生态互补的水文系统，长此以往，黄河下游山东段的水资源过境水量持续递减，水沙矛盾问题持续突出。济南、淄博、泰安境内的部分山区位于黄河南岸，与黄河大堤之间形成洼地，经常发生夏秋内涝，同时南部山区还存在滑坡、坍塌、泥石流等地质灾害风险，如果遇到灾害叠加，黄河周边容易发生重大生态灾害事件。聊城至滨州的黄河冲积平原区域，分布着众多的炼化企业，由于布局过于密集，环境自净能力几乎达到上限，水污染比较严重，同时该区域又是重要的粮食主产区，大片的基本农田，无法遍植乔木，导致森林覆盖率较低。德州黄河冲积平原区和滨州临海地区，地下水过度开采现象比较严重，导致部分地区地面沉降和海水倒灌，破坏了本就十分脆弱的生态平衡，土地盐碱化倾向问题突出。此外，沿黄九市的大部分耕地靠黄河水灌溉，黄河携带的中上游大量泥沙在此发生二次沉积，产生的新土壤层地表附着能力很差，遇到外力，极容易发生表层迁移，造成该地区土地风沙化和水土流失严重。另外，沿黄九市地下油气资源相对富集，伴随大规模石油开采和陆域开发，尤其是随着近年来海岸滩涂资源的深度开发、临港产业开发以及石油产业链条的不断延伸，沿黄九市的水质、地质、气质等生态环境都在不断接受着极限容量的持续挑战。2018 年，沿黄九市工业废水总排放量占全省的60%（见图 3），工业二氧化硫排放量占全省的 69%（见图 4），两项指标都明显超过该区域的人口占比和经济总量占比。以上约束因素都给该地区经济发展以及环境保护带来巨大压力。

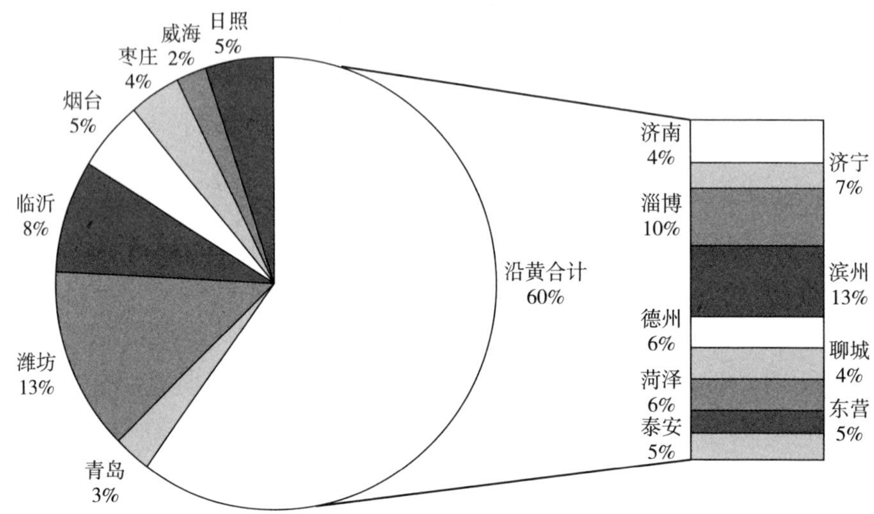

图3　2018年山东省16市工业废水排放量占比

数据来源：2019年《山东统计年鉴》。

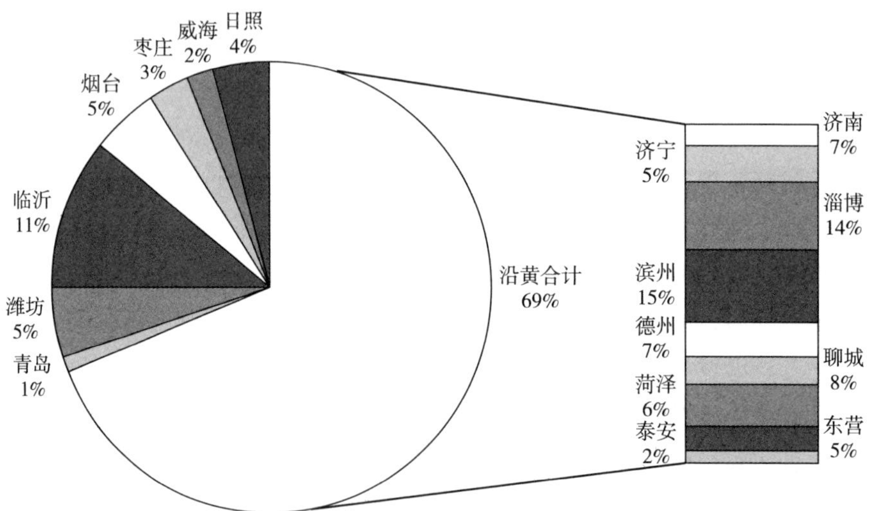

图4　2018年山东省16市工业二氧化硫排放量占比

数据来源：2019年《山东统计年鉴》。

（二）产业协作能力不强

沿黄九市产业结构同质化现象严重，产业发展互补性差。沿黄九市重点发展的产业大都是能源工业、建材工业、化学工业、机械制造业、冶金工业等重化工业，以及纺织、造纸、农副产品加工等轻工业，产业相似度很高，这极大地造成了资源的浪费和产业过剩。尤其是，淄博、东营、滨州三市工业占比较高，产业同构化亦十分明显，相似的产业结构，相近的地理位置，各市、县、区在产业布局、园区建设、招商引资等方面存在同质竞争、重复建设现象，导致规模效应递减，经济摩擦加大。淄博、东营、滨州三市石油加工业、化学原料和化学制品制造业两大行业的规模以上工业企业主营业务收入都高达千亿级规模，稳稳占据着各自工业发展的主导地位，极大压缩了三城市之间的产业合作空间，同时在资源、市场、技术等领域的竞争也日趋同质化，无法形成错位发展的合作竞争格局（见图5）。菏泽、济宁、聊城、德州、泰安这五个城市，虽然能源型工业占比没有淄博、东营、滨州高，但是传统产业占比高的特点比较明显，传统产业链短、科技协作需求弱，也进一步制约了沿黄城市之间的产业协作发展水平。另外，从中心城市引领协作角度来看，近年来，济南市十分重视塑造和发挥省会中心城市的辐射引领功能，重点打造“四个中心”，即区域性经济中心、区域性金融中心、区域性物流中心、区域性科技创新中心。虽然“四个中心”建设已经取得初步成效，但是受济南市自身经济发展实力的制约，省会城市辐射带动的实际能力和水平仍有较大的提升空间。2018 年即使莱芜市并入济南市之后，济南市的经济总量仍未能跨越万亿元大关，与附近的青岛、郑州等中心城市相比，仍有不小的差距。

（三）人才流失问题严重

一般而言，户籍人口大于常住人口的地区都存在不同程度的人才流失现象。2018 年底，沿黄九市户籍人口总量为 5544 万人，常住人口总量 5427 万人，人口净流出 117 万人，相当于流走了多半个东营市的人口。沿黄九市中人口净流入的城市仅有 3 个，分别是济南（净流入 99 万人），淄博（净流入 36 万人），东营（净流入 21 万人）；人口净流出的 6 个市，由高到低分别是菏泽（净流出 149 万人），济宁（净流出 56 万人），聊城（净流出 37 万人），德州

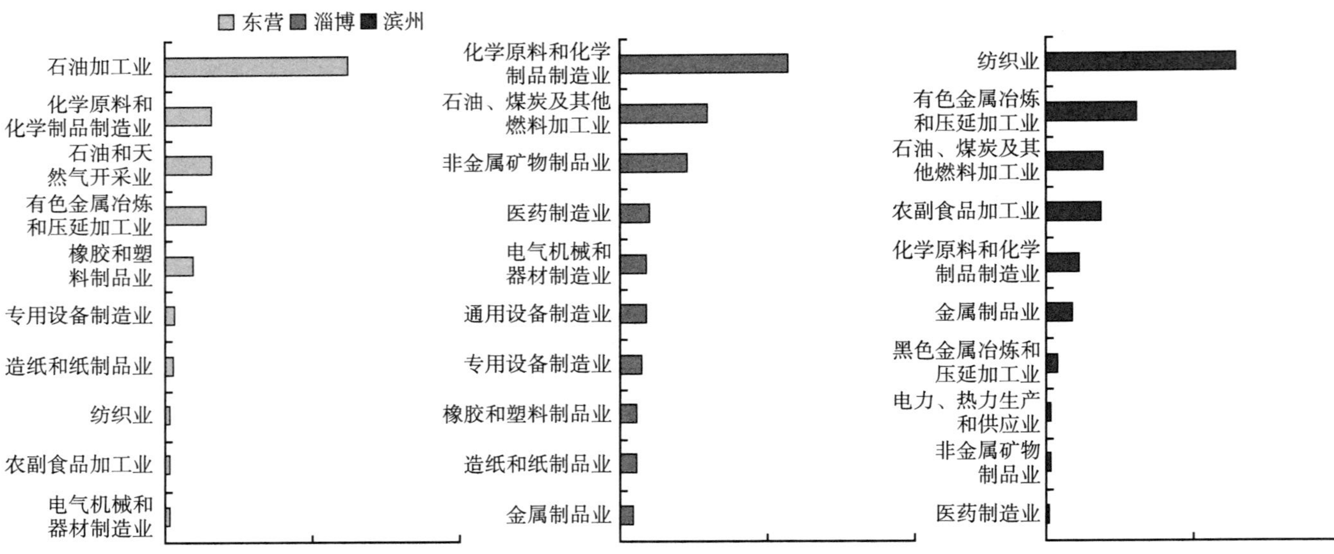

图5　黄河三角洲三大沿黄城市主导产业

数据来源：东营、淄博、滨州市统计月报，2018 年 12 月。

（净流出 17 万人），泰安（净流出 9 万人），滨州（净流出 4.5 万人）。净流出人口占户籍人口比重最高的是菏泽市，高达 15%，同时菏泽也是沿黄九市户籍人口总量（1025 万人）最大的市。另外，根据齐鲁人才网 2019 年三季度发生交易的市场化人才流动数据分析①，沿黄九市人才流入比大于 1 的仅有两个城市，济南（1.73）和东营（1.37）。另外，该数据分析显示，全省共有 10 个市人才净流失，沿黄占了 7 市，分别是淄博（0.75）、济宁（0.69）、聊城（0.46）、菏泽（0.45）、滨州（0.38）、德州（0.36）、泰安（0.35）（见图 6）。

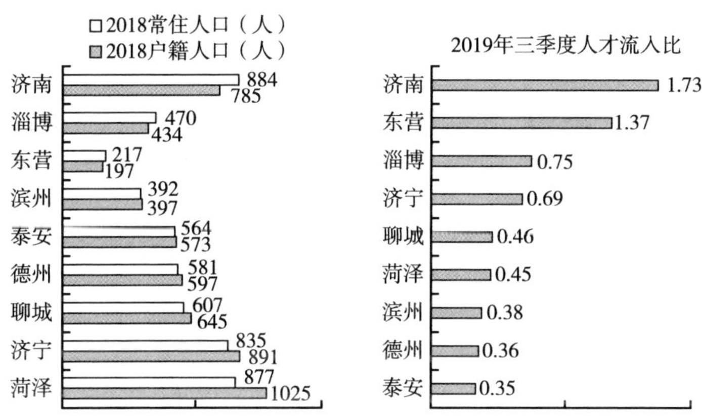

图 6　沿黄九市人口流失状况比较

数据来源：2019 年《山东统计年鉴》/齐鲁人才网 2019 - 03 人才交易数据。

（四）开放发展水平不高

山东沿黄九市虽然地处东部沿海地区，但是对外开放水平相对较低。2018 年，沿黄九市进出口总额为 946.7 亿美元，仅占全省进出口总额的 32.4%，沿黄九市外贸依存度（进出口额/GDP）仅为 0.16，明显低于全省 0.25 的平均水平。另外，从各市的情况来看，沿黄九市中仅有两个城市的外贸依存度超过

① 《山东三季度人才流动数据发布：人才外流缓解，高素质人才留存率攀升》，齐鲁网·闪电新闻 10 月 22 日讯，2019 年 10 月 22 日。

全省平均水平，最高的东营为0.39，低于青岛和日照，滨州列沿黄九市外贸依存度第二位，仅为0.31。作为省会城市且为山东自贸区建设的核心城市之一的济南，其外贸依存度仅为0.11。2019年沿黄九市合同外资额为115亿美元，实际使用外资58.9亿美元，分别占全省合同外资额和实际使用外资额的40.4%和28.7%。2018年，沿黄九市中，招商引外资力度最大的济南市，其合同使用外资额和实际使用外资额分别为59.5亿美元、27.4亿美元，分别为青岛合同使用外资额和实际使用外资额的60.7%和31.5%，对比来看，沿黄九市无论是在外贸依存度还是在招商引外资水平等方面都明显落后于非沿黄城市。沿黄九市要实现更高水平的对外开放发展，需要提升的空间依然很大（见图7）。

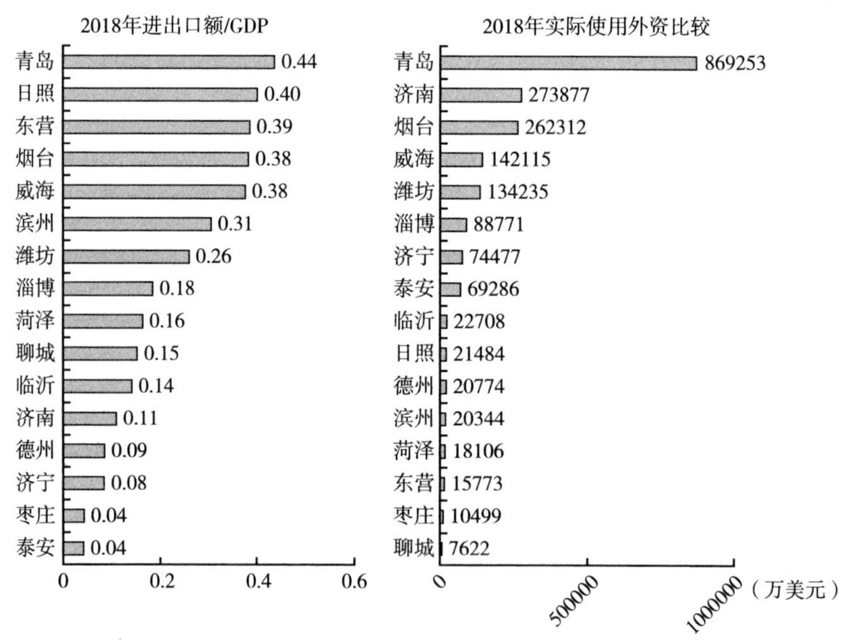

图7 山东省16市对外开放水平比较

数据来源：2019年《山东统计年鉴》。

（五）生态保护和高质量发展整体水平有待提升

改革开放以来，沿黄九市重化工业占比持续偏高，经济发展对资源能源依赖大，对生态环境保护造成的压力较大，受国内外发展环境倒逼影响，尤其十八大以来，沿黄九市不断调整投资结构，重点消减重化工业领域的过剩产能，投资驱动增长的势头放缓。沿黄九市工业化城市占比较高，重工业占总产值比重长期保持在80%以上，经济增长倚重工业、倚重投资的倾向十分明显。另外，沿黄九市经济社会发展中还存在不少矛盾和制约，发展不平衡不充分的问题依然比较突出。一是产业转型升级步履维艰。除了传统产业、重化产业占比较大的表象问题，新经济增长动力不足的问题更加突出，主要表现是新兴产业尚未形成主导优势，以科技创新为主要推动力的现代经济增长模式还没有形成，国有投资为主的投资模式没有实质性改变，民间投资活力不够、效率不高，大项目引领全域经济发展的能力欠缺，总体经济发展的质量和效率需要大幅提升。二是生态环境改善任务艰巨。能源结构不够合理，主要污染物排放总量依然较大，生态建设长效机制仍不够完善，包括黄河滩区治理等问题在内的弥补生态环境欠账还比较多。三是区域统筹发展能力不强。沿黄城镇带建设和城市现代化管理比较滞后，城市之间的协同发展水平不高，区域内的城乡差距表现仍比较明显，城乡居民收入分配差距依然较大，全域产业发展与生态保护之间的耦合度不够高。四是民生社会建设领域还存在不少短板。沿黄滩区脱贫长效机制建设任务仍然艰巨，区域优质公共服务供给相对短缺，群众在就业、社保、教育、医疗、养老、居住等发展方面还有不少难题。另外，沿黄九市的安全生产、网络安全和金融风险防控的压力也比较大，区域社会治理领域同样面临许多新问题、新挑战。

三　推进山东沿黄九市生态保护和高质量发展的思路建议

沿黄九市是山东经济社会发展的半壁江山，集中建设好山东沿黄生态保护和高质量发展带，对于山东乃至黄河流域大局意义重大。我们建议应凸显四大战略定位，以沿黄九市为核心载体，突出抓好六大战略重点/“一廊、四带、一高地”，即沿黄生态走廊、沿黄生态产业协作带、沿黄新型城镇带、乡村振兴沿黄特色样板带、黄河文化传承发展示范带、沿黄高水平开放发展新高地。

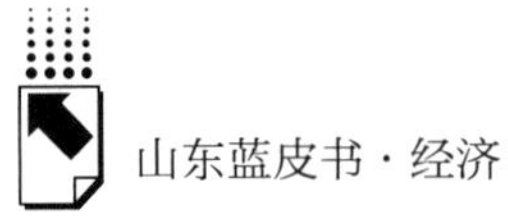

（一）明确四大战略定位，高水平规划沿黄九市发展大局

一是规划建设黄河生态文明创建区。水沙矛盾是黄河生态矛盾的集中体现，上、中、下游协同开展水沙治理是黄河生态文明建设的核心要义。山东境内黄河全部属于下游区域，是河相沉积矛盾治理的重点地区。山东应以黄河生态走廊建设为重要载体，创造性开展黄河生态文明建设，争取为世界呈现一个安澜无忧的新时代崭新黄河。

二是规划建设黄河现代文明示范区。历史上因水患频仍，黄河沿岸无法布局发展更多的传统制造产业，沿岸居民相对贫困现象比较突出。推进黄河流域高质量发展，就是要在根本上解决这一历史难题，力争用我们现代人的聪明智慧塑造一个“人河合一”的黄河现代文明示范区。

三是规划建设黄河传统文化传承区。黄河是中华民族的母亲河，黄河孕育中华文明，黄河文化是中华文化的核心载体。自古以来，黄河沿岸圣贤辈出，教化着祖祖辈辈的黄河子民，我们要让这些黄河传统文化精髓在山东大地上不断发扬光大。

四是规划建设黄河流域协作引领区。推进黄河流域生态保护和高质量发展的重点在于落实区域协作机制。山东是黄河流域省区内经济最为发达的省，发展基础相对厚实，开放地缘优势突出，完全有能力和责任担当推进黄河流域协作区建设的引领者。

（二）突出六大战略重点，高质量推进沿黄九市全面发展

沿黄九市是山东经济社会发展的半壁江山，集中建设好山东沿黄生态保护和高质量发展带，对于山东乃至黄河流域大局意义重大。建议以沿黄九市为核心载体，突出抓好六大重点任务/“一廊、四带、一高地”。

1. 打造沿黄生态走廊

一是坚持节水优先、防洪为重、科学分水，建设安澜黄河。第一，珍惜黄河水，提倡节约用水。山东全省30%的用水量由黄河提供，黄河是山东省最大的客水资源。要认清山东水资源短缺的现状，大力提倡节约用水的理念。第二，充分利用黄河水，提高水资源利用程度。需要在黄河流域大力推广节水技术，实行生活节水、工业节水、农业节水三位一体的流域节水机制，推进全社

会、全产业、全流域的水资源高效利用机制。第三，控制区域用水总量，制定严格的现阶段和中长期用水计划。以用水计划为管理手段，严格新增取水审批管理，加强对用水计划的科学监督，实现黄河水资源的统一、高效配置。

二是狠抓水体、河岸、河口治理修复，建设洁净黄河。第一，精确定位黄河河岸和入海口海岸线污染源。第二，以普及企业排污许可证为抓手，继续推进规范化的工业水污染治理，推进企业环保征信制度的建立。第三，实现黄河流域城镇生活污水处理全覆盖，重点排查城乡接合部、新老城区接合部污水处理情况，推进雨污分离改造，并切实做好危险废物污染防治工作。第四，重点治理流域内农村生产生活污染，推动农村人居环境整治，落实农村改厕、生活污水以及垃圾的治理，减少对水土的污染。

三是统筹景观、空间、生物多样性规划，建设亮丽黄河。第一，贯彻“以水定地、以水定城、以水定产、以水定人”的空间规划原则，落实黄河沿岸开发与经济发展的生态保护刚性约束，促进经济社会优布局、控规模、调结构，推进黄河保护对流域经济社会发展的倒逼转型。第二，推动黄河流域的耕地轮休制度，使黄河流域土地能够休养生息。第三，重视区域农业与区域生物多样性之间密切的影响关系，围绕自然保护区域，发展环境友好的绿色农业体系。第四，深入开展黄河岸线生态健康评价研究，聚焦每一个小微区域，分区、分类提出美丽河岸的标准。

四是完善自然资源定价、生态补偿、流域生态协作机制，建设魅力黄河。第一，理顺黄河流域自然资源产权管理体制，着力破解自然资源产权失灵问题，尽快解决黄河流域现阶段由于历史和现实原因造成的自然资源资产界定不明、所有权边界模糊等问题。第二，健全省域内多层级的生态补偿制度体系，与其他省（区、市）协作，完善多元化横向生态补偿机制，开展跨区域黄河生态补偿试点。第三，进一步完善河湖长履职考核的具体内容和标准，通过建立流域生态文明目标体系、编制区域自然资源资产负债表，实行沿黄区域生态文明建设目标评价考核制度，划定生态环境质量达标标准，强化追责问责和激励约束。

2. 打造沿黄生态产业协作带

一是优化沿黄区域产业空间格局。发挥济南区域性中心城市的引领辐射作用，促进形成大城市技术引领、中小城市细分市场、互为支撑的生态产业协作格局。建立毗邻地市间产业发展规划衔接机制，推动空间布局协调、时序安排同步。注重陆海统筹，支持东营、滨州合作发展海洋经济，共建海洋经济示范区、海洋科技合作区，推动海洋产业园区转型升级，科学开发海洋资源，保护海洋生态环境。

二是推进沿黄区域间产业协作。打破行政区划界限，创新跨区域合作机制，探索园区共建、利益共享的飞地经济合作模式。创新飞地经济合作机制，发挥不同地区比较优势，优化资源配置，强化资源集约节约利用，提升市场化运作水平，完善发展成果分享机制，加快统一市场建设，为推进区域协同发展做出新贡献。鼓励济南、淄博等相对发达地市到欠发达地市共建产业园区，共同拓展市场和发展空间。充分发挥各地区比较优势，共同参与园区建设和运营管理，建立合理的成本分担和利益共享机制，促进合作各方良性互动、互利共赢。

三是加强沿黄区域科技创新合作。加快构建以企业为主体、市场为导向、产学研相结合的区域协同创新体系。充分发挥山东半岛国家自主创新示范区，特别是济南国家高新区的辐射带动作用，依靠创新驱动传统产业转型升级和培育发展战略性新兴产业。制定区域科技创新基础平台共享规则，率先相互开放国家级和省级重点实验室、中试基地等试验平台。加强区域内国家国际科技合作基地的横向交流和联系。深化产学研合作，共建协同创新平台，联合开展重大科技攻关，共同实施科技创新工程。组建产业技术创新战略联盟，联合开展产业重大共性科技攻关，推动科技成果转化和产业化。

四是大力培育沿黄区域产业发展集群。以沿黄九市高新区为支点，大力培育形成优势互补、分工合理的现代生态产业集群。积极发挥国家超级计算济南中心、浪潮集团大数据领域的优势作用，推进制造业数字化、网络化和智能化。完善区域制造业创新体系和产业协作体系，改造提升现有制造业集聚区，推进新型工业化产业示范基地建设。加快转变农业发展方式，推进特色农产品供应基地建设，合作建设一批高水平现代农业示范区，打造生态农业产业带。改革服务业发展体制，创新发展模式和业态，扩大服务业对内对外开放，加快推进与日韩等国的服务贸易自由化。

3. 打造沿黄新型城镇带

一是强化济南的区域性龙头地位。第一，要提升济南城市的首位度和影响力，彰显黄河流域龙头城市的能力；积极推动区县整合和区划调整工作，大力实施“携河北跨”战略；不断提升城市品质和功能，提升济南“城市品牌”的魅力和影响力。第二，积极承担黄河流域龙头城市的带头责任。提高济南对人才、资本和产业的集聚能力；带头组织跨省区之间的城市合作，共同致力于黄河流域的保护与发展。第三，打造以济南为首的山东半岛城市群为黄河流域的龙头区域。争取将青岛等城市纳入黄河流域城市群规划建设，带动山东半岛城市群高质量发展。

二是细化沿黄城镇带的组团成员功能定位。第一，积极促进济南都市圈发展，加强济南与淄博、泰安、德州、聊城等城市的同城联系，努力促进其同城化发展，促进黄河三角洲地区的东滨城市群高效生态发展，促进鲁西南地区的菏泽、济宁、枣庄等城市群建设，促进城市组群和组团发展。第二，重点培育除济南外沿黄八市为区域副中心城市。提升城市经济实力，促进城市产业转型升级，大力发掘历史文化资源，建设成为沿黄区域副中心城市群。第三，促进黄河沿岸区县及村镇绿色发展。合理规划和布局沿河村镇的位置和规模，积极推进滩区群众的迁建工作，推进黄河安澜示范带建设。

三是不断提升沿黄城镇带城镇发展效率和质量。首先，在坚持绿色发展的前提下提升沿黄九市城镇化水平。对于菏泽、德州、聊城、济宁、滨州、泰安等城镇化率相对较低的市域，要积极提升其城镇化率，对于济南、东营、淄博等城镇化率较高的市域要不断提升城镇化的质量。其次，走绿色城镇化发展道路。积极推动淄博、东营等传统重工业城市的转型发展，推动菏泽、聊城、济宁等城市以现有的产业资源为基础，形成绿色产业体系。最后，要走城乡融合发展之路。沿黄地区多数市域农业发达，农村人口较多，应不断促进一、二、三产融合发展，促进城乡人口、资源等要素双向对流、高效配置，促使沿黄城镇带成为绿色城镇化与乡村振兴的示范带。

四是持续提升沿黄城镇带综合承载力。第一，高效、循环利用各种资源、减少环境污染，持续进行资源修复和环境综合治理。第二，重点完善沿黄城镇带交通网络建设，加快推进鲁南高铁、日兰高铁等的建设，积极发展沿黄城市城际高速，积极推进山东与沿黄各省区的互联互通。第三，形成绿色发展的政策机制。按照污染者付费和补偿成本并合理盈利的原则，让污染者、使用者付出应付的成本，制定污染型产业退出机制，构建多方参与的生态产品价值实现机制和黄河流域生态产品市场体系。

五是重视加强黄河流域城市群协作机制建设。第一，充分考虑黄河流域各城市高质量发展的空间差异性，探索差异化、特色化的发展路径，促进各城市分工合作，实现资源互补与功能融合。第二，强化山东半岛城市群、中原城市群等的区域带动作用，充分发挥产业集群前后关联性，引领区域经济转型升级、技术变革扩散。第三，逐步促进城市群内部政策尤其是生态保护政策的一体化，在城市群内部建立市长联席会议制度，加强生态保护和修复，推进建立区域优质教育、卫生医疗、人才、旅游等资源共享机制。

4. 打造乡村振兴沿黄特色样板带

一是稳步推进黄河滩区居民迁建工作。山东省黄河滩区总面积 1702 平方公里，涉及 9 个市、26 个县（市、区），居住人口 60 多万人。由于历史、自然、政策性和管理体制等因素相互交织，黄河滩区经济社会发展滞后。黄河滩区要抢抓重大国家战略叠加机遇，把村庄迁建与乡村振兴结合起来，抓好滩区后续产业发展，引导、政策激励、资金引导等方式，鼓励社会资本和工商企业投身滩区产业发展。立足滩区小农户较多的实际，积极培育合作社、家庭农场等新型农业经营主体，发展适度规模经营，完善多元化农业社会化服务体系。强化典型带动，选树一批滩区拆迁和产业发展的先进典型，打造一批黄河滩区乡村振兴的样板村。

二是扎实开展黄河沿岸美丽乡村建设。全面对标浙江“千万工程”经验，遵循黄河沿岸地区乡村发展规律，加快推进黄河沿岸村庄改造提升，着力打造富有生态内涵、体现黄河风情的美丽乡村示范带。以美丽乡村片区建设为引领，推进美丽乡村连片创建，集中资源要素，打造一批产业基础好、生态环境优、文化特色鲜明的高水平美丽乡村片区。全面开展美丽村居建设，持续深入推进山东美丽村居建设“四一三”行动，稳步推进新建、现有民居风貌特色塑造提升，成独具特色的“鲁派民居”黄河沿岸风貌带。

三是着力抓好乡村振兴平台载体建设。沿黄九市要发挥各自农业农村基础优势，找准突破口，积极创建乡村振兴各类平台载体。加快推进沿黄地区乡村振兴“十百千”示范工程创建，探索乡村振兴新模式、新机制、新路径，打造沿黄地区乡村振兴齐鲁样板示范标杆。积极创建乡村振兴齐鲁样板省级示范区，加快推进东平县老胡示范区、东明县“陆圈—武胜”示范区、利津县陈庄临河示范区等沿黄地区省级示范区建设，尽快打造一批沿黄地区乡村振兴齐鲁样板示范区。加快推进沿黄地区田园综合体、特色小镇建设，实现点上突破，面上展开，逐步构筑起沿黄地区的“富春山居图”。

四是统筹解决沿黄乡村振兴的“人、地、钱”问题。乡村振兴关键要靠“人”，一方面要发挥乡村本土人才的主力军作用，培育一批乡村懂农业、善经营的乡村本土人才。另一方要优化沿黄地区发展环境，吸引各界人才投身乡村发展，不断夯实沿黄地区乡村振兴的人才“基石”。沿黄地区乡村振兴要做好“地”的文章，结合滩区迁建、美丽乡村建设等，加快推进土地流转，促进农用地规模化、集约化经营，发展农村新产业新业态，拓展土地使用功能。乡村振兴要统筹解决好“钱”从哪里来的问题，应构建多元化乡村振兴投入保障机制，引导更多金融资源进入涉农领域和农村，为乡村振兴提供金融保障。

5. 打造黄河文化传承发展示范带

一是联合申遗带动黄河文化保护传承。联合沿黄省区共同启动黄河自然与文化遗产的申遗工作，加强黄河自然与文化遗产的原真性、整体性、抢救性和预防性保护，建立黄河文化名录、数据资料库与博物馆，对黄河文化进行科学梳理和论证，推动黄河文化保护传承和发扬光大，提升黄河文化品牌价值，扩大黄河文化在世界上的影响力。

二是提炼黄河精神讲好黄河故事。筹建黄河文化研究基地，举办黄河文化论坛，加强对黄河上中下游秦陇文化、河套文化、河湟文化、三晋文化、中原文化、海岱文化的综合研究，加强对黄河文化与新时代中国特色社会主义文化传承关系的研究。依托黄河文化深厚内涵，推动黄河文化与旅游融合发展，推出一批思想精深、制作精湛的黄河文化艺术产品，实现黄河文化的创造性转化、创新性发展，形成立体化、全方位、体系化、个性化的黄河文化弘扬体系。

三是建设黄河文旅产业带。以黄河为轴线，依托东营、滨州、济南、聊城、菏泽五个中心节点，按照“一带多点”的布局，重点发展打造一批新兴文化创意产业园区，与大运河文化创意产业带、海洋文化创意产业带相接相应，共同构筑“三核四区三带百城千点”的产业发展格局。加强生态保护修复，打造集观光、休闲、娱乐、体验、康养等功能于一体的黄河故道休闲度假旅游带，与主轴线一起共同形成黄河流域高质量发展的文化旅游产业集聚区、示范区。

四是丰富黄河文化旅游载体。推动滨州、东营协同开发利用孙子文化资源，联合推广“兵圣”文化品牌，让“兵圣”文化旅游成为黄河文化带上的明珠。全面提升黄河入海口生态旅游区、黄河三角洲国家地质公园、济南黄河森林公园等景区的质量等级，全力打造章丘明水古城、黄河生态景观风貌带、济南华谊兄弟影城、淄川齐长城文化旅游创意园、滨州沿黄乡村振兴等一批新的沿黄重大文化旅游项目，推动黄河文化旅游产业发展再上新台阶。

五是内联外引构筑文化传承“样板间”。打造黄河文化旅游联盟，推动沿黄九市文化旅游资源协同开发、协同拓展和协同推广，形成文化旅游产业集群效应。构建沿黄旅游公共服务设施体系，以沿黄公路为主线，“连珠成串”，打造黄河文明之旅精品旅游线路。依托山东成熟的文化旅游市场，与沿黄其他八省区开展文化旅游合作，共同推动形成大黄河文化旅游格局。

6. 打造沿黄高水平开放发展新高地

一是进一步提升沿黄地区开放型经济基础。着力从对外贸易、利用外资、对外投资等方面提升沿黄地区开放型经济发展水平。第一，深化培育外贸竞争新优势。以新旧动能转换“十强”产业国际化发展为导向，建设一批规模体量大、延伸配套性好的出口产业集群和跨境电商产业聚集区。第二，持续推进高质量利用外资。按照“龙头项目—上下游配套—产业生态圈”的思路，引进一批具有战略性、引领性作用的重大项目。统筹协调沿黄区域招商资源，打响“至诚山东”招商品牌。第三，推动安全高效“走出去”。制定跨国公司培育成长计划，着力提升企业跨国并购整合、营销网络建设、全球制造布局、国际研发合作和全球资源开发等能力。

二是推动沿黄地区深度融入“一带一路”。山东应充分发挥自身区位优势并借助沿黄其他省区开放通道优势，深度融入“一带一路”建设。第一，开展差异化针对性贸易投资合作。强化国别指导和产业引导，组织面向东南亚、南亚、中东欧、非洲等地区的贸易促进活动。第二，提高境外经贸合作区建设运营水平。在“一带一路”重点地区建立加工制造型、资源利用型、农业产业型、商贸物流型经贸合作园区，推动企业境外集约化发展。第三，强化服务保障和风险防控体系建设。进一步完善与开发银行、进出口银行、中信保的“3+1”工作机制，发挥山东“走出去”银企合作联盟作用，加强信息互通与项目对接。

三是促进沿黄自贸试验区联动创新发展。第一，高标准建设中国（山东）自贸试验区。充分吸收前三批自贸试验区的立法经验，科学开展《山东自贸试验区条例》制定工作。第二，在自贸试验区内探索中日韩地方合作新模式。紧密跟踪中韩自贸协定第二阶段谈判和中日韩自贸协定谈判进程，争取将谈判中的焦点难点问题在山东自贸试验区内先行开展压力测试。第三，推动沿黄地区自贸试验区联动发展。借鉴《上海江苏浙江自由贸易试验区联动发展战略合作框架协议》，与河南、陕西等自贸试验区探索制定黄河流域自贸试验区联动发展方案，探索合作新模式。

四是构筑沿黄地区高能级对外开放合作平台。第一，加强沿黄不同区域园区合作发展。积极对接黄河流域的晋陕豫黄河金三角，开展产业转移示范区和宁夏银川—石嘴山承接产业转移示范区建设。第二，高起点建设上海合作组织地方经贸合作示范区。扩大上海合作组织青岛峰会的溢出效应，将青岛打造成为日韩面向欧亚内陆市场的转口贸易中心、上海合作组织成员国面向亚太市场的出海通道和沿黄地区对上海合作组织开放的重要平台。第三，加快各类国际合作园区建设。加快中德（济南）中小企业合作区、中德（泰安）安全科技产业园建设，支持德州以东盟国际生态城为主，建设中国—东盟产业合作示范园区，打造中国北方对接东盟产品集散中心。

五是打造沿黄区域全面开放国际大通道。加强区域物流合作，使山东成为东连日韩、西接欧非、南到东盟、北接俄罗斯的国际大通道。第一，构建内外联通的交通基础设施网络。主动加强与黄河流域和国外重点交通枢纽城市的衔接联通，加快交通基础设施关键通道、关键节点和重点工程建设，打造功能完善、便捷高效的交通基础设施支撑体系。二是探索欧亚班列协作发展运营模式。与沿黄各省区共同建立欧亚班列互动协作机制，科学优化中欧班列线路，加强对班列货源需求的调查研究，重点解决返程货源不足问题。三是进一步优化口岸通关服务加强跨区合作。充分发挥省贸易便利化联席会议作用，进一步优化整体通关流程，简化出口退税，规范口岸收费，提升整体服务水平。

（三）创新合作体制机制，保障沿黄九市高质量发展

山东沿黄九市作为山东实施黄河战略的重要核心区，应该重点围绕生态治理、产业合作、新型城镇化、乡村振兴、文旅融合、开放发展等内容，强化九市之间的合作体制机制，为沿黄九市生态保护和高质量发展提供制度保障。

一是深化沿黄流域互助合作机制。发挥政府、智库、企业三方力量，推动黄河流域省区、市、县开展各级交流合作，重点支持山东省沿黄九市形成定期会商机制。按照“四定方针”探索建立沿黄地区财政转移支付制度，加强生态治理、扶贫协作和对口合作。

二是健全产业统筹协调发展机制。支持山东省沿黄九市合作编制黄河流域产业结构调整指导目录，共同制定承接产业转移准入标准。推进一体化市场体系建设，推动劳动力、资本、技术等要素自由流动。支持沿黄九市启动沿黄流域信用合作机制，优化流域营商环境。

三是创新发展多元化投融资机制。以市场化方式建立“黄河流域发展基金”，通过发行专项债券方式引入社会资本参与投资运营，重点支持生态治理、滩区扶贫等重点建设。探索建立沿黄九市乃至沿黄流域的区域性股权交易市场，围绕推进黄河流域高质量发展开展股权融资、资产重组等。

四是完善公共服务资源共享机制。建议由山东第一医科大学牵头组建“黄河流域医科高校联盟”。搭建沿黄九市互联互通的全民健康信息平台，开展远程医疗合作。促进社会保障有效对接，实现同类社会保险关系在黄河流域内顺畅接续和合理转移。

五是建立健全流域发展监管机制。聚焦生态环境保护、高质量发展两大焦点，建立沿黄九市发展监测评估体系。支持沿黄九市县开展流域规划编制前期研究，形成科学合理的流域规划体系和具体实施方案。

B.10
山东融入京津冀协同发展和雄安新区建设的思路与建议

张彧　高珂*

摘　要：　近几年，山东积极对接京津冀协同发展和雄安新区建设，在完善交通设施、谋求产业对接、发展现代高效农业、打好污染防治攻坚战、强化人才智力合作等方面取得了明显成效，但也面临一些问题和挑战。山东应进一步解放思想，树立时不我待的机遇意识、精准对接的互补意识、甘当配角的服务意识和团结协作的双赢意识，积极发挥省级合作交流平台作用，建立与京津冀长期有效的沟通衔接机制，结合山东省新旧动能转换重大战略，做好“十强产业”与京津冀产业转移承接向产业合作转变的文章。

关键词：　京津冀协同发展　雄安新区建设　对接融入

2019年是新中国成立70周年，也是京津冀协同发展战略提出5周年，雄安新区建设规划提出2周年。京津冀协同发展是习近平总书记亲自谋划、亲自部署、亲自推动的重大国家战略。设立雄安新区更是千年大计。融入京津冀协同发展和雄安新区建设，是山东全面对接国家战略、借力提升产业层次、加快新旧动能转换、实现高质量发展的重大机遇。

---

* 张彧，山东省人民政府发展研究中心副主任；高珂，经济学博士，山东省人民政府发展研究中心副研究员，研究方向为财政理论与政策。

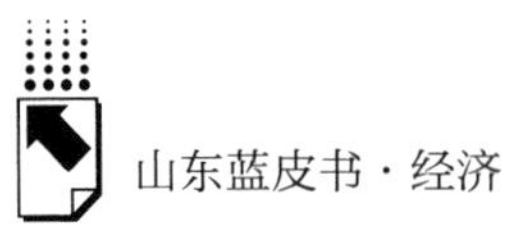

一　山东融入京津冀协同发展和雄安新区建设的基本情况

近年来，山东一直在积极对接京津冀协同发展和雄安新区建设，在健全组织完善机制、基础设施互联互通、产业对接协作、发展现代高效农业、打好污染防治攻坚战、强化人才智力合作等方面，取得了一些工作成效。

（一）健全组织、完善机制的情况

山东对接京津冀协同发展和雄安新区建设主要由省发改委牵头负责，各地市积极成立相关组织、完善运行机制，协调推进。比如济南市成立1个总指挥部，相关区建立联动指挥部，举全市之力打造100平方公里“央企城”，为山东北上对接京津冀、承接央企发展搭建了一个重要的平台载体。德州市突出市县联动，成立了1个推进工作领导小组、1个办公室和6个专门推进组，按照职责分工，建立了“1+1+6”推进机制。东营、聊城市均成立了融入京津冀协同发展领导小组及办公室，其中东营市成立了12个专业推进小组，8个县区和开发区都建立了联动机制。聊城市下设7个专业推进小组和11个县（市、区）推进小组，形成了“1+1+7+11”工作构架。

（二）基础设施互联互通的情况

山东正扎实推进铁路、公路、港口等重大基础设施建设，稳妥打通融入京津冀的资源交流通道。一是建设高铁通道。加快推进雄商高铁（山东）段建设。积极推动京津冀城际铁路网延伸至德州。加快京沪二通道建设，争取国家将天津—东营—潍坊高铁由规划研究项目调整为规划开工项目。争取铁路总公司支持将鲁南高铁与雄商高铁由东向北连接线由远期建设目标调整为近期建设任务。力争到2022年建成以雄安为圆心，由雄商高铁、京沪高铁、石济客专、京沪二通道、环渤海高铁组成的扇形通达雄安高铁网，实现济南城市圈城市到雄安1.5小时，其他设区市到雄安3小时。二是拓展高速通道。加快北京新机场（距雄安新区55公里）至德州的京德高速（山东段）建设；开展聊城、滨州、东营至雄安新区的高速公路连接线前期论证；积极协调河北加强与山东省际高速的联通建设。三是优化航线设置。推动济南、青岛、烟台等重点机场至北京新机场的航线建设，支持有条件的市有序开通至北京新机场航线；加快开展新建德州机场（与衡水共用）前期工作。四是加强水运连通。山东沿海港口7处，其中，环渤海地区港口四处，分别是滨州港、东营港、潍坊港和烟台港。京杭运河济宁以南段全部通航、黄河以南至济宁段正在建设，与京津冀连通的黄河以北段正在开展规划研究。

（三）推进产业对接协作的情况

山东正发挥比较优势，大力推进产业对接，实现错位发展，努力融入京津冀经济互动圈。比如聊城多次举办招商恳谈会、座谈会、洽谈会，成功引进了中铁电气化、北控水务、东方园林、东旭集团等一批央企、上市公司、行业龙头。2017年，山东聊城·北航产学研对接交流会、山东聊城融入京津冀推进新旧动能转换合作恳谈会，达成合作意向项目40余个，实际到位资金78亿元。2018年，聊城市加快融入京津冀协同发展恳谈会，现场签约项目12个，实际到位资金84.5亿元。比如德州市政府和有关县市区分别与大兴区、石景山区、通州区、中关村管委会、北京经济技术开发区等签订战略合作协议。连续四年在京津举办德州融入京津冀协同发展恳谈会，成立德州市驻京招商联络处，组建7个战略性新兴产业推进办公室，1个境外招商服务办公室，聚焦京津冀开展产业链定向招商、清单式目标招商、小团组靶向招商，先后有中建材、华润、光大、三一等企业进驻德州。同时，建立10亿元以上重特大项目工作专班制度，有研集团大尺寸硅材料规模化生产基地、中粮产业园、东方英宝高端温室设备生产等一批大项目落户德州。2017～2018年，德州新开工京津冀项目215个，到位资金218.67亿元。2019年上半年，京津冀新开工项目65个，到位资金43.94亿元。比如，滨州积极对接三峡集团、中海油、中化集团、金风科技等行业龙头企业，贯彻落实“双招双引”和支持经济高质量发展优惠政策，引进建链、补链、强链的产业项目。2018年以来，滨州与京津冀地区企业签约、立项项目71个，计划投资总额1034.35亿元。北汽江森电池项目、蓝时创新能源汽车项目已经落地投产，滨州京东云国际电商城项目、北汽集团年产10万套变速箱壳体和10万套新能源减震塔项目完成立项，中航信托与西王集团供应链金融项目、徒骇河风情文化旅游项目、北京神源环

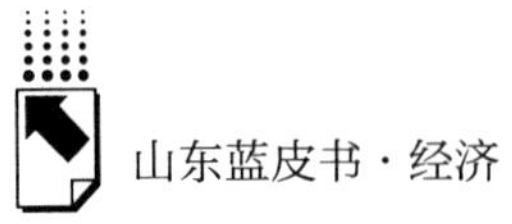

保生物质绝氧热解热电联产项目、三一重工建筑工业化生产基地项目、北京碧水源科技10万吨/日海水淡化项目顺利签约。

（四）发展高效农业融入京津冀的情况

山东正努力打造乡村振兴齐鲁样板，发展现代高效农业融入京津冀协同发展，正在成为京津优质农产品供应基地。比如聊城积极拓展主要农产品在京津冀地区的销售渠道，“聊·胜一筹!”农产品区域公用品牌打入京津冀市场，实施“净菜进京”工程，与首农集团建立合作关系。比如德州已建成67家“放心农场”，举办对接京津冀优质农产品博览会等活动，2018年销往京津冀地区蔬菜325万吨，占德州总产量的25%。首农集团、二商集团、新发地等都与德州建立了合作关系。落地了一批高端农业项目，临邑智慧农业大棚项目运营良好，陵城区千亩级智慧农业产业园即将建成。水发集团、新希望六和等124家田园综合体和现代农业产业园区，正在成为德州由传统农业向现代高效农业转型发展的新引擎。比如滨州发挥农业产业优势，积极对接京津冀“米袋子”“菜篮子”“果盘子”工程，累计完成“三品一标”农产品认证480个，规划农产品生产基地115处，全力保障京津冀优质农产品供应；阳信县作为中国最大的牛肉供应基地，已成为天津、北京等大城市牛肉产品主要供应地。

（五）积极打好污染防治攻坚战的情况

山东开展了生态文明建设“1+1+8”工作部署（打好污染防治攻坚战实施意见+“四减四增”三年行动方案+8场标志性重大战役作战方案），积极打好污染防治攻坚战。“2+26”个京津冀大气污染传输通道城市中，山东包括7个（济南、淄博、济宁、德州、聊城、滨州、菏泽）。山东为京津冀地区大气等环境质量改善做出了积极贡献。截至2018年底，山东4.1万台燃煤小锅炉全部淘汰，8.59万家“散乱污”企业全部完成整治，省内传输通道城市1760家企业完成无组织排放整治任务。在全面淘汰黄标车的基础上，2018年又报废老旧车辆10.5万辆，淘汰国二及以下柴油货车13021辆。各市在打好污染防治攻坚战方面也是主动出击，积极应对。比如聊城2018年淘汰拆除落后燃煤机组21.2万千瓦，整治“散乱污”企业53家，180台天然气锅炉全部完成超低排入改造。PM2.5、SO_2、NO_2均值浓度分别改善15.5%、22.2%、2.5%；优良天数

176 天，同比增加 14 天。比如德州能源资源消耗强度大幅下降。2018 年，德州在全国大气污染治理“一市一策”考核中排名第一。积极构建全域绿网，德州林地面积 204 万亩，森林覆盖率 11.13%。比如滨州成立了打好污染防治攻坚战总指挥部及 10 个专项指挥部，对已完成清理整顿的 10 蒸吨及以下燃煤小锅炉、“散乱污”企业开展“回头看”。渤海入海排污口无人机航测及遥感图像解译工作已完成，正积极开展排污口现场排查。对 210 家重点行业企业用地信息进行调查和数据审核，新增 5 家危废持证经营单位，年处置能力达 115 万吨。

（六）助推开展人才智力合作的情况

山东正积极对接京津冀科技人才资源，努力实现合作共赢。一是主动开展科技成果对接活动。省科技厅与德州市政府已连续 3 年举办京津冀鲁科技交易大会，累计邀请京津冀鲁 847 家高校、科研院所、科技服务机构，102 家互联网、大数据、人工智能企业，2500 余位嘉宾参会，共签约项目 880 项。与中国科学院共建中国科学院山东综合技术转化中心，与企业共建各类创新平台 157 个、合作项目 893 个。二是积极推动重大科技创新平台合作。加快中国科学院海洋大科学研究中心、黄河三角洲现代农业技术创新中心、山东省能源研究院等在山东落地。比如滨州，积极引进新产业、新模式有关领域人才，深化与华为、京东的战略合作，加快建设黄河三角洲大数据中心。三是大力引进高层次人才。先后从中国科学院、清华大学、北京理工大学、中国农业科学院等高校、科研院所引进 20 余名高层次专家，入选泰山学者、泰山产业领军人才工程，助力山东相关领域新旧动能转换和科技创新能力提升。比如聊城 2017 年、2018 年连续 2 年举办院士专家聊城行活动，累计邀请 5 名院士、50 余名京津冀地区高端专家来聊服务，达成合作意向 24 项。比如德州 2015 年以来柔性引进省级以上高层次人才 853 人，其中院士 56 人、合作项目 92 个。

二　山东融入京津冀协同发展和雄安新区建设的优势与机遇

（一）山东区域经济发展优势

山东作为人口大省、经济大省、文化大省。近年来特别是党的十八大以来，在以习近平同志为核心的党中央坚强领导下，全省上下锐意进取、埋头苦干，经济社会发展取得显著成绩。总的来说，主要有以下几大优势。

一是区位交通优势。山东地处中国东部的交通要道，拥有全国1/6大陆海岸线和山东半岛港口群。全省形成了公路、铁路（轨道交通）、海运、内河运输、航空运输等比较完备的交通体系。高速公路通车总里程突破6000公里，构成了“五纵四横一环八连”的高等级公路网主骨架；境内铁路通车里程6222公里，其中，高速铁路通车里程达到1747公里，从济南乘坐高铁到北京仅需要84分钟；还拥有青岛、烟台、日照三个吞吐量过4亿吨的大港，400余次中欧班列，79条空中国际航线、600多条海上国际航线通往世界各地。

二是产业发展优势。山东工业体系健全，在三大门类、41个大类和197个中类中均有分布，100余种产品产量居全国前列；轻工、化工、机械、纺织、冶金、电子信息6个行业主营业务收入均超过万亿元，兖矿、潍柴、海尔、鲁泰、威高、如意等6家企业荣获中国工业大奖。山东同样是农业大省，农业总产值、农业增加值、农产品出口总额等8项指标居全国第一，以占全国6%的耕地、1%的淡水，提供了全国8%的粮食、9%的肉类、12%的水果、13%的蔬菜、14%的水产品、19%的花生，农产品出口占全国24%，农产品进出口总额连续19年保持全国第一。近年来，山东服务业发展迅速，在2016年，服务业增加值首次超过工业增加值占GDP的比重，实现了产业结构由“二三一”向“三二一”的历史性转变。2018年，三次产业比例为6.5∶44.0∶49.5，“三二一”结构趋于稳固，服务业成为全省经济保持中高速增长的重要支撑。

三是科技教育优势。山东整合各类创新资源，每年至少拿出100亿元财政资金，实施大科学计划、大科学平台、大科学中心、大科学装置规划，国家级众创空间、科技孵化器和创新平台分别为203家、85家和239家，全省研发经费投入强度达到2.41%，每万人拥有R&D人员50人，创新已成为驱动发展的第一动力。一大批高精尖技术不断涌现，中集来福士集团设计建造的“蓝鲸2号”，是全球作业最深的半潜式钻井平台。“蛟龙号”载人潜水器创造了7062米的深潜纪录。新一代神威E级原型机系统，在国家超级计算济南中心研制成功。不断强化创新人才支撑，牢固树立人才第一资源理念，打好培养、吸引、留住、用好人才的组合拳。全省两院院士48名，国家“百千万人才工程”人选176名，国务院政府特殊津贴专家3260名，“泰山学者”1062名，有突出贡献的中青年专家1297名。

四是海洋资源优势。山东海岸线总长度约3345公里，占全国的1/6。毗邻海域面积15.95万平方公里，与山东陆地面积基本相当。胶州湾、芝罘湾、威海湾、石岛湾、莱州湾、渤海湾等，都是中国著名港湾。优越的建港条件与发达的社会经济，促进了山东港口建设与运输的发展，2018年沿海港口累计完成货物吞吐量16.1亿吨。山东海洋经济总量约占全国的1/5，拥有全国近一半的海洋科技人才，以及青岛海洋科学与技术试点国家实验室等一批重量级海洋科研机构和创新平台。

五是改革开放优势。深入推进“一次办好”改革，开展优化营商环境10个专项行动和“3545”专项改革（3个工作日内完成企业开办审批，5个工作日内完成不动产登记，45个工作日内完成工程建设项目审批），大力推动营商环境法治化、国际化、便利化。先后出台了支持实体经济45条、扩内需补短板促发展42条、支持民营经济35条政策措施，加大有效制度供给，让企业更有“获得感、收益率、满意度”。

六是市场潜力优势。山东是常驻和户籍人口“双过亿”的大省，城镇化率达到60.58%，本身是一个巨大的消费市场。2018年，全省城镇居民人均消费支出24798元，农村居民人均消费支出11270元，物流总额达到21.8万亿元，电子商务交易额4.5万亿元，新消费成为经济发展新动能、主引擎。同时，随着城乡一体化的加速推进，创造着巨大投资需求，到2022年全省铁路、公路、机场、港口、城市轨道交通等基础设施，总投资需求约1.3万亿，将为京津冀等地社会资本提供巨大投资空间。

（二）山东的重要战略机遇

2018年，习近平总书记对山东提出“在全面建成小康社会进程中走在前列，在社会主义现代化建设新征程中走在前列，全面开创新时代现代化强省建设新局面”的总要求，要求山东“扎实推动高质量发展、扎实实施乡村振兴战略、扎实做好保障和改善民生工作、扎实抓好干部队伍建设”，为山东发展把航定向，对山东工作寄予厚望，在山东发展历史上具有重要里程碑意义。

目前，山东正处于开启新时代、迈上新征程的关键节点，山东一直认真践行习近平总书记对山东工作的重要指示精神，加快建设新旧动能转换综合试验区，着力打造乡村振兴的齐鲁样板，大力推进海洋强省建设，坚决打好三大攻坚战，以“走在前列、全面开创”为目标，构建以八大战略布局为支撑，以全面深化改革为保障，以全面从严治党为统领的整体发展格局，各方面工作取得新突破、新进展、新成效。融入京津冀协同发展和雄安新区建设，是山东全面对接国家战略、借力提升产业层次、加快新旧动能转换、实现高质量发展的重大机遇。

三　山东融入京津冀协同发展和雄安新区建设的主要问题

京津冀地区是中国区域经济格局中的东部核心地区。2014 年京津冀协同发展战略的提出，是该区域的分工与合作的延续，对未来中国的区域协调发展战略具有重大的、关键性的影响。对山东来说，融入京津冀协同发展既是机遇又是挑战。山东应抓住机遇，迎接挑战，在新的形势下，找准新方位，加快发展。

（一）发挥省级合作交流平台作用的问题

北京市设立了京津冀协调发展办公室，并联合天津、河北建立了省级联席会议制度。目前，山东对接京津冀，缺乏省级层面的合作框架支撑，市级与京津冀行政级别不对等，无法参与区域间利益协调机制的设计，各市“各自为战”，横向协作不够，没有形成全省一盘棋的统一协调联动效应。2019 年 10 月，山东对接京津冀协同发展联席会议办公室揭牌成立，应尽快发挥省级合作交流平台作用。

（二）产业结构与产业转移引入的问题

山东已走到工业化中后期阶段，正处于由工业经济向服务经济转型的阵痛中，既面临过剩产业转移问题，又面临高端产业引入的问题。2019 年上半年，山东实现地区生产总值 41823.3 亿元，仅增长 5.4%。山东经济运行中存在的困难，主要包括“空笼期”、去产能和环保治理加严、要素制约“天花板”

等问题，但根本的是“空笼期”。在新兴产业中，增速较快的新能源新材料、新一代信息技术、高端装备制造等产业增加值在规模以上工业中还只占到三成左右。

2018 年，迁出北京市外企业共计 780 户，其中迁往山东的企业仅 53 家，占全部迁出企业数量的 6.8%，分别低于河北、浙江和广东 15.0 个、6.1 个、3.8 个百分点。可以看出，山东毗邻京津冀首都经济圈的地理区位优势尚未充分发挥，反而是浙江、广东承接迁移企业数量较多，也从一个侧面反映出山东在营商环境、产业结构对接等方面，距离先进省（区、市）还有不小差距。

（三）交通建设资金、土地和环境压力的问题

如何将交通基础设施建设作为融入京津冀协同发展和推动各地要素自由流动，是融入京津冀协同发展的重大挑战之一。全国进入高铁时代，山东目前好几个地市还没有通高铁。比如滨州位于京津冀地区的东南侧、冀鲁交界处，交通设施建设相对薄弱；东营地处交通末端的状况短期内难以改善，物流成本高和出行困难成为其高质量发展的短板。按照规划，今后五年山东将新建高铁里程 3300 公里，投资规模 5000 亿元，面临较大的资金、土地指标和环境制约的压力。

（四）大气等环境治理一体化的问题

一是空气环境质量反弹。加强生态环境保护合作，启动大气污染联防联控机制。大面积的雾霾天气治理给区域协同发展提出最紧迫的课题。2019 年以来，受不利气象条件和产业结构偏重、排放总量大等多重因素影响，部分城市空气质量反弹严重。二是流域水污染防治形势依然严峻。部分跨界河流污染问题亟待解决，个别河流水质出现波动，存在超标风险，小清河等入海河流的污染物入海量加剧了山东莱州湾水质超标状况。三是渤海水质影响因素复杂多变。半岛流域入渤海河流受自然禀赋、地质条件影响较为明显，保障稳定径流和达标的压力较大。

（五）农业协同发展的问题

京津冀协同发展对山东农产品市场份额产生冲击。一是山东农产品在京津

市场份额中下滑势头初步显现。京津农业协同发展以来，河北省菜篮子农产品在京津市场上的份额大幅度提高。“十三五”以来，特别是近年来，伴随着河北省菜篮子农产品在京津市场上占比的提高，山东菜篮子农产品在京津市场份额萎缩的现象日趋凸显。以北京市的蔬菜供给为例，北京市常年蔬菜消费量1000多万吨，自给水平只有28%，“十二五”以前，山东的市场份额高达55%，2015年，这一指标已下降到40%左右，近年来也逐年下降。二是农业区域比较效益降低的趋势很难避免。从京津冀现代农业协同发展规划中可以看出，国家对这一区域农业的财政支持在加大。同时，京津两市雄厚的财政收入和丰厚的民间资本，与河北的土地、劳动力资源优势的结合，弥补了各自不足，实现了优势资源整合，提高了区域农业的比较优势。山东虽然是农业大省，但不是农业强省，从国家财政支持力度和区域财政收入总量上都无法和京津冀区域抗衡。京津冀农业协同发展，也使山东相对于三省市单独的比较优势大幅降低，农产品竞争力受到影响。

四　山东融入京津冀协同发展和雄安新区建设的建议

（一）在“提高认识”上下功夫，思想观念上主动融入

发展上的融入首先要有思想上的融合，建议在全省进一步凝聚共识、汇聚合力，自觉树立四种意识。一是时不我待的机遇意识。把融入京津冀协同发展和雄安新区建设作为山东高质量发展的难得机遇，围绕京津冀区域协同发展的战略布局，积极主动地参与融合共建。二是主动对接的互补意识。牢固树立区域经济一体化理念，积极破除行政壁垒和体制机制障碍，主动参与京津冀一体化经济活动，争取在共同合作中互惠共赢。三是甘当配角的服务意识。深度融入京津冀协同发展，坚持在项目引进中塑造产业，在承接转移中转调结构，在合作共赢中得到发展，在推进京津冀协同发展和支持服务雄安新区建设中实现新突破。四是团结协作的双赢意识。深入对接京津冀地区和雄安新区建设需求，深化在城市发展、生态保护、科技创新等领域的交流，推动双方在合作双赢上不断迈上新台阶。

（二）在“统筹谋划”上下功夫，积极发挥省级合作交流平台作用

建立省级合作交流平台方面，建议山东成立融入京津冀协同发展和雄安新区建设工作领导小组，由省级层面协调济南、东营、德州、聊城、滨州等市积极对接京津冀，统筹谋划协同发展，力争达到远期有意见、中期有规划、近期有方案、年度有要点。10 月 18 日，山东对接京津冀协同发展联席会议办公室揭牌成立。建议在京津冀开展一系列项目推介活动，发挥其联络协调和桥梁纽带作用。

（三）在“惠及民生”上下功夫，优化基本公共服务

抓住融入京津冀的机遇，积极对接北京的资源，制定相关政策，鼓励北京的学校、医院、养老机构等优质公共服务资源延伸到山东，迅速提升山东的公共服务水平。教育方面。在做好基础教育和中等职业教育合作交流的基础上，将主要精力集中在高等教育领域，具体包括：山东每所重点建设高校与一所或几所京津冀优势高校进行战略性整体合作；选派省一流学科和紧缺专业的优秀本科生、优秀教师，到京津冀相应的优势学科专业所在高校进行联合培养、挂职锻炼，加快高层次人才队伍建设；省内相关高校与京津冀高校结成科技创新共同体，协同进行联合攻关，科技创新成果全部在山东进行转移转化等。医疗卫生资源方面。努力探索山东与京津的医疗合作，改善山东的医疗条件与水平，积极推动与京津冀三地医疗资源的对接、共享，鼓励三甲医院医生和医疗资源在京津冀鲁流动，逐步培养一批承接和发展优质医疗资源的节点城市。养老方面，积极统筹解决制度衔接问题，与京津冀三地政府进一步加强沟通，提高养老服务机构建设和选用护理人员水准，探索形成完整有效的政策扶持体系；加强资源共享，提高养老公共服务水平，加大居家养老、社区养老服务网点建设力度，积极发展社区养老和居家养老；积极发挥政策在养老项目、资金、资源配置及相关软硬件建设上的支持作用等。

（四）在“互联互通”上下功夫，完善交通基础设施

交通无缝对接是区域合作的基础。山东要全面构建起内联外通的大交通格局，积极推进交通基础设施互联互通，逐步完善交通设施建设规划，保证互连

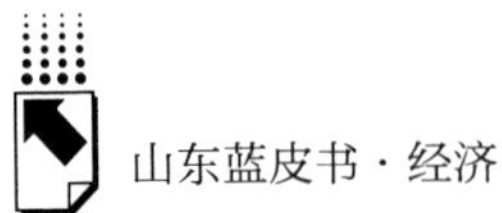

互通能力满足山东与京津冀经济社会发展需要。努力打造区域性综合交通枢纽，提升面向京津冀和雄安新区的运输服务能力。积极推动环渤海高铁、京沪高铁第二通道、东营港、滨州港、聊城机场等重大基础设施建设，协同推进雄商高铁、京津冀城际铁路网延长至德州段等工作，构建快速高效便捷的水陆空一体化运输网络，提供更加完善、充足的运输服务支持。

（五）在“成果转化”上下功夫，加速科技成果在山东转化

在成果转化方面，山东把与京津冀建设科技创新共同体作为协同发展的重要任务。以对接京津冀高等院校和科研院所为切入点，积极探索区域协同创新模式，推动与“两院”和清华大学、北京大学、南开大学等知名高校开展产学研合作，建设产业技术创新平台，促进重大科技成果在本地转化和产业化。同时，要加大与北京中关村合作力度，研究复制中关村推动创新创业的有关政策，设立科技创新基金，完善科技成果在区域内转化落地的配套服务。

B.11
山东海关特殊监管区域高质量发展的现状、问题与对策

王　爽*

摘　要： 海关特殊监管区域是开放型经济发展的重要平台，对于促进对外开放和带动产业升级等具有重要意义。近年来，山东积极推进海关特殊监管区域整合提升，取得明显成效，在扩大就业、促进对外开放、吸引外商投资、承接国际产业转移方面发挥了重要作用，产业集聚效应逐步显现，区域功能日趋完善。但是，与先进省（区、市）相比，与高水平开放、高质量发展的要求相比，山东的海关特殊监管区域仍存在对外贸易规模不大、土地集约利用程度偏低、运营管理亟待加强等问题。因此，山东应围绕“五大中心”建设，创新管理体制机制，优化区域发展布局，强化产业协同配套，加快发展新业态新模式，促进海关特殊监管区域高水平开放、高质量发展。

关键词： 海关特殊监管区域　高质量发展　体制机制创新

中国海关特殊监管区域是经国务院批准，设立在中华人民共和国关境内，以保税为基本功能并赋予连接国际、国内两个市场的特殊政策，由海关为主实施封闭监管的特定经济功能区域。“海关特殊监管区域”的提法首次出现在中国2006年颁布的《海关对保税物流园区的管理办法》中，是保税区、出口加

* 王爽，山东社会科学院国际经济研究所副研究员，研究方向为国际贸易、经济园区。

工区、保税港区等以产业集聚为发展方式的特定经济发展区域的总称。作为开放型经济发展的重要平台，海关特殊监管区是中国诸多政策先行先试的载体，在吸引外商投资、促进外贸增长、带动产业升级、稳定地方就业等方面发挥着作用，已经成为区域经济发展的重要引擎。近年来，国务院办公厅印发《加快海关特殊监管区域整合优化方案》、国务院印发《关于促进综合保税区高水平开放高质量发展的若干意见》等文件，不断推动海关特殊监管区域的功能优化和科学发展，打造高水平开放新平台。新时代海关特殊监管区域，不仅是中国对外开放的重要载体支撑，也承担着培育扩大国内市场、激发内需潜力的重要任务。随着改革开放进程的不断深入，山东海关特殊监管区域取得一定的发展，在提升对外开放水平、构建国际化营商环境、推进产业转型升级等方面发挥了重要作用。但与其他先进省（区、市）相比，山东海关特殊监管区域仍存在功能不够完善、综合效益有待提升等问题。因此，加快推动山东海关特殊监管区域高水平开放高质量发展，对于增强其内生发展动力，提升自身竞争力，辐射带动区域经济社区发展具有重要的意义。

一　中国海关特殊监管区域的发展历程

中国海关特殊监管区域是一个中国本土的概念，是根据改革开放需要，借鉴国际上成功的自由港、自由贸易园区等模式的做法与经验，结合中国国情而设立的特定功能区域。随着中国改革开放进程的不断推进，为适应不同时期、不同阶段、不同环境下对外开放和经济发展的需要，中国先后设立了保税区、出口加工区、保税物流园区、跨境工业区、保税港区、综合保税区等6类海关特殊监管区域，分布在29个省、自治区和直辖市，总体规划面积超过452.8平方公里。截至2018年底，中国已批准设立140个海关特殊监管区域，为中国改革开放路径探索和创新发展提供了试验平台和实践载体。

（一）中国海关特殊监管区域发展阶段

在经济全球化进程中，海关特殊监管区域日益成为各国提升开放型经济发展水平和推动区域经济社会全面发展的重要载体。随着对外开放水平的不断提高，中国海关特殊监管区域历经了推动国际贸易发展、促进加工产业出口创汇、尝试跨境区域合作与区港联动发展以及强化区域整合等阶段，在形式和内容上不断丰富和完善，在功能和监管上持续优化和提升，基本实现了从东部沿海城市到中西部地区中心城市的全面布局。

中国海关特殊监管区域类型、设立时间和功能见表1。

表1 中国海关特殊监管区域类型、设立时间和功能

类型	设立时间	功能
保税区	1990年	出口加工、国际贸易、保税仓储、商品展示等
出口加工区	2000年	制造、加工、装配出口商品;2009年后拓展至保税物流、研发、检测、维修等业务
保税区物流园区	2003年	存储进出口货物、贸易、国际中转及开展流通性简单加工和增值服务等
跨境工业区	2003年	以发展工业为主,兼具仓储物流、中转贸易、产品展销等功能
保税港区	2005年	仓储物流,对外贸易,国际采购、分销和配送,国际中转,检测和售后服务维修,商品展示,研发、加工、制造,港口作业等
综合保税区	2006年	集保税区、出口加工区、保税物流区、港口的功能于一身,可以发展国际中转、配送、采购、转口贸易和出口加工等业务

1. 保税区的设立与发展

20世纪90年代初期，随着国外自由港和自由贸易园区的概念被引进，为推动国际贸易的发展，1990年6月上海外高桥保税区获批设立，成为国内首种类型的海关特殊监管区域。1992年，经国务院批准，天津、大连、张家港、深圳等国内沿海城市相继设立了多家保税区。保税区以保税仓储、出口加工、转口贸易为主要功能，享有“免证、免税、保税”政策，实行“境内关外”运作方式，是中国开放程度最高、功能最完备、政策最优惠的经济区域之一。

2. 出口加工区的设立与发展

20世纪90年代中后期，加工贸易迅速崛起，逐渐成为中国对外贸易的重要组成部分。为推动对外贸易快速发展，2000年10月经国务院批准，昆山出口加工区设立，成为中国境内第一家出口加工区。随后中国陆续在国内多个城市设立了出口加工区，有效地促进了对外贸易和利用外资的发展。随着国内外经济形势的不断变化，出口加工区单一的加工制造功能难以适应发展需求。因此，2009年经海关总署批准，出口加工区开始拓展保税物流、检测、维修等业务，日渐丰富的功能政策使出口加工区逐步实现向保税物流综合性功能的转型。

3. 保税区物流园区的设立与发展

随着对外开放进程的不断推进，中国保税区的业务发展日渐成熟，但其相对单一的功能也成为进一步发展的制约。为进一步丰富保税区的功能、发展现代物流产业、塑造新的竞争优势，保税物流园区由此产生。2003 年 12 月，经国务院批准，中国第一家保税物流园区——上海外高桥保税物流园区设立。保税物流园区的设立，充分发挥了“区港联动”的核心效应，在原有特殊监管区政策优势基础上叠加了国际中转、采购、分拨和配送等功能，极大地推动了中国国际物流产业和对外贸易的发展。

4. 跨境工业区的设立与发展

跨境工业区是中国海关特殊监管区域中一种特殊的形式，其集保税区和出口加工区的政策于一身，园区在实行保税区政策的同时，在货物进出口时执行出口加工区的政策，因此在区域内进行贸易不产生增值费用。截至目前，中国共设有珠澳跨境工业区和中哈霍尔果斯国际边境合作中心两个跨境工业区。珠澳跨境工业区于 2003 年 12 月 5 日经国务院批复成立，位于珠海拱北茂盛围与澳门西北区的青州之间；中哈霍尔果斯国际边境合作中心是中国与其他国家建立的首个跨境经济贸易合作区，于 2006 年开工建设，2012 年 4 月正式封关运营。

5. 保税港区和综合保税区的设立与发展

经过多年的发展，全国海关特殊监管区域的区域整合和功能升级成为发展必然。2005 年，中国首个保税港区——上海洋山保税港区正式启用，随后天津东疆保税港区、大连大窑湾保税港区、海南洋浦保税港区等多个保税港区获批并开始加速建设。保税港区依托港口的独特区位，兼具口岸、物流、加工等多方面的功能，实现了保税产业、加工产业和物流产业的联动发展，在中国海关特殊监管区域的发展进程中具有标志性意义。同时，为促进内陆地区海关特殊监管区域的发展，2006 年，以苏州工业园区综合保税区为代表的内陆型综合保税区获批，其集保税区、出口加工区、保税物流园区等多种海关特殊监管区域和港口功能于一身，成为高水平对外开放新平台。为加快海关特殊监管区域的整合优化，近年来，国务院印发了《关于促进海关特殊监管区域科学发展的指导意见》《关于印发加快海关特殊监管区域整合优化方案的通知》等文件，特别是 2019 年 1 月印发了《关于促进综合保税区高水平开放高质量发展的若干意见》（以下简称《意见》），明确了新设海关特殊监管区域原则上统一命名为综合保税区，存量各类保税区域向综合保税区转型意见，实现了从多类型并存向统一模式转型提升，是中国综合保税区当前和今后一段时期发展的纲领性文件。

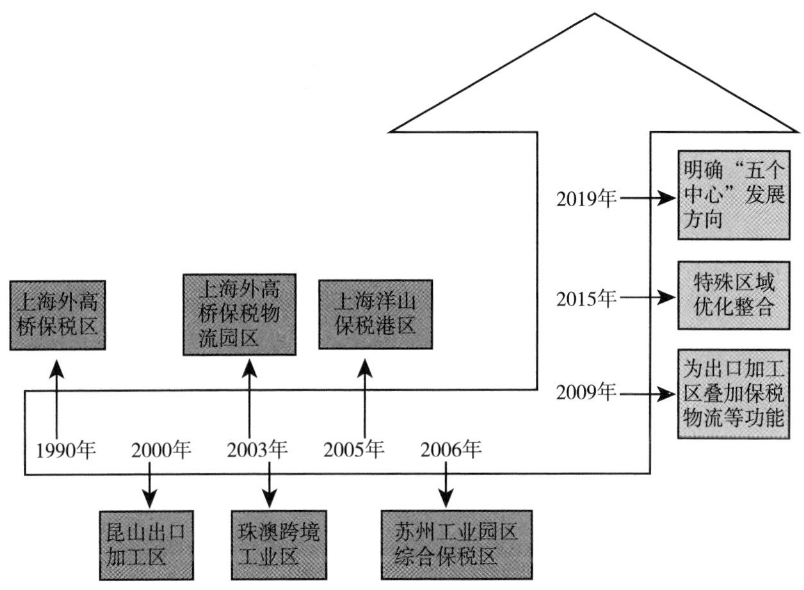

图 1　中国海关特殊监管区域发展的重要节点

（二）中国海关特殊监管区的发展成效

经过多年的发展，中国海关特殊监管区域发展取得显著的发展成效，逐渐成为中国开放型经济发展的先行区、对外贸易转型升级的示范区、外商直接投资的密集区，形成了良好的发展态势。

1. 带动外贸快速发展

对外贸易是海关特殊监管区域的发展重点。近年来，中国海关特殊监管区域一直保持着较快的发展速度，进出口贸易额占中国外贸的比重也逐步攀升，每平方公里平均进出口值超过 100 亿元，特殊区域在推动对外贸易发展方面一直发挥着先导区的作用。根据海关总署数据显示，2019 年 1 ~ 11 月，中国已经投入运行的六种类型 132 个特殊区域共计实现进出口 4.99 万亿元，其中出口2.41万亿元，进口2.58万亿元，累计进出口额占同期全国外贸进出口总额的17.5%。在六类海关特殊监管区域中，已经投入运行的73个综合保税区共计实现进出口2.33万亿元，其中出口1.36万亿元，进口0.97万亿元，分别同比增长11.8%、5.7%和21.7%；保税区实现进出口1.32万亿元，其中出口0.42万亿元，进口0.9万亿元，分别同比增长1.8%、8.4%和-1.0%；保税港区实现进出口0.71万亿元，其中出口0.25万亿元，进口0.46万亿元，分别同比增长4.8%、8.5%和2.8%。

表2　2019年1～11月中国海关特殊监管区域进出口贸易发展情况

单位：万元，%

海关特殊监管区域	进出口		出口		进口	
	金额	增速	金额	增速	金额	增速
保税区	132334948	1.80	42226258	8.40	90108690	-1.00
出口加工区	56320117	0.20	34108746	-1.20	22211371	2.30
保税物流园区	6148468	17.70	3366823	46.90	2781645	-5.10
保税港区	70763535	4.80	25210811	8.50	45552724	2.80
综合保税区	233268094	11.80	135762664	5.70	97505429	21.70
跨境工业区	277700	—	148553	—	129146	—

数据来源：海关总署《海关统计月报》。

2. 形成资源集聚效应

多年来，海关特殊监管区域特殊的政策优势和功能优势，吸引许多世界一流跨国企业投资。区内大量优质企业的入驻，不仅带动了特殊区域内相关产业集聚和技术进步，也辐射带动了周边地区配套产业发展和就业增长。例如，重庆西永综合保税区围绕入区的5家国际知名电子品牌，配套了6家世界级大型ODM工厂入区生产，并吸引了800余家企业在区外组成了庞大的配套体系，形成了“5+6+800”的产业链格局；成都高新综合保税区围绕打造“万亿电子信息产业”，吸引了国内外包括集成电路设计、研发、芯片封装测试、制造等芯片产业上下游近百家企业到成都设厂，综合保税区电子信息产业已形成从软件开发、芯片封装、关键元器件生产到终端产品制造的完整产业链。据统计，截至2018年底，中国海关特殊监管区域实际利用外资累计已超过1000亿美元，吸引了三星、富士康、戴尔、惠普、空客和波音等世界知名生产制造企业和一大批现代物流、服务企业入驻，直接提供就业岗位超过200万个。

3. 引领新兴贸易业态发展

目前，跨境电商网购保税进口、期货保税交割、保税融资租赁、文化艺术品保税展示等新兴贸易业态在特殊区域内快速发展，海关特殊监管区域正逐渐成为新兴贸易业态发展的先行区。例如，跨境电商从2013年试点以来，逐步在综合保税区全面拓展。2018年，通过海关跨境电商平台进出口商品总额1347亿元，其中进口785.8亿元、出口561.2亿元，分别增长50%、40%、67%，2019年继续保持两位数的高增长，是中国国际贸易增长最快的新业态。保税融资租赁方面，天津东疆保税港区通过不断开展业务创新，开展飞机、飞机发动机和大型生产设备等融资租赁，目前已成为仅次于爱尔兰的全球第二大飞机租赁聚集地。2019年2月，全国第一家位于海关特殊监管区内，展示共建“一带一路”国家商贸文化特色的保税体验旅游4A级景区——重庆保税体验旅游景区在两江新区两路寸滩保税港区正式授牌，新业态不断焕发新活力。

4. 推动自贸试验区制度复制推广

海关特殊监管区域是中国自由贸易试验区改革创新试点的主平台。目前，前四批12个自贸试验区共包含了32个特殊区域，形成了“先入区、后报关”“集中汇总纳税”等25项监管创新制度，并复制推广到全国，海关特殊监管区域成为自由贸易试验区深化改革、扩大开放的核心试验平台。在前5批向全国复制推广的106项创新政策中，专门在海关特殊监管区域中适用的23项，占比21.6%，其中“先进区、后报关”制度被第三方机构评为最重要、企业受益最广、影响力最大的自贸试验区改革之一。

二　山东海关特殊监管区域发展现状

山东省最早的海关特殊监管区域是1992年1月国务院批准设立的青岛保税区。近年来，山东积极推进海关特殊监管区域整合提升，取得明显成效，威海出口加工区、青岛西海岸出口加工区、青岛出口加工区等相继整合优化为综合保税区。截至2019年底，山东共有海关特殊监管区域10个，其中8个综合保税区、2个保税港区（见表3）。

表 3　山东海关特殊监管区域设立情况

单位：平方公里

名称	类型	成立时间	核准面积
烟台保税港区	保税港区	2009 年 9 月	6.21
青岛前湾保税港区	保税港区	2008 年 9 月	9.12
威海综合保税区	综合保税区	2016 年 5 月	2.29
潍坊综合保税区	综合保税区	2011 年 1 月	5.17
青岛西海岸综合保税区	综合保税区	2018 年 11 月	2.01
青岛胶州湾综合保税区	综合保税区	2019 年 10 月	1.58
临沂综合保税区	综合保税区	2014 年 8 月	3.7
东营综合保税区	综合保税区	2015 年 5 月	3.1
济南综合保税区	综合保税区	2012 年 5 月	5.22
日照综合保税区	综合保税区	2018 年 5 月	2.88

（一）区域发展质量稳步提升

2018 年，山东境内实有 10 个海关特殊监管区域，分别是济南综合保税区、青岛西海岸综合保税区、威海综合保税区、临沂综合保税区、日照综合保税区、青岛前湾保税港区、潍坊综合保税区、东营综合保税区、烟台保税港区和青岛出口加工区（2019 年 10 月获批整合优化为青岛胶州湾综合保税区）。除日照综合保税区尚在建设外，已经运营的 9 个海关特殊监管区域引进项目 1329 个，较上年增长 3.6%；实际使用外资 1.8 亿美元，下降 9.7%；2018 年山东海关特殊监管区域实现规模以上工业企业增加值 104.8 亿元，下降 7.6%；实现公共财政预算收入 17 亿元，下降 0.5%；实现进出口 1851.9 亿元，下降 3.6%，进出口额占全省进出口总额的 9.6%，低于全国平均水平 7.1 个百分点。其中出口 748.2 亿元、下降 4.4%，进口 1103.7 亿元、下降 3%。具体情况见表 4、图 2。

表 4　2018 年山东境内海关特殊监管区域进出口额

单位：万元，%

海关特殊监管区域	进出口		出口		进口	
	金额	增长	金额	增长	金额	增长
烟台保税港区	8100599	-2.7	4467645	-5.2	3632954	0.7
青岛前湾保税港区	7217779	-5.6	1420605	11.5	5797173	-9.0
威海综合保税区	700388	-5.0	319077	-10.0	381311	-0.4

续表

海关特殊监管区域	进出口		出口		进口	
	金额	增长	金额	增长	金额	增长
山东青岛出口加工区	664267	10.6	372743	-0.2	291524	28.3
潍坊综合保税区	609894	-32.6	418557	-39.6	191338	-9.5
青岛西海岸综合保税区	575665	-1.9	152231	-37.4	423434	23.3
临沂综合保税区	353437	26.4	137656	26.0	215781	26.7
东营综合保税区	200291	396.6	144716	496.3	55575	245.9
济南综合保税区	96391	12.6	48498	24.7	47893	25.0

资料来源：《山东商务年鉴（2019）》，线装书局，2019。

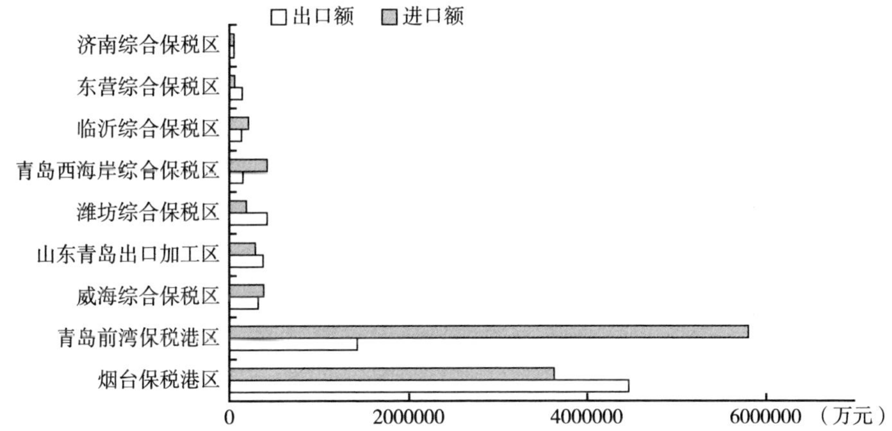

图2　2018年山东海关特殊监管区域进出口发展情况

2019年以来，山东海关特殊监管区域进一步优化发展。2019年初，潍坊、威海、日照、临沂综保区获批增值税一般纳税人试点，加上此前已被列入试点范围的青岛前湾保税港区，山东全省共有5个海关特殊监管区域享受试点资格。2019年7月，日照综合保税区（一期）通过国家验收；济南综保区迁建后通过国家验收，成为全国首个经整体迁建并通过验收的综合保税区。2019年8月，青岛西海岸综合保税区通过验收，并于11月8日正式开关运作。2019年10月，国务院正式发文批复同意青岛出口加工区整合优化为青岛胶州湾综合保税区，成为青岛市第2个、山东省第8个获批的综合保税区。2019年1～11月，山东全省9家海关特殊监管区域（除日照）实现进出口1804.35

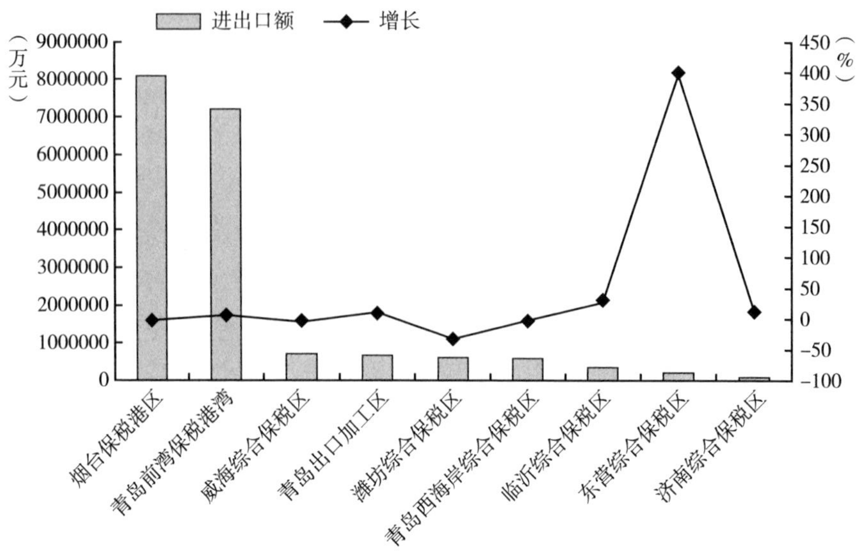

图3　2018年山东海关特殊监管区域进出口发展情况

亿元，占全省进出口总额的9.8%。其中，出口662.36亿元，占全省出口总额的6.6%；进口1141.99亿元，占全省进口总额的13.6%。2019年前11个月，青岛、烟台两个保税港区进出口在全国有统计数据的132个特殊区域中排名第15位、21位；济南综合保税区进出口增长超过150%。具体情况见表5、图4。

表5　2019年1～11月山东海关特殊监管区域进出口发展情况

单位：万元，%

海关特殊监管区域	进出口		出口		进口	
	金额	增长	金额	增长	金额	增长
青岛前湾保税港区	7933895	20.30	1283483	4.30	6650412	24.00
烟台保税港区	6535122	-12.90	3653127	-10.20	2881995	-16.10
潍坊综合保税区	722167	28.40	522734	34.10	199433	15.60
威海综合保税区	686762	7.30	309770	6.70	376992	7.80
青岛出口加工区	645475	6.80	355855	6.10	289620	7.60
临沂综合保税区	551759	59.60	132711	-0.20	419048	96.90
青岛西海岸综合保税区	481881	-5.80	94121	-33.00	387760	4.50
东营综合保税区	256708	36.30	207945	53.40	48763	-7.60
济南综合保税区	229734	179.30	63845	69.50	165889	272.10

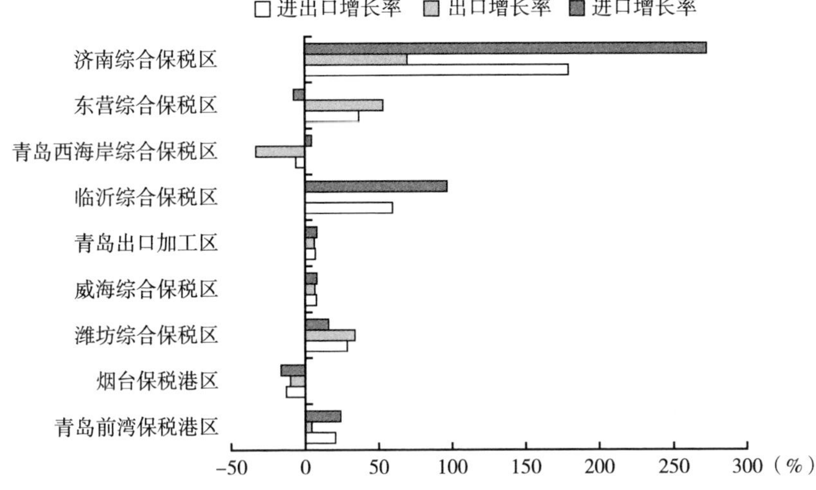

图4　2019 年 1～11 月山东海关特殊监管区域进出口增长情况

（二）业务范围不断拓展

2018 年以来，山东境内海关特殊监管区域经海关总署、商务部等国家机构批准，或开展跨境电子商务保税进口业务，或进行汽车平行进口试点，或成为特定商品进口口岸，业务范围均有所拓展。青岛前湾保税港区、青岛出口加工区、青岛西海岸综合保税区、威海综合保税区获批开展跨境电子商务保税区进口业务，青岛前湾保税港区获批开展汽车平行进口试点，青岛前湾保税港区、潍坊综合保税区成为进口肉类和冰鲜水产品指定口岸，烟台保税港区成为进境食用水生动物指定口岸。临沂综合保税区建成进口肉类商品指定查验场，2019 年 4 月 29 日通过海关总署验收可以正式运营；东营综合保税区获准筹建进口肉类商品指定口岸，正在抓紧建设。为加速对接“一带一路”建设，从 2016 年起，青岛保税港区充分发挥海关特殊监管区域的功能优势，开始在“一带一路”沿线城市和国家布局“一带一路”驿站，加快打造生产、物流、金融、市场、人才、报关、报检等为主的互联网服务平台，探索出“地方政府 + 海关政策联通”“功能区 + 企业利益互通”“互联网 + 现代物流畅通”的区域联动合作发展新模式。目前，青岛前湾保税港区已与伊朗、马来西亚、俄罗斯、哈萨克斯坦、捷克、亚美尼亚等国家正式缔结“一带一路自贸驿站”

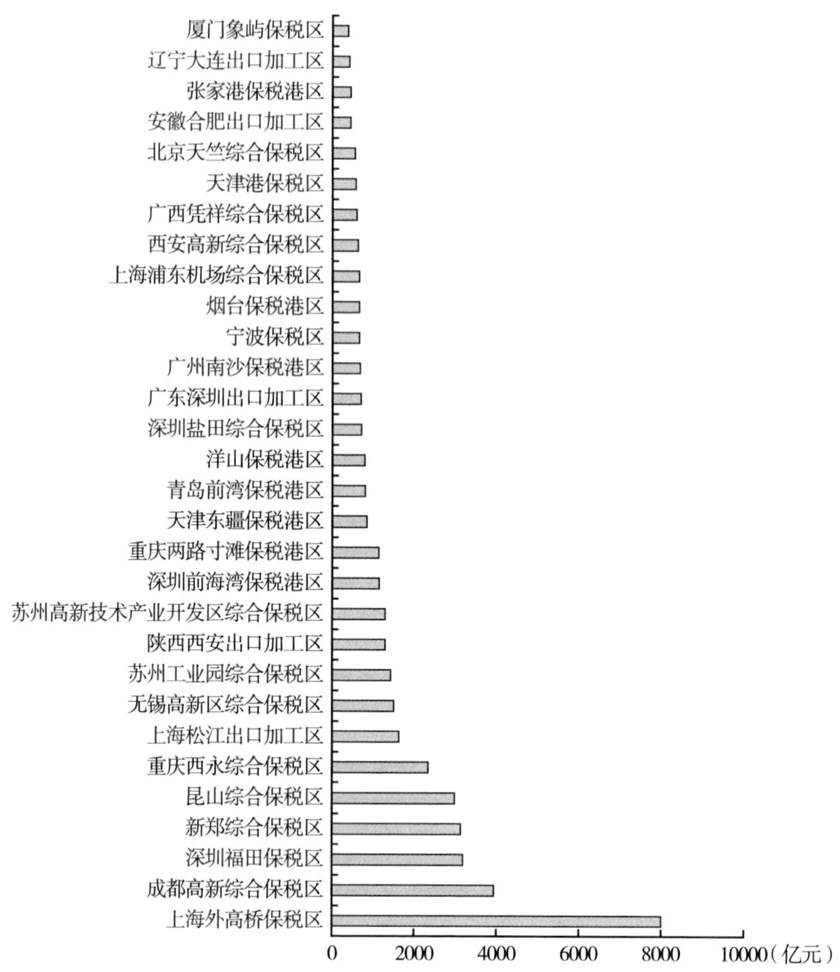

图5　2019年1～11月中国海关特殊监管区域进出口前30强

合作协议，与黑龙江齐齐哈尔、海南洋浦保税港区、新疆喀什经济特区、武汉东湖综合保税区等多个国际口岸城市和内陆节点城市签订合作框架协议。

（三）营商环境持续优化

近年来，山东以特殊区域为重要试验窗口，优化完善区内货物状态分类监管等制度，努力形成法治化、国际化、便利化的营商环境和公平、统一、高效的市场环境。例如，威海市印发《关于支持威海综合保税区创新发展的若干意见》，重点提出优化行政管理体制，厘清行政管理职责；推行全员岗位聘用制和岗位绩效工资制；建立市区两级财政支持体制，实行财政独立核算；明确国有资产经营管理机制。青岛保税港区扎实推进“证照分离”、简易注销、电子营业执照等改革措施，简化登记材料，优化工作流程，实现材料齐全“即来即办”，新开办企业全程电子化率达到80%。为促进海关特殊监管区域转型升级，推动综合保税区高质量发展，青岛海关加大力度推进《关于促进综合保税区高水平开放高质量发展的若干意见》中各项措施的落地实施，截至2019年9月，21条创新监管措施在关区综合保税区内全部落地；同时，青岛海关出台《“一区一策”促进综合保税区高水平开放高质量发展工作方案》，秉持需求导向，精准施策，着力培育海关特殊监管区域产业配套、营商环境等综合竞争新优势。2019年5月，临沂市人民政府出台《关于进一步加快临沂综合保税区高水平开放高质量发展的实施意见》，明确了10项重点任务，着力打造五大平台，并在配套建设、财政税收、运营模式等方面加大了支持力度。

三　山东海关特殊监管区域发展存在的问题

经过多年发展，山东海关特殊监管区域功能日趋完善，已经成为开放型经济发展的重要平台。但是，与先进省（区、市）相比，与高水平开放、高质量发展的要求相比，山东省的海关特殊监管区域仍存在对外贸易规模不大、利用外资水平不高、土地集约利用程度偏低、功能不够完善、对相关政策应用不够充分等问题。同时，随着国内外经济发展环境的深刻变化，原有的出口导向发展定位和政策设计使海关特殊监管区域发展面临诸多政策瓶颈。

（一）产业规模相对较小

2018年，山东特殊监管区域实现进出口1851.9亿元，占全省外贸总额的9.6%，呈现稳步发展的良好态势。但横向与其他沿海地区比较，还存在产业规模小、拉动能力弱等问题。2018年，山东海关特殊监管区域的进出口值只有江苏省昆山综合保税区进出口值的55.5%，已封关验收区域平均每平方公里实现进出口值10.3亿美元，只有江苏省海关特殊监管区域平均值的1/3、上海市海关特殊监管区域平均值的21.1%。同时，山东海关特殊监管区域进出口值占当地外贸总值的比重较小，2018 年山东海关特殊监管区域中，仅有烟台保税港区进出口额占烟台市进出口总额的 26.6%，其他海关特殊监管区域进出口额占所在地进出口总额的比例均不足 15%；海关特殊监管区内企业的规模小，缺乏像富士康、三星电子这样的比较大型的骨干外贸企业。特殊区域在发挥“小区域、大产出”的作用方面亟待提升。

（二）整体发展不平衡

以 2018 年数据来看，山东特殊监管区域实现进出口 1851.9 亿元，青岛前湾保税港区和烟台保税港区进出口总额占特殊区域进出口总额比重达 82.7%；2019 年 1 ~ 11 月，山东境内青岛前湾保税港区和烟台保税港区两家海关特殊监管区域共完成进出口总额 1446.9 亿元，占山东 9 个（除日照）海关特殊监管区域进出口总额的 80.2%，其余 7 个特殊区域进出口额合计仅占 19.8%（见图 7）。从进出口增长速度来看，近两年来潍坊综合保税区、临沂综合保税区、济南综合保税区等特殊区域进出口均实现了较快增速，但从总体体量上看，山东海关特殊监管区域的整体发展仍存在极为明显的不平衡。

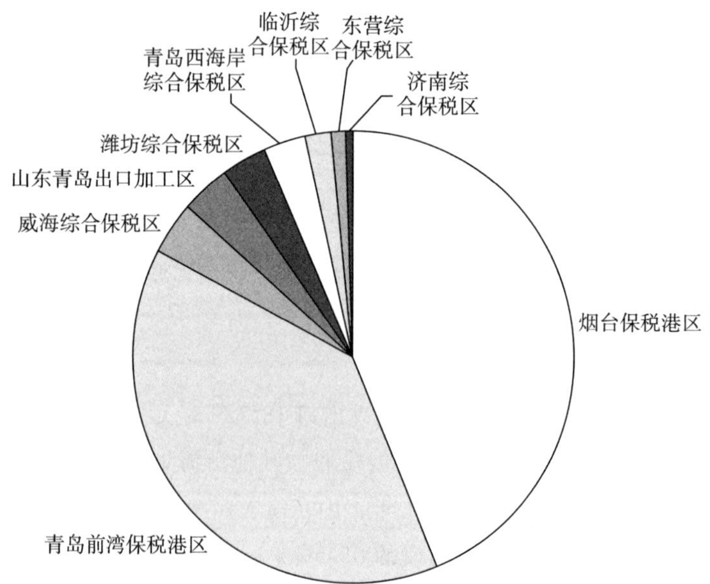

图 6　2018 年山东海关特殊监管区域进出口贸易区域分布情况

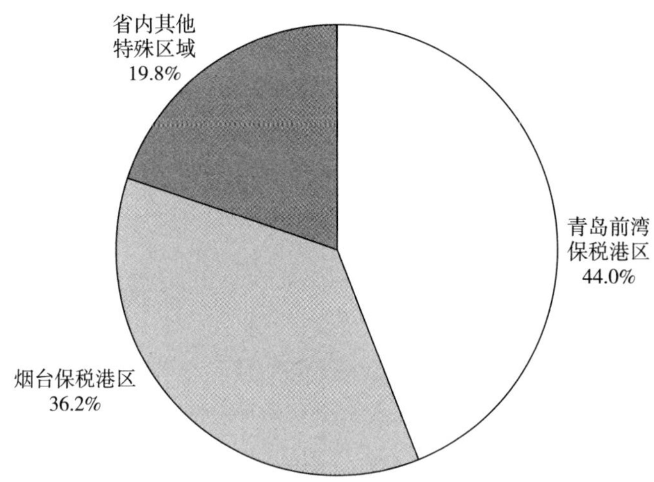

图7　2019 年 1～11 月山东海关特殊监管区域进出口贸易区域分布情况

（二）土地集约利用率不高

海关特殊监管区在发展过程中，土地资源合理高效利用尤为重要。根据自然资源部组织开展的 2018 年度全国开发区土地集约利用评价结果，海关特殊监管区域虽工业用地率、工业用地建筑系数分别达到 66.57%、53.98%，为全国最高，但土地建成率较低，为高新类开发区的 85%，综合容积率、建筑密度和工业用地综合容积率均全国最低，分别为 0.65、28.39、0.84。工业用地固定资产投入强度、工业用地地均税收、综合地均税收较高，分别为 7413.60 万元/公顷、732.00 万元/公顷、645.91 万元/公顷，用地效益与高新类开发区有一定距离（见图 8）。与全国发展情况相比较，山东海关特殊监管区域的土地集约利用率相对不高，在 2018 年度全国海关特殊监管区域土地集约利用评价综合排序中，山东 9 个海关特殊监管区域的排名均在 50 位之外。从单项指标来看，山东海关特殊监管区域投入产出效益整体水平较低，2018 年度开发区土地集约利用评价排序中，工业用地固定资产投入强度、工业用地地均税收、综合地均税收等单项指标排名前 20 名均未涉及山东海关特殊监管区域；同时，山东海关特殊监管区域土地利用强度不高，中国海关特殊监管区

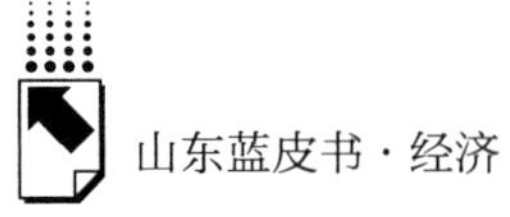

域综合容积率为0.65，而青岛前湾保税港区仅为0.3，工业用地综合容积率指标排名较为靠后。

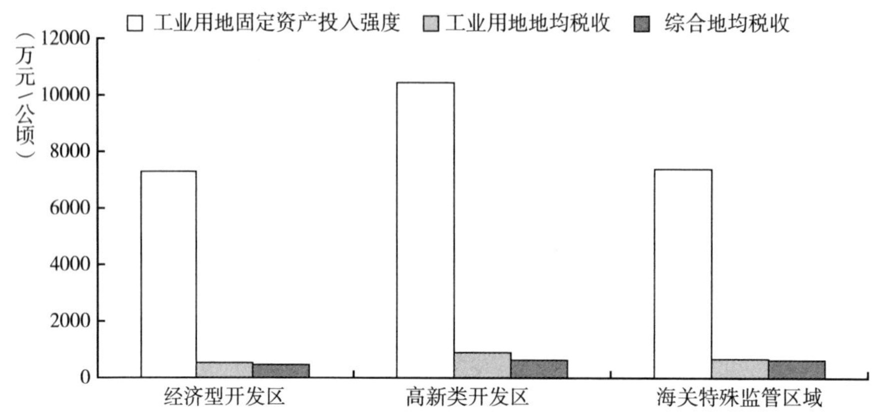

图8　国家级开发区土地投入产出效益情况

（三）发展方式相对落后

近年来，跨境电子商务、进口肉类口岸和平行进口车指定口岸等新业态的迅猛发展，已逐步成为推动外贸转型升级的有利条件，并且对传统意义上的国际贸易格局形成了强有力的冲击。目前，山东多数海关特殊监管区域仍然以粗放型、外延型方式发展为主，传统产业和传统业态仍占主体地位，产业聚集度普遍较低，引进的加工项目产品附加值偏低，总部经济、平台经济等高端产业以及研发检测、境内外维修、保税展示交易、跨境电子商务等新兴业态发展缓慢，与国内一些省（区、市）海关特殊监管区功能作用发挥的水平相比存在一定的差距。如上海、天津等地海关特殊监管区域得到国家政策的支持，大力发展贸易和金融服务、保税期货交割、融资租赁、国际航运、航运税收及航运金融等业务，推动了特殊监管区域的高端发展。天津东疆保税港区已经成为中国融资租赁业务的排头兵。截至2019年9月底，东疆保税港区共注册租赁公司3394家，累计注册资本金达5499.32亿元，其中飞机、船舶、海工平台业务规模均占全国的80%以上；上海外高桥保税区已经成为跨国公司跨地区加工制造的订单中心、技术服务中心和研发中心。

（四）运营管理有待加强

山东海关特殊监管区域管理体制不一、机构规格不等。青岛前湾保税港区、烟台保税港区和潍坊综合保税区管委会为山东省人民政府派出机构，由所在地人民政府代管；山东青岛出口加工区（青岛胶州湾综合保税区）、青岛西海岸综合保税区由青岛前湾保税港区管委会代管；临沂综合保税区、东营综合保税区、威海综合保税区管委会为当地政府派出机构；济南综合保税区由济南高新技术产业开发区管委会管理。由于特殊监管区域实行属地化管理，这种“两个主管”的行政管理模式，容易造成权责划分不清、机构设置重叠等现象，造成管理体制不顺、执行效率不高、运行机制不畅等问题，对建设运营、招商引资、人才引育以及新业态等扶持力度不够，在一定程度上削弱了对高端项目和人才的吸引力，不利于区域内的政策优势和功能发挥。

四　推动山东海关特殊监管区域高质量发展的对策建议

2019 年 1 月，国务院印发《关于促进综合保税区高水平开放高质量发展的若干意见》，赋予综合保税区改革开放新使命，为海关特殊监管区域特别是综合保税区发展指明了方向和路径。山东应抓住机遇、乘势而为，认真贯彻落实中共中央、国务院关于打造具有国际竞争力和创新力的海关特殊监管区域的决策部署，围绕加工制造中心、研发设计中心、物流分拨中心、检测维修中心、销售服务中心等“五大中心”建设，加强制度创新，推动改革举措有序落地，着力培育海关特殊监管区域产业配套、营商环境等综合竞争新优势，促进海关特殊监管区域高水平开放、高质量发展，把综合保税区等海关特殊监管区域打造成为更高能级的对外开放平台，使其在全省新一轮对外开放中更好地发挥引领和带动作用。

（一）创新管理体制

近年来，随着国内外经济环境的变化，海关特殊监管区域原有的政策优势渐趋弱化，发展模式亟待转型。推动海关特殊监管区域高质量发展，需要各级政府部门创新管理体制，着力推动相关政策落实和管理模式优化，促进海关特殊监管区域转型发展。一是大力推动相关政策实际落地。在已获得增值税一般纳税人资格试点的青岛前湾保税港区、临沂综合保税区等5个海关特殊监管区域加大政策宣讲和落实力度，赋予更多区内企业一般纳税人资格，积极争取省内其他海关特殊监管区域尽早获得增值税一般纳税人资格试点，为区内企业对接国内市场创造条件。落实便利企业内销政策，为海关特殊监管区域内企业产品销往国内市场提供便利。积极推动“仓储货物按状态分类监管”“内销选择性征收关税”等政策落地实施。二是加快建立健全高效的管理体制。充分依托海关特殊监管区域所在的行政区或区位相邻、业务相近的开发区等功能区现有管理架构，对海关特殊监管区域实行统一管理，赋予其地级市政府经济管理权限；适时推行“管委会+公司”改革，将更多报关、报检、基础设施建设、物业管理等市场化功能转移到公司或中介机构，形成灵活高效的管理运营体制。三是创新海关特殊监管区域监管服务。在海关特殊监管区域加强贸易便利化制度创新，深化“一线放开”“二线安全高效管住”贸易便利化改革，全面实施货物状态分类监管，不断创新通关监管服务模式。四是加快复制推广自由贸易试验区改革试点经验。积极依托山东自贸试验区各片区中的海关特殊监管区域，大力开展以贸易便利化为主要内容的制度创新，加强创新成果的总结提炼，力争形成一批具有首创性、在全国有影响力的改革试点经验；其他山东自贸试验区区域外的海关特殊监管区要加快复制推广自由贸易试验区等改革试点经验，并优先将山东自贸试验区的先进经验和创新成果在区域内推广，积极实现功能政策的完善、管理服务的优化、技术运用的提升、载体设施的升级等，带动全省共享自贸试验区改革红利，扩大辐射效应和示范效应，全面提升山东对内对外开放水平。

（二）优化区域发展布局

推动山东海关特殊监管区域高质量发展，要在优化区域发展布局方面精准发力。一是支持有条件的国家级开发区申建海关特殊监管区域。山东海关特殊监管区域数量目前不到江苏省的一半。江苏省现有21个海关特殊监管区域，数量全国最多，2018年实现进出口值占到江苏全省外贸进出口额的22.4%。山东拥有较多国家级开发区，包括15个国家级经济技术开发区和12个国家级高新技术产业开发区，这些国家级开发区建设起步早、基础好、经济密度大、对外资吸引力强。山东应依托这些国家级开发区积极开展综合保税区申建，争取设立更多的综合保税区，实现国家级开发区与综合保税区资源共享、优势互补、功能叠加、融合发展。二是明确区域发展差异化定位。目前山东省内青岛、烟台、济南、威海、潍坊、日照、临沂、东营八市设有海关特殊监管区域，为避免省内各海关特殊监管区域之间发生同质化竞争，更好地实现其功能并引领全省开放型经济发展，要引导山东省内海关特殊监管区域结合自身优势，准确定位本地海关特殊监管区域的作用和产业发展重点，推动省内特殊区域之间进行跨区域资源配置和产业链再分工，形成合理分工、相互联通、错位发展、优势互补的格局。三是探索区区协同联动发展。推动海关特殊监管区域与所在行政区域在政策统筹、开发共建、招商引资、社会管理等领域加强合作；同时，加强省内各海关特殊监管区域之间沟通，加快打造省内特殊区域协同开放发展的载体平台，提升省内特殊区域之间互联互通水平，实现全省海关特殊监管区域整体发展的合力模式。

（三）强化产业协同配套

一方面，要充分发挥海关特殊监管区域在产业集聚方面的优势，根据《海关特殊监管区域适合入区项目指引》，突出战略性新兴产业、高技术、高资金密度和高附加值产业等产业特色，着力吸引境内外有实力、科技含量高的企业入驻海关特殊监管区域，推动区内产业向研发、物流、销售、维修等产业链高端发展；着力加大招商引资力度，加快引进一批辐射带动强、产业关联度高、技术先进的外商投资重大项目，切实提高土地利用率和海关特殊监管区域经济运行效率；同时，鼓励支持省内符合条件的优质项目和企业入区发展，加快形成具有保税特色的海关特殊监管区域产业集群，打造具有国际竞争力的高水平园区。另一方面，要着力提升海关特殊监管区域对区外产业发展的支撑与配套能力，推动特殊区域企业发挥富余产能和设备技术优势，接受区外企业委托加工业务；支持海关特殊监管区域在周边设立功能配套区，增强产业配套能力，带动相关企业通过加工或物流产业配套等方式进入产业链和供应链，促进区域内外生产加工、物流和服务业的深度融合，形成高端入区、周边配套、辐射带动、集聚发展的格局。

（四）加快发展新业态新模式

充分发挥海关特殊监管区域保税功能，依托“保税+”“互联网+”，推动发展跨境电子商务、保税研发、入境检测维修、保税存储展示交易、期货保税交割、融资租赁等高附加值新业态新模式，培育新动能新优势。积极争取国家支持在全省海关特殊监管区域率先全面适用跨境电商零售进口政策，促进跨境电子商务发展。落实对综合保税区内企业用于研发的进口货物及物品免于许可、进口消耗性材料根据实际研发耗用核销政策，吸引国内外科技企业入区开展研发创新，推进研发设计中心建设。鼓励综合保税区和保税港区利用现有汽车整车进口口岸，开展进口汽车保税存储、展示等业务。推动“保税+转口贸易”发展，依托青岛前湾港、胶东国际机场、中铁联集等交通优势，开展国际转口和国际中转业务，通过海陆空立体化多式联运做大业务规模。支持在海关特殊监管区域全面复制“保税+实体新零售”保税展示交易业务，搭建独具特色的商品保税展示体验平台。落实文化艺术品保税和监管方面的优惠政策，推动文化艺术品在特殊区域内存储、展示等。支持“保税+融资租赁”发展，对涉及跨关区的大型设备实行海关异地委托监管，助推融资租赁业发展，培育新的外贸增长点。

B.12 山东对外贸易形势分析与对策建议

陈晓倩*

摘 要： 2019年以来，在外部环境风险挑战明显上升的复杂局面下，全球经济增速和贸易增长预期多次下调。当前，中国经济正在由高速增长阶段转向高质量发展阶段，坚持深化供给侧结构性改革，加快培育外贸竞争新优势，努力推进贸易高质量发展。山东积极主动扩大对外开放，稳步推进对外贸易，激发市场主体活力，优化外贸营商环境，打好“六大组合拳”以补抵减、以增补缺、以彼制彼、以外拓外、以质取胜、以内补外。随着越来越多外贸主体走上转型升级的路子，多元化的贸易市场加快形成，山东外贸稳中向好的态势将会持续。

关键词： 对外贸易 进出口 新业态

一 山东对外贸易发展态势

2018年，在经济运行稳中有变、变中有忧之际，山东外贸增长逆势而上，进出口总值1.93万亿元，比2017年增长7.7%，规模再创历史新高。其中，出口首次突破万亿元大关，达1.06万亿元，增长6.1%；进口8732.9亿元，增长9.7%，均为历史最高值。民营企业的贡献度超过60%，拉动作用更加突出。

2019年1～9月，山东外贸进出口形势好于全国整体水平，延续2018年下

* 陈晓倩，博士，山东社会科学院国际经济研究所助理研究员，研究方向为对外经济。

半年以来的增长势头，除2月受春节因素影响进出口总值下降外，其余各月均维持高位。货物贸易进出口实现1.49万亿元，同比增长6.4%，占全国外贸总值的6.5%，其中，出口8111.7亿元，增长5.4%；进口6778.9亿元，增长7.6%。进出口、出口、进口增幅分别高于全国3.6个、0.2个和7.7个百分点。在全国各省（区、市）进出口总值排名中山东列第6位，进出口增速列第2位，其中出口增速列第4位、进口增速列第2位。

青岛、烟台进出口稳居前列。2019年1~9月，青岛进出口值达4287.9亿元，增长12.2%，烟台进出口总值达2141.2亿元，下降5%，两市继续位居山东各地市前列，合计占同期全省进出口总值的43.2%。其他地市中，德州增长23.6%、日照增长22.2%、临沂增长14.4%、枣庄增长13.4%，增速较快。

从贸易国别来看，山东第一大贸易伙伴为新兴市场拉丁美洲，且以进出口12.6%的增速领跑山东主要贸易伙伴；对欧盟进出口1778.5亿元、东盟进出口1659.2亿元，均保持10.4%的增长；对美国进出口1446.8亿元，下降17.8%；对韩国进出口1427.7亿元，增长0.1%。对上述市场进出口合计占同期山东进出口值的56.1%。

从贸易产品来看，传统优势产业出口“稳中有进”，汽车零配件增长9.2%、机械设备增长7.8%、农产品增长6.2%、劳动密集型产品增长4.1%；机电产品出口3033.1亿元，增长5.5%，占全省出口总额的37.4%，拉动全省出口增长3.1个百分点；新动能快速发展带动出口增长“稳中提质”，太阳能电池出口规模增长3.8倍、轨道交通装备增长62.6%、航空航天技术增长52.6%、计算机集成制造技术增长28%、集成电路增长20.5%、电子技术增长19%，出口商品结构持续优化。

此外，受国内猪肉供给偏紧以及中国加快肉类产品市场准入，提升进口肉类来源多元化水平等因素的影响带动，山东肉类产品进口增长明显。据海关统计，2019年1~9月，山东省共进口肉及杂碎121.3亿元，同比增长86.3%。其中进口猪肉22.9万吨，增长90.9%，主要进口来源地为西班牙、加拿大、巴西、德国和荷兰等国家；进口牛肉15.9万吨，增长80.5%，主要进口来源地为阿根廷、乌拉圭、新西兰和澳大利亚等国家。

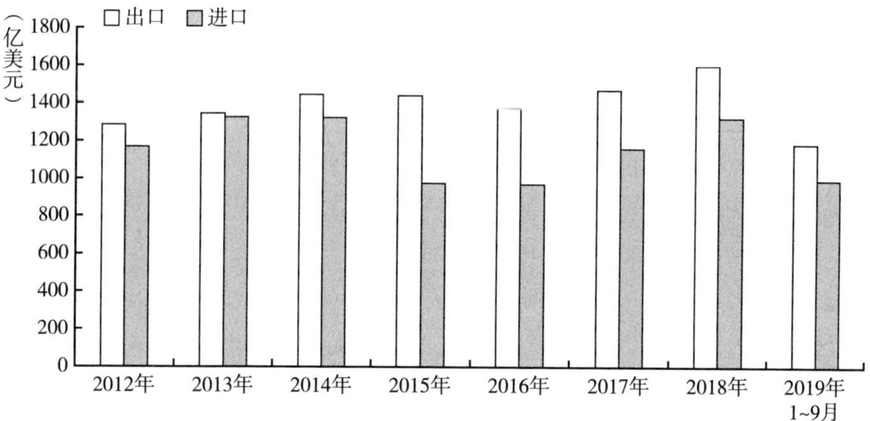

图1　2012 年至 2019 年 1～9 月山东进出口总体情况

资料来源：中国海关统计。

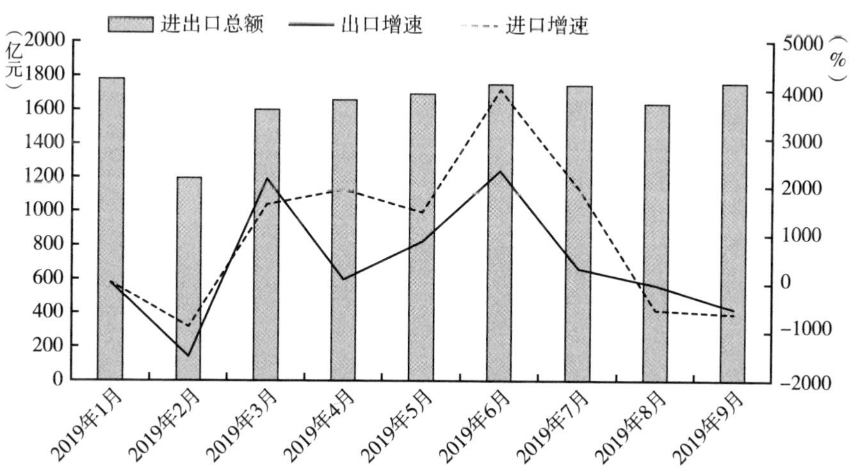

图2　2019 年以来山东月度进出口规模与增速

资料来源：中国海关统计。

（一）“一带一路”成为拉动山东外贸发展新动力

2019 年以来，山东对共建“一带一路”国家月度进出口，除 2 月受春节假期因素影响出现回落外，其他月份均保持两位数以上的同比高增长。东盟、俄罗斯和印度是主要市场，对西亚、北非和中东欧地区进出口快速增长。2019年1～6月，山东对共建“一带一路”国家进出口2786.6亿元，较2018年同期增长20.2%，占同期全省外贸总值的28.7%，高于全省进出口整体增速11.0个百分点，高于全国对沿线国家进出口增速10.5个百分点。山东对共建“一带一路”国家进出口分别为东盟1063亿元，增长10.8%；俄罗斯475.6亿元，增长27%；印度202.1亿元，增长20.6%。对以上市场进出口值合计占山东对共建“一带一路”国家进出口总值的62.5%。此外，山东对西亚北非地区进出口691.1亿元，增长30.9%；中东欧地区进出口142.4亿元，增长26.2%。山东与共建“一带一路”国家的贸易合作潜力正在持续释放，成为拉动全省外贸发展的新动力。

民营企业起主导作用，占同期山东对沿线国家进出口总值的72.8%。国有企业进出口增长较快。2019年1～6月，山东民营企业、国有企业对共建“一带一路”国家进出口分别为2029.2亿元、295亿元，分别增长23.2%、35.9%。

（二）服务贸易高质量发展

2018年，山东服务进出口完成4060.9亿元，其中，出口1948.5亿元，进口2112.4亿元，分别增长15.1%、15.2%、15%。服务进出口占外贸（货物与服务进出口之和）比重17.4%，比2018年同期增长0.9个百分点；新兴服务进出口659.6亿元，占同期全省服务进出口总值16.2%。①

新兴服务推动服务贸易高质量发展。电信、计算机及信息服务出口，专有权使用费和特许费服务出口，研发设计等服务出口分别增长41%、15.6%、2.8%；维护维修服务出口15.3亿元，增长13.9%。服务贸易数字化、智能化与网络化发展趋势明显。浪潮为全球十几个国家提供教育、税务、交通、金融综合解决方案，2018年新兴服务出口32.2亿元，增长3.7倍。中医服务国际化合作步伐加快。宏济堂与德国美町宝集团合作开发国际高端配方颗粒；东阿阿胶牵手韩国人参公社开展全面合作开发国际市场。山东中医药大学在波兰设

① 《2018年山东省服务贸易迈上新台阶》，中华人民共和国商务部驻青岛特派员办事处，http://qdtb.mofcom.gov.cn/article/shangwxw/duiwmy/201902/20190202832968.shtml。

立国家中医药海外中心。2018 年全省中医药服务出口达到 41 亿元。深入实施“山东标准”国际化战略。山东特检集团先后承接了马尔代夫友谊大桥、文莱 PMB 石油化工、吉尔吉斯斯坦大型炼化设备的标准化检验检测；中检集团首创“外检内放”模式，促进了国外生鲜食品快速通关；淄博丽村电站面向境外提供电力标准运维服务，境外服务收入超过 3 亿元。

传统服务贸易加快转型升级，进出口保持较快发展，建筑增长 17.2%、旅游增长 20.9%、运输增长 2.3%。“青岛港服务模式”以青岛港为代表的港航服务企业，自主创建智能化码头综合解决方案领跑全球；威海—仁川“四港联动”物流一体化取得重大进展，由欧洲经仁川空港到威海港口的货物每公斤降低 3 ~ 5 元；中医健康体验、国际医疗体检、教育休学研修、儒家文化主题等高端跨境旅游项目方兴未艾；山东电建等工程承包企业设计研发国际承接量持续增长。

国际市场多元化步伐加快。传统服务市场得到进一步巩固。对亚洲服务进出口 2201 亿元，增长 24%；对美洲服务进出口 923.8 亿元，增长 21.8%；对大洋洲服务进出口 253 亿元，增长 6.2%。加快开拓新兴服务市场。与共建“一带一路”国家和地区服务进出口 515.2 亿，增长 7.1%。特别是随着山东“境外百展市场开拓行动”的不断深入实施，“溢出效应”逐步显现。其中，对日本服务进出口增长 57.8%，韩国增长 7.9%，美国增长 20.3%，加拿大增长 24.6%，新西兰增长 5.5%。

生产性服务外包规模不断扩大。2018 年，山东登记承接服务外包离岸合同 35149 份，增长 35.1%；离岸合同额 883.9 亿元、执行额 702 亿元，分别增长 41% 和 24.5%。其中，信息技术外包（ITO）离岸执行额 265.2 亿元，增长 45.4%；业务流程外包（BPO）离岸执行额 99.2 亿元，增长 64.3%；知识流程外包（KPO）离岸执行额 337.7 亿元，增长 5.2%。推动制造业与现代服务业的深度融合，成为山东服务外包持续快速增长的重要动力。

试点工程引领作用不断加强。济南、青岛、烟台、潍坊、威海五个省级服务贸易创新发展试点进出口占全省的 89%；济南、青岛“双核引领”服务进出口占全省的 54.8%，分别拉动全省增长 9.4 个、3.8 个百分点。

（三）外贸新兴业态保持快速发展

近年来，山东省高度重视以跨境电商为代表的新业态发展，把培育跨境电商作为加快外贸新旧动能转换、推动外贸转型升级关键之举。全省跨境电商出口连续四年保持30%以上高速增长。2018年，山东跨境电子商务进出口增长39.2%。2019年1～9月全省市场采购贸易出口134.9亿元，增长209.8%；跨境电商出口19.2亿元，增长51.5%；46家外贸综合服务企业出口185.1亿元，增长1.5%，合计拉动全省出口1.3个百分点。

山东高度重视跨境电商发展，作为国家跨境电商综合试验区，青岛、威海已探索出一系列创新管理制度和经验做法。一是畅通跨境电商物流通道。积极探索威海、仁川两地空港、海港无缝衔接的“四港联动”机制，抓住国内空运禁运带电产品、跨境电商运力不足的时机，打造威海—仁川—欧美物流通道。重点支持中外运公司在“四港联动”框架下探索经韩国到日本的跨境电商物流网络。二是引导综合保税区高质量发展。以青岛、威海市综合保税区发展为重点，充分利用国家跨境电商综试区政策优势，扩大“1210”项下保税进口和“9610”项下零售出口，积极开展保税维修等业务。三是加快跨境电商集散地建设。优化跨境电商产业园区布局，强化跨境电商企业培育和招商工作。推动日韩食品日用品交易集散地优化升级，构建“口岸仓＋海外仓”网络体系，建设多元化物流仓储供应链服务，吸引对韩日进出口商品通过山东集散。四是以产业＋平台方式招引日韩项目落地。结合渔具、服装等优势产业，对接日韩商协会、大使馆等机构开展一系列专项推介与招商活动，打通日韩“走出去”和“引进来”双向招商渠道。加强与韩日等国家电商平台合作，鼓励境外平台设立中国运营中心，吸纳物流企业、采购企业等供应链服务商和货物集聚①。

目前，全省省级跨境电商主体达到136家，全省已有1.5万多家传统外贸企业和制造企业运用跨境电商实现新发展，跨境电商产业链和生态圈不断优化，跨境电商正成为全省外贸发展的新动能和产业转型的新引擎。

---

① 《威海市加快推进国家级跨境电商综试区建设》，山东省商务厅，http：//commerce.shandong.gov.cn/art/2019/10/25/art_ 21312_ 7429349.html。

（四）民营企业队伍进一步壮大

外贸稳定增长，民营企业参与到进出口贸易的贡献不容忽视。2013 年，在山东外贸进出口占比中民营企业首次超过 50%，发挥主力军作用，并保持稳步提升。2017 年，山东出台了“支持实体经济 45 条”“支持民营经济 35 条”等政策措施，海关也相继出台一系列举措，良好的政策环境和便利化措施，服务民营企业“走出去”，积极打造“经认证的经营者”（AEO）示范点。

2019 年 1 ~9 月，山东有进出口实绩民营企业 41869 家，较 2018 年同期增加 3116 家，增长 8. 0%；实现进出口 9563. 8 亿元，增长 11. 6%，民营企业的外贸主导作用更加凸显。从产品来看，民营企业出口商品结构持续优化，部分高附加值机电产品出口 1667. 2 亿元，增长 15. 6%，占民营企业出口总值的 26%，劳动密集型产品占比 23. 3%，农产品出口占比 12. 7%。大宗商品为民营企业进口主力商品。营商环境改善助力外贸增长。全省民营企业中已有 89 家高级认证企业，通过中国海关与国外海关之间的互认，可以享受当地海关提供的便利措施。

二　中国对外贸易的基本情况

面对复杂严峻的外部环境，2019 年 1 ~9 月，中国对外贸易总体虽小幅下跌，但运行基本平稳，结构持续优化，质量效益稳步提升。①

（一）2019年中国外贸稳中提质

2019 年 1 ~9 月，中国货物进出口总额 22. 91 万亿元，增长 2. 8%。其中，出口 12. 48 万亿元，增长 5. 2%，进口 10. 43 万亿元，微降 0. 1%。从贸易方式上看，2019 年 1 ~9 月，一般贸易进出口总额 13. 64 万亿元，增长 4. 8%。一般贸易主导地位日益稳固，占中国外贸总值的 59. 5%，比 2018 年同期提升 1. 1 个百分点。其中，出口 7. 3 万亿元，进口 6. 34 万亿元，分别增长 8. 7%、0. 7%。份额比分别较 2018 年同期增加了 1. 7 个百分点、0. 4 个百分点（见表 1）。

① 《中国对外贸易形势报告（2019 年秋季）》，中华人民共和国商务部，2019；国家统计局数据。

表1　2019年1~9月中国进出口贸易方式情况

项目		出口			进口		
		金额（万亿元）	同比增长（%）	占比（%）	金额（万亿元）	同比增长（%）	占比（%）
总值		12.48	5.2	100	10.43	-0.1	100
贸易方式	一般贸易	7.30	8.7	58.5	6.34	0.7	60.8
	加工贸易	3.66	-2.6	29.3	2.10	-7.4	20.1
	其他贸易	1.52	10.1	12.2	1.99	7.0	19.1

资料来源：中国海关统计。

从市场分布上看，2019年1~9月，中国市场开拓效果进一步提升。其中，对欧盟和东盟进出口分别为3.57万亿元和3.14万亿元，同比分别上升8.6%和11.5%，分别占中国进出口总额的21%、19%；对美国进出口总值2.75万亿元，下降10.3%，占中国进出口总额的16%；对日本总值1.58万亿元，增长0.1%，占中国进出口总额的9%。中国对共建“一带一路”国家合计进出口6.65万亿元，增长9.5%，占中国进出口总额的29%（见图3）。

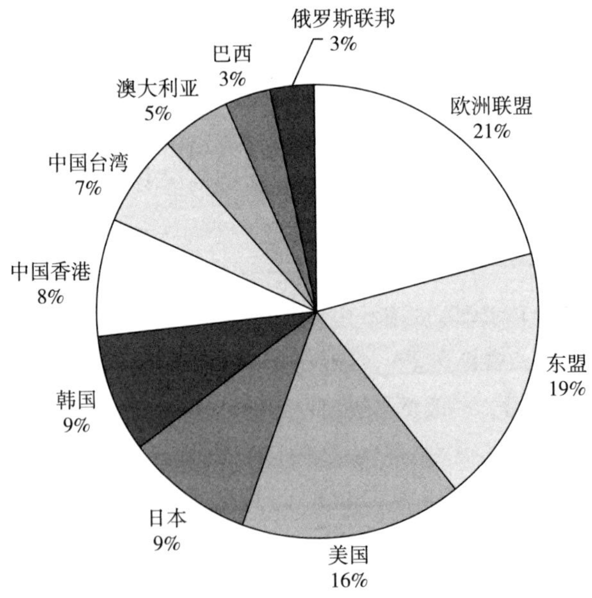

图3　2019年1~9月中国与前十大贸易伙伴进出口金额和占比

从商品类别上看，2019 年 1 ~9 月，贸易品的技术含量明显提升。电器及电子产品、传统劳动密集型产品出口同比小幅增长，原油、煤等大宗商品进口量增加，猪肉、牛肉等进口量增幅较大。中国机电产品出口 7.25 万亿元，增长 4.7%，占出口总值的 58.1%。进口原油 36900 万吨、煤 25100 万吨、天然气 7122.2 万吨，分别增加 9.7%、9.5%、10%。同期，进口猪肉 132.6 万吨，增加 43.6%；进口牛肉 113.2 万吨，增加 53.4%。

从企业性质看，2019 年 1 ~9 月，民营企业外贸活力不断增强。民营企业进出口 9.69 万亿元，增长 10.4%，其中，出口 6.4 万亿元、进口 3.29 万亿元，分别增长 13%、5.9%。

（二）国际经济贸易环境

当前，受单边主义和贸易保护主义盛行等因素影响，2019 年以来世界经济下行风险加大，多家国际组织和机构下调全球经济增长预期。世界经济面临的风险和挑战依然较多。①

1. 当前世界经济贸易总体形势

2019 年以来，全球制造业和投资活动大幅放缓，全球贸易疲软，主要经济体减速幅度超出预期。据国际货币基金组织（IMF）分析，经济增长放缓已经影响全球 90% 的地区。先行指标显示全球制造业产出仍处于收缩状态，全球经济低迷将持续一段时间，虽然中美经贸磋商取得实质性进展，但未来仍存在不确定性。同时，地缘政治局势紧张，美对伊朗制裁升级，沙特油气设施遇袭，主要经济体经济放缓超出预期等，都可能对 2020 年经济增速带来新的冲击。世界贸易状况将取决于贸易紧张局势能否缓解以及贸易关系能否恢复到更为正常的状态。WTO 初步预计，2020 年世界货物贸易量将增长 2.7%。

2. 世界经济贸易发展中需要关注的问题

根据 IMF 的测算，贸易战正是全球经济增长最大风险，将给全球经济带来约 7000 亿美元损失，相当于全球 GDP 的 0.8% 左右。2020 年，主要国家的贸易政策不确定性仍然存在，局部贸易冲突悬而未决且有长期化趋势，给世界经济蒙上阴影。

---

① 《中国对外贸易形势报告（2019 年秋季）》，中华人民共和国商务部，2019；国家统计局数据。

表 2　2017～2020 年世界经济增长趋势

单位：%

	2017 年	2018 年	2019 年	2020 年
世界经济	3.8	3.6	3.0	3.4
发达经济体	2.5	2.3	1.7	1.7
美国	2.4	2.9	2.4	2.1
欧元区	2.5	1.9	1.2	1.4
英国	1.8	1.4	1.2	1.4
日本	1.9	0.8	0.9	0.5
新兴经济体和发展中经济体	4.8	4.5	3.9	4.6
俄罗斯	1.6	2.3	1.1	1.9
中国	6.8	6.6	6.1	5.8
印度	7.2	6.8	6.1	7.0
巴西	1.1	1.1	0.9	2.0
南非	1.4	0.8	0.7	1.1

注：2019 年和 2020 年数值为预测值，印度数据为财年数据。

资料来源：国际货币基金组织，《世界经济展望》，2019 年 10 月。

2019 年以来，随着经济放缓，宽松货币政策可能带来负面影响。美联储三次降息，欧洲央行继续保持宽松立场，多家央行实施降息。低利率和宽松的流动性能够促使资本流入新兴经济体。但是，宽松的货币政策并不是刺激经济的“灵丹妙药”，也可能进一步助长全球债务积累。如果经济出现更严重放缓，鉴于金融的脆弱性，将需要各国政府协同采取财政刺激措施。

服务贸易成为国际贸易发展新动力。WTO 最新发布的《2019 年世界贸易报告》指出，服务贸易在未来几十年里，作为国际贸易中最具活力组成部分，其作用将继续增强。由于 2019 年年初以来贸易的紧张局势，世界服务贸易整体增长势头减弱，低于趋势水平，但服务贸易发展总体上仍好于货物贸易。

（三）2020年中国对外贸易发展形势展望

2020 年，全球经贸格局延续调整态势，世界经济将保持低速扩张。当前，中国经济正处于结构调整的关键阶段，新旧动能转换加快，国内经济增长效益将持续提高，2020 年外贸有望实现总体平稳发展。①

① 《中国对外贸易形势报告（2019 年秋季）》，中华人民共和国商务部，2019；国家统计局数据。

不断扩大开放提供强劲动力。中国政府加快实施立足周边、辐射“一带一路”、面向全球的高标准自贸区网络建设，稳步推进有关双边和区域自由贸易安排谈判。积极构建高标准自贸区网络，有利于拓展国际经贸合作，推动出口市场多元化，促进外贸稳定健康发展。在此同时，中国不断降低进口关税，积极扩大进口。通过主动开放，举办中国国际进口博览会共享中国大市场，促进了中国贸易平衡强劲发展。

促进外贸转型升级，加快新旧动能有序转换。中国持续推动外贸制度、服务创新，积极培育贸易新业态、新模式。2019 年 5 月，中国正式启动二手车出口业务，京津等首批开展二手车出口业务的 10 省（区、市）均已顺利实现出口。2019 年 1 ~9 月，跨境电商进出口保持两位数增长。下一步，中国将不断完善贸易新业态支持政策体系，促进加工贸易保税维修和再制造等新业态加快发展。

企业转型升级步伐加快。中国以开放促改革政策红利不断释放，外贸企业自主创新能力持续提升，加快步伐转型升级。特别是中美经贸摩擦以来，外贸企业积极调整应对，开拓新兴市场；企业增加研发投入，优化产业链合理规避风险，减少风险和损失，提高竞争能力，创新主体作用日益凸显，推动外贸高质量发展奠定了坚实的基础。

稳外贸政策效应日益显现。面对复杂严峻的外部环境挑战，中国政府高度重视稳外贸工作，及时出台进一步稳外贸政策措施并狠抓落实，全力营造便利化营商环境，激发市场主体活力。一是降低企业融资成本。通过降息来直接降低资金成本，企业实际贷款利率上升过快，进一步改革和疏通利率、信贷的传导机制。二是进一步减税降费。基于城市经济主体的征税方式从生产后移到消费环节是一项重要的改革，从而减轻生产企业的税负。三是放松管制、公平竞争，扩展国内市场发展空间。高质量发展转型根本上是激励企业家形成市场激励下的分布式创新体系。四是稳定国际贸易和金融局势，推动国际交流与合作。在继续扩大对外开放的进程中，中国应始终牢固树立“四个自信”，主动推进对外双向开放，贡献中国方案和中国智慧，推动国际经济体系和全球经济治理朝更加公正合理的方向发展。

四　山东对外贸易发展面临的问题与挑战

（一）山东参与“一带一路”经贸合作面临的问题和困难

近年来，山东紧紧围绕国家“一带一路”总体布局，加强组织领导、规划引导，搭建平台、夯实载体，强化服务、防范风险，在参与“一带一路”建设推动经贸合作中取得良好成效，但其中也存在不少困难和问题：一是地处丝路交会处的独特优势发挥还不充分。山东地处丝路交会处，具有毗邻日韩的优势，但对外合作海上大通道优势和连接日韩欧亚的陆海互联枢纽优势的潜力还没有充分发挥出来。二是与共建“一带一路”国家和地区的合作机制建设还有待加强。在瞄准沿线重点国家与山东有互补发展优势的地方省州建立常态化的合作交流机制等方面还有待加强。三是“一带一路”国际基础设施建设合作领域出现新趋势新挑战。当前国际承包工程对参与企业融资能力要求越来越高，企业不仅参与承包建设，还要更多参与前期融资与后期运营，跨国合作趋势、投建营一体化趋势明显，迫切需要加快探索商业模式、融资模式的创新。四是外部风险日益增多。沿线部分国家地区政局不稳、政策多变、营商环境较差，基础设施配套、政策配套不足，一些地区还面临战争、暴乱、恐怖袭击等安全因素影响，对境外企业财产和人身安全带来极大威胁。部分国家外汇管制、汇率波动大，影响企业正常生产经营和效益。[①][②]

（二）美国市场经贸摩擦仍是目前影响外贸发展的最大不确定因素

2019 年 1 ~6 月，山东研究出台了全省开拓多元化国际市场工作方案，确定日本、韩国、德国、印度、越南、墨西哥等 20 个国家作为重点潜力市场，指导地市结合实际瞄准 6 ~7 个重点市场，引导企业开拓新兴市场，深耕传统

---

① 《山东省参与“一带一路”经贸合作取得良好成效》，中华人民共和国商务部驻青岛特派员办事处，http：//qdtb. mofcom. gov. cn/article/zhuantdy/201907/20190702884338. shtml。

② 《山东打造跨境电商最优生态圈激活外贸新动能》，电子商务研究中心，http：//www. 100ec. cn/detail - -6504767. html。

市场，力保美国市场，扩大山东贸易回旋空间，实现全省外贸稳中提质。但企业在开拓多元国际市场中仍存在不少困难和问题。据第126届广交会参展企业反映，本届广交会美国到会客商有所减少，部分参展企业和美国采购商持观望态度，对美订单较为谨慎，签约短单、小单多，长单、大单少；部分美国采购商对原产地为东南亚地区的订单更感兴趣。滕州三合机械股份有限公司等企业反映，尽管企业采取了与美国客户分摊加税成本、内部挖潜压成本、推出新产品、创新营销模式等措施，但对美出口仍呈不同程度的下降。一些企业生产的部分产品主要针对美国市场的生产线处于停产或半停产状态，临沂雷华塑料有限公司反映，其生产的防草布质量好，标准高，但主要针对美国市场，其他市场不能替代。三洋木业有限公司反映，美国对其生产的木质橱柜征收28.7%反倾销税、16.41%的反补贴税，其已经没有美国订单。

（三）非美市场贸易摩擦呈增长趋势

2019年1～6月，山东产品共遭受国外贸易救济调查55起，涉案金额22.3亿美元，涉案企业2622家。从发起地区看，美国、欧盟、加拿大、阿根廷、越南、土耳其等18个国家和地区对山东出口产品发起贸易救济调查，同比增长12.5%。其中，美国发起贸易救济调查10起，涉案金额17.5亿美元，分别占全省的18.2%和78.6%。非美市场发起贸易救济调查45起，占81.8%，占比增长13.9%，涉案金额4.8亿美元，占21.5%，占比增长1.7个百分点。从涉案产品看，木质柜子、预制钢结构、角钢、钢制轮毂、铝型材、陶瓷地砖和墙砖等48种产品遭受调查，涉及山东钢铁、轻工、化工、纺织等多个传统优势产业。如巴西对原产于中国的新鲜大蒜或冷冻大蒜继续征收为期5年的0.78美元/千克的反倾销税，济宁汇源、莱芜泰丰、菏泽佳农、金乡德润等多家企业已停止对巴西出口。10月3日，美国商务部对进口自中国的木柜和浴室柜做出反倾销肯定性初裁，山东日照富凯木业为强制应诉企业，反倾销税率为80.96%，如在接下来的终裁中没有争取到理想的税率，该企业对美出口成本将大大增加，对美出口前景不容乐观。

（四）山东产能向境外转移速度加快

山东对外开放面临发达国家和发展中国家的“两头挤压”。全球金融危机以来，发达经济体深陷高债务、高失业、低增长、低投资的新常态，而且由于新增长点不明，复苏进程长期缓慢。为了提振经济增长、扩大就业、探索解决结构性问题的治本之策，发达经济体提出“再工业化”发展战略。各国开始普遍把扩大出口当作促进经济复苏的重要手段，并致力于重塑新型制造业发展体系，推行产业回归和制造业再造，大力吸引海外投资回流。受发达国家“再工业化”影响，山东面临的整体外部市场环境趋紧，引进高质量外资和拓展国际市场的难度进一步增大。同时，印度、越南等其他发展中国家利用其自身的劳动力、政策和服务优势，不断加大招商引资力度和扩大产品出口，山东省对外开放发展面临“两头挤压”的不利形势。2019 年以来，山东部分企业生产经营压力有所加大，一些地方产能外迁现象有所增多。转移的产能由纺织服装、橡胶轮胎逐渐转向电子通信产品。外资企业烟台市浪潮乐金数字移动通信有限公司把产能转移到东南亚，7 月初已经停产，预计全年将影响烟台市进出口 140 亿元、拉低烟台市进出口 4.7 个百分点。淄博鲁泰纺织在柬埔寨投资建厂，出口额持续呈下降态势。据威海威力工具有限公司反映，很多美国客户近期询问或者建议其是否能够在海外建厂，该公司已初步确定在韩国投资建厂。

（五）应对海外市场风险能力弱

山东日用消费品、纺织服装、农产品等劳动密集型行业企业以及大部分中小企业出口产品附加值低，缺乏核心竞争力，更容易受到汇率波动、收汇困难等风险。企业反映，尽管汇率贬值短期内可以缓解外贸企业的压力，但企业最希望的是汇率保持稳定。而对于流通货币非美元的部分国家，因为美元汇率上涨，要付出更多的成本去支付货款。永佳动力有限公司等广交会参展企业反映，阿根廷、伊朗等国家由于购买力下降，采购商、订单减少。在新市场开拓方面，山东对目标市场特别是非洲、南美洲、中亚等新市场经营风险缺乏足够的认识，对于有效供求信息的甄别能力和经验不足，收汇风险加大。①

① 《山东省企业多元化开拓国际市场中遇到的困难和问题》，中华人民共和国商务部驻青岛特派员办事处，http：//qdtb. mofcom. gov. cn/article/zhuantdy/201912/20191202918583. shtml。

（六）区域竞争日趋激烈

中国东部发达地区对外开放新的优势正在积累释放，中西部地区开放型经济发展驶入快车道，沿边地区开放步伐加快，新常态下国内各地区之间的竞争日趋激烈，对山东对外开放形成较大竞争压力。2018 年，中国自贸试验区建设形成“1 +3 +7 +1”格局，以雄安新区为核心的河北自贸试验区创建提上议事日程，在长江经济带、京津冀协同发展、中原崛起、雄安新区建设等重大区域发展战略环围中。目前，中国（山东）自由贸易试验区获批两个月以来，取得一些成绩，但建设还处于刚刚起步阶段，对标国内先进自贸试验区建设标准，还有很长的一段路要走。一是体制机制还不够顺，工作力量还不够足。省、市、片区责权还不清晰，还没有形成高效推进工作的合力。复制推广先进经验和做法的过程中，受部门、行业、领域差异的影响，存在信息壁垒。二是制度创新不够深，深化改革还需再发力。还没有专门的制度创新团队开展研究，制度创新的办法还不是很多、路径还不是很明确，结合企业提出的诉求进行制度创新的平台搭建、机制化建设不够，对相关智库的运用不充分、作用发挥还不足。三是人才专业素质还有待提高。自贸试验区工作人员的专业素养、知识储备、创新能力还需不断提升。

五 促进山东对外贸易可持续发展的对策建议

深化培育外贸竞争新优势，以供给侧结构性改革为主线，以探索外贸发展新路径、新机制为重点，统筹推进“特色产业集群 + 国际自主品牌 + 跨境电子商务 + 综合服务企业 + 境外营销网络”五位一体发展新模式，坚持贸易产业互动发展、贸易投资联动发展、货物服务贸易融合发展，推动全省外贸由要素驱动向创新驱动转变，由规模速度向质量效益转变，由传统优势向竞争新优势转变。

（一）培育优势出口产业集群

在全省 32 家国家级外贸转型升级基地的基础上，以新旧动能转换“十强”产业国际化发展为导向，建设一批产业优势明显、竞争优势突出、公共服务完善的外贸转型升级试点县，以点带面，构建布局结构优化、规模体量大、延伸配套性好、支撑带动力强的出口产业集群。一是打造先进制造业和战略性新兴产业集群。推动互联网、大数据、人工智能和实体经济深度融合，重点打造新一代信息技术、高端装备、新能源新材料、智慧海洋、医养健康等产业集群。二是加强产业集群的技术创新和优化升级。强化新技术新模式对传统产业的融合改造，推动高端化工产业等传统产业优化升级；深入实施“互联网+”行动计划，重点推广开放式研发、个性化定制、协同式创新等制造业新模式，提升纺织服装、轻工产品价值链。三是增强园区对产业集群的配套能力。通过以贸引资、海外并购等方式积极承接欧美等发达国家产业转移，探索建立以特色出口产品为引领的产业园区，吸引有竞争力、市场前景好的上下游配套企业入园，增强本地上下游产业配套能力，拉长产业链，提升价值链，完善供应链，推动外贸转型升级。四是打造优势农产品出口集群。结合乡村振兴战略，以打造国家级特色农产品优势区为目标，引导支持出口企业、种养大户、家庭农场、农民合作社等新型主体高标准建设出口示范基地。提高出口农产品质量安全示范区建设水平，打造“山东出口农产品”区域品牌，巩固扩大农产品出口优势。

（二）做强做大外贸新业态

坚持包容审慎监管原则，探索在通关、检验检疫、外汇、税收等方面支持外贸新业态发展的政策措施，加快外贸业态模式创新步伐。一是大力支持跨境电商发展。支持各地建设各具特色、错位发展的跨境电商产业聚集区，建设优势特色产业垂直类跨境电商公共服务平台，打造和引进一批平台、物流、支付、金融、培训类服务企业，结合各地产业发展特色，开展针对性培训，健全完善跨境电子商务生态。持续实施“跨境电商进万企”专项行动，支持济南、烟台、潍坊、威海、日照做好省级跨境电商综合试验区建设和升级工作。引导企业上线山东跨境电子商务单一窗口，创新跨境电子商务通关、报检、税收和结汇监管模式。二是积极培育外贸综合服务企业。坚持本土培育和区外引进相结合，打造一批服务功能完善、辐射带动能力强的全流程型、特色型、区域型外贸综合服务企业，为小微企业出口提供专业化服务。健全完善外贸综合服务授信风险补偿机制，用足用好省级外贸综合服务平台授信风险补偿资金，提升外贸综合服务企业服务能力。海关、检验检疫等部门将外贸综合服务企业纳入分类管理，完善相应评级管理措施。三是做大市场采购贸易规模。推动市场采购贸易方式在同一关区互联互通、多点报关。引导青岛关区8市充分用好“采购地申报、口岸验放”一体化通关政策，推动济南关区9市开展市场采购贸易。

（三）拓展多元国际市场

深耕传统市场的同时开拓新兴市场。抓住“一带一路”机遇，扩大山东优势产品对沿线国家出口，通过参与沿线国家基础设施建设带动大型成套设备及技术、标准、服务出口；根据欧美消费结构变化进行出口商品的适应性调整，巩固扩大欧美高端市场份额；把握中韩、中澳区域经贸合作契机，深入挖掘韩国、澳大利亚市场潜力，提高市场占有率；研究不同新兴市场国家消费习惯并制定针对性营销模式，拓展拉美、非洲、中东欧、中东、南亚等市场。大力实施境外市场开拓计划。举办“山东品牌产品”环球行、网上行、中华行系列活动，支持企业参加40个“一带一路”市场国家的重点展会；集中优势资源，通过自主举办或联合主办形式，打造山东在日本以及中东欧、东盟、南亚、非洲等“一带一路”沿线市场自主品牌展会。支持企业利用好广交会、华交会、东盟博览会、亚欧博览会等境内展会开拓市场。同时，用足用好广交会的增值服务，利用客商云集的优势为企业提供多种对接推介资源，帮助提升企业参展附加值。利用好商务部双边混委会机制下“贸易畅通工作组”平台，深度拓展“一带一路”沿线18个国家市场。

（四）推动进口贸易健康发展

抓住山东新旧动能转换重点工程建设机遇，结合产业实际，顺应制造业传统产能升级改造契机，在积极扩大进口的同时，进一步优化进口结构。一是利用好国家首届进口博览会平台。为消费升级提供多渠道的优质供给，引导境外消费回流。二是用足用好国家和省级进口贴息政策，修订完善《山东省鼓励进口技术和产品目录》，加大先进技术设备和关键零部件进口。发挥32个特定产品进口指定口岸优势，增加特色优势产品进口。三是积极协助青岛、威海、烟台等有条件的保税区争取国家级进口促进创新示范区试点。充分发挥青岛港、日照港等大宗商品进口口岸优势，稳定原油、铁矿砂、粮食等大宗商品进口。四是支持开放口岸增设进境免税店，加快指定口岸建设，优化指定口岸格局，扩大优质消费品进口，促进境外消费回流。

（五）推动服务贸易创新发展

发挥服务贸易发展联席会议机制作用。加大工作力度，完善政策支持体系，探索符合服务贸易特点的通关、检验检疫、外汇、税收等方面支持政策和便利化措施。推动威海市重点加强复制推广全国试点经验，积极探索服务业扩大开放，重点拓展日韩服务贸易；推动济南、青岛、烟台、潍坊复制推广全国试点经验，加快实施省级试点任务；指导已经建立联席会议机制的市进一步完善制度建设、推动尚未建立联席会议机制的市筹备建立联席会议机制。加强服务贸易试点建设。稳固推进济南、青岛两家国家级服务外包示范城市建设，提升威海国家级服务贸易创新发展试点综合水平。进一步加大工作力度推进烟台申创中国服务外包示范城市。规划建设服务贸易功能区，搭建公共服务平台，培育一批领军企业、知名品牌和特色服务出口基地。加强多元化市场开拓。进一步加大对“一带一路”新兴市场和欧美日韩等传统市场的开拓力度，认真办好“孔子家乡山东文化贸易（日韩）展览会”“孔子家乡山东文化贸易（中东欧）展览会”“孔子家乡山东文化贸易（美加）展览会”等。加强服务贸易统计体系建设。通过联席会议机制，密切联系外管、旅游、教育、文化等有关部门，实现各部门服务贸易数据共享。深入挖掘新增长点，扩大统计内容和范围，提高统计数据的准确性。加强商务部服务贸易统计直报工作，指导各市及重点监测企业熟练应用统计系统，推动网上准确及时填报数据。建立全省服务贸易直报系统，争取商务部支持，在济南、青岛、烟台、潍坊等4个省级服务贸易试点市推广威海市服务贸易统计做法。

（六）提升对外贸易便利化水平

近年来，山东在扩大口岸开放、加强国际贸易“单一窗口”建设、优化口岸营商环境等方面加大工作力度，促进了对外贸易便利化水平的提升。但是，与世界先进水平以及国内京津沪等地区相比，山东在对外贸易便利化方面仍存在明显差距。应坚持问题导向，对照先进，落实好国家口岸管理办公室印发的《提升跨境贸易便利化水平的措施（试行）》，推动山东对外贸易便利化水平进一步提升。一是持续深入推进“单一窗口”建设。山东应进一步加快推进国际贸易“单一窗口”建设，优化完善货物申报、运输工具申报、许可证件申领、企业资质办理、出口退税、加贸保税、跨境电商等基本功能，实现对外贸易业务“一点接入、一次提交、一次查验、一键跟踪、一键办理”，提高政府部门监管效能、降低贸易企业营运成本、提升对外贸易便利化程度。二是强化部门协作，提高通关效率。深化通关改革，按照国家统一安排和省政府部署要求，充分发挥口岸查验部门主体作用，推动全国通关一体化改革和协同共治措施落地。学习借鉴京津沪以优化流程推动通关时间压缩、以口岸信息化推动物流效率提高等经验，进一步压缩货物通关时间，对于进口和出口都耗时较长的“通关准备”环节，加快串联改并联步伐；着力压缩耗时较长、企业反映较强烈的进口通关时间，特别是鲜活商品进口通关时间。三是深入落实山东省《关于提升跨境贸易便利化水平的措施》。发挥省政府贸易便利化联席工作会议作用，抓好加快海运集装箱货物进出口物流关键单证无纸化步伐、建设口岸物流信息公共服务平台、提升口岸相关企业电子化作业水平、设立集中换单和押箱场所、实现进出境船舶申报“一单五报”和无纸化放行等17项措施的督促落实，进一步提升山东对外贸易便利化水平。

B.13

山东与日韩贸易合作发展现状与对策建议

段晓宇*

摘　要： 习近平总书记在视察山东省时，提出山东省要“打造对外开放新高地”。长期以来，山东省充分利用自身的地缘优势，积极发挥与日韩经贸合作的先导作用，为提高山东省对外开放水平积攒了丰富的经验。尤其是在中韩自贸协定生效之后，山东省继续遵循“引进来”“走出去”双向联动发展的贸易战略，以开放促改革、促调整、促发展，着眼于融入“一带一路”建设，紧紧围绕“政策沟通、设施联通、贸易畅通、资金融通”的要求，积极探索与日韩两国的贸易合作的新模式、新路径，努力打造对外开放新格局。随着山东省自贸试验区的成立，鲁日韩贸易呈现更为鲜明的贸易特征，探索更高水平的贸易合作成为山东省接下来与日韩发展贸易的战略重点。基于以上研究背景，本文通过回顾山东省与日韩贸易合作的现状和存在的问题，分析山东省与日韩贸易合作的特点和发展趋势，为寻求双边贸易合作新思路提供一定的借鉴。

关键词： 鲁日韩贸易合作　对外开放　贸易结构

山东省地处环渤海经济区，与日韩隔海相望，对日韩两国皆具有良好

---

* 段晓宇，博士，山东社会科学院国际经济研究所助理研究员，研究方向为国际贸易政策、国际关系。

的贸易合作基础。改革开放以来，山东省紧紧抓住深化与日韩经贸合作的机遇，开创对日韩贸易合作的新篇章。新时期，国际贸易形式正经历着前所未有的变化，山东省深化对日韩贸易合作机遇与挑战并存。继续推进鲁日韩贸易合作是实现山东省更高水平对外开放的重要途径，是山东省打造对外开放新高地的内在要求，也是山东省加快新旧动能转换的必然选择。通过对山东与日韩贸易合作的概况进行梳理，将为其他省（区、市）开展对日韩贸易合作提供借鉴，也为新时期加深中日韩经贸合作伙伴关系提供有力支撑。

一　山东省与日韩贸易合作发展概况

改革开放以来，山东省深耕日韩，取得显著成效。尤其是进入2019年以来，山东省对日韩贸易合作在货物贸易规模、贸易结构优化、自贸区建设、新业态合作、贸易政策红利、平台载体建设以及访问推介活动等多个方面取得新的突破。

（一）货物贸易规模逐渐扩大

由表1可知，山东省与日、韩两国双边货物贸易总额基本呈现逐年上升的态势。2018年全年，山东省与日本货物进出口贸易总额约1470亿元，较2010年增长了28%；山东省与韩国货物进出口贸易总额为1934.6亿元，较2010年增加24.3%。从贸易份额看，山东省在2018年与亚洲国家和地区的货物贸易总额为8087.4亿元。其中，山东省对日韩进出口货物贸易总额为2082亿元，远远高于其他贸易来源国。2019年以来，鲁日韩货物贸易规模进一步扩大。2019年前三个季度，山东省对韩、日进出口货物贸易总额高达2529.0亿元。其中，韩国为山东省第二大贸易伙伴国，全省对韩货物贸易总额为1427.7亿元，同比增长0.1%，鲁韩货物贸易占全省货物贸易总额比重为9.6%；日本为山东省第三大贸易伙伴国，全省对日货物贸易总额为1101.3亿元，增长3.6%，鲁日贸易占全省货物贸易总额的比重为7.4%。

表1　2010～2019年山东省与日韩货物进出口贸易额

单位：万元

	日本			韩国		
	进出口	出口	进口	进出口	出口	进口
2010年	11472901	7779910	3692992	15565077	7571776	7993302
2011年	16499606	11098210	5335181	19315511	9540807	9774705
2012年	15267927	10824466	4443461	17830518	8386951	9443566
2013年	14031088	10153230	3877858	18521047	7992146	10528901
2014年	13778700	9827061	3951633	20174061	8500210	11673851
2015年	12454165	9184162	3270003	20085201	9091321	10993880
2016年	12765870	9248572	3517297	19147453	9521013	9626440
2017年	14426011	10799281	3626723	19424503	10371015	9053489
2018年	14699972	11345499	3354473	19346464	10500620	8845843
2019年1～9月	11013418	8746915	2266503	14276901	8323852	5953048

注：2018年之前统计数据的度量单位为万美元，笔者根据美元对人民币汇率的年均值对数据进行了换算。

资料来源：根据2011～2018年《山东统计年鉴》、山东省商务厅和国家统计局数据计算整理。

（二）贸易结构不断优化

山东省对日韩的贸易结构呈现不断优化的特征。从服务贸易发展的视角看，根据《山东商务年鉴2019》的相关数据，山东省与日韩的服务贸易取得较快增长：2018年，山东省对日本服务进出口贸易额为390.2亿元，占全省贸易总额的比重为14.6%，且同比增长6.3%；新签服务外包合同2438个，同比增长9.8%。2018年全省对韩国服务进出口贸易额为522.6亿元，占全省对韩贸易总额的21.3%，且同比增长3.1%；对韩国新签服务外包合同3039个，同比增长21%。2019年，山东省服务贸易保持着规模增长的优势。此外，山东省对日韩特色服务贸易合作得到深化，与日韩文化产品贸易优势显著：2018年，山东与日本文化产品贸易额为53.2亿元，占全省文化产业贸易额比重为47.6%；山东与韩国文化产品贸易额为21.5亿元，占全省文化产业贸易总额的19.3%。从货物贸易商品结构的视角看，山东省与日韩商品贸易涵盖的范围不断拓宽，且呈现鲜明的商品差异化特征。改革开放初期，山东省对日韩贸易结构较为单一，出口商品主要集中在以农产品以及初级加工品为代表的劳动密集型产品。经过20多年的发展，山东省与日韩贸易发展优势互补、各具专长。根据济南海关的数据，山东省自日、韩进口商品主要集中在电子设备、运输工具、仪器仪表、钢材、机械设备、纺织纱线等品类；主要向日、韩两国输出水海产品制品、蔬菜制品、电器电子产品、服装衣着附件、纺织纱线织物制品以及钢材家具等类型的商品。

（三）自贸试验区建设初见成效

2019年8月26日，中国（山东）自贸试验区获批。山东省与日韩具有良好的贸易合作基础，因此为全省探索建设具备自身特色的自贸区赢得先机。截至2019年11月底，三个片区新注册企业5720家，其中，济南片区新增企业3054家，青岛片区新增企业1203家，烟台片区新增企业1463家。济南片区聚焦与日韩企业在医疗康养、生物医药、数字贸易等方面的贸易合作。2019年12月1~8日，济南市代表团赴日韩举行自贸试验区济南片区推进会，并与日本、韩国签署了一系列项目建设合作协议。青岛片区通过积极进行多项改革试点措施，着力发挥自身在海洋经济、现代金融、航运物流方面的发展优势。截至2019年10月底，14项日韩高精尖行业已经进驻青岛片区，2019年9月3日，世界韩商大会在青岛开幕，现场各类交易累计成交额高达5.7亿美元。烟台片区聚力打造中韩贸易及投资的先行区，率先推出增强与日韩经贸合作贸易便利化水平的措施，创新推出中日韩跨国审批模式。2019年9月30日，烟台市出台《聚焦五大领域加快流程再造工作实施方案》，以全面推行“一窗受理”“一链办理”“一网通关”为总的目标要求，通过推广电子营业执照等方式，提高日韩企业对鲁开展经贸合作的效率。

（四）新业态合作快速发展

山东省高度重视与日韩两国开展以跨境电商贸易模式为代表的新业态合作。2019年1月1日，山东省调整了跨境电商零售进口税收政策，提高了享受税收优惠商品限额的上限，并根据商品需求的变动扩大了商品清单涵盖的范围，促进了与日韩跨境电商贸易的健康发展。根据山东省商务厅的数据，在2019年1~8月，山东省跨境电商出口总额为16.9亿元，同比增长43.3%，而对韩国跨境电商出口额占比达到80%以上。山东沿海的青岛市、威海市、烟台市对日韩发展跨境电商业务具备天然的优势。为了保证对日韩贸易合作的质量，青岛市、威海市先后获得跨境电商综合试验区的资格，展示了山东省深化对日韩贸易合作的新形象。2016 年 1 月，国务院批准设立中国（青岛）跨境电子商务综合试验区，青岛综试区抓住机遇，推进跨境电子商务“引进来”与“走出去”融合发展，探索山东省对日韩跨境电商贸易新的增长点。2019 年，青岛市成功举办 2019 中国·青岛跨境电商行业高峰论坛、青岛市 2019 年跨境电商新贸易合作峰会、2019eBay 青岛市产业带跨境电商转型高峰会，助力相关企业对日韩贸易活动的发展。自 2018 年 9 月威海市综合保税区跨境电商创新产业园通过国家验收以来，综合保税区着力打造日韩跨境电商通关第一站，积极发展对日韩的化妆品进出口业务。与此同时，园区内引进了总投资 3 亿元的中日韩康养产品展示交易中心项目，为下一步深化日韩贸易合作提供良好支撑。

（五）贸易政策红利日益显现

自 2015 年中韩自贸协定生效以来，山东与韩国双边贸易稳中向好，经贸合作增长速度亮眼。根据青岛海关统计数据，中韩自贸协定自实施以来，山东省所有企业享受税收优惠货物贸易总额达 1622 亿元，进口货物税款减免共 13 亿元。2019 年 1 ~9 月，在中韩自贸协定项下青岛海关通关享惠进口货物价值共 105. 1 亿元，同比增长 22. 1%；外贸企业享受税收减免额 3. 4 亿元，同比增长 30. 2%。与此同时，越来越多的山东企业开始享受中韩贸易协定带来的便利：青岛海关加快推广原产地证书自主打印系统，使山东企业利用优惠协定更加便捷。2019 年前三季度，青岛海关共签发 9. 4 万批中韩自贸协定原产地证书，同比增长 25. 4%；原产地证书涵盖的货物价值达 229. 5 亿元，同比增长 11. 4%，相关企业享受韩方关税减免约 19 亿元。中韩自贸协定的签订为中日韩自贸区的重启提供了新契机，而随着中日韩三国领导人达成加快自贸区谈判进程的共识，中日韩自贸区已经进入新一轮的谈判进程，山东省继续享受贸易政策利好，进而与日韩之间的贸易合作水平前景广阔。

（六）平台载体建设深入推进

山东省一直致力于搭建“东向开放”的日韩合作大平台，为“深耕日韩”

增加动力。早在2012年5月，中日韩三国决定依托山东省得天独厚的地理优势，建设中日韩地方经济合作示范区。随后，山东省出台《关于在山东半岛蓝色经济区建设中日韩地方经济合作示范区的框架方案》，并将威海、青岛、烟台、滨州等七个城市选取为地方经济合作的示范城市。为了进一步打造具备山东特色的中国地方经济合作示范区，威海市于2018年10月出台《深化威海中韩自贸区地方经济合作示范区建设三年行动计划（2018～2020年）》，成立威海—仁川地方经济合作联合委员会，为构建全方位、多层次、宽领域的对韩贸易发展新格局提供基础。青岛市城阳区积极探索建设中日韩自贸协定示范区核心区，通过推进“一区两城”的建设，打造促进商品贸易、商务交流、产业促进的新型载体，积极打造韩国生态城和日本创新城。中央批准山东建设自贸实验区以来，山东省加快推进中韩（烟台）产业园建设，烟台市成功吸引国家级科技共建项目、国际生物科技园医疗检测技术平台进驻园区，同时加快建设迈百瑞抗体药物研发综合服务平台、业达医药创新孵化中心，中韩跨境电商公共服务平台，为烟台市深化鲁日韩贸易合作搭建平台媒介。通过与韩国新万金产业园开展“两国双园”互动合作，打造承载鲁韩贸易合作的综合性载体，为山东省其他城市探索示范区建设提供良好的示范效应。

（七）推介活动成果丰硕

2019年以来，山东省主要领导分别带队出访日本、韩国，通过举办面向日韩的推介活动，深化与日韩企业的交流，扩大与日韩企业的贸易合作。山东省委书记刘家义访问日韩期间，成功举办了深化中国山东—韩国开放合作推进会、深化中国山东—日本开放合作推进会、山东青岛—釜山地方经贸合作交流会等大型会议，推动签署63个平台合作协议和机制，全面提升对日韩合作层次水平。2019年3月24日至4月2日，山东省委副书记、省长龚正率代表团先后举办了山东省—和歌山县经济交流说明会、中日（大阪）康养产业合作交流会、山东省（东京）投资合作交流会、山东—韩国经贸合作交流会暨新品发布会、中韩地方经济合作与FTA政策推介会等活动，深化了参会人员对山东省承接跨国项目和开展贸易现状的认识，为更深入鲁日韩贸易合作搭建了交流平台，深化了中日韩三国人民之间的友谊，取得丰硕的成果，为山东与日韩贸易合作创造了新的机遇。截至2019年6月，烟台市开展山东企业赴韩贸易促进活动8批次，促进中韩合作项目9个；积极推出“2019百家韩企烟台行”系列活动，中韩企业签署协议3份，达成合作意向27个。

二　山东省与日韩贸易合作发展面临的问题

根据前文分析，山东省与日韩贸易合作已经取得显著成效。但与此同时，山东省与日韩深入推进贸易合作尚存在贸易政策不确定性日益增加、贸易失衡现象显著、区域贸易发展不均、贸易潜力有待挖掘等问题。

（一）贸易政策不确定性日益增加

当今时代的国际贸易形势正在经历前所未有的变化。尤其是近年来，全球贸易经济深度调整、地缘政治环境日趋复杂，以中美贸易摩擦为代表的贸易保护主义日渐抬头，国际贸易逆全球化趋势明显。双边贸易政策不确定性的存在将使山东省实现对日韩贸易的高质量发展困难重重。根据《山东商务年鉴2019》的相关数据，2018年全年，山东省共遭受71项贸易救济调查案件。在所有的贸易对象国中，中国遭受的最多贸易救济调查来自美国。虽然2018年以来，山东省企业尚未受到来自日本贸易救济调查的影响，然而山东省在2018年10月15日遭受到一项来自韩国的反倾销调查，涉案贸易商品为非涂布纸，涉案企业有3家，涉案金额为54万美元。2019年以来，山东省出口贸易面临的贸易政策不确定性进一步增加。2019年2月21日，韩国对进口自中国的半透明纸启动反倾销立案调查，2019年6月20日，韩国贸易委员会对涉华PET薄膜进口进行第三次反倾销日落复审终裁，山东涉案企业名称为富维薄膜（山东）有限公司，反倾销税率高达36.98%。2019年8月30日，中国对原产于日韩的进口双酚A所适用反倾销措施进行期终复审裁定，对于来自日韩的进口双酚A继续征收反倾销税。此外，日韩两国之间的贸易摩擦不断发酵，贸易战不断升级。2019年8月28日，日本将韩国正式移出日方贸易的白色清单，随后韩国于2019年9月18日将日本移出韩国贸易的白色清单。根据经济合作与发展组织发布的相关数据，2019年第一季度，日本、韩国的出口贸易有不同程度的萎缩，韩国出口贸易环比降低7.1%，日韩贸易增速整体的放缓将进一步加剧鲁日韩贸易合作的不确定性。发起贸易救济调查能够短暂地保护进口国的市场，然而过于严苛的技术和质量标准同样容易招致贸易伙伴国的报复性措施。中日、中韩、日韩之间采取的贸易限制措施增加了中日韩继续深化贸易合作的难度，并将产生贸易波动等不良后果。

（二）贸易失衡现象依旧显著

根据图1，可以看出当前鲁日韩贸易发展不平衡现象仍旧存在。2010年以来，山东省一直保持着对日本双边贸易的顺差，且基本上呈现逐渐上升的态势。2010年，山东省对日本贸易顺差额为408.7亿元。至2018年，山东省对日本贸易顺差额已经增至799.7亿元，较2010年的数据增长95%。在2017年之前，山东省对韩国双边贸易一直存在逆差，且2011年至2014年，鲁韩贸易逆差持续扩大。产生上述现象的主要原因在于鲁韩双边贸易存在行业异质性，此外出于降低成本的考虑，诸多韩国企业考虑直接在山东投资设厂，因而导致了韩国对山东进口贸易相对额的降低。至2017年，山东省对韩国双边贸易首次出现顺差，且呈现逐年扩张趋势。2019年1～10月，山东省对韩国双边贸易额存在顺差273.3亿元，已经远远超过2018年全年的数据。目前来看，由于山东省对日韩贸易存在结构上的差异性，双边贸易流向很难实现完全的均衡，山东省对日韩贸易仍然以加工贸易为主。山东省从日韩进口原材料之后，众多产品最终流入欧美市场，导致了进口额和出口额之间的差距。

（三）省内各区域贸易发展不均

根据表2数据，可以看出山东省济南、烟台、威海、青岛四市对日韩双边贸易存在区域发展不均的现象。早在改革开放之前，山东省就存在内陆城市与东南沿海经济贸易发展不均衡的问题，而随着鲁日韩贸易合作的深入推进，区域贸易不协调问题仍然较为突出。2018年，济南市对日本进口贸易额为10.7亿元，仅占青岛市对日本进口贸易额的8.7%，占烟台市对日本进口贸易额的10.4%；济南市对日本出口贸易额为27.2亿元，仅为青岛市对日本出口额的7.3%。从贸易份额的视角看，日本在2018年是济南市的第七大进口贸易伙伴和第三大出口贸易伙伴；韩国在2018年是济南市的第九大进口贸易伙伴和第七大出口贸易伙伴。2018年，日本是烟台的第二大贸易伙伴，烟台对日本进

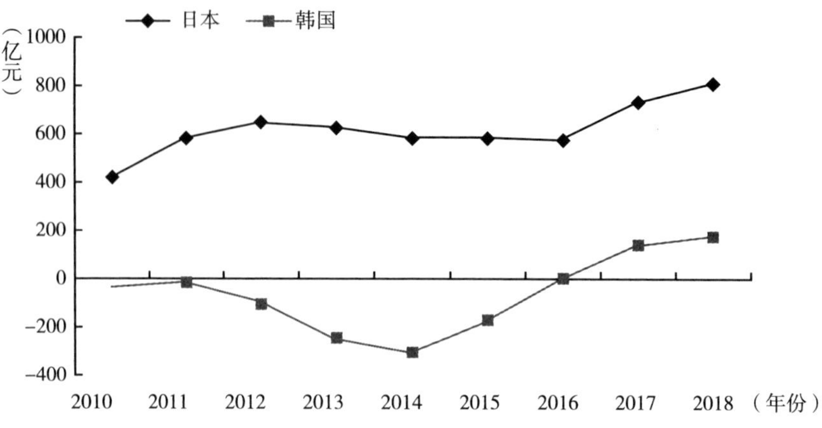

图1　2010～2018年山东省与日韩两国贸易失衡现象波动情况

口、出口贸易所占的比重分别为8%、17.8%，上述数据皆处于山东省的领先地位。韩国在2018年占威海市进出口贸易份额皆为最高，对韩进口占威海市进口贸易总量的30.3%，对韩出口则占威海市出口贸易总量的33.1%。2019年1～6月，韩国仍是威海市第一大贸易伙伴，威海市对韩国贸易总额为219.2亿元，同比增长4%；威海市新签发中韩原产地证书20461份，涉及金额达6.2亿美元，占当期威海海关签证总量的56.8%。考虑到地理位置的优越性，山东省东南沿海城市发展对日韩贸易具有得天独厚的优势。然而，全省对日韩贸易规模的严重不均衡造成了资源配置的不均，同时成为制约山东省内陆城市提高对日韩贸易合作质量的外在约束。

表2　2018年山东省济烟威青四市与日韩货物进出口贸易情况

		对日本贸易			对韩国贸易		
		贸易额（亿元）	权重（%）	贸易额排名	贸易额（亿元）	权重（%）	贸易额排名
济南	进口	10.7	3.5	7	7.4	2.4	9
	出口	27.2	5.2	3	14.8	2.8	7
青岛	进口	122.3	5.7	5	227.1	10.6	2
	出口	371.3	11.7	2	292.9	9.2	3
烟台	进口	102.7	8	2	314.9	24.6	1
	出口	314.7	17.8	2	181.3	10.2	3

续表

		对日本贸易			对韩国贸易		
		贸易额（亿元）	权重（%）	贸易额排名	贸易额（亿元）	权重（%）	贸易额排名
威海	进口	24.6	5.1	3	144.7	30.3	1
	出口	117.8	12.9	3	301.8	33.1	1

资料来源：根据《山东商务年鉴2019》数据计算整理。

（四）鲁日韩贸易合作潜力有待挖掘

2019年上半年，日本对中国货物进出口贸易总额为1034.5亿美元，其中对中国出口贸易额为638.7亿美元，占日本出口总额的18.4%，日本对山东出口贸易额为149.4亿元人民币，仅占日本出口贸易总额的0.6%；日本对中国货物进口贸易额为395.8亿美元，占日本进口总额的11.1%，且日本对山东进口贸易额为566.7亿元人民币，占日本进口贸易总额的2.3%；韩国对中国货物出口贸易额为657.4亿美元，占韩国出口总额的24.2%，且韩国对山东出口贸易额为405.8亿元人民币，占韩国出口贸易总额的2.2%；韩国对中国货物进口贸易额为541亿美元，占韩国进口总额的21.5%，其中，韩国对山东进口贸易额为553.2亿元人民币，仅仅占韩国进口贸易总额的3.2%。根据前文数据，可以看出山东省对日韩贸易仅仅占日韩对外贸易的一小部分。与山东省相比，2019年上半年江苏省对韩国货物贸易进出口额达到2380.1亿元人民币，为山东省对韩贸易总额的2.5倍，占韩国对中国贸易总额的29.2%。因此，山东省发展鲁日韩贸易尚与先进省（区、市）存在一定差距。

（五）区域经济合作优势利用不足

历年来，山东省背靠京津冀，与日韩两国隔海相望，一直是环渤海经济圈建设的重要组成部分。然而需要注意的是，由于历史和体制的原因，山东省融入环渤海经济圈建设经验不足，产业融合发展分工不够明确，仍存在较为严重的市场分割现象。根据表3数据可以看出，2018年环渤海经济区的贸易额和投资额占全国总额比重皆远远低于长江三角洲及珠江三角洲，环渤海经济区的对外贸易依存度最低，仅为24.6%。山东省的贸易依存度仅为25.2%，低于全国的平均水平33.9%。基于此，山东省依托环渤海经济圈开展鲁日韩区域合作及次区域合作的区位优势尚未得到充分发挥，而中国长三角以及珠江三角区与日韩经贸合作起步较早，长江三角洲具有完备的基础设施。近年来，江苏省、上海市、浙江省纷纷充分发挥自身良好的产业优势，积极扩大对日韩的贸易与投资合作，同时在对日韩贸易合作上一直走在全国的前列，因此能够为山东省下一步深化鲁日韩经贸合作提供宝贵的经验。

表3　2018年各区域经济及贸易发展状况比较

单位：%

	长江三角洲	珠江三角洲	环渤海经济区	山东省
GDP占全国比重	20.2	10.8	17.4	8.5
贸易额占全国比重	34.9	23.5	12.6	6.3
投资额占全国比重	30.7	24.7	14.4	0.7
对外贸易依存度	58.6	73.6	24.6	25.2

注：珠江三角洲特指广东省数据，长江三角洲则包括上海市、江苏省和浙江省，环渤海经济区包括辽宁省、天津市、河北省以及山东省。

资料来源：根据《中国统计年鉴2019》数据计算整理。

三　进一步提高山东省与日韩贸易合作水平的展望

中韩自贸协定的生效、“一带一路”建设的深入推进和山东自贸试验区的启动，为山东省提高对日韩贸易开放水平提供了新机遇。在新形势下，山东省应当继续积极响应打造对外开放新高地的号召，切实提高鲁日韩贸易合作水平。

（一）加快融入环渤海经济圈建设，推进产业融合发展

山东省应立足于自身的发展条件，找准实现对日韩贸易高质量发展的定位，继续发挥对日韩贸易合作的优势，鼓励山东省的外贸企业抓住环渤海、北黄海经济圈向纵深发展的机遇，着力打造主要面向韩日、辐射共建“一带一路”国家的东北亚贸易中心。一是积极融入环渤海经济圈的产业分工布局，通过与各省（区、市）的优势产业进行联动发展，产生技术溢出及技术扩散效应，通过创建产业集群获得产业集聚效应。二是提高对日韩服务贸易的质

量，注重扩大对日韩文化产业贸易的规模，重点推出金融领域的合作。通过进一步加快新旧动能转换，优化自身的贸易结构，从而为山东省嵌入全球价值链位置向更高的位置跃升提供充分条件。三是落实需要重点发展的协作产业，打造承接来自日韩产业向山东转移的产业基地，实现与日韩高精尖企业的产业对接。四是继续巩固与韩国双边贸易发展的既有成果，拓展环渤海、北黄海沿岸城市由“通道经济”向“口岸经济”的转变。五是加快烟大海底隧道和中韩海底隧道的建设，努力成为连接环渤海经济圈和日韩互联互通的“中继站”，实现环渤海经济圈、北黄海经济圈基础设施的互联互通，做好基础设施建设规划、检验标准体系的对接，通过推进鲁日韩国际物流通道建设，构建海陆空铁邮五位一体的物流设施体系，切实提高鲁日韩物流一体化水平。

（二）促进鲁日韩次区域贸易合作，释放贸易合作潜力

考虑到贸易政策的不确定性客观存在且难以克服，中国与日韩开展国别层面的贸易合作波动性较强，而次区域贸易的合作主体是省级政府，因此与自贸协定相比具有更高的灵活性。与开展国别层面的贸易合作相比，开展鲁日韩次区域合作则较少受到政治、历史以及文化环境的外部约束。基于此，山东省应当继续担当与日韩经贸合作的“桥头堡”，先行先试，深入推进山东省与日韩的省级单位在贸易以及投资领域的全面开放。一是依托山东半岛蓝色经济区，加强“山东半岛—日本九州地区—韩国西南沿海地区”的次区域合作建设，合理分配价值链分工，重点支持新兴产业、高附加值产业、海洋经济特色产业的发展，实现产业层面的高质量合作。二是积极探索有利于鲁日韩次区域合作深入发展的相关贸易政策。积极争取鲁日韩次区域经贸合作创新示范区的建设，通过完善外商投资准入负面清单配套政策，改善自身的投资环境，努力实现资本、技术和人才等生产要素的充分流动。三是加强企业层面的国际交流和合作，通过组建国际企业合作联合体，积极推进以企业为主体的贸易投资合作项目的推介活动，引导企业对日韩开展全方位、多层次、宽领域的贸易合作。四是积极探索与日本和韩国双边及多边次区域贸易合作的新模式、新载体、新空间，努力拓展规避贸易摩擦、降低贸易风险的鲁日韩贸易新渠道。五是共同积极探索第三方市场，探讨共同融入全球价值链的新模式，为释放市场活力注入新力量。

（三）搭建创新特色载体平台

一是持续发力，继续打造山东半岛产业园。以保税区、经济技术开发区为园区建设重点，鼓励商品溯源平台、跨境电商平台和综合性服务平台入驻发展。依托青岛、威海等沿海城市作为鲁日韩贸易寄递物流枢纽，打造鲁日韩商品集散地。二是推动境外产业园区的建设，推进境内外产业园区联合发展。进一步推进威海与仁川港口的经济贸易往来，完善中韩“两国双园”产业链联动发展机制。高标准建设中韩（烟台）产业园，规划建设烟台中日（烟台）产业园区，完善东营经济技术开发区中日韩产业园建设，探索“两国双园”合作新模式。三是继续完善海关特殊监管区域建设。积极推动承接国际产业转移，加快推进基础设施建设，推动保税加工、保税服务和保税物流多元业务协同发展。四是创建跨境人民币业务创新发展示范区，积极复制改革试点区域的先进经验和做法，鼓励日韩的金融机构对来自山东省的企业展开各项跨境人民币金融业务。五是建设适应中小企业发展的创新创业载体，搭建创新试验平台，优化业务形态。六是发挥自身特色，依托海洋经济论坛，加大品牌培育力度，打造海洋经济品牌意识，在鲁日韩海洋经济贸易合作领域取得突破。

（四）培育鲁日韩跨境电商发展新业态

跨境电商作为实现双边贸易的新业态，具有成本低、效率高的基本特征。推动鲁日韩跨境电商的发展，是实现山东省对外贸易高质量发展的重要途径，也是完善山东对外开放战略布局的重要方面。一是积极打造跨境电商产业链，突出外贸传统产业优势特点，创新服务贸易发展战略，优化跨境电商贸易结构。尝试数字贸易新模式，通过推进鲁日韩产业合作的模式创新整合价值链资源，实现跨境电商产业链的配套和对接。二是加快国家级跨境电商综合试验区建设，推进鲁日韩外贸综合服务平台、跨境电子商务平台建设，实现跨境电商产业园、公共海外仓等新兴载体的跨越式发展。三是把握自贸试验区建设等国家战略带来的机遇。在山东自贸区三个片区积极发展保税物流贸易模式，降低贸易成本。加快融入“一带一路”建设，充分释放“一带一路”节点城市与日韩在贸易和投资领域合作的潜能。四是充分利用韩国与日本在跨境电商的发展优势，加快电子口岸的建设，并积极拓展合作领域。五是设立跨境电商专项基金，为鲁日韩跨境电商贸易提供有力的资金支持。六是着力打造中日韩快速物流通道，搭建东北亚贸易重要物流平台，采用中韩海运邮路、海运快件等方式，着力形成海陆空快速电商通道。七是完善商品质量监管业务。在烟台、威海、青岛等东南沿海城市创建商品质量评估信息共享体系，打造集“线上商品”“线下服务”于一体的正品集散地。

（五）持续优化自身的营商环境

山东省应当按照省委、省政府加快新旧动能转换、打造对外开放新高地、实现贸易高质量发展的工作部署，持续优化自身的营商环境，保证对日韩贸易的稳定增长。一是提高贸易通关效率，优化通关速度、降低通关费用，努力提升中韩贸易便利化水平。推进中韩、中日海关间经认证的经营者（AEO）互认合作。对日资、韩资企业原产地“多批一签”，提升原产地证的使用效率，从而提高贸易便利化水平。二是丰富与完善对日本、韩国合作的鲜活农产品目录清单，为食品农产品打造通畅的贸易通关通道。三是增强监督、构建检验检疫合作机制，创新自贸协定缔约国之间班轮卫生检疫监管模式。四是构建完备的鲁日韩资金融通体系和配套的金融服务体系。深化金融合作与金融开放，鼓励山东省当地金融企业开展跨境业务，争取亚洲基础设施投资银行、丝路基金等资金和政策支持，加强跨国征信管理部门和评级机构之间的信息互通，加强金融机构合作。五是引进国际知名物流、冷链物流企业进驻山东，在培育自主品牌的同时，与来自日韩的优秀企业展开全方位的合作，构建鲁日韩跨境物流服务体系。

（六）构筑适合鲁日韩贸易深化发展的体制机制

山东省需要强化顶层设计，构建完善的政府间政策沟通和决策机制，努力提供有利于日韩经贸往来的制度环境，创建开放型管理新体制，实现鲁日韩贸易在体制机制层面上的对接。一是通过借鉴其他省（区、市）自贸试验区改革试点的成功经验，对山东省建设自贸区重点培育十强产业进行重点扶持。通过对国家的重大方针政策进行准确研判，山东省对日韩贸易现状的新变化做到精准认识、快速把握，建立与之配套的体制机制改革创新绩效评价体系。二是推进行政管理机制的改革创新，打造符合国际化标准的综合开放服务体系。整

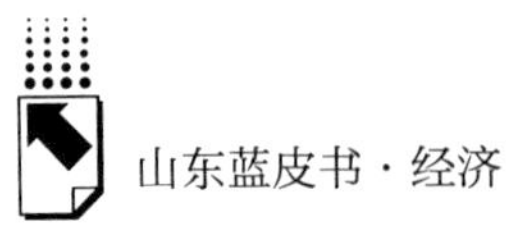

合市场咨询、文秘翻译、法律支撑、金融服务等资源，构建一站式贸易交流合作平台。三是完善跨境电商保税进口的监管措施，深化在监管区内的税收征收创新机制，提高办税效率。四是健全知识产权保护体系，建立健全社会共治模式，加大执法监督力度，探索多元化解决机制。五是建立和完善投资促进和保护机制，保护外商投资的合法权益。通过创建外事审核审批直通车制度，探索建立外商投资信息报告制度，提高投资合作的便利化水平。

（七）培育创新型人才，深化人文科技交流合作

一是促进科技交流合作，设立技术创新中心，搭建技术创新、专利保护、工业设计等公共服务平台，探索技术资本化评估体系的构建。二是推进科技人文交流合作。创新提升日韩山东周等高层出访活动，开展友城交往，广泛举办文化体育、学术交流活动，举办文化节、动漫节、音乐节等大型人文交流活动。三是探索人才共育新模式，依托山东大学、中国海洋大学等高等院校，引进优质教育资源，创建合作办学基地，开展教育合作。四是提供充分的资金支持。针对重点发展的产业，有针对性地引进相关领域的专家，培养能够与国际市场环境、知识产权政策相适应的人才，并提供相应的资金支持。五是积极推广基于“人才有价”理念创建的人才身价评估平台，为人才提供优惠的银行授信业务。

B.14 深化山东与韩国双向投资合作的思路与对策

卢庆华*

摘　要： 吸引外资与对外投资是一个国家参与经济全球化与国际竞争的重要手段，两者相互依赖、相互补充、相互促进。而价值链理论认为，在全球价值链条的众多“价值环节”中，能创造高附加值的只存在于某些特定价值环节。因此，只有投资于能创造出很高附加值的环节，才能进入“全球价值链”生产体系，才有机会集合全球优势生产要素，培育比较优势和增强自身的竞争力。中韩自贸协定的正式签署，尤其是山东省威海市和韩国仁川自由经济区被列为地方经济合作示范区，将会在更高层次、更宽领域有力地推动山东与韩国的经贸合作。因此，我们要更新观念，从全球价值链角度来审视山东与韩国的双向投资；更要充分利用中韩自贸区的机遇，加强双方在投资领域的合作；还要进一步优化山东与韩国双向投资的主体结构，进一步建立健全人才引进培育与使用的良性机制，进一步建立完善的中介服务体系等促进双方的经济发展和产业结构升级。

关键词： 双向投资　全球价值链　韩国　中韩自贸区

* 卢庆华，硕士，山东社会科学院科研组织处助理研究员，研究方向为国际经济。

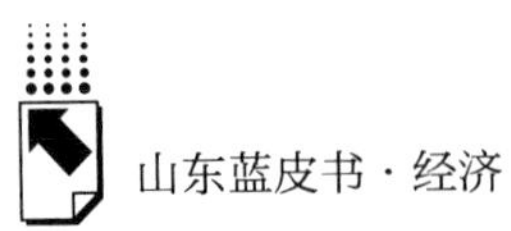

山东是最早与韩国开展经贸往来的省份之一。早在1992年中韩两国建交之前（1988年），山东就利用突出的地缘人文优势高度重视吸引韩国投资，成为中国吸收韩国投资最密集且效益较好的地区。韩国已成为山东的第二大外资来源地。随着经济全球化的迅猛发展，双向投资也成为越来越多的国家和地区参与国际分工和世界经济竞争的重要选择。进入21世纪以来，随着经济的高质量发展和企业实力的不断增强，特别是对外开放的日益扩大，山东也积极实施“走出去”战略，高度重视对韩国的投资。价值链理论认为，只有投资于能创造出很高附加值的环节，才能进入“全球价值链”生产体系，才有机会集合全球优势生产要素，培育比较优势和增强自身的竞争力。中韩自贸协定的正式签署，尤其是山东省威海市和韩国仁川自由经济区被列为地方经济合作示范区，将会在更高层次、更宽领域有力的推动山东与韩国的经贸合作。

一　双向投资理论回顾（IFDI与OFDI）

经济发展到一定阶段必然要求资本的跨国流动，而跨国流动需要通过双向投资，即利用外资与对外投资来加以表现。改革开放以后，中国企业利用外资在迅速增加的同时，对外投资也得到快速发展。尤其是2000年中央提出加快实施“走出去”战略以来，中国充分利用国际和国内两个市场，对外投资进入快速发展的新阶段。下面我们从理论上对双向投资进行回顾，主要包括邓宁（Dunning）的投资发展周期理论、坎特维尔（Cantwell）和托兰惕诺（Tolentino）的技术创新产业升级理论以及双向投资与全球价值链理论关系的理论等。

（一）双向投资与经济发展关系的理论

20世纪80年代初期，英国经济学家邓宁（Dunning）采用实证分析方法，搜集了67个国家10年间的相关数据进行分析研究，在此基础上提出投资发展周期理论。该理论研究了以人均GNP为标志的经济发展阶段与一国的IFDI、OFDI以及一国净的对外直接投资（NOI）之间的关系。邓宁按照一国经济发展水平，将一国在参与经济全球化过程中的国际投资发展状态分为四个阶段（见图1）。第一阶段（初级不平衡阶段），经济起步时主要是依赖外资和吸引外资，对外投资基本为零，此时人均 GNP 一般低于 400 美元。第二阶段（中级平衡阶段），随着参与经济全球化过程的学习能力的不断加强，经济增长速度较快，利用外资开始大幅度增加，同时对外投资能力不断增强，吸引外资和对外投资逐渐趋于相等，此时人均 GNP 一般处于 400 ~ 2000 美元。第三阶段（高级不平衡阶段），随着一国经济实力的增强，会不断涌现出一大批规模和效益良好的跨国企业，竞争力强的跨国企业对外投资的力度持续增大，从而达到一国对外投资大于吸引外资的阶段，此时人均 GNP 一般处于 2000 ~ 5000 美元。第四阶段（高级平衡阶段），随着一国经济实力的不断发展，进入发达国家阶段，从而不断扩大发达国家彼此之间的交叉投资，最终走向与对外投资和吸收外资相匹配的高级平衡阶段，此时人均 GNP 一般处于 2600 ~ 5600 美元。[①] 后来，邓宁和 Narula 将该理论进一步拓展，将投资发展周期由四个阶段发展到第五阶段，形成较为完整的五个阶段的投资发展周期理论。

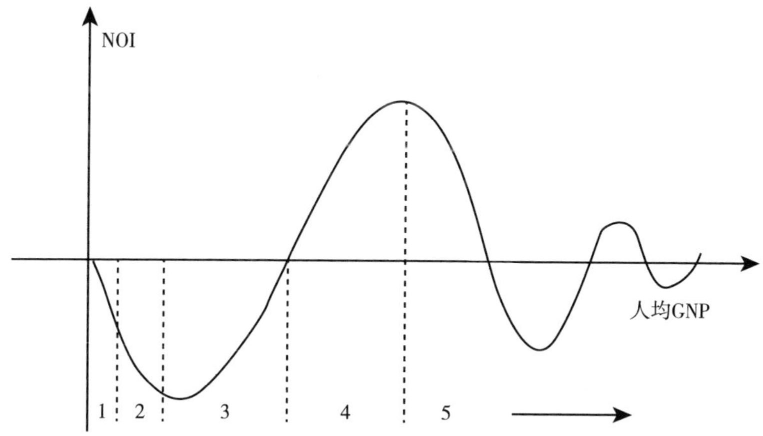

图 1　Dunning 理论投资周期发展的五个阶段

（二）双向投资与产业结构升级关系的理论

20 世纪 80 年代中期以后，发展中国家在利用外资的同时，对外投资增

① 李辉、张荣：《中国双向投资问题研究》，《亚太经济》2012 年第 5 期。

长趋势加快，特别是一些新兴工业化国家和地区对发达国家的投资成为一个亮点。面对发展中国家对外投资的新趋势，英国学者坎特维尔（Cantwell）和托兰惕诺（Tolentino）提出技术创新产业升级理论。该理论认为，发展中国家可以通过外资投资制造业来实现出口产品结构升级或产品劳动密集化，出口产品结构升级会带来产业内产品结构升级，最终实现制造业产业结构升级；产品劳动密集化必然要求企业纳入跨国公司全球分工体系，通过产业链的延伸实现服务业的结构升级。发展中国家的企业研发能力存在先天不足，主要通过引进外资学习发达国家的技术转移和技术外溢（示范—模仿效应、竞争效应和联系效应），促进发展中国家把这种外生技术能力转变为其经济增长的内生技术能力（见图2）。

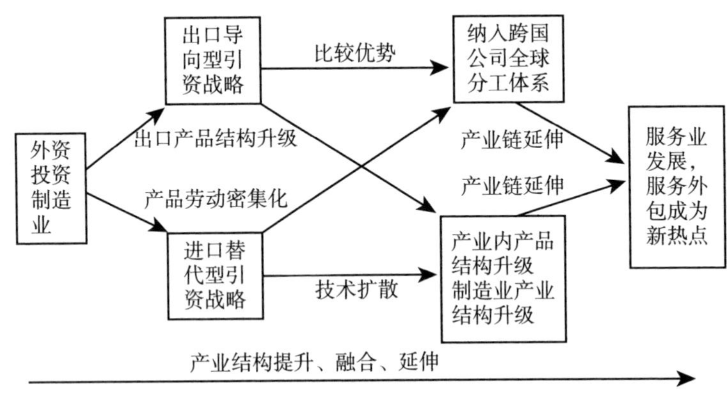

图2　Cantwell & Tolentino 技术创新产业升级理论

（三）双向投资与全球价值链理论关系的理论

随着国际生产分工的不断细化，产业内、产品内分工逐渐深化，产业内和产业间的各环节和部门之间的经济技术联系日益紧密。市场竞争不再停留在企业层面，而是上升到整个产业链竞争力的比拼，企业竞争优势的基础也已经超出企业自身的范围，而越来越多地取决于企业所在的产业链各个环节之间的系统整合。全球价值链理论认为，全球价值链条存在的众多“价值环节”，但它们创造的附加值并不是相同的，能创造出高附加值只能是某些特定价值环节，这就是全球价值链中的“重要环节”（见图3）。产业链对接和整合是区域经济合作的重要内容，以贸易、投资为主要表现形式的跨境经济合作越来越多的体现出产业链对接和整合的属性。改革开放以来，山东依靠丰富的劳动力资源、较强的产业配套和加工制造能力，在对韩双向投资中积极融入全球价值链；中韩自贸区成立以后的未来20年，中国将对91%的产品品目（占进口额85%的商品）撤销关税，韩国将对92%的产品品目（占进口额91%的商品）撤销关税。① 双方承诺在协定签署后以负面清单模式开展服务贸易谈判，并基于准入前国民待遇和负面清单模式开展投资谈判。中韩自贸区协议的实施将有力地推动中韩两国的经贸合作。山东和韩国区位优势明显，经贸、投资联系密切，将成为中韩自贸区的最大受益者。新形势下，需要进一步研究全球价值链，加速产业链对接整合，在对韩双向投资中实现双方互利共赢，进一步促进区域经济合作发展。

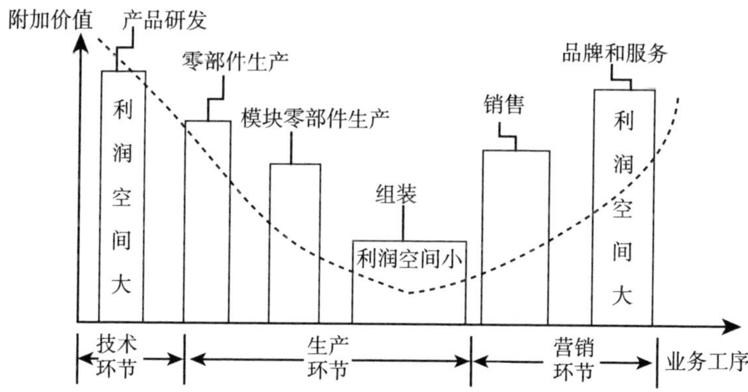

图3　全球价值链条“价值环节”附加值示意

二　山东与韩国双向投资现状与特点

山东是最早与韩国开展经贸往来的省份之一，也是较早重视吸引韩国投资和对韩投资的省份之一。随着中韩自贸协定的正式签署（尤其是威海与仁川

① 《中华人民共和国政府和大韩民国政府自由贸易协定》，中国自由贸易区服务网，http：//fta.mofcom.gov.cn/korea/korea_agreementText.shtml。

自由经济区被列为地方经济合作示范区），中国和韩国投资市场开放，投资环境改善，投资壁垒不断降低，双方之间的国际直接投资已经逐步从单向流动转向双向互动。在共同努力推动下，山东与韩国双向投资呈现良好的发展态势。

（一）双向投资发展迅速但规模存在较大差别

1. 利用韩资

山东吸收韩国投资始于1988年。截至2018年底，山东累计批准韩资项目24168个，实际到账韩资400.9亿美元。纵观韩国在山东投资的历程，大致可以分为以下五个阶段。

（1）初步发展阶段（1988～1991年）。1988年（中韩两国建交之前），山东就利用突出的地缘人文优势高度重视吸引韩国投资，成为中国最早与韩国开展经贸往来的省份之一。利用韩资的第一年，韩国在山东投资兴办3家企业，合同韩资额为416.3万美元。随后，山东利用韩资的规模和效益不断增强，截至1991年底，山东共批准韩商投资项目95个，合同韩资额高达7500万美元，实际使用韩资3000万美元。这一阶段韩资主要投资于小型劳动密集型项目，比如水产品加工、玩具、食品、假发、服装加工和电子元器件等。

（2）较快发展阶段（1992～1996年）。这一阶段从中韩正式建交到亚洲金融危机之前，是山东利用韩资突飞猛进的一段黄金时期。1992年8月24日，中韩两国正式建交，韩国在山东投资迎来了大爆发。仅仅1992年一年，山东批准韩商投资项目185个，合同韩资额1.32亿美元，实际使用韩资额6028万美元，是第一阶段总和的两倍，韩国也成为山东第四大投资来源国（地区）。从1992年到1996年，山东批准韩商投资项目、合同韩资额、实际使用韩资都实现了大幅度增长，其中1996年山东批准韩商投资项目534个，合同韩资额15.59亿美元（首次突破10亿美元大关），实际使用韩资额4.84亿美元，韩国也跃居为山东第二大投资来源国（地区）。

（3）受金融危机影响阶段（1997～1999年）。1997年下半年开始的东南亚金融风暴对山东利用韩资带来了一定的影响。金融危机致使韩国整体经济发展受挫，韩资流动减速，严重影响了韩国在山东投资的发展，山东新批韩资项目数、合同韩资额和实际利用韩资额均大幅度下降。[①] 统计数据显示，1997年，山东批准合同韩资额3.22亿美元，比1996年下降了79.4%。1998年，山东批准合同韩资额仅2.93亿美元，比1997年又下降了9%，降到中韩建交以来的最低水平。

（4）快速发展阶段（2000～2007年）。进入21世纪，中国正式加入WTO（2001年12月11日），山东利用韩资也进入了快速发展阶段，实现了连续5年的增长。其中2005年山东批准韩商投资项目3320个，合同韩资额113.86亿美元（首次突破100亿美元大关），韩国也连续6年跃居为山东第一大投资来源国（地区）。

（5）平稳发展阶段（2008年至今）。由于受韩国对外投资政策变化、中国利用外资政策调整和国际金融危机以及萨德事件等因素的影响，韩国在山东投资规模在一段时间内有较大幅度下降，但韩资项目的平均规模（实际使用韩资额）较以往有大幅增加，表明韩资项目的质量有较大提高。我们以烟台为例来做说明，作为距离韩国最近的中国城市之一，烟台是山东省与韩国双向投资发展的一个亮点。烟台长期以来将韩国作为扩大开放的重点区域和优先方向，先后开展了中韩（烟台）产业园新闻发布会、中国烟台（首尔）投资恳谈会等一系列活动，取得丰硕成果。韩国已成为烟台第一大外资来源国、第一大贸易合作伙伴和第一大境外游客来源地。截至2019年4月，韩资企业在烟台投资项目3859个，实际使用韩资61.8亿美元。值得关注的是，双方合作领域还在不断拓展，已由单体项目向产业链延伸，形成了机械制造、电子信息等主导产业和汽车零部件、船舶、液晶显示器等特色产品集群。斗山集团、乐金显示、现代汽车研发中心、大宇造船、浦项、现代冰轮重工等知名韩企进驻烟台，推动烟台产业不断向价值链高端攀升。今后，山东将充分把握中韩自贸区建设机遇，积极融入“一带一路”倡议，依托山东新旧动能转换综合试验区、中韩（烟台）产业园和中国（山东）自由贸易试验区，继续扩大韩资利用的规模和效益。

---

① 范振洪：《中日韩地方经济合作示范区产业合作的重点领域选择》，载张华、郑贵斌《中日韩地方经济合作示范区建设研究》，山东人民出版社，2013。

表1　韩国在山东投资情况（1989～2018年）

金额单位：个，万美元

年份	投资项目数	合同外资额	实际使用外资额
1989	5	590	357
1990	12	2207	785
1991	77	4751	1573
1992	185	13248	6028
1993	439	64469	13765
1994	481	52702	28504
1995	509	65905	39996
1996	534	155916	48428
1997	491	32184	77292
1998	342	29306	59086
1999	593	45551	52794
2000	1012	97754	56744
2001	1251	186715	88426
2002	1792	370058	155713
2003	2431	456484	283958
2004	2885	821136	359194
2005	3320	1138566	338538
2006	1755	484242	371372
2007	1225	213967	372069
2008	593	98674	126483
2009	401	86772	120565
2010	492	155909	95056
2011	335	103870	85479
2012	320	235747	111452
2013	365	219480	120034
2014	418	232623	152990
2015	555	302779	206717
2016	559	221438	225111
2017	403	387108	180661
2018	595	238563	144207

资料来源：山东省统计局《山东统计年鉴》1990～2018年版（2018年数据来自山东省商务厅）。

2. 对韩投资

山东对韩国的投资起步较晚，但发展迅速。目前，山东共在韩国设立企业和机构 336 家（截至 2018 年底），对韩国承包工程累计合同额为 3.2 亿美元（截至 2019 年 10 月）。其中比较有代表性的主要有：2013 年，迪尚集团（威海）成功收购了韩国著名服装企业 AVISTA 公司，成为首例中国企业并购韩国上市公司的案例；青岛百通集团 2012 年总投资 2 亿美元在济州岛建设度假村项目，成为当年中国对韩国投资最大项目之一；山东嘉元食用菌科技有限公司在韩国京畿道设立绿色蘑菇养殖基地，直接向首尔的超市供应各类新鲜蘑菇，为中韩农业合作探索了新模式；海尔集团、青啤集团和孔府家酒等山东知名企业也在韩国设立了营销机构。

表 2　山东对韩国投资情况

单位：个，万美元

年份	投资项目	中方投资额
2004 之前	35	512.1
2004	12	214.9
2005	23	913.0
2006	25	422.7
2007	29	635.6
2008	29	1070.1
2009	30	1853.8
2010	23	1745.4
2011	20	12590.7
2012	19	5929.0
2013	15	6916.1
2014	28	9033.0
2015	33	16866.0
2016	26	16325.0
2017	22	96464.0
2018	23	9362.0

资料来源：山东省对外贸易经济合作厅：《山东对外经济贸易年鉴》（2006～2009）；山东省商务厅：《山东商务年鉴》（2010～2015）；山东省统计局《山东统计年鉴》（2004～2018）。

（二）双向投资的结构日趋优化

近年来，韩国在山东投资方向由劳动密集型产业向资本、技术密集型产业转变，汽车、造船、电子、生物科技等重大项目不断增加，产业结构日趋合理。特别是韩国大企业纷纷投资山东，产生积极效应。韩国电力、三星、LG、现代、SK、GS、韩进、乐天、POSCO、锦湖、希杰、斗山、晓星等韩国前30位的大企业集团在山东进行了集群式、战略性投资，一批汽车零部件、造船、精细化工大项目以及研发中心落户山东。目前，投资额3000万美元以上的大项目占山东省利用韩资的50%左右。韩国大企业的投资带动了山东利用韩资规模不断扩大，水平不断提高，结构更加优化。其中比较有代表性的大项目主要有现代汽车集团在日照投资的现代威亚汽车发动机（山东）有限公司（14.85亿美元）、现代派沃泰自动变速箱（山东）有限公司（6.72亿美元），以及威亚模具、传动系统等，合计投资达到23亿美元。对韩投资的领域以劳动密集型产业为主，主要涉及服装加工、电子、农业种植与加工、木制品生产、海洋捕捞、房地产开发、水产品加工和进出口贸易等。目前，山东在韩国的投资项目主要有：（1）青岛百通城市建设集团股份有限公司投资设立百通鑫源股份公司，核准中方投资7506万美元，主要从事投资、房地产开发、酒店经营等；（2）威海纺织集团进出口有限责任公司投资设立株式会社AVISTA，核准中方投资4190万美元，主要从事服装生产与销售等；（3）山东中允集团有限公司投资设立美嘉置业有限公司，核准中方投资2970万美元，主要从事房地产开发。

（三）双向投资的区域相对集中

山东利用韩资主要分布于以青岛、烟台和威海为主的胶东地区。多年来，韩资企业在青岛、烟台、威海三市合计占全省韩资企业存量家数总和的90%左右。近年来，韩国投资由过去的加工贸易、劳动密集型，更多地转向统筹中国内需市场和全球市场的资源配置型投资，投资地区也由东部开始向中西部转移。山东对韩投资也主要集中于韩国的部分地区。

三　思路与对策

（一）更新观念，从全球价值链角度来审视山东与韩国的双向投资

继续加大利用韩资的力度，切实保障韩资企业合法权益。全面落实《外

商投资法》，有序清理与国家扩大对外开放、提升投资自由便利化水平等要求不符的地方法规和规范性文件。进一步健全韩资投诉处理机制，及时协调和回应山东利用韩资的重大关键性问题。同时，我们要改变长期以来“注重吸引韩资，忽视对韩投资”的观念，树立科学的双向投资观念。对韩投资，一是有利于增强山东企业的国际竞争力。随着经济全球化进程的不断加快，能否具有在全球配置资源的能力是一个企业竞争能力的重要体现。新形势下，要引导企业尤其是青岛、烟台和威海的高新科技企业进一步加大在韩国投资办厂或建立研发中心的力度，及时跟踪最新的国际科技领域的动态，充分利用国外的信息渠道和信息资源优势，提高产品的技术含量，从而提升企业的国际竞争力。二是有利于规避贸易壁垒和扩大国外市场。自中国加入世贸组织以来，贸易摩擦日益加剧。当前，世界经济正面临百年未有之大变局，一些国家“逆全球化”思潮泛滥，全球范围内贸易保护主义倾向日益凸显。在此形势下加大对韩国的投资可以帮助省内企业在一定程度上绕开贸易壁垒，扩大山东企业产品在韩国市场中的占有率，从而提高“山东制造”在国际市场中的影响力。

（二）充分利用中韩自贸区的机遇，加强双方在投资领域的合作

中韩自贸区的构建将大幅降低相互间产业、产品流动融合的成本，对促进区域内产业分工，优势互补，优化配置资源和生产要素，加速技术转移，加快提升产业、技术、能源、环境等战略领域合作层次，从而实现产业结构优化和规模效应等具有积极作用。一是韩国高端制造业将加速向山东转移。韩国国内市场狭窄，向外寻求成长空间的意愿迫切。关税和非关税壁垒的降低，为谋求成长空间和更加经济的生产要素，韩国优势产业将会追求更加有效的产业分工体系，更多地选择把最终生产环节放到山东，实现产业内垂直分工，共筑产业链安全。因此，不论是汽车、石化、钢铁、机械制造、半导体等传统产业，还是新能源、新材料等新兴产业，韩国企业都将有望增加对山东的投资。二是劳动密集型制造业领域的相互投资将增加。纺织服装类产品是山东对韩出口的主要商品。劳动密集型的纺织服装、箱包、鞋类等行业可以通过直接投资于同一产业内不同档次的产品，实现不同产品的产业内水平分工。三是有利于韩国高新技术产业向山东转移。自贸区形成的经济一体化趋势，关税降低和其他投资贸易便利化的实施，将促使韩国跨国公司通过直接投资和贸易往来，对山东省

相关产业的技术溢出和示范效应进一步扩大。特别是节能环保、新能源、新信息、新医药、新材料、海洋工程技术等战略性新兴产业韩国具有明显竞争优势，将成为今后一个时期与韩国经济技术合作的重点。四是中韩自贸区建设将促进山东企业“走出去”到韩投资。中韩自贸区的建设将给山东企业带来一个更加便利广阔的区域性市场，规避欧美发达国家对中国的部分贸易壁垒，从而促进企业对韩投资，优化产业分工和国际经济结构调整。特别是随着山东一大批企业跨国经营水平的提升，对韩投资的快速增长将成为可能，服装、计算机软件开发、机械设备、食品和服务业等领域的企业“走出去”预期明显。五是山东自贸试验区建设为鲁韩双向投资发展带来了新的机遇。自山东自贸试验区启动以来，一大批韩资项目入驻青岛、烟台、济南三大片区，韩国的高端装备、新一代信息技术、新能源新材料、文化创意、医养健康，以及海洋经济等方面的产业，都有比较优势，也和山东正在培育的十强产业高度契合。通过建设自贸试验区，山东与韩国的双向投资不断加强，全方位提升山东对外经济高质量发展。

（三）进一步建立健全人才引进、培育与使用的良性机制

投资于全球价值链的高附加值部分在很大程度上表现为处于产业链不同环节的企业之间的合作。而鲁韩企业之间的合作之所以能够实现，是因为彼此的比较优势具有互补性。因此处于不同发展水平的区域之间的产业链对接，需要彼此培育和发展具有互补性的比较优势，而比较优势的保持和发展，需要培养和积累大量的专业人才。因此要实施人才发展战略，建立健全人才引进、培育和使用的激励机制。一是培养高素质的知识型党政领导干部，重点是对有一定理论水平和实践经验、身体健康、有作为、有前途的中青年骨干进行特殊培训，然后把优秀者放在关键岗位进行锻炼提高；二是培养选拔高素质的技术和管理人才，重点培养造就科技领军人才、学科带头人和战略科学家；三是建立和完善人才流动机制，促进区域内或跨境人才流动，切实提供人才保障。

（四）进一步优化鲁韩双向投资的主体结构

一是实施对韩投资主体规模化战略，培育具有国际竞争力的大型跨国公司。当前全球竞争已经从国家之间的竞争转变为企业之间的竞争，山东应当从

前瞻性的角度对具有对韩投资能力的大型国有企业进行改组，尽快形成具有规模优势的大型对韩投资企业集团。① 二是实施对韩投资主体多元化战略。除了大型国有企业外，还要发挥民营企业的作用。随着对韩投资的不断深入，山东紧抓时代机遇，积极开展多种形式的跨国经营，一批有条件、有实力的民营企业开始加大对韩国的投资。三是继续加大对韩国跨国公司的招商引资力度，重点引进大型跨国公司特别是世界500强企业和能够带动区域经济发展的龙头企业。四是大力吸引韩国跨国公司总部入驻，在山东设立研发中心、物流中心、采购中心、财务管理中心、利润核算中心和培训中心等功能性机构，鼓励韩国的跨国公司在山东设立总部或地区总部。

（五）进一步建立完善的中介服务体系

一是进一步完善山东与韩国双向投资的公共信息平台建设。新形势下要继续发挥好大数据技术的作用，建议由双方的商务信息部门合作共建鲁韩国际经济技术合作信息共享网站等平台，由专人负责，强化主动服务意识，做好服务鲁韩双方企业的“店小二”，不断加大信息资源统筹管理力度，及时发布双方的投资政策、投资环境、市场需求以及企业和个人的相关信息数据库，为山东与韩国进行双向投资提供决策依据。二是进一步建立健全风险防范机制。要强化行政审批部门、行业主管部门等之间的信息实时传递和无障碍交换，及时定期公布双方企业在对外投资经营中遇到的各类问题、障碍和壁垒，加强风险点监管。通过构建双向告知机制、数据比对机制，把握监管风险点，加强对投资前期风险的分析和论证，努力将双方的投资风险降到最低。

① 卢庆华：《山东对外投资发展形势分析及对策建议》，载李广杰主编《山东经济形势分析与预测（2017）》，社会科学文献出版社，2017。

B.15 中日韩合作框架下山东与日韩金融合作的思路与建议

中国人民银行济南分行课题组*

摘 要： 中日韩是东亚最主要的三个国家，在区域经济发展中起着核心作用。作为面向日韩的桥头堡，与双边经贸合作相比，山东与日韩的金融合作明显滞后，突出表现在商业性金融机构以服务本国企业和居民为主、人民币跨境使用规模仍然较小、赴韩发债等金融市场合作进展缓慢、贸易投资增速放缓导致金融合作基础乏力、双边合作缺少机制体制性约束和政治基础薄弱等问题。下一步，山东应抓住中日韩经贸战略合作深入开启和山东自贸区获批良机，重点围绕中国对外开放中的重点领域和自贸区金融创新任务，打造深耕日韩的金融开放高地；同时依托“中日韩 + X”框架，逐步深化与东北亚其他国家的金融合作，争取建设面向东北亚的金融开放门户。

关键词： 中日韩 自贸试验区 金融创新 投融资便利化

作为全球重要的三个经济体，中日韩三国之间地缘、人文和经贸关系密切

---

* 中国人民银行济南分行课题组，课题组成员：郑录军，硕士，中国人民银行济南分行，处长，研究方向为金融科技与货币政策；张立光，博士，中国人民银行济南分行，副处长，研究方向为货币政策与区域经济；邹德志，大学本科，中国人民银行威海市中心支行，科长，研究方向为金融货币政策；王营，硕士，中国人民银行威海市中心支行，研究方向为国际金融与货币政策。

注：本文只代表课题组观点，文责自负，与所在单位无关。

且经济互补性强。[①] 优势互补、融合发展是中日韩必然的发展趋势。近年来，随着人民币国际化、金融业持续对外开放步伐的加快，中韩、中日之间的金融合作明显加速。为更好地推动发挥山东在中日韩在金融领域合作中的作用，课题组对中日韩金融合作框架、山东与日韩金融合作情况及存在问题进行了专题调研，并结合国家对外开放战略提出深化山东与日韩金融合作的发展定位和策略建议。

一 中日韩金融合作背景与发展历程

（一）中日韩金融合作背景

中日韩是东北亚三个最重要的国家，三国经济总量和金融市场规模在东亚甚至亚洲经济中都占有绝对地位和决定性影响力，中日韩的金融发展与合作对整个亚洲的金融稳定和金融发展都具有重要意义。但是，中日韩的金融合作一直受制于历史问题，缺乏坚实的政治基础，所以进展缓慢而且一波三折，始终未能取得根本性突破。1997 年亚洲金融危机之后，东亚各国处于预防危机发生并在危机中提供救援的目的，决定组建东亚金融合作组织，这为中日韩三国加强金融合作提供了条件和框架。在存在政治隔阂的情况下，中日韩三国选择通过加强与东盟国家的双边合作来间接地推进东北亚地区的贸易金融合作。

1999 年，东盟与中日韩（10 +3）领导人在菲律宾举行会议。在这次会议上，中日韩领导人举行早餐会，并启动了三国在（10 +3）框架内的合作。2000 年 5 月，第九届“10 +3”会议在泰国清迈举行，会议签署了“清迈协议”，同时中日韩三国领导人决定将会晤定期化。“清迈协议”的主要内容是形成一个地区性磋商机制、扩大东盟各国和中日韩相互之间的双边货币互换规模，它是东亚地区金融合作的重要里程碑事件，以后的东亚金融合作和区域性金融组织成立均是在这一协议基础上达成的。“清迈协议”达成的“10 +3”框架成亚洲金融危机后中日韩金融合作基础，后续双边货币互换协议、亚洲债

① 中日韩三国人口总和占全球的1/5，经济总量占全球的1/4。中国是日韩两国最大的贸易伙伴，日、韩分别是中国第二和第三大贸易伙伴国、第一和第二大投资来源国。

券市场建设、区域性监管机制等都依赖于“10+3”框架的建立。

2002年，三国领导人正式将中日韩领导人会议定期化，形成中日韩领导人会议机制。中日韩三国合作机制开启20年来，合作机制不断发展和完善，经历了初步合作、曲折发展和深化合作发展历程，推动三国关系朝着睦邻互信、全面合作、互利互惠、共同发展的方向前进，从而推动三国合作达到新的高度。

（二）中日韩金融合作的发展历程

1997年亚洲金融危机后，在各种内外因素的影响下，中国参与区域金融合作态度发生了很大转变，参与的方式和主动性显著提升。中日韩三国的金融合作也经历了初步合作、协同合作、曲折发展和深化合作阶段。

一是初步合作阶段（1997年亚洲金融危机至2008年全球金融危机前）。亚洲金融危机后，到2008年全球金融危机前，经过20多年的改革开放，中国外汇储备大幅增加，金融设施不断完善，市场活跃度显著提高，金融机构竞争力明显增强。金融市场体系的完备和竞争力水平的提升，显著增强了中国参与和推动国际合作的底气和动力。在此背景下，中国积极接触并参与区域性金融市场建设，中日韩三国在《清迈协议》框架下，探索建立东亚共同外汇储备基金，中国人民银行与日韩两国中央银行签订货币互换协议，商业银行开始在区域金融合作中发挥主力作用，中国银行业金融机构开始走出国门，到日本、韩国等设立分支机构。

二是协同发展阶段（2008年全球金融危机至2013年“一带一路”倡议前）。2008年，美国次贷风险引发了全球金融危机，危机的爆发引致国际政治经济格局出现了一系列重大变化。为了应对危机带来的负面冲击，国家间和区域间的金融合作明显增强，特别是中国参与区域金融合作由试探变得主动，开始与区域内其他国家探索建立符合自身发展实际的金融合作模式。在这种背景下，中日韩合作的意愿和主动性明显增加，为下一步深化合作奠定了良好基础。这一时期也是中国国际合作和人民币国际化快速推进的阶段，中日韩合作取得“清迈协议”由一系列双边协议扩展为多边协议、东亚外汇储备库规模扩大至三倍、货币互换国家数量和协议规模进一步扩大以及跨境人民币贸易结算试点启动、人民币在区域性贸易结算中的地位不断增强等成绩。

三是曲折发展阶段（2013 年“一带一路”倡议至 2018 年）。2013 年，中国提出“一带一路”国际倡议，标志着中国对外经济合作进入了一个新的阶段，中国开始成为区域金融合作的主导，积极性、主动性明显增强。同时，这一时期中国区域金融合作出现了明显的转变：实现增长型驱动，构建区域性金融机构体系，推进人民币国际化和防范金融危机，成为这一时期的主要特征。

这期间，中日韩金融合作明显增强，由局部合作向全面合作发展，特别是中韩启动自由贸易协定，对促进中韩金融合作深化发展打开了空间。但由于东北亚地缘政治问题复杂化、领土问题矛盾激化以及韩国国内政治的不稳定性，特别是美国的阻挠和干扰，中日韩经贸金融合作由热转冷。2013～2017 年的三国领导人会议两度中断，先前会议达成的成果也被短暂搁置。这期间中日韩金融合作取得的主要成果有中日韩金融合作、中韩自由贸易区、互市贸易区、亚洲债券基金、亚洲基础设施投资银行等。

四是重启深化合作阶段（2019 年至今）。进入 2019 年，美国不断退出国际多边经贸组织，转向构建双边贸易协作机制，给国际经贸合作带来新的挑战。在这种情况下，为了进一步深化区域经贸金融合作，应对世界贸易格局的不确定性，同年 5 月第 22 次东盟与中日韩（10＋3）财长和央行行长会议在斐济楠迪举行，确立了将维护经济金融稳定拓展为促进区域经济增长和一体化的战略合作方向，通过了《10＋3 财金合作战略方向》愿景文件，明确了进一步提高机制合作效率、探索合作方向和完善区域经济治理结构的目标。

为了更好地落实东盟会议成果，深化中日韩金融合作，2019 年 12 月中日韩领导人会议在中国成都举行，通过并发布了《中日韩合作未来十年展望》，在金融方面提出要“保持密切沟通协调，共同应对潜在的金融不稳定性。加强区域金融合作，包括强化清迈倡议多边化，提升东盟与中日韩宏观经济研究办公室的能力”。

纵观中日韩金融合作的发展历程，经过 20 余年的发展，三国在“10＋3”合作框架下不断深化，在多边对话机制、区域金融安全网、金融基础设施合作、债券市场建设等方面取得积极进展。进入 2019 年，由于政治原因延缓的中日韩金融合作，出现了趋暖、重启和走向全面深化合作的迹象和趋势。

二　中日韩金融合作：山东地位与发展现状

日韩两国是山东的重要出口对象和经贸伙伴。2019 年，中央批准山东设立自贸区，为山东打造对外开放新高地提供了战略依托，也为山东进一步加强与日韩合作和加快高质量发展提供了历史性机遇。

（一）山东在中日韩经贸战略合作中的重要地位

一是地理位置优越，经贸合作密切。与上海、福建、广东、天津和其他自贸区相比，濒临日韩是山东申建自贸区的区位优势之一。中日韩三国同为全球重要经济体，国内生产总值合计超过 16 万亿美元，占世界的 20% 以上，对外贸易额近 7 万亿美元，占全球的 20% 以上，经济总量占亚洲的 70% 以上。2019 年，日本和韩国分别是山东省第四和第五大出口地区，仅次于美国、欧盟和东盟，分别占山东当年出口总额的 10.7% 和 10.4%，二者合计份额基本保持在 20% 左右；自 2014 年起，韩国成为山东省第一大进口市场，尽管近两年山东自韩国进口总值占比有所下降，2019 年仍占山东当年进口总额的 8.6%。山东与日韩之间良好的合作基础与较高的经济活跃度高，可以为中日韩扩大自由贸易、深化金融合作提供试验平台和承接载体。

二是合作基础好，对外开放度高。一方面是山东港口优势突出。青岛是全球十大港口之一、中国第二大外贸口岸、中国北方最大的集装箱港口，与天津港、大连港相比，无论是区位、经济腹地还是港口条件，是唯一能够与韩国釜山港和日本南部港口群相抗衡的集装箱大港。同时，以区（保税区）、园（保税物流园）、港（临近港口）整合升级的青岛前湾保税港，创造了国内最具自由贸易港区试点优势的“青岛模式”，并在全国推广示范。随着中韩自贸协定的确立，将进一步催生胶东半岛的贸易订单激增，山东港口优势将更加突出。另一方面是具有丰富的各类国家级经济开发区。目前，山东省共有包括青岛经济技术开发区、烟台经济技术开发区、威海经济技术开发区在内的国家级经济技术开发区 15 个；有包括青岛保税港区、青岛前湾保税港区、济南综合保税区、青岛西海岸出口加工区、威海综合保税区等在内的海关特殊监管区域 10 家。青岛、烟台、威海三个沿海城市各类国家级开发区、试验区最为集中，这些地区同时是山东省对外贸易最为活跃的地区，也是承接中日韩经贸合作的主要区域。

二是山东一直是承担国家中日韩合作战略的先行区。基于山东良好的经济基础和开放水平，国家一直把山东作为承接中日韩经贸合作战略的先行区和“试验田”，许多战略合作交给山东承担或先行探索。如 2015 年 10 月，李克强总理访问韩国推动中韩金融合作，中韩双方在推进双边货币交易、扩大人民币债权试点、股权众筹融资合作和区域股权市场等五方面达成进一步合作的协议。其中 3 项内容是专门面向山东、服务山东的特殊优惠政策，大力推进鲁韩间的资本市场开放和双向合作。随着中日韩关系进入新阶段，山东与日韩金融合作的外部环境将更加适宜，合作空间和领域将进一步拓宽。特别是 2019 年山东自贸区的获批，将“深化中日韩区域经济合作”作为自贸区七大改革任务之一，并提出明确的要求，是全国 18 个自贸区中唯一被明确赋予这一改革任务的试验区，为鲁日韩金融合作提供了战略依托和制度空间。

（二）山东与日韩金融合作发展现状

改革开放以来，山东在中日韩经贸合作总体框架内，把日韩作为重要贸易伙伴，紧跟国家金融开放步伐，充分发挥地缘优势，在金融机构互联互通、人民币跨境使用、跨境投融资、外汇管理改革等方面，积极拓展与日韩的金融合作。

1. 金融机构间互联互通较为密切

中日韩建立金融合作以后，商业银行成为区域金融合作的主力，中国银行业大型金融机构开始在日韩设立分支机构，吸引日韩金融机构则成为山东的重要工作。为了更好地服务本土企业，日韩金融机构也抓住机遇，积极到山东设立分支机构。日韩尤其注重在山东沿海城市的布局，青岛、烟台和威海是这一时期的布局重点。1992 年，日本山口银行正式设立青岛分行，成为最早进驻山东的外资银行之一。此后，韩国企业银行、韩国新韩银行、韩国釜山银行等陆续入驻山东。来自这两个国家的外资银行占到驻鲁外资银行总数的近一半。2019 年 6 月末，山东省分别有日韩资银行、保险分支机构 11 家、10 家，主要集中在青岛、济南、烟台、威海四市。其中，青岛有 8 家日韩资银行机构和 7

家日韩资保险机构，济南有3家日韩资保险机构，烟台有2家韩资银行，威海有1家韩资银行机构（见表1）。

表1　韩资、日资金融机构在山东的设立分支机构情况

序号	银行机构	经营地址	出资情况	序号	保险机构	经营地址	出资情况
1	韩亚银行	青岛分行	韩资	1	中银三星人寿保险	青岛分公司	韩资
2		烟台分行	韩资			山东分公司(济南)	
3	企业银行	青岛分行	韩资	2	三星财产保险	青岛分公司	韩资
4		烟台分行	韩资	3	现代财产保险	青岛分公司	韩资
5	新韩银行	青岛分行	韩资	4	北大方正人寿保险	青岛分公司	日资
6	产业银行	青岛分行	韩资			山东分公司(济南)	
7	釜山银行	青岛分行	韩资	5	长生人寿保险	山东分公司(济南)	日资
8	友利银行	威海分行	韩资	6	日本兴亚财产保险(中国)	山东分公司(青岛)	日资
9	山口银行	青岛分行	日资	7	东京海上日动火灾保险公司	青岛代表处	日资
10	瑞穗银行	青岛分行	日资	8	日本损害保险公司	青岛代表处	日资
11	三菱银行	青岛分行	日资				

在中日韩区域经济合作试验区框架下，各地政府也希望能深化与日韩金融业交流联动，推动和支持地方法人金融机构积极探索与日韩金融机构加强合作，争取率先落实有关对外开放金融政策。2018年4月，青岛农商银行与釜山银行青岛分行签订战略合作协议，分别给予对方3000万美元（合3.5亿元人民币）的授信额度。2019年，日本村野证券与青岛初步达成设立合作基金公司和证券公司青岛分公司意向。省国投、威高集团与韩国先步天使伙伴合作，推动成立了总规模5.5亿元的医疗健康产业创业投资基金，深化威韩产融对接。

2. 对日韩跨境人民币结算稳步发展

随着人民币国际化战略的实施，人民币贸易结算试点启动。2009年7月，《跨境贸易人民币结算试点管理办法》正式实施。2015年，人民币跨境支付系统（CIPS）上线，人民币成为区域性结算货币，东亚成为重点推广区域，日本、韩国则成为主要参与国家。日本和韩国分别有30家和14家银行先后成为系统的境外直接参与者。

2014 年，交通银行首尔分行成为韩国人民币业务清算行。2018 年，中国银行东京银行成为日本人民币业务清算行，人民币在日韩跨境使用清算网络和渠道不断完善，为山东与日韩在经贸往来中使用人民币提供了便利。2016 年以来，山东对韩跨境人民币年度收付金额在全省的占比接近 10%，占比快达到全省对韩外贸总额占比的水平；对日跨境人民币年度平均收付额在全省的占比也较高。

3. 省内银行积极参与双边货币合作

货币互换是东亚“清迈协议”的重要内容，也是早期区域金融合作的基础。这一协议的达成既有效促进了中日韩三国的金融合作，也为人民币成为直接结算货币提供了有利条件。同时，在金融危机影响下，为了更好地稳定市场信心，为双边贸易投资结算提供流动性支持，中日韩达成了签订本币货币互换协议、设立货币兑换特许机构等合作。

一是韩国和中国于 2009 年 4 月第一次签署货币互换协议，规模达 1800 亿元人民币，2011 年 11 月将货币互换协议规模扩至 3600 亿元人民币，随后多次续签；最近一次为 2017 年 11 月，金额 3600 亿元人民币。中日之间在 2018 年 10 月签署了本币互换协议，金额 2000 亿元人民币。

二是尝试开展货币互换项下的韩元贷款业务。山东银行和企业自 2015 年起，就尝试使用中韩货币互换项下的韩元贷款业务，利用两国间央行信用进行低成本韩元融资。2014 年 11 月，青岛农商银行获得中国人民银行发放的首笔韩元贷款 3000 万韩元，约合人民币 16.9 万元。这是全国第一笔地方法人机构直接与央行开展中韩货币互换项下韩元贷款业务。交通银行青岛分行、青岛农商银行、荣成农村商业银行都曾开展过此类业务。

三是青岛农商银行成为全国首家地方法人银行韩元做市商。2016 年 6 月，人民币与韩元直接交易，明显降低了经济主体的汇兑成本，便利两国企业使用人民币和韩元开展经贸往来。2018 年 9 月 3 日，青岛农商银行获得银行间外汇市场人民币对韩元直接交易做市场资格，成为全国首家地方法人银行韩元做市商。

4. 与日韩跨境投融资往来较为活跃

日韩不但是山东的重要贸易伙伴，也一直是山东重要资本输入地和投资伙伴。推动中日韩跨境投融资，不但是国际合作深化的标志，也是中国金融改革开放的重要方向。同时，随着省内企业技术积累和竞争力的增强，积极推动山东企业国际化，走进日韩，增强国际竞争力，也成为山东省的重要目标方向。

一方面，日韩对山东投资稳步增长。日韩是山东省第二、第三大外资来源地，日资企业和韩资企业一直是山东重点吸引的对象。根据2019年联合年检数据①，日、韩两国在山东的现存投资企业共计5626家，投资总额318.5亿美元，营业收入2419.4亿元人民币，利润总额达78.2亿元人民币，纳税总额108亿元人民币，从业人数达31.4万人。仅2018年，山东新批日资、韩资企业增长接近或超过50%，来自日韩的直接投资超过100亿美元，占全省比重接近15%。2018年以来，山东来自日韩跨境融资的总笔数、累计签约金额和融入资金在全省均占有较高比重。

另一方面，山东企业把日韩作为重点投资领域，对日韩投资在全省的占比较高。截至2019年10月，山东省累计备案核准对韩国和日本两国境外投资企业（机构）623家，备案核准中方投资达25.5亿美元。累计对韩国、日本承包工程合同额分别为3.2亿美元和6860万美元，完成营业额共计3.75亿美元，累计对外派出各类劳务人员共计34.4万人次。如2018年，山东累计备案核准对日韩境外投资的企业（机构）投资金额合计占全省比重接近20%。

5. 积极推进跨境投融资便利化改革

进一步深化跨国公司跨境资金集中运营管理改革，持续推进跨境贸易和投融资自由化、便利化。近几年来，中国加大了外汇管理体制改革，推出跨国公司跨境资金集中运营和人民币“资金池”政策。山东省内大型企业集团占比高，大多属于跨国公司，在全球开展业务。同时，省内日资和韩资的跨国公司较多。这些政策红利的推出实施，对于充分调动境内外两个市场、两种资源，提高集团内外部资金周转使用效率，降低运营成果，具有重要意义。因此，政策推出以来，省内外汇管理部门和金融机构，积极发展省内大型企业集团和日韩资跨国公司完成“资金池”业务备案。同时，积极推进和实施全口径跨境融资宏观审慎管理，推动全省日韩企业使用全口径跨境融资宏观审慎模式开展跨境融资，融入资金支持全省发展。

① 《日韩在山东投资达318.5亿元》，大众网，2019年12月3日。

三　山东与日韩金融合作存在的问题与障碍

山东与日韩的金融合作虽然取得一些进展，但相对于双边贸易、投资和产业合作，金融合作明显滞后，总体上看仍然处于较低层次，距离双方经贸关系的深入发展与金融合作的深化还存在较大差距。

（一）商业性金融机构以服务本国企业和居民为主，合作层次较低

一是在鲁的日韩资银行机构业务中心多是为本国企业和居民提供基本结算服务与少量的信贷业务①，利润结构以利差收入为主；日韩资保险机构主要为日韩在华企业提供员工基本福利保障计划服务。二是目前山东省尚没有一家总部型的韩资、日资金融机构，外资银行数量比江苏少 19 家。省内地方法人金融机构在日韩设立分支机构依然为零。三是同业合作较少，多数省内法人机构在日韩无账户行，其日元、韩元业务仅限于现钞业务，无法为对公客户开立日元、韩元账户并提供结算服务。除青岛农商银行外，省内其他地方法人银行与日韩银行相互之间没有信贷授信，开展跨境结算、信贷业务均需要借助大型国有银行，时效性低，且需要支付较高的手续费。

（二）山东经济结构和金融创新相对滞后，毗邻日韩区位优势不能充分发挥

近几年来，山东省在各项金融改革中已取得积极成效，金融业保持健康稳步运行的良好势头。金融整体环境不断优化，金融机构体系日趋完善，金融产业分配更加均衡，山东省金融业发展实现了规模、效益的全面提升。但是，与国内广东、江苏、浙江等其他金融业发达省份相比，与山东省经济发展需求相比，山东省在一些金融改革领域仍然面临诸多问题和瓶颈，突出表现为山东省

① 以韩国友利银行威海分行为例，该行为威海辖内唯一的韩资金融机构，现有个人住房贷款和部分 1000 万元以下企业贷款的审批权，缺乏最终审批权。该分行市场定位是以服务在中国的韩资企业为主，经营相对保守，2013 年 5 月成立至 2019 年末本外币存贷款余额均不足 7 亿元。

金融对外开放度不高、社会融资结构不平衡等问题依然存在，同时传统金融集聚效应较弱，新兴金融增长又受到制约等问题，在开展与日韩的对外贸易和承接中日韩金融合作等方面，存在许多短板与不足，这导致许多对日韩的金融合作总体规模和增长不足。如人民币跨境支付系统推出后，为省内企业与日韩交易中选择人民币结算提供了便利，近几年山东也加大了对日韩的人民币跨境收付，但根据2019年6月末的数据，中国对日韩跨境人民币收付额远低于收付额排名前两位的中国香港和新加坡；2013～2018年，山东省与日韩跨境人民币结算总量居全国第五位，低于上海、广东、江苏、北京，规模和排名与山东贸易规模及毗邻日韩的区位优势均不相称。

表2　2013～2018年各省对日对韩跨境人民币收支排名

单位：亿元

对日		对韩	
省(区、市)	总额	省(区、市)	总额
上海	6130.52	北京	3299.75
广东	2522.91	广东	1727.79
江苏	2366.90	江苏	1587.69
北京	1450.40	上海	1291.65
山东	912.82	山东	1244.49

（三）赴韩发债和区域资本市场合作停滞不前，金融市场合作进展缓慢

目前，山东与日韩金融合作主要涉及贸易结算、跨境投资、货币互换等领域，资本市场、风险投资、资产证券化等领域缺乏有效合作。2015年，李克强总理访韩，在资本市场合作领域达成了两项共识：一是促进两国债券市场开放，支持国内机构赴韩发行债券；二是中韩双方考虑在山东开展股权众筹融资试点，推进山东区域股权市场和韩国柯斯达克市场合作。目前，日韩企业在中国银行间债券市场上发行人民币债券、境内企业到日韩发行人民币或外币债券在政策上没有障碍，但山东企业在日韩市场发行债券尚未实现零的突破。区域资本市场合作方面，双方在跨境资金流动、投资者保护、平台管理及风险防范和监管等方面存在较大差异，也未取得实质性进展。

（四）贸易投资增速放缓，金融合作基础乏力

2016年以来，山东与韩国进出口规模在2000亿元上下波动，除2017年同比增长2.3%外，其余年份均小幅下降，特别是对韩进口一直处于下降态势；与日本进出口规模为1200亿~1500亿元，增速除2017年达到13.9%外，其余年份均在5%以下。同时，由于日韩同时和中、美两国关系密切，受中美贸易战和用工等成本上涨影响，2019年以来，部分在鲁日韩资企业陆续撤资，将生产线转移至越南等国，经贸往来是金融合作的基础，这对深化山东与日韩的金融合作产生了不利影响。

（五）双边金融合作框架缺失，缺少机制体制性约束

国家层面上，中日韩三国之间的金融合作主要基于东亚“10+3”框架①，中日、中韩之间没有建立直接的双边金融合作框架，在体制机制上主要体现为一个比较松散的会议②、研讨等形式的聚合体，且极易受到政治因素影响。中、韩虽早在2012年就签订了自贸协定，并单独设立了金融服务章节，就国民待遇、加速业务审批、提高监管透明度、投资争端磋商等方面提供了框架，但很多细节性问题并未明确，也没有达成制度性约束事项。地方层面，山东也没有与日韩建立机制化、常态化、高规格的金融交流机制或平台，双方金融合作缺少有效的沟通磋商渠道。

（六）政治基础薄弱，金融合作难以持续深入

中、日、韩三国在政治经济体制方面的差异以及历史和领土问题争端，使双边金融合作缺乏坚实的政治基础，金融合作难以长期持续、巩固深化。中日

---

① 中日韩金融合作中具有制度性约束的事项，如本币计价的货币互换、对亚洲共同基金的出资、对亚洲债券基金的建设等，都是在东亚金融合作大框架下的延续和落实，且主要基于危机预防和救援导向，而非金融市场正常运行、经济增长和商业合作的考量。

② 中日韩金融合作在2008年金融危机之前，主要依靠“10+3”外长、财长、领导人会议；金融危机爆发后的2008年12月，中日韩领导人首次在东盟与中日韩（10+3）框架外在日本福冈举行会议，决定建立面向未来、全方位合作的伙伴关系。三国决定，在保留“10+3”领导人会议期间会晤的同时，将三国领导人单独举行会议机制化，每年在三国轮流举行。从实际召开情况，中日韩领导人会议极易受到政治因素影响，11年来只举办了7次。

金融合作方面，2012 年钓鱼岛事件后，中日经济高层对话、中日财长对话等双边金融合作对话机制处于中止状态，直至 2014 年末中日关系逐步走出僵局，中日金融合作再次启动。中韩金融合作方面，2016 年萨德事件后两国关系迅速冰化，许多前期探讨的金融合作项目被搁置甚至取消，直至 2018 年中日韩第七届领导人会议重启，中韩金融合作才重新步入新阶段。

四 深化山东与日韩金融合作的思路与建议

近几年，中国金融开放步伐显著加快，开放程度大幅提升。2018 年 4 月，中国人民银行行长易纲在出席博鳌亚洲论坛时宣布了进一步扩大金融业对外开放的具体措施和时间表；2019 年 5 月，银保监会推出进一步扩大保险业银行业对外开放业务的“12 条”；2019 年 7 月，金融委办公室发布了《关于进一步扩大金融业对外开放的有关举措》的“11 条”。金融开放进程的加快为山东加快金融创新，深入参与中日韩金融合作提供了良机。下一步，山东应进一步拓宽视野、提高站位，重新审视在中日韩金融合作中的角色定位，积极探索展开与日韩的金融合作。近期，要立足国家对外开放战略，力争打造深耕日韩的金融开放新高地。中长期，在深化与日韩金融合作的基础上，依托“中日韩 + X”框架，逐步深化与东北亚其他国家的金融合作，打造面向东北亚的金融开放门户。围绕这一目标定位，重点从七个方面深化与日韩的金融合作，并完善配套措施。

（一）加快推进双方金融机构在双方市场间的渗透深化

一是加强机构间的互联互通。鼓励山东境内金融机构在符合法律法规的前提下，积极拓展日韩金融业务，为中国“走出去”企业和个人开办人民币业务提供方便。推动并协助省内金融提高业务水平和市场标准，积极研究日韩对外资金融机构设立分支机构的门槛和标准，鼓励引导地方法人金融机构在日韩设立分支机构。进一步完善“引进来”金融服务体系，支持符合条件的日韩资银证保及资产管理、金融租赁、财务公司等金融机构到山东开设分支机构，并积极向国家争取优惠政策支持。

二是推动业务合作深化。搭建省内金融机构和日韩金融机构的推介交流平台，推动双方拓展在信贷授信、同业存款、资金拆借、贸易融资等方面的同业合作，并支持在鲁日韩金融机构将业务重心从为在华日韩企业和居民服务向发展人民币业务转变，鼓励在鲁日韩保险公司发掘拓展山东财险寿险市场。同时，依托省内法人金融机构，吸引优质外资资本投资入股，以资本融合促进机构合作。

（二）扩大人民币在与日韩贸易投资领域的跨境使用

一是完善山东与日韩间本币结算渠道，畅通人民币跨境结算和使用①。继续加强双边与多边沟通，建立健全多层次合作交流机制，完善双边本币使用体制机制。充分发挥省内地方法人的本地优势，支持更多符合条件的地方法人成为银行间外汇市场人民币对日元、韩元交易做市商；支持推动省内金融机构尤其是法人机构与日韩商业银行建立代理行关系，畅通便利人民币结算渠道和跨境使用。积极争取在山东设立 CIPS 区域接入中心，允许日韩金融机构到境内开立人民币账户；积极推动省内符合条件的金融机构向央行申请日元贷款②，满足企业多元化外币结算需求。

二是加快推动面向日韩的人民币资本项下业务创新，进一步畅通日韩人民币贸易项下回流渠道。加大对已有政策的宣传、推广和应用，支持省内金融机构按规定开展面向日韩的境外项目人民币贷款、人民币计价结算的跨境资产转让等业务等；积极向国家争取政策支持，允许在山东开展面向日韩探索开展合格境内有限合伙人（QDLP）试点工作③。鼓励山东企业对日韩出口直接收取人民币货款，支持日韩银行机构向山东出口企业提供人民币贸易融资；鼓励日韩企业使用人民币到鲁投资设立外商投资企业，省内企业从日韩银行或者在日韩的关联公司借入人民币外债等。

---

① 2019 年上半年，山东共有超过 1200 家企业对韩采用本币结算，结算金额 147.1 亿元，比 2018 年上半年增长 72.4%，比 2018 年下半年增长 17.2%，呈现出明显的增长势头。据对省内 60 家与韩国有经贸往来的企业和 20 家银行的调查显示，逾七成企业有较强意愿使用人民币或韩元进行结算，近八成银行表示人民币或韩元结算具有较大的市场需求。

② 货币互换项下的日元、韩元贷款利率低，能够降低企业的融资成本，还能满足企业使用韩元、日元进行结算的需求，减少企业汇率风险。日元货币互换协议 2018 年底刚刚签订，货币互换项下的日元贷款尚未开展。

③ 目前，这项试点工作已经在上海、广东等地开展。

（三）强化与日韩金融市场的务实合作

一是推动山东企业到日韩发行债券，争取日韩到山东设立各类投资基金。近几年山东企业境外发债呈现热情持续高涨、发债额逐年增加的态势，但债券发行所在地主要为中国香港。应积极推动面向日韩的发债供求对接，畅通山东企业海外融资渠道，为进一步助推山东对日韩的金融开放开辟新路径。同时，积极争取在山东设立中（鲁）日、中（鲁）韩产业投资基金，并争取中日产业合作基金①等国家层面合作基金的参股支持；支持日韩资股权投资、创业投资管理机构在省内发起管理人民币股权投资和创业投资基金，探索设立专业从事境内股权投资类基金公司，便利日韩企业在山东的跨境投融资。

二是加强山东区域性股权市场与日韩科创市场的联系。日本佳斯达克市场（JASDAQ）和韩国科斯达克市场（KOSDAQ）是除美国纳斯达克市场（NASDAQ）之外，世界第二和第三大创业板市场。应积极向证监会争取探索加强省内区域性股权市场与日韩科创市场的合作，建立山东与日韩资本市场对接机制，为省内创新型企业赴日韩两个市场上市融资、拓宽股权融资渠道提供便利，并推动山东区域性股权市场发展。

（四）继续深化对日对韩外汇管理改革

一方面，要充分利用自贸区政策推进外汇改革便利化。山东省内尤其是自贸区内外资企业众多，有大量的资本项目收入结汇支付便利化的现实需求。应积极争取扩大资本项目收入结汇支付便利化试点范围的业务规模，扩大合格企业范围和政策惠及面，进一步提高山东对日韩投资的吸引力。

另一方面，要结合鲁日韩企业实际需求，继续强化对放宽外商直接投资管理政策、跨国公司外汇资金集中运营管理政策、境外放款本外币一体化宏观审慎管理政策、全口径跨境融资宏观审慎管理政策等政策的宣传、推广和运用。

① 2018 年 10 月 26 日，中投公司与日本村野证券、大和证券、三菱日联金融集团、三井住友金融集团、瑞穗金融集团等 5 家金融机构签署合作谅解备忘录，成立中日产业合作基金。基金管理人为村野证券。中日产业合作基金集结了日本最优质的 5 家本土金融机构，代表了日本顶级的金融专业水平。

（五）完善跨境金融合作交流机制

一方面，搭建交流对话平台，助推鲁日韩深化合作。积极争取承办中日韩国家层面的对话机制，突出山东作为日韩先行区、东北亚先行区的特色。升级举办中日韩博览会的规格和内容，为推动中日韩交流合作、共享发展机遇、研究培育中日韩经贸合作新增长点搭建更高层次的对话平台。

另一方面，扩大政府间合作，建立稳定的经济金融合作机制。推动中日韩金融监管部门合作协议，推动山东与日韩金融机构加强资金清算、国际结算、贸易融资、银行贷款、股权投资等领域合作。建立山东省与日韩政府间的交流合作机制，探索建立地方经济金融合作示范区、产业合作园等模式。

（六）合作开拓面向东北亚的第三方市场

当前东北亚开发的首要目标是基础设施的互联互通。日韩企业在技术、运营方面有优势，但金融机构在东北亚国家基础较为薄弱。山东可发挥金融机构境外网点优势和资源优势，与日韩企业在跨境交通、能源、电力、通信等东北亚互联互通项目建设中加强合作。鼓励省内丝路基金、新旧动能转换基金等与日韩合作成立东北亚基础设施开发基金。支持符合条件的银行、保险、证券、资产管理等金融机构在自贸区内组建面向东北亚的跨境产品研发和业务中后台运营基地；探索建立中国—东北亚跨境重大项目信息平台、金融交流培训基地、金融智库联盟等项目，为项目合作及人才集聚和培养创造条件。

（七）建立并完善强化山东与日韩金融合作的配套机制

一是统一规划，协同创新，共同推进山东自贸区和中日韩金融改革创新，加大金融创新的能力，逐步建设成为面向日韩的离岸金融中心，以掌握中日韩合作主动权；打造区域经济连接体，在向国家申请政策时抱团取暖，实现由单一经济合作向科技、金融、人才、旅游等多领域全方位合作的转变，逐步形成了政府、行业、企业间多种形式合作发展的新格局。

二是加强地方人民政府和金融监管部门的沟通，明确管理部门和管理职责，完善区域金融监管协调机制，加强金融信息共享，提升风险联合防范和处置能力。

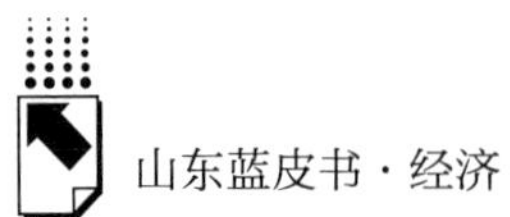

三是人才是金融创新的根本，优越的发展环境是金融人才集聚的首要条件。通过金融人才引进、培养、激励、服务等一系列举措，提升人才发展服务水平，优化人才创业创新环境，创造人才聚集洼地。

四是夯实金融基础设施是加强中日韩合作的关键环节，尤其是在金融创新快速推进的过程中，需要将金融基础设施作为一个先导性、系统性、全局性的工程给予重视，将其作为金融改革的配套体系进行统筹管理、协调推进。

B.16

山东利用外商直接投资效率评价与对策建议

钱 进*

摘 要： 近年来，山东的外资利用规模不断扩大，外资利用的质量和效率也显著提升，外资项目的技术含量逐步提高，外资流向的产业分布也趋于合理。外商直接投资的合理有效利用为山东经济发展提供了强劲动力支持，加快了山东的市场化和国际化进程，因此充分利用好外商直接投资尤为重要。通过分析山东利用外商直接投资的现状，并选取外商直接投资的业绩指数、增长率、利用率和依存度等指标对投资效率进行评价，找出当前山东利用外资中存在的问题，并进一步从优化产业结构、优化营商环境、提升利用效率、加强区位引导等方面提出相关对策建议。

关键词： 外商直接投资 实际利用外资 投资效率

山东省位于中国东部沿海，改革开放以来，积极引进外商直接投资（FDI），国民经济飞速发展。凭借自身良好的区位优势和经济环境，山东省对外开放不断向纵深拓展，外商直接投资的规模也在不断扩大。2019 年，山东省提出以“八大战略”布局为支撑，努力实现“走在前列、全面开创”的奋斗目标，提高外向型经济水平，逐步形成“沿海—内陆”的空间发展格局。近年来，外资

---

* 钱进，经济学博士，山东社会科学院经济研究所助理研究员，研究方向为区域经济、直接投资。

对山东经济发展的作用日益凸显，如何更好地利用外商直接投资，提高外商直接投资的效率和质量，使其更好地服务于山东经济发展与产业结构升级，具有重要的研究价值。近年来，山东利用外商直接投资成效显著。2018 年，山东省实际利用 FDI 达 205.16 亿美元，占全国实际利用 FDI 金额的 15.20%，吸引 FDI 在全国一直居于前列。山东利用外资的总量不断增加，外资项目的技术含量逐步提高，外资产业分布也趋于合理，外资的利用效率不断提升。外商直接投资的有效利用为山东经济发展提供了强劲的动力支持，提升了山东的市场化和国际化进程。

一 山东利用外商直接投资的现状分析

改革开放 40 年来，山东积极吸收与利用外商直接投资，其规模不断扩大。山东利用外资稳步增长，2018 年实际利用外资额为 205.16 亿美元，同比增长 14.89%。外商直接投资对山东经济发展的推动作用日益明显，有效地拉动工业经济的增长，增强了经济增长的后劲。同时，促进产业结构优化升级，山东通过积极吸引外资，引进大量先进实用技术，推动了以新材料、生物工程、电子信息等为重点的高新技术产业发展。提升服务业水平和对外贸易竞争力，促进外贸产业转型升级，提升了对外贸易的竞争力。

（一）山东利用外商直接投资的现状

2019 年 1～5 月，山东合同利用外资额与实际利用外资额分别为 127.4 亿美元、48.3 亿美元。

表 1 2012～2019 年山东省利用 FDI 情况

单位：亿美元，%

	2012 年	2013 年	2014 年	2015 年	2016 年	2017 年	2018 年	2019 年 1～5 月
实际利用外资额	123.53	140.53	151.95	163.01	168.26	178.57	205.16	48.30
合同利用外资额	165.57	177.09	159.53	200.45	211.54	274.06	285.07	127.40
实际利用外资额占合同利用外资额的比重	74.61	79.36	95.25	81.32	79.54	65.16	71.97	37.91

资料来源：根据 2013～2019 年《山东统计年鉴》计算和整理，2019 年数据来源于山东省统计局。

总体上看，2012～2018年山东合同利用外资额和实际利用外资额均呈现逐年增加的趋势。其中，2012年山东合同利用外商直接投资额为165.57亿美元，2015年达到200亿美元，2018年增加到285.07亿美元，同比增长4.02%，比2012年增长72.17%。2012年山东实际利用外商直接投资额为123.53亿美元，2018年增加到205.16亿美元，首次超过200亿美元，同比增长14.89%，比2012年增长66.08%。占比方面，2012～2018年山东实际利用外资占合同利用外资的比重均在65%以上，其中，2014年为近些年的最高值，达95.25%，之后出现小幅回落，2018年又出现上升趋势。从2019年1～5月的数据来看，占比下降为37.91%，下降幅度较为明显。

2010～2017年，山东的外商直接投资项目的变动幅度不大，基本上为0.15万个，而2018年出现较大幅度的增长，达到0.22万个，同比增幅近50%。由于2019年为1～5月的数据，按照同比增长计，外商直接投资的项目数也维持在较高水平（见图1）。可能的原因是，2018年山东实施新旧动能转换重大工程，以更加开放的方式吸引外商直接投资，因此山东对于外商投资的吸引力增加，外商也表现出对山东更高的投资热情。

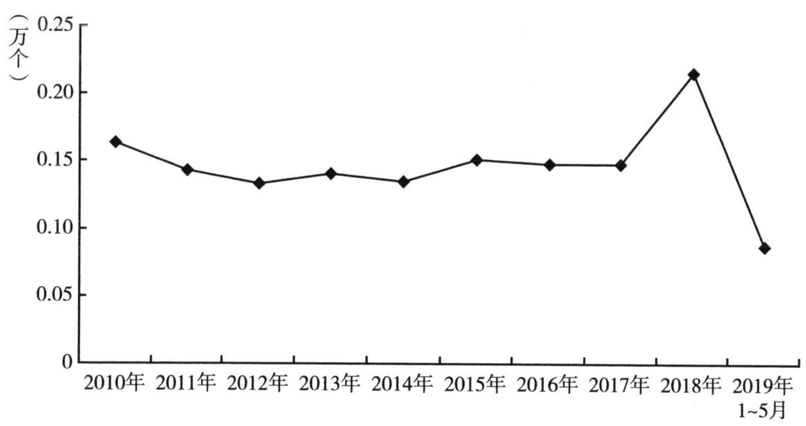

图1　2010～2019年山东外商直接投资项目数

资料来源：根据2011～2019年《山东统计年鉴》计算和整理，2019年为1～5月数据，来源于山东省统计局。

表 2　2012～2019 年山东实际利用 FDI 的全国占比情况

单位：亿美元，%

	2012 年	2013 年	2014 年	2015 年	2016 年	2017 年	2018 年	2019 年 1～5 月
山东	123.53	140.53	151.95	163.01	168.26	178.57	205.16	48.30
全国	1117.16	1175.86	1195.62	1262.67	1260.01	1310.35	1349.66	546.09
山东占全国比例	11.06	11.95	12.71	12.91	13.35	13.63	15.20	8.84

资料来源：根据 2013～2019 年《中国统计年鉴》《山东统计年鉴》计算和整理，2019 年数据来源于山东省统计局。

总体上看，近些年山东实际利用外资额在全国的占比一直保持在 10% 以上水平，且呈现逐年增加的趋势。2012 年为 11.06%，2018 年达到 15.20%，同比增幅最大，较 2012 年增加 4.14 个百分点。然而，在世界经济缓慢复苏和贸易保护主义增强、国内经济运行稳中趋缓的背景下，2019 年 1～5 月山东的实际利用外资额较上年同期有所减少，占全国比重仅为 8.84%。

（二）山东利用外商直接投资的特征

1. 外商直接投资倾向于二、三产业

作为中国的工业大省，第二产业长期以来是山东经济发展的支柱产业。随着改革开放进程的不断深化发展，外商直接投资规模也不断扩大，山东的外资利用也逐步趋于合理，目前主要集中在第二、三产业，而第一产业利用外资的规模则远远落后于二、三产业。2019 年 1～6 月，新设和增资总投资过亿美元大项目 62 个，合同外资 83.3 亿美元，分别增长 14.8% 和 52.3%。[①]

在外商直接投资的项目数方面，2018 年山东的三大产业同比增长幅度均较大，第一产业增幅最大，为 85.2%，第二产业增幅最小，为 31.6%。在合同利用外资方面，第一产业同比增幅最多，为 30.4%，第二产业降幅较为明显，为 -16.1%。在实际利用外资方面，山东的第一产业实际利用外资额最少，仅为 4.5 万亿美元，但增幅最大，为 54.3%；而二、三产业差别不大，均处于百万亿美元的水平，第二产业同比下降 4.4%（见表 3）。2018 年山东三

① 数据来源于山东省商务厅网站。

次产业的实际利用外资结构为2.2∶49.7∶48.1，山东的产业结构正在逐步优化升级，第二产业的外资额有所降低，而第三产业的发展趋势越来越好。

表3　2018年山东外商直接投资的产业分布

单位：万亿美元，%

产业	项目数(个)		合同利用外资		实际利用外资	
	2018年	同比	2018年	同比	2018年	同比
第一产业	50	85.2	5.0	30.4	4.5	54.3
第二产业	675	31.6	106.9	-16.1	102.0	-4.4
第三产业	1431	52.4	173.2	21.2	98.6	43.0
总计	2156	45.8	285.1	4.0	205.1	14.9

资料来源：根据2019年《山东统计年鉴》整理。

2. 外商直接投资方式偏重于外资企业

在改革开放之初，由于市场机制和投资环境的不完善，外资企业为了规避投资风险，对山东的直接投资以中外合资、中外合作方式为主。随着改革开放进程的深入发展，越来越多的外商倾向于利用独资方式进行投资。目前，外商直接投资的形式主要有：合资经营企业、合作经营企业、外资企业、外商投资股份制企业。

总体上看，外资企业是山东外商直接投资最主要的方式，其次是合资经营企业。近年来，外资企业的直接投资一直保持在100亿美元以上水平，且呈现逐年增加的趋势，由2014年的115.81亿美元增加到2018年的149.30亿美元，增长28.92%，年均增长7.23%。合资经营企业的直接投资由2014年的34.02亿美元增加到2018年的49.51亿美元，同比有所下降，年均增长11.38%。合作经营企业与外商投资股份制企业的直接投资额较少，合作经营企业和外商投资股份制企业在2016年出现同比下降的趋势，合资经营企业和外商投资股份制企业在2018年出现同比下降的趋势（见表4）。

3. 外商直接投资来源地相对集中

近年来，山东积极推动外资来源国别或地区的多元化发展，吸引外资的地区分布更加广泛，但从目前利用外资的实际情况来看，外资来源集中的趋势仍

表 4　2018 年山东实际使用外商直接投资方式

单位：亿美元

	合资经营企业	合作经营企业	外资企业	外商投资股份制企业
2014 年	34.02	0.58	115.81	1.53
2015 年	39.70	2.80	117.30	3.21
2016 年	46.21	0.37	118.63	3.05
2017 年	52.37	2.21	118.98	5.01
2018 年	49.51	2.94	149.30	3.41

资料来源：根据 2015 ~2019 年《山东统计年鉴》整理。

未得到有效改变，亚洲是利用外资的集中来源地，其次是欧洲。山东的近邻国家和地区成为吸引外资的重要来源，如中国香港、韩国、东盟等国家和地区。

山东吸收 FDI 来源地集中度较高，主要集中在亚洲地区，其次是欧洲。具体来看，中国香港是山东实际利用外资最多的地区，2018 年为 120.77 亿美元，同比增长 34.74%；其次是韩国，2018 年为 22.94 亿美元，同比增长 26.95%。韩国成为继中国香港之后山东最大的外资来源地。相近的地理位置为山东吸引韩国投资提供了便利条件。2015 年，中韩自贸协定的签订也为鲁韩经贸发展和引进韩国投资提供了更加便利的条件。来自欧盟和东盟的外资额也维持在 10 亿美元水平。2018 年，山东实际利用中国香港、韩国和东盟的直接投资额同比增加，而欧盟同比下降，降幅达 29.95%（见表 5）。

表 5　2018 年山东实际利用外资来源前四位国家或地区情况

单位：亿美元

	中国香港	韩国	欧盟	东盟
2017 年	89.63	18.07	14.56	12.14
2018 年	120.77	22.94	10.20	12.75

资料来源：根据 2018 ~2019 年《山东统计年鉴》整理。

二 山东利用外商直接投资效率的评价分析

山东吸引外商直接投资的效率测度，是外资利用质量和效益的评价标准。以下运用外商直接投资的业绩指数、增长率、利用率和依存度等指标，对山东利用外商投资的效率进行测度和评价。

（一）山东外商直接投资的业绩指数分析

业绩指数是一个相对衡量的指标，通过外商直接投资与国内生产总值的比值能够有效体现一个地区利用外资的情况。如果其值大于1，说明该地区利用外资的业绩状况较好。其计算公式为：

$$F_t = \frac{FDI_i/FDI_I}{GDP_i/GDP_I} \quad \text{（公式 1）}$$

其中，FDI_i 、GDP_i 分别表示山东第 i 年的实际利用外商直接投资额和地区生产总值，FDI_I 、GDP_I 分别表示第 i 年的全国实际外商直接投资额和国内生产总值。

2000～2018 年，山东利用外商直接投资业绩指数维持在 0.8～2.0 区间内，其中 2000 年业绩指数为 0.88。2008～2010 年出现的下降趋势，可能与当时全球金融危机的影响有关。2011～2018 年呈现逐年增加的趋势，2018 年达到近些年的峰值，业绩指数为 1.79（见图 2）。从总体上看，山东利用外商直接投资的业绩指数维持在合理区间内且近些年呈现上升趋势，表明山东利用外资的水平不断提升。

（二）山东外商直接投资的增长率分析

该指标可以体现一个地区利用外商直接投资的增长情况，其值越大，在一定程度上能够说明该地区的投资环境越好。总的来说，实际利用外资与利用外资效率成正向变动趋势，计算公式为：

$$R_t = \frac{FDI_t - FDI_{t-1}}{FDI_{t-1}} \times 100\% \quad \text{（公式 2）}$$

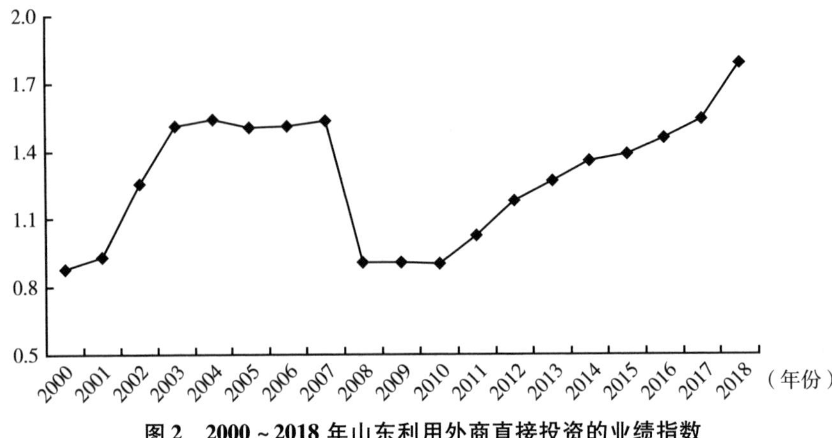

图2　2000～2018年山东利用外商直接投资的业绩指数

资料来源：根据《山东统计年鉴》（2001～2019年）整理。

其中，FDI_t 为当年山东实际利用FDI，FDI_{t-1} 为上一年山东实际利用FDI。

总体上看，2002年与2008年山东外商直接投资的增长率出现较大波动，由2001年的21.85%上升到2002年的54.27%，2003年迅速回落到26.99%，2005～2007年基本维持在10%内。由于受2008年全球金融危机的影响，山东外商直接投资增长率出现负值，为-31.97%，下降幅度明显，且一直持续到2009年。2010～2018年，山东外商直接投资的增长率变化趋势较平缓，基本维持在12%左右，2018年达到近年最大值，为12.60%（见图3）。

（三）山东外商直接投资的利用率分析

一般来说，运用外资利用率来分析外商直接投资的利用效率，可以通过实际利用FDI与合同利用FDI的比率来表示，也可以称之为资金的到位率，能够反映外商直接投资的资金真正使用情况。一般来说，外资利用率越高，外商对该地区的投资状况越满意，实际注资金额也越多，也越能够反映外商直接投资的履约情况。其计算公式为：

$$外资利用率 = \frac{实际利用外商直接投资额}{合同利用外商直接投资额} \times 100\% \quad （公式3）$$

2000～2005年，山东外商直接投资的利用率在50%以内，其中2005年最

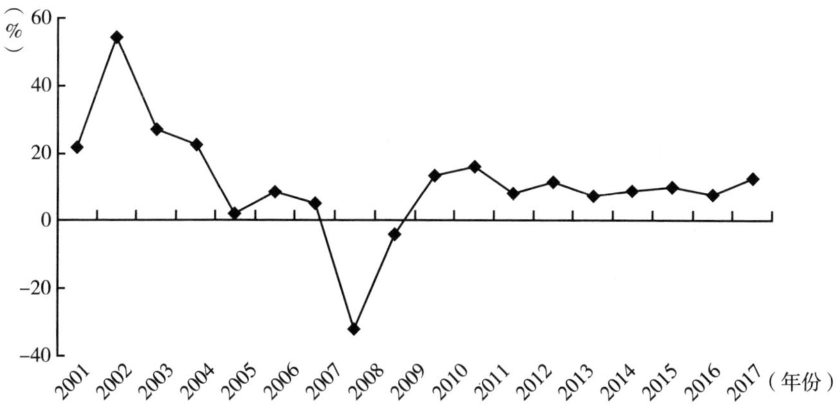

图3　2001～2018年山东外商直接投资的增长率

资料来源：根据《山东统计年鉴》（2002～2019年）整理。

低，仅为32.63%。此后，2006～2018年均维持在60%以上水平，变动趋势较平缓，2014年的利用率最高，为95.25%。总体来看，山东的外资利用率较高，在一定程度上说明外商对山东的投资状况较满意。

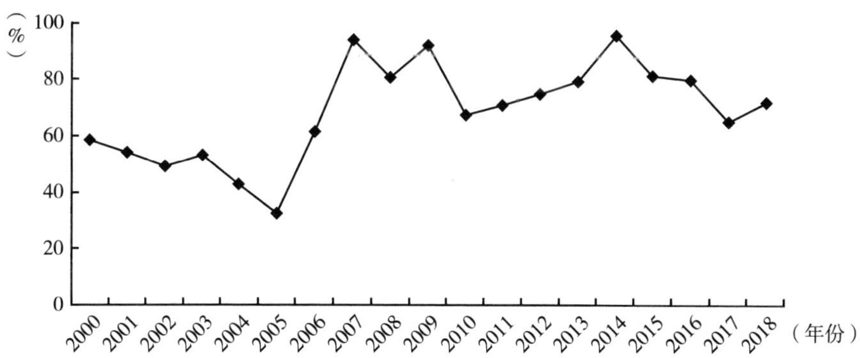

图4　2000～2018年山东外商直接投资的利用率

资料来源：根据《山东统计年鉴》（2001～2019年）整理。

（四）山东外商直接投资的依存度分析

该指标能够反映外商直接投资对该地区经济发展的贡献程度，如果该值越大，则说明外资的贡献度越大，由此也会产生较强的外资依赖，其计算公式为：

$$O_i = \frac{FDI_i \cdot r}{GDP_i} \times 100\% \qquad (公式4)$$

其中，FDI_i 为山东历年的实际利用外资额，单位为亿美元；r 为中国历年年末的中间汇率；GDP_i 为山东历年的国内生产总值，单位为亿元人民币。

2000～2007 年，山东外商直接投资的依存度变动趋势明显，2003 年达到峰值，为 4.86%。2008～2018 年的曲线变动较平缓，外资依存度基本维持在 1.5%～2.0%，其中，2018 年为近 10 年的最高值，达 1.78%（见图5）。总体上看，外商直接投资对山东经济发展的贡献度维持在合理水平，对山东经济发展提供了较大的动力支持。

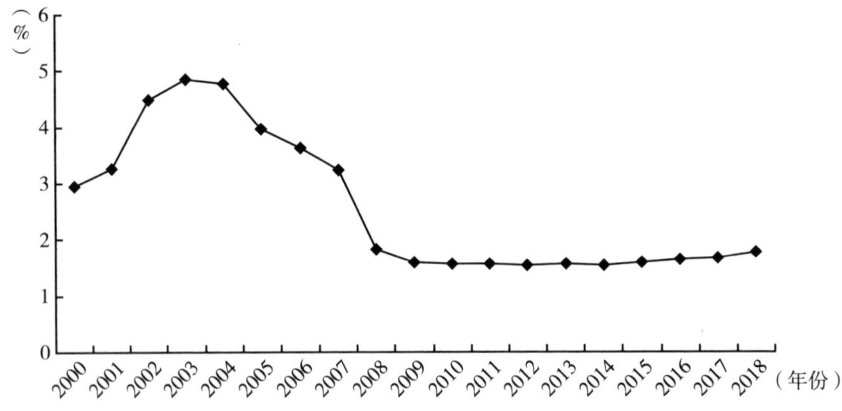

图 5　2000～2018 年山东外商直接投资的依存度

资料来源：根据《山东统计年鉴》（2001～2019 年）整理。

三　山东利用外商直接投资存在的问题

改革开放以来，山东积极吸引外商直接投资，经过 40 多年的积累，外商直接投资总量不但攀升，对山东的进出口贸易优化和产业结构升级等方面起到积极的推动作用。然而，山东产业结构不合理、自主创新能力不强、经济发展质量效益不高、资源环境约束加大等结构性矛盾依然突出。山东的外商直接投资也面临着一些问题，成为制约山东经济发展与对外贸易的影响因素，主要表现为以下几个方面。

（一）产业和区域分布不够均衡

山东产业结构层次偏低，服务业发展相对滞后，工业结构偏重、产业层次不高。在产业方面，从山东三大产业吸引外资额来看，第一产业吸引外资额较少，外商直接投资主要集中在二、三产业，一定程度上加剧了产业间的资源配置失衡，进而增加了产业的发展成本。2019 年上半年山东省实现生产总值 41823.3 亿元，增长 5.4%，其中，第一产业增加值 2339.7 亿元，增长 3.0%，第二产业增加值 18297.0 亿元，增长 2.6%，第三产业增加值 21186.6 亿元，增长 8.5%。全省三次产业结构为 5.6∶43.7∶50.7，服务业占比同比提高 1.4 个百分点。[①] 第二产业吸引外资主要集中在制造业领域，第三产业集中于房地产领域，而外资在交通、通信、科学研究等领域的投资额较少。在区域分布方面，近些年山东的中西部地区积极吸引外商直接投资，虽然也实现了快速增长，但青岛、烟台、威海等地区具有明显的区位优势，因此外资还是主要集中在东部沿海地区，而中西部的内陆地区引进外资的规模相对较小。随着改革开放的深化发展和外资规模的不断扩大，区域经济发展不平衡问题逐渐显现，导致了山东产业发展不均衡，这与山东各地市的地理位置、资源禀赋等方面的差异有关。

（二）技术创新能力有待提升

山东在利用外资初期，投资主要集中在技术含量和产品附加值较低的劳动密集型产业。改革开放以来，虽然山东吸引外商直接投资的规模持续扩大，但在总量与质量方面与中国沿海城市尤其是广东、江苏等地的差距明显，具有吸引外资渠道单一、引进项目趋同、高新技术产业附加值不高等特点。在外资的带动下，广东、江苏等地区的外资产业实现转型，逐步转向技术密集型为主的产业。然而，山东的外商直接投资仍以劳动密集型的加工产业为主，科技含量低，产品附加值处于中低端水平，缺乏进行大规模技术创新的能力。2019 年 1 ~ 6

① 根据山东统计局相关资料整理。

月，山东高技术服务业引资增长较快，其实际使用外资 6.5 亿美元，增长 79.8%，占服务业比重达到 17.3%，提升 5.6 个百分点，主要由专业技术服务、研发与设计服务、科技成果转化服务等产业拉动①。在新兴产业和科技产业引进外资的不足，不利于产生具有规模效益的产业集群效应，从而不利于优化升级外贸出口结构。当前山东省的人口红利正在逐渐减少，如果不重视提升产品的科技含量，将不利于外资的有效利用，进而不利于山东经济的高质量发展。

（三）外资来源地和投资方式相对集中

近年来，山东非常重视外资来源地的多元化发展，吸引外资的地区也在不断扩大。但从目前利用外资的实际情况来看，外资来源集中的趋势仍未得到有效改变，亚洲为利用外资的集中来源地，其次是欧洲。山东的近邻国家或地区成为吸引外资的重要来源，如中国香港、韩国、东盟。外资来源地相对单一和集中，不利于山东利用外资的多元化和规模化发展。2019 年 1～6 月，来自中国香港、欧盟、新加坡、美国的实际投资分别增长 5.6%、82.6%、47.5% 和 7.1%。其中，欧盟中的德国实际投资 3.7 亿美元，成为山东省第二大单体外资来源地②。在改革开放初期，由于中国市场机制和投资环境的不完善，外资企业为了规避投资风险，对山东的直接投资以中外合资、中外合作方式为主。随着外资的不断涌入，以及山东对外开放程度的不断深化，越来越多的外商倾向于利用独资方式进行直接投资，这种方式成为目前最主要的投资方式。在外资企业中，来自日韩的外资占比较大，且主要集中在以加工贸易为主的企业，进口中间品或半成品，经过装配制造和生产以增加产品的附加值。外资来源渠道的集中化，也增加了外资的使用风险。

四　进一步提升山东利用外商直接投资效率的对策建议

习近平总书记 2018 年 6 月视察山东时，要求山东主动融入国家开放大局，

① 数据来源于山东省商务厅网站。

② 数据来源于山东省商务厅网站。

提升对外开放水平，扩大高质量招商引资，深度融入“一带一路”建设，打造对外开放新高地。山东应深入贯彻落实党的十九大和十九届二中、三中、四中全会及中央经济工作会议精神，坚持新发展理念，按照高质量发展要求，以深化供给侧结构性改革为主线，加快构建现代化经济体系，加快塑造新旧动能转换优势，持续扩大外资引进力度，提升利用外资效率。

山东地理位置极其优越，东临黄海、渤海，西依中原腹地，北临京津冀，南邻长三角经济圈。此外，东西狭长深入海洋，毗邻日、韩等国，有利于吸引外商直接投资。由于山东各地市的对外开放程度、经济发展状况和地理位置等差异，利用外商直接投资的情况也各异。随着改革开放程度的不断深化，外商直接投资对山东经济高质量发展和产业结构升级的带动作用更加凸显，各地市应根据自身发展实际，因地制宜地制定适合本地区的招商引资政策，吸引外商直接投资，优化外资利用结构，优化营商环境，加强区位引导，提升外资使用效率。

（一）优化产业结构，推动产业高质量发展

山东吸引外商直接投资主要流向第二、三产业中以劳动密集型为主的加工制造业，产业价值链处于中低端水平，而流向以技术或资本密集型的高端制造业的外资相对较少。为此，山东应加大对技术或资本密集型外资项目的引入，提升第二产业技术附加值的产业水平，鼓励大型跨国公司到山东设立研发机构、采购中心等各类营运中心，促进山东传统产业的优化升级，推动产业高质量发展。加快技术创新，提升产品附加值，向产业链两端延伸。将吸引外资的重点放在先进制造业领域，积极引导外资流向高技术含量的制造环节，加强科技创新和自主研发能力，培育新兴主导产业，增强制造业产业的国际竞争力。优化投资结构，加大对企业技术改造、战略性新兴产业发展的支持力度，引导各类市场主体扩大投资，提升外资引进水平。此外，鼓励外资进入航天科技、生物技术、新能源新材料等新兴产业，推动高新技术产业的发展。同时，加强生态保护和重视绿色发展，鼓励外资高效利用，加大对高物耗、高能耗外资项目的审查力度，发展绿色经济，促进绿色投资。此外，加强内资企业与外资企业的联系和对接，提供配套保障措施，提升服务水平。扩大外资准入，完善配套措施，促进山东高端制造业和现代服务业领域利用外资“量增质升”，实现

外商直接投资产业结构的优化升级。

近年来山东服务业发展势头迅猛，应充分挖掘第三产业的引资潜力，拓展外资利用的广度和深度，鼓励外资更多地流向金融、科技和运输物流等领域。进一步放开服务业领域外资准入限制，扩大开放金融、教育、医疗、旅游等服务业领域，有序放开电子商务、商贸流通等服务业领域，扩大服务业外资利用规模，促进服务业持续发展。借鉴和学习外资企业的先进技术和管理经验，优化山东的产业结构，实现由劳动密集型为主的加工业向以技术、知识密集型为主的产业转型。强化对投资项目的审查、管理和监督，增加对工业、农业等领域的先进技术及有关第三产业项目的引进力度，进一步放开邮电运输、科教文卫等基础性产业，合理引导外资进入垄断性产业，将先进技术、高效管理模式、竞争效率等引入产业内部，形成良性的循环发展格局，积极发挥外资对关联产业和有关项目的示范带动作用。

（二）优化营商环境，促进投资多元化发展

《外商投资法》于2020年1月1日正式实施，由此确立了新型外商投资法律制度的基本框架，为中国推进更高水平的外资利用效率提供了法治保障。投资环境是吸收与利用外资的基础要件，投资环境包括硬环境和软环境两个方面，两者相辅相成，这就需要在优化投资硬环境的同时，着力改善投资软环境。继续扩大开放领域，采取多种形式对基础产业和基础设施建设领域持续增加资金投入，充分发挥外商直接投资的带动作用，为外商企业来山东投资提供环境保障，从而实现利用外商直接投资与改善环境的相互促进。完善外资企业投资的相关制度和配套措施，强化对知识产权的保护，激发外资企业的投资积极性，解决其后顾之忧。以法治化、国际化、便利化为导向，以加快服务型政府和智慧政务建设为主要抓手，建设竞争公平、政策稳定、透明、可预期，服务高效便捷，“亲商、安商、富商”的国际一流营商环境。

山东各地市应积极搭建以政府为主导的电子政务和融资服务平台，以便更好地为外资企业服务，打造高效透明的投资环境。对于外资企业多元化的发展诉求，鼓励省内金融系统为外资企业提供相关投融资等金融服务。提升外商对鲁投资的便利化水平，精简和规范相关行政审批程序，增加行政审批的透明度，为外资企业投资行为提供便捷化条件和优质服务。强化外商投诉建议的机

构服务功能，积极与外商投资企业沟通与协调，推动问题及时有效的解决。各地市还应完善物流体系和信息网络体系，加大对高速公路、铁路和机场等设施的建设投入，降低企业的物流成本，为外资企业投融资提供服务。加强科技创新人才队伍建设，依托各类创新人才引进政策，开展科技引智工作，制定更加优惠的人才配套政策，实现更广范围的科技成果资源转化。

（三）提升外资的利用效率，由“招商引资”转向“择商选资”

山东的外资来源地相对比较集中，以中国香港和韩国等亚洲地区为主，而欧美等发达国家的外资来源相对较少。为此，山东应继续加大吸引亚洲近邻地区的直接投资，同时借鉴欧美发达经济体的优质资金。值得一提的是，欧美等发达经济体的先进管理经验与技术水平均居于领先地位，引进这些地区的外资可以最大限度地提升山东外资利用水平和利用效率。山东应拓宽外资来源渠道，优先引进高技术附加值的外溢型资金，也要注意外资来源地的分散化，降低区域经济波动带来的可能性引资风险。坚持引资与“引智”相结合，注重加强与技术研发人才的交流。引导外资企业积极吸纳山东本地的劳动力资源，加强本地就业人员的技术培训和管理培训，提升其技能与职业素养。

山东已经逐步由“招商引资”向“择商选资”转变。应严格限制高污染、高耗能和低技术含量的外资项目引入，加强外资项目的审核和监督管理。积极开拓多元化国际市场，优化外资产业结构。深度对接和融入“一带一路”建设，塑造外贸产业发展新优势，提升引资引智水平。对第一产业的外资，政府应积极引导外资流向农业技术研发和生物制品领域，协调平衡第一产业与第二、三产业的外资利用额。对第二产业的外资，积极鼓励涉及新技术、新材料和高精尖领域的外资项目进入。对第三产业的外资，逐步放宽市场准入条件，实现管控动态管理机制，对流向科教文卫等领域的外资进行审慎引导。扩大高质量招商引资，重塑开放型经济发展新优势，更大范围内实现资源的优化配置，充分利用国际国内两个市场、两种资源推进供给侧结构性改革，构建现代化经济体系。

（四）加强区位引导，发挥新旧动能转换综合试验区引领作用

充分发挥山东区位、资源、产业和市场优势。当前，山东外资利用呈现明

显的地域特征，引进外资额总体上由东向西递减，东部地区引进外资额远高于中西部地区。山东应加强区位引导，引导外资更多地流向中西部地区。对东部沿海地市，要继续发挥区位优势和资源优势，提升外资项目的准入门槛，扩大技术和资本密集型项目的引入力度，搭建金融中心、科创中心等平台，为外资引进和转化成产业优势创造有利条件。增加沿海地区向内陆地区的辐射范围，将劳动密集型外资项目向中西部转移，实现外资项目的梯度协调发展，优化产业分工结构。综合运用财政、税收等调节机制，实现外资进入的合理化空间布局，努力缩小区域经济差距，实现东部沿海与内陆地区外资资源的优化配置。

世界经济格局发生深刻变化，中国经济由高速增长阶段转向高质量发展阶段，正处在发展方式转变、经济结构优化、增长动力转换的关键期。面对国际国内发展环境的新变化，山东积极打造新旧动能转换综合试验区。解决山东经济发展的结构性问题，根本出路在于以深化供给侧结构性改革为主线加快新旧动能转换。新旧动能转换综合试验区是党的十九大后获批的首个区域性国家发展战略，也是中国第一个以新旧动能转换为主题的区域发展战略。山东应以实施新旧动能转换重大工程为引领，增强各地市和各级部门引进和利用外资工作的意识，增加对外商直接投资的重视程度，精准对接山东新旧动能转换“十强”产业①，进一步优化山东利用外资结构和扩大外资引进规模。围绕“十强”产业，以增强产业竞争力为着眼点，积极吸引外商先进技术、管理经验，加快山东传统产业结构转型升级。

---

① “5+5”十强产业为新一代信息技术、新能源新材料、现代海洋、高端装备、医养健康等5大产业，以及现代高效农业、现代金融服务、高端化工、文化创意、精品旅游等5大优势产业。

典型分析篇

Typical Analysis

B.17
青岛：加快推进中国（山东）自由贸易试验区青岛片区建设

金　花*

摘　要： 设立自由贸易试验区是党的十八大之后，中国对外开放进程中一个重要的制度创新。可以说，设立自由贸易试验区对加快推进中国形成全面开放新格局，提升开放型经济发展水平，实现贸易高质量发展具有重要意义。中国（山东）自由贸易试验区获批后，青岛片区作为试验区面积最大、承载任务最多、责任最重的片区，既有制度创新的压力，也有改革发展的动力。青岛作为中国对外开放前沿，再一次迎来更高水平的发展、更深度的改革、更加开放的制度创新的战略机遇。本文通过对青岛片区发展基础与优势的分析、发展机遇与挑战以及批复后取得进展，提出推进青岛片区建设的支撑点，

* 金花，经济学博士，青岛市委党校经济学部副主任、教授，研究方向为城市经济、产业经济。

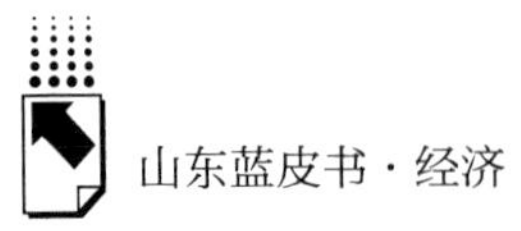

即：一是对标国际通行标准，打造国际一流营商环境；二是打造区域枢纽门户，构建全方位开放新格局；三是创新贸易新业态，提高国际贸易核心竞争力；四是发挥海洋经济优势，提升海洋产业国际竞争力；五是加强区域协同发展，提高青岛片区辐射带动力。

关键词： 自贸试验区　青岛片区　制度创新

设立自由贸易试验区是党的十八大之后，中国对外开放进程中一个重要的制度创新。可以说，设立自由贸易试验区对加快推进中国形成全面开放新格局，提高开放型经济发展水平，实现贸易高质量发展具有重要意义。自2013年9月首批自由贸易试验区获批以来，国家共6次批复了18个自由贸易试验区，初步形成了“1+3+7+1+6”的基本格局，构筑了东西南北中协调、陆海统筹的开放态势，为进一步推动中国开放发展奠定了坚实发展格局。

2019年8月26日，国务院批准设立中国（山东）自由贸易试验区（以下简称山东自贸试验区），涵盖济南、青岛和烟台等三个片区。其中，青岛片区位于青岛西海岸新区，含青岛前湾保税港区和青岛西海岸综合保税区两个海关特殊监管区域。青岛再一次站在国家改革开放先行先试的前沿，迎来了更高水平的开放、更有深度的改革和更有力度的制度创新的战略机遇。自获批以来，特别是挂牌之后，青岛片区坚持以制度创新为核心，加快转变政府职能，加大在投资贸易、金融创新等方面的改革力度，围绕现代海洋、国际贸易、航运物流、现代金融、先进制造等五大产业，开展差异化探索试验，推动片区各项工作取得积极进展。

一　中国（山东）自贸试验区青岛片区发展基础与优势

山东自贸试验区总面积为119.98平方公里。其中，青岛片区为52平方公里（含青岛前湾保税港区 9.12 平方公里、青岛西海岸综合保税区 2.01 平方公里），全部位于国家新区青岛西海岸新区范围内，约占山东自贸试验区总面积的 43.3%，是三个片区中面积最大的片区；承担总体方案 112 条改革创新试点任务的 106 项，占 94.6%，也是承担试点任务最多、最集中的片区。青岛片区重点发展现代海洋、国际贸易、航运物流、现代金融、先进制造等产业，打造东北亚国际航运枢纽、东部沿海重要的创新中心、海洋经济发展示范区，助力青岛打造中国沿海重要中心城市。

（一）青岛片区的发展基础

1. 开放发展区位优势突出

青岛片区坐落在西海岸新区，是京津冀都市圈和长江三角洲地区紧密联系的中间地带，是沿黄流域主要的出海通道和亚欧大陆桥的东部重要端点，与朝鲜、日本和韩国隔海相望，是外联日韩、辐射内陆、连通南北的开放发展的战略要地。青岛片区独特的区位优势有利于集聚最开放、最先进、高等级的发展要素。

2. 海洋资源禀赋十分优越

青岛片区所属地域具有很好的海洋资源禀赋。海域面积达 12240 平方公里，比陆域面积多 1000 平方公里。海洋经济已成为片区创新发展的重要支撑力量。海洋经济发展要素已形成向青岛片区集聚的态势，促进海洋装备制造业、海洋医药业等优势产业快速发展。

3. 海洋科技研发基础雄厚

青岛是中国海洋科学的发祥地之一。海洋科研实力领军全国。青岛片区所在地集聚了全国 30% 的海洋科研机构、50% 的海洋高层次科研人才、70% 以上的涉海两院院士；拥有全国海洋学科门类齐全、海洋和水产学科特色显著的综合性大学，即中国海洋大学和全国海洋领域唯一的国家实验室——青岛海洋科学与技术国家实验室，为青岛片区发展现代海洋产业、建设国际海洋科教名城提供重要支撑。

4. 陆海空港四方通达便利

片区腹地已构建了以空港海港为辐射中心、以铁路和高速公路为骨干、与城市交通系统紧密衔接的现代综合交通运输体系。特别是，片区内拥有世界著名的天然大型深水良港——青岛港，青岛港实力雄厚，是中国沿黄河流域和环太平洋西岸的国际贸易口岸和中转枢纽，通达180多个国家和地区的700多个港口，是中国北方面向世界开放发展的“桥头堡”。

（二）青岛片区的发展优势

1. 国家重要战略聚集区

青岛片区与其他自贸试验区相比，片区承载众多功能区，不仅仅在于坐落青岛的西海岸新区是近年刚刚批复的国家级新区，而且，片区内还拥有青岛经济技术开发区、青岛前湾保税港区、青岛中德生态园等国家级园区，是省内国家级经济园区数量最多、功能最全和政策最集中的区域。因此，青岛片区将依托此次自贸区批复的契机，叠加青岛西海岸新区、保税港区、青岛经济技术开发区、西海岸综合保税区等多个经济功能区优势，为青岛片区的制度创新提供重要试验田。

2. 腹地经济支撑力较强

西海岸新区是青岛片区的重要腹地，对青岛片区的产业发展具有强有力的支撑。一是腹地经济实力快速成长。西海岸新区是国务院批准的第9个国家级新区，2019年6月是新区批复5周年。5年来，青岛西海岸新区地区生产总值年均增长10.9%、一般公共预算收入年均增长10.5%，凸显强劲发展动力。二是腹地产业结构优化。新区批复5年来，战略性新兴产业产值年均增长20%，第三产业占生产总值的比重提高到53%。引进产业项目1470余个、总投资超过1.27万亿元，百亿级大项目达到40个，500亿级项目6个。2019年1～6月，新区完成地区生产总值1828.3亿元，同比增长5.2%；财政收入276.7亿元，同比增长3.1%；进出口总额为1003.0亿元，同比增长31.3%，为青岛片区发展提供重要腹地支撑。

3. 开放型经济支撑要素多

青岛片区所含青岛前湾保税港区、青岛西海岸综合保税区、青岛经济技术开发区、青岛国际经济合作区（中德生态园）等四个功能区不仅产业发展基础较好，而且都是对外开放发展的重要产业平台。近年来，功能区不断发展，青岛经济技术开发区连续多年在全国国家级经济技术开发区综合发展水平考核评价取得优异成绩；前湾保税港区整合青岛西海岸出口加工区、青岛出口加工区，率先实现了保税区、保税港区、保税物流园区、出口加工区功能政策叠加、融合发展，为全国海关特殊监管区域整合优化做出了示范，开放型经济发展走在全国前列，为提高青岛片区经济开放度，提升外向型经济发展质量和引进外资技术及管理模式发挥重要作用。

二 中国（山东）自贸试验区青岛片区发展机遇与挑战

（一）青岛片区面临的重大机遇

1. “一带一路”高质量发展期

“一带一路”倡议是促进共建“一带一路”国家实现共同发展、共同繁荣的合作共赢之路。青岛片区作为海上丝绸之路的北起点的重要组成部分，以及“一带一路”新亚欧大陆桥经济走廊的主要节点和海上合作战略支点，肩负着探索促进投资贸易自由化和便利化发展的制度创新。目前，“一带一路”建设已走向高质量发展合作之路。这不仅为青岛片区继续拓展与共建“一带一路”国家经济产业合作提供了新的发展空间，也为青岛片区发展海洋经济、提升国际竞争力、更高水平参加国际竞争合作拓展了新的发展机遇。

2. 中日韩经贸合作渐入佳期

2019 年 12 月 24 日，在成都举行的第八次中日韩领导人会议对促进三方经贸合作具有重要意义。会后，三方共同发布《中日韩未来十年合作展望》，一致认为未来 10 年将是国际形势深刻演变、世界经济新旧动能转换、科技革命与产业变革迅速发展的 10 年。同时，三方为未来 10 年的合作规划了发展方向，特别是在共同提升合作水平、倡导开放共赢合作、促进文明互鉴与民心相通以及实现整体振兴与共同发展等方面，彰显三方深度合作意愿强烈。青岛片区是中日韩经贸合作的重要基地。中日韩区域经济合作提质升级，不仅为青岛片区进一步促进中日韩经贸合作拓展新领域，而且为探索新的投资贸易便利化路径贡献青岛智慧。

3. 国家政策红利释放叠加期

青岛片区不仅拥有国家级新区，还拥有功能区和海关特殊监管区域，可享受叠加政策，更好地释放政策红利。青岛除了享受现行海关特殊监管区域功能政策和国家部委已赋予的汽车平行进口试点、海关特殊监管区域企业增值税一般纳税人资格试点、跨境电商零售进口等单项试点政策外，还可以叠加山东特殊区域总体方案中涉及海关特殊监管区域的重点试验任务制度创新以及《国务院关于促进综合保税区高水平开放高质量发展的若干意见》21项试点政策等。同时，作为开放制度创新的试验区，青岛片区还有一些资源要素是国家制度试验的重要载体，如世界第七大港青岛港。以智能制造、生命健康、新能源新材料等为引领的产业体系是重要的先进制造业基地和海洋新兴产业集聚区，集聚了华大基因研究院、西门子青岛创新中心、中德智能制造博士研究院等多家科研机构（平台）等，通过产业发展、制度创新等为国家制度的制定提供经验。

（二）青岛片区面临的主要挑战

1. 贸易保护主义已阻碍经济全球化深入发展

近年来，随着国际贸易保护主义与单边主义抬头，各国共同建立起来的多边主义与自由贸易体制面临严峻考验。加之国家间、贸易联合体内部间的贸易摩擦日益加剧、国际产业链供应链风险加大，中国对外经贸合作面临更加复杂、多变的环境；国内需求拉动不足、供给侧结构性改革亟待深入、产业结构调整与优化亟待推进等一系列国际国内的形势对青岛片区开展贸易投资与合作形成较大压力，青岛市委、市政府深入贯彻党中央十九大精神，不断优化营商环境、加快体制机制改革，积极推进“十五个攻势”，提升青岛对外开放水平，促进国际贸易高质量发展，全力应对贸易形势。

2. 国内自贸试验片区间的竞争压力明显增大

目前，自由贸易试验区布局已延伸至全国18个省（区、市），在积极推进制度创新试点任务的同时，也在共享开放制度带来的红利。在腹地支持方面，青岛片区所依托的西海岸新区作为山东省第一个国家级新区、全国第九个国家级新区，虽然在全国排名处于前列，但与上海浦东和天津滨海等新区比较仍存在较大差距。同时，作为新晋自贸试验片区的青岛，将面临来自全国50多个自贸试验片区的开放竞争压力，且各地在制度创新、对外开放等方面已有经验，如何形成制度创新的新态势、如何高质量完成试点任务对青岛片区提出更高要求。

3. 青岛片区对外开放新动能亟待优化与培育

青岛片区是山东自贸试验区的核心区，也是青岛对外开放发展的新动力。虽然青岛片区在高端装备制造业、生物医药产业、深远海开发等产业具有一定的发展基础、产业积累和发展优势，但仍存在科技创新动力不足、创新平台层次不高、基础设施配套存在短板，以及产业集聚要素能力不足等问题，同时，在培育新动能上，存在对外开放要素支撑力度不足不高，如青岛片区服务贸易型企业比重不高、贸易结构层次不高等问题，特别是，在贸易投资自由化、便利化水平方面还有待大幅度提升，青岛片区的开放发展面临着重大考验。

三　中国（山东）自贸试验区青岛片区建设进展情况

自挂牌以来，青岛片区在市委、市政府领导下，在商务部、省商务厅的指导推动下，制度创新积极有序推进，营商环境得到深度优化，承担的106项改革创新试点中已有32项破题并取得积极进展。截至2019年底，累计新注册市场主体1851家，其中外资企业64家；在建、待建产业项目78个，总投资869亿元。自贸试验区溢出效应逐步显现，制度创新红利有效释放。

（一）以制度创新为核心，实施顶格改革方略，营商环境进一步优化

营商环境是青岛片区实现快速发展的重要基础。山东自贸试验区总体方案批复后，青岛片区围绕试点任务要求，迅速开展建设与发展全方位研究，积极出台配套政策，加快制度创新，打造国际化营商环境，以释放最大制度创新红利。

1. 举全市之力，支持青岛片区开放发展

全面调动各方力量，从部门职能、职责出发，加快政策研究，积极推行顶格改革方式，试点任务全面展开。青岛市行政审批局出台《关于支持中国（山东）自由贸易试验区青岛片区创新行政审批服务的政策措施》、市地方金融监管局发布《青岛市支持山东自贸区（青岛片区）金融机构落户若干政策》、青岛海关出台《服务中国（山东）自由贸易试验区建设28项措施》、青

岛海事局出台《服务中国（山东）自由贸易试验区青岛片区建设10项举措》，以及人民银行青岛市中心支行、国家外汇管理局青岛市分局等围绕简化外汇业务手续和流程、提升外汇资金使用效率、增强跨境投融资灵活性等方面出台了10项适用于青岛片区的政策措施，全力推进青岛片区营商环境优化，在精准赋权、放宽市场准入、优化再造审批流程；吸引金融机构落户和开展业务创新；推动综合保税区转型发展、提升经略海洋能力、拓展港航辐射功能等方面，做到制度最优、方法最好、落实最佳，全面服务自贸试验区建设，全力打造新时代青岛改革开放新高地。

2. 谋顶层战略，全面落实片区试验任务

深入研究借鉴其他自贸试验区的发展经验，扎实推进试验任务有序、有效展开。深入研究出台《自贸试验区青岛片区精准招商工作方案》《自贸试验区青岛片区重点产业发展工作推进方案》《青岛片区金融业发展扶持办法》《中国（山东）自由贸易试验区青岛片区前湾保税港区油品贸易“一窗受理、集成服务”实施方案（试行）》等政策措施，形成政策支撑合力，加快推进片区发展和建设。同时，积极落实深化商事制度改革，推进“证照分离”改革全覆盖、“极简审批”、“不见面审批（服务）”，深化“一次办好”改革、“全面开展工程建设项目审批制度改革”等试点任务，提高服务效率，积极打造全国行政审批服务“高配版”。2019年10月10日，自贸区启用政务服务大厅新址，通过进一步下放审批权限，扩大即办事项范围，为支持自贸区内企业发展、提高服务效率提供强有力支撑。

（二）以国际合作为支点，创新国际交流新模式，积极打造“国际会客厅”

积极开展全方位国际交流与合作，是青岛改革开放取得巨大成就的经验之一。近年来，随着不断拓宽国际交流途径、开展多领域国际合作，特别是承办多次国际重要会议，青岛的国际影响力逐年提升，国际交流模式、方法和思路不断拓展，交流平台日益增多，并取得积极效果。

1. 借助高层次平台，做最强推介最好宣传

积极参加省委、省政府在日本举办的招商合作推介活动，国家发改委、商务部以及驻日大使和日中经济协会等积极助力，片区签约了一批重大合作项

目，促进产学研的高层次合作，如青岛片区与三菱地所设计、野村综合研究所三方共同推进建设中日节能环保产业园，将中日节能环保产业园打造成为国际节能环保产业合作先导区、中日合作绿色技术创新示范城区、青岛片区建设先行先试区；山东建邦集团与 HIS 株式会社、laox 株式会社共建青岛日本科学城项目，共同打造国际科技成果转化高地、中日产学研融合生态圈，建设促进日本创新资源和高科技产业集聚以及适合日本科学家和产业专家工作生活的日本科学城等。

2. 创新合作新模式，构筑国际交流新优势

打造“国际客厅”是青岛市实施创新发展，助力形成全面开放新格局的新模式。“国际客厅”是一个对外连接资源的全新平台，致力于为有意向前来“做客”的各国企业、商会等打造一个集展示、推介、接洽、交易等功能于一体的平台，并在场所、技术、贸易、合作等方面提供全方位服务。通过打造“国际客厅”，找准自身的独特禀赋，发掘自身的比较优势，发挥比较优势促进全面发展。目前，青岛已明确将日本、韩国、德国、以色列、上海合作组织国家选定为“国际客厅”的“主宾”，已启动青岛中日“国际客厅”、中德“国际客厅”，并初见成效。截至 2019 年底，随着中德“国际客厅”的打造，德国在青投资企业合同外资同比增长 95.8%，实际使用外资同比增长 65.7%，总投资 10.7 亿欧元的 10 个项目集中签约。德国倍世 BWT 集团与海尔集团签约的合资生产净水器项目，德方投资 1 亿美元，再次刷新了德国在青投资最大项目的纪录。青岛片区已引进日本富士精密磨具项目、来易特医疗设备项目等高质量日资项目。

（三）以模式创新为动力，开拓国际合作新路径，推进片区任务落地发展

创新国际贸易合作模式是自由贸易试验区实现制度创新的重要途径。青岛片区以自身禀赋优势为核心，围绕保税油品、大宗商品等试点任务开展重点攻关，不断集聚发展要素，完善贸易载体功能，贸易合作路径不断创新并取得显著成效。

1. 开拓国际经贸合作模式，强化优势助推合作发展

在国际合作领域，借助发展优势，实施强强联合，取得积极效果。青岛片

区内港口合作资源极为丰富。全省港口资源整合之后，山东港口青岛港进一步明确发展思路，依托自贸试验区政策，积极拓展国际业务，创新发展新路径，为建设国际一流海洋港口奠定基础。2019 年底，与世界最大石油化工公司之一 BP 集团强强联合，签署保税混油调油合资合作框架协议，首创全国自贸区保税原油混兑调和新模式，通过开展原油批发、混兑调和等业务，进一步满足山东独立炼化企业个性化和多样化的原油需求。首创全国自贸区保税原油混兑调和新模式，成为山东自贸区青岛片区油品政策落地的首个项目。① 在开拓新平台方面，在全国率先完成国际中转集拼业务 51 单，货物通关效率有较大提升，比韩国釜山港节省 1.5 天，初步形成具有国际竞争力的拆、拼箱运作环境。特别是，快速推进海铁联运、国际船舶交易服务平台、国际集装箱中转等试点任务。集装箱海铁联运线路新增 5 条国内线路、1 条国际线路，总量已达 46 条；内陆港新增 4 个，总量达到 14 个。新区良好的发展环境也吸引了航运物流企业。截至目前，片区新引进航运物流企业 44 家，达成合作意向 27 家。

2. 积极完善贸易载体功能，稳步提升载体综合实力

自贸试验区贸易载体功能是自贸试验区发展的重要平台，是确保各项试验任务顺利完成的重要保障。一是服务贸易载体。在深化政务服务方面，不断优化推进流程再造。青岛片区率先上线企业注册智能登记系统，使企业登记进入“秒批”时代；“极简审批”“不见面审批（服务）”，深化“一次办好”改革等措施已经落地；对重点难点项目实行环保专人专班跟踪服务，为重大基础设施、民生工程和重大产业布局项目开辟“绿色通道”；在片区内设立了知识产权巡回法庭和纠纷诉调中心，实现知识产权案件民事、行政、刑事“三审合一”；设立知识产权仲裁院，来自德、英、美等国家的 70 名学者专家组成仲裁员队伍，为知识产权纠纷案件提供专业仲裁。二是强化完善国际贸易中心载体功能。吸引新增货运代理、报关报检、法律咨询、银行保险等服务贸易机构上百家，为国际贸易提供有效服务。受益于山东自贸试验区利好影响，2019 年 1 ~ 10 月，青岛片区内前湾保税港区实现外贸进出口总额 842.15 亿元，同比

---

① 李媛：《山东港口率先推出自贸区保税原油混调模式》，新华网山东频道，http://www.sd.xinhuanet.com/news/。

增长 23%；完成货物吞吐量 1.49 亿吨，同比增长 12.5%；集装箱吞吐量 1271 万标准箱，同比增长 8.5%。

（四）以创新思路为突破，全面提升服务新理念，助推金融领域开放发展

金融领域创新发展是自由贸易试验区创新发展的重要核心之一。金融改革不仅有利于加快构建开放型经济新体制，而且有利于推进中国金融体系的完善和人民币国际化的进程。可以说，金融领域改革创新的进程决定自贸试验区创新发展的速度与质量。

1. 提高金融创新服务水平，积聚金融高端要素

青岛片区挂牌之后，青岛积极推动片区内金融创新试点政策实施和金融资源集聚，支持金融机构在青岛片区设立自贸试验区分支机构，取得一些进展和成效。中国银行、青岛银行、青岛农商银行等多家金融机构进驻片区设立分支机构，深耕自贸片区跨境金融业务。截至 2019 年底，新入驻银行机构、基金公司、保理公司、融资租赁公司等金融机构有 20 多家，注册基金项目 14 项，在谈金融项目 60 多个。

2. 不断优化完善金融环境，创新金融发展模式

一是不断完善金融体制机制。建立自贸区青岛片区金融创新试点协调推进机制，根据总体方案对 30 条金融试点任务逐条制定落地时间表和路线图，编印了青岛片区金融创新试点政策解读手册，为金融机构和企业合作开展创新业务奠定基础。二是积极探索政策创新。鼓励和支持金融机构积极支持业务创新探索。青岛银行创新中新货币互换低成本融资业务模式，成功向青岛世纪瑞丰集团有限公司发放全国首笔货币互换项下新元贷款业务（融资利率低于同期商业贷款利率 2 个多百分点），显著降低企业融资成本；青岛农商银行制定自贸区综合金融服务方案，办理山东自贸区内首笔境外机构境内外汇账户（NRA 账户）的不落地结汇业务。截至 10 月末，青岛农商银行已为自贸试验区青岛片区内 347 家企业，办理跨境结算、跨境融资、现金管理等各类业务累计金额 12.12 亿美元；中国工商银行青岛市分行走进自贸区青岛片区开展了跨境企业金融服务推介宣传；中国银行西海岸支行为境外投资公司开立人民币 NRA 账户，用于其对境内股权投资资金结算。青岛的银行、保险、担保机构

联合创新知识产权保险业务，有 16 家银行、9 家保险公司和 6 家地方融资担保公司参与专利权质押保险贷款，累计贷款余额 6.58 亿元。随着青岛片区建设深入推进，相信将会有更多的先行先试政策落地实施。①

（五）以突出优势为抓手，做强做优海洋新优势，促进海洋经济高质量发展

海洋是青岛片区建设与发展的重要依托，也是片区创新发展的着力点。为推动试点任务顺利完成，片区积极开展海洋产业统计试点，建立海洋经济统计核算体系，摸清片区海洋经济“家底”，并以此为基础，在海洋产业发展路径、海洋经济发展平台建设等方面进行有益探索，并取得阶段性进展。

1. 科学实施顶层设计，推进现代海洋产业快速发展

研究制定《片区海洋产业发展指导目录》《海洋产业强链补链促进科学发展的意见》，促进海洋产业项目科学集聚。推进全球生物基因组大项目和“数字化海洋”计划，华大智造总部基地项目落户青岛片区。海关优化生物特殊样本进口专属通关流程，整体通关时间较以往缩短 15 天以上。深入实施“蓝色药库”开发计划，推进在自贸区青岛片区内建设国家海洋药物中试基地和蓝色药库研发生产基地等。截至 2019 年 11 月底，青岛片区内新引进现代海洋产业企业 36 家，其中内资 34 家、外资 2 家。

2. 搭建海洋发展平台，促进海洋经济提质增速发展

一是依托港口优势，做优港口经济。片区坚守自身国际航运枢纽、东部沿海重要的创新中心、海洋经济发展示范区的战略定位和探索重点，优化港口功能布局，建设港航贸易、交易、金融以及其他功能性平台，提高港口国际中转能力和辐射带动力，积极引进国内外知名海运企业、航运服务企业落户青岛；培育国际化大型海运企业和码头运营商，打造世界一流航运品牌。二是依托海洋资源，做大海洋药库。科学选择、超前布局海洋生物医药产业重点。积极开发抗病毒、降血糖、防治心脑血管疾病等绿色、安全、高效的海洋创新药物和海洋生物新材料、海洋功能食品、海洋生物制品等。依托青岛国家海洋基因库，打造全球最大的海洋综合性样本、资源和数据中心，建设海洋生物医药资

① 尚青龙：《20 个金融项目落户青岛自贸片区！》，http：//sjb. qlwb. com. cn/qlwb/。

源库。三是依托海洋产业基础优势，做优海洋装备工业。着力打造青岛海工国际产业园、交通部智慧航海研发暨产业化基地、胶州中集冷链高新产业园、青岛西海岸船舶海工基地等，全力服务国家海洋战略，为全面、持续勘探海洋奠定基础。

四　推进中国（山东）自贸试验区青岛片区建设与发展的着力点

2020年是青岛片区进一步深化改革、扎实推进制度创新、提高试验任务质量的关键一年。如何创新、如何突破、如何发展，不仅仅体现青岛片区的创新能力和水平，更意味着青岛片区建设与发展的动力。

（一）对标国际通行标准，打造国际一流营商环境

1.提高投资贸易便利化水平

提高贸易投资便利化水平必须转变服务理念。一是加快建设具有国际先进水平的国际贸易"单一窗口"。提高政务服务能力与水平，消除信息孤岛，实现数据共享、信息互通，提升口岸管理智能化水平。充分运用"智慧监管"手段，全面推广智能电子卡口系统，对物流和监管等信息全流程采集，推动信息互换、监管互认、执法互助，全面实现保税货物点对点直接流转，提升物流管理效率。探索建立食品农产品等检验检疫和追溯标准国际互认机制，实行检验检疫证书国际联网核查，对食品和鲜活农副产品实施快速检验检疫模式，提高产品通关效率。二是加强与日韩、欧亚等"一带一路"国家的地方通关便利化合作，实现信息交换与标准互认。推动国际贸易"单一窗口"与亚太电子示范口岸网络（APMEN）成员对接，提高与亚太区域内国家的贸易便利化、信息化水平。充分利用与韩国、日本、新加坡、新西兰、澳大利亚等国的"经认证经营者"（AEO）制度互认安排，加强检验检疫、认证认可、标准计量等方面的国际互认，促进货物快速通关。三是创新贸易综合监管模式。深化制度改革，在海关特殊监管区域实施"一线放开、二线高效管住"的进出境管理制度，进一步简化一线备案手续，优化二线通关流程，为自由贸易港建设奠定基础。完善企业电子账册联网监管制度，由事前监管向事后稽查转变，支

持企业自主备案、合理自定核销周期、自主核报、自主补缴税款。加强通过便利化精准服务，对重点区域和重点企业实施“一区一策”“一企一策”。

2. 推进负面清单等管理模式

对接国际标准，必须加快推进负面清单加准入前国民待遇管理模式。一是深化外资管理体制改革。进一步与国际通行规则接轨，全面实行外商投资准入前国民待遇加负面清单管理制度，提高负面清单的开放度和透明度，减少和取消外商投资准入限制，优化事中事后监管。以《外商投资法》等相关法律为标准，进一步建立健全外商投资服务体系，完善外商投资促进服务机制，为外商投资企业提供相关法律法规、政策资讯等咨询和服务，依法保护外商投资企业合法权益。二是进一步放宽市场准入。在全面落实外商投资负面清单和全国鼓励外商投资产业目录的基础上，探索制定《青岛片区重点鼓励外商投资产业目录》。鼓励外商投资青岛优势产业、特色产业和支柱产业。鼓励外商创办职业技能培训、经营性教育培训、投资营利性养老、医养结合服务等机构，吸引更多、更好的外商企业来青岛发展。

（二）打造区域枢纽门户，构建全方位开放新格局

1. 打造中日韩地方经济合作新模式

中日韩经贸合作事关东北亚地区，乃至亚洲经贸发展整体水平。一是依托青岛与日、韩两国已积累多年的人文合作交流基础，充分发挥三地间的经贸合作地缘优势、人缘优势和文化交流合作优势，以日本青岛工商中心、韩国青岛工商中心等为资源平台，以中日韩地方经济合作区为载体，在贸易、投资、服务和新兴产业等领域开展全方位务实合作，探索构筑合作发展的新模式、新优势。主动服务中日韩自由贸易区谈判与东北亚区域合作进程，勇于探索“中日韩 + X”的合作新模式，打造中日韩地方经济合作的新模式。二是借助承办上合峰会等国际会议经验，积极申办中日韩领导人会议、自贸区谈判和东北亚国际会议等大型国际活动。探索以中日韩自贸区谈判核心问题为导向，加强青岛片区先行先试的制度创新，推动自由贸易试验区与自由贸易协定联动发展。三是凸显国际要素合作优势。以日本川崎市、札幌市和韩国釜山市等青岛在日韩的经济合作伙伴城市为重点，加强港口合作、产业对接，探索建立长效合作机制。

2. 建设上合示范区对外开放新高地

上海合作组织国家是中国对外开放合作发展的重要区域，因此，放大上合峰会国际影响力，提升经贸合作水平。一是做强国际物流中心。加大国际班列开行密度，统筹空港、海港、公路港、铁路港“四港联动”，全面打通与上海合作组织国家互联互通的物流通道。二是做大打造现代贸易中心。推进与上海合作组织各国的贸易合作，打造贸易企业汇聚的功能载体，积极建设农产品、进出口汽车整车及零部件、能源及原材料等大宗商品交易平台，拓展贸易平台资源。三是打造双向投资合作中心。提升双向投资承载力，畅通合作渠道。聚焦“引进来”，探索产业链招商、专业招商、精准招商新模式。聚焦“走出去”，鼓励企业加大境外投资力度，提升与上海合作组织国家投资合作的质量和效益。四是打造商旅文化交流中心。主动与上海合作组织国家主要城市缔结友城，实现在上海合作组织成员国均有伙伴城市，深化在法律、教育、培训、文旅等领域的交流。深挖板桥镇、市舶司、法显西游等与上合国家的历史渊源，精心编纂形象化场景化故事，讲好上合故事。

3. 建设东北亚区域性国际航运枢纽

一是提升国际中转功能。完善“港口作业区 + 临港物流园区 + 喂给港 + 内陆港”的集装箱物流网络发展模式，实现集装箱物流功能的“一站式”服务，打造区域国际集装箱中转大港，推动前湾港由集装箱运输型中转向高物流附加值的集拼、拆拼中转转型，提升在全球物流产业链和价值链中的地位。支持沿海运输企业与开展沿海捎带的国际航行船舶公司合作，吸引中转货物回归青岛片区装卸，增加港口吞吐量。二是增强港口活力。引进国内外知名航运企业，发展近洋和沿海航运。积极拓展海向腹地，加强前湾港与国际班轮公司、航运联盟的经营合作，支持航运公司开通前湾港至吉大港、关丹港、比通港、瓜达尔港、汉班托塔港等集装箱直达航线，不断优化航线布局，提升全球航运资源配置能力。三是提高港口国际化服务能力。高标准建设国际航运综合信息与服务平台。加快推进港口建设与物联网、智能控制等新一代信息技术深度融合，优化提升港口基础设施和管理模式，打造“智慧港口”，提升港口国际化服务能力。以前湾保税港区综合商务区为核心，打造国际航运服务中心，提高航运综合服务能力。建设航运大数据综合信息平台，推动港口与航运、铁路、公路、货代、仓储等上下游企业之间以及与口岸联检部门之间的信息互通共享，提供舱位、货源、代理、通航信息、口岸通关、运输和物流状态等信息服务，提升“一站式”综合信息服务水平。

（三）创新贸易新业态，提高国际贸易核心竞争力

1. 不断优化贸易结构促进贸易转型

一是以政策优势促转型发展。进一步优化出口产品结构。提高技术密集型、知识密集型等高附加值产品出口比重，增强国际竞争力。结合新旧动能转换重点产业，探索制定《青岛片区鼓励进口技术和产品目录》。二是构建特色商品贸易平台，建设以橡胶、棉花、铁矿石、原油、粮食、葡萄酒等国家级大宗商品交易市场。实施品牌战略，加快培育国际自主品牌。支持企业并购国际知名品牌，鼓励企业进驻国际市场、站稳国际市场，提高产品国际竞争力。三是促进贸易主体构成多元化，在提升生产型外贸企业经济效益的基础上，引进专业外贸公司、国内大企业贸易总部和出口型外资大项目。放宽原油进口限制，打造具有国际竞争力的油品贸易中心。扩大油品加工贸易范围，支持企业开展保税油品混兑调和及国际航行船舶保税油供应业务，降低油品价格，提升国际市场竞争力。四是积极拓展面服务贸易国际市场。一方面，面对日韩两国，依托青岛与日韩紧密的产业联系，深耕日韩服务贸易市场，着力在家电电子、信息技术、智能家居、汽车等领域承接日韩服务外包；另一方面，依托上海合作组织地方经贸合作示范区，加强与共建“一带一路”国家服务贸易合作，通过贸易、出口信贷、对外投资合作和对外援助等方式，扩大工程技术、设计研发、信息技术等领域的服务出口。全面提高服务贸易路径，拓宽国际市场。

2. 培育贸易新业态积极开拓国际市场

一是以中国（青岛）跨境电子商务综合试验区为基础，依托青岛西海岸新区保税物流中心（B 型）、青岛西海岸新区国际快件监管中心等平台资源，打造以日韩为主、面向全球的跨境电商基地。积聚跨境电商顶级平台资源，积极引进京东、网易考拉、菜鸟、唯品会、亚马逊等跨境电商龙头企业，打造中国北方重要的跨境电商聚集地。二是培育服务贸易新引擎。进一步优化服务外包结构，促进软件开发、应用服务、系统工程承包等自主知识产权产品和服务出口，提高机械电子、海洋生物技术研发等优势领域的知识流程外包（KPO）

在离岸服务外包中的比重。三是着力培育服务贸易龙头企业。重点扶持前湾港集装箱、优创信息等龙头企业，打造一批规模大、国际竞争力强的服务贸易领军企业。四是搭建高层级服务贸易交流平台。重点支持国际服务外包公共服务平台、公共技术服务平台、云计算服务平台等建设。完善服务业品牌培育与保护机制，鼓励服务企业参与国内外商标认定，打造独具特色的服务业品牌。依托中德生态园、中英创新产业园等国际合作平台，加强与发达国家和新兴经济体在服务领域的合作，引进先进技术、理念、经营方式和管理经验，提高服务贸易竞争力。

（四）发挥海洋经济优势，提升海洋产业国际竞争力

1. 推进海洋经济制度创新

一是充分利用自贸试验区制度创新，优化海洋经济发展环境。充分利用自贸试验区船舶行业开放政策，吸引外资在片区内设立国际船舶管理与国际运输公司。深化国际船舶登记制度创新，推动国际船舶登记配套制度改革，利用现有方便旗船税收政策，促进符合条件的船舶在片区落户登记，逐步形成专业化第三方船舶管理市场。二是充分发挥海洋合作国际优势，促进海洋经济发展。加强中日韩海洋产业合作，包括海洋科技项目、海洋装备产业项目和智慧海洋建设等研发与合作，吸引日韩海洋企业到片区投资发展。强化与海上丝绸之路沿线国家的海洋经济合作，积极打造海洋资源合作平台，完善国际海洋科技交流合作机制，形成更多可复制可推广的制度创新成果。三是积极释放政策红利。落实外商投资企业同等适用研发费用加计扣除、高新技术企业、研发中心等优惠政策，支持国内外大型船舶海工企业在片区设立事业总部或分支机构，支持片区企业投资布局海外海工基地网络。加强与韩国和新加坡等国家的技术合作，合作研发全球高端技术海工产品，不断向深海工程、集成化工程、模块化工程升级，打造世界级海洋工程装备基地。

2. 推动海洋产业做大做强

一是以海洋产业引领青岛片区高质量发展。围绕海洋生物制药、海洋生态保护等重点产业，加大招商引资力度，积极构建现代海洋产业体系和绿色可持续的海洋生态环境，促进青岛片区高质量发展。二是推动海洋生物医药产业开放发展。以华大基因（青岛）北方中心、青岛国家海洋基因库等为依托，发

挥国际海洋基因组学联盟作用，打造世界规模最大的综合性国家海洋基因库。稳步实施“蓝色药库”开发计划，率先实现海洋生物医药研发创新和成果转化，助力海洋生物医药产业升级发展。积极引进国际知名科研机构，推动与美国、日本、法国、瑞士等海洋生物医药发达国家开展国际合作。支持科研院所、高等院校、医院、海洋生物药品生产企业共建联合实验室，争取自贸实验区海洋生物药品生产许可和GMP认证绿色通道。

3. 加快推进“智慧海洋”建设

一是加快海洋信息网络体系建设。加快智慧港口建设。依托前湾港区大型集装箱专业化泊位，打造自动化码头装卸系统，推进智慧码头建设。推进智慧管理模式运用。加强互联网、大数据、物联网、区块链、人工智能等信息技术运用，建设青岛国际航运中心现代航运服务信息化支持保障平台，全面提升海洋产业智能化水平。二是加快“智慧海洋”服务体系建设。以新一代信息技术与制造业深度融合为主线，加快深海环境监测、探测、卫星遥感等技术设备研发和产业化。围绕海洋大数据中心，发展采集存储、应用管理、创意服务等大数据产业，开拓发展大数据服务国际产品。拓展延伸海洋信息服务产业链，支持外资从事海洋信息技术支持管理、财务结算等国际服务外包业务，推动涉海服务外包高端化、国际化发展。

（五）加强区域协同发展，提高青岛片区辐射力

1. 建立青岛片区区域协调开放联动机制

一是强化区域开放体制创新。加强青岛片区不同功能区一体化发展，提升青岛片区的协调能力。促进片区内外联动发展、共建开放机制、共享发展机遇，建立青岛片区与青岛市的联动机制，推动青岛片区与青岛开发区、青岛高新区、胶州开发区、潍坊滨海开发区等国家级产业园区建立协作机制。二是充分释放制度创新红利。发挥自贸试验区改革试验田作用，形成试点试验经验，优先在青岛片区协同区域复制推广，进一步放大试验区的创新引领作用。

2. 积极构筑济青烟试验片区合作新局面

一是强化联动谋合作。加强与济南、烟台片区的协同配合，发挥各自优势开展差异化对比试验。加强联动试验与系统集成，共同打破区域市场壁垒，形成制度创新与对外开放合力，共同推动建设山东对外开放新高地。二是协同开

放谋发展。以税收和统计为突破口探索跨行政区域共建共享新机制，通过跨区域合作经济区、“飞地园区”、产业链分工协作等模式，形成三地协同衔接、合作平行的新关系，推动山东自由贸易试验区区域融合与一体化发展，形成集群式发展的新局面。

3. 强化辐射带动能力凸显协同共荣发展

一是积极发挥引领作用。充分发挥自贸试验区、保税港区引领作用，提升临沂（沂水）、潍坊（诸城）、菏泽（牡丹区）、泰安（新泰）、石家庄（行唐）等拓展区发展水平，带动腹地协同发展。二是突出辐射带动能力。加强区域间开放发展的经验借鉴作用，特别是先行自贸试验区的成功经验，以青岛港为纽带，通过加强海关、物流与贸易结算等领域合作，促进与沿黄、环渤海、长三角、珠三角、成渝、海西等主要经济区高效对接，推进青岛片区的高质量快速发展。

B.18
烟台：着力提升外商投资服务水平

姚建军*

摘　要： 做好外商投资服务有利于稳定经济发展、扩大利用外资、促进转型升级，对烟台实现高质量发展意义重大。2019 年以来，烟台市不断创新体制机制，统筹做好“前招商”和“后招商”工作，在复杂多变的国际形势下较好地稳定了外商投资企业的发展。但在外商投资服务中，仍然存在政府诚信缺失、投诉机制不够健全、服务质量有待提高等问题。今后，烟台应加大力气重塑服务体系，创新服务制度，进一步提升外商投资服务质量和水平。

关键词： 烟台　外商投资服务　稳外资

2020 年 1 月 1 日起正式施行的《中华人民共和国外商投资法》规定，“各级人民政府及其有关部门应当按照便利、高效、透明的原则，简化办事程序，提高办事效率，优化政务服务，进一步提高外商投资服务水平”。作为全国首批沿海开放城市之一，烟台市外资经济占有举足轻重的地位。进一步提高外商投资服务水平，是烟台做好“稳外资”工作、促进外资经济高质量发展的重要课题。

一　做好外商投资服务的重要意义

（一）做好外商投资服务有利于稳定经济发展

改革开放以来，烟台市积极扩大对外开放，千方百计招商引资，取得来之

* 姚建军，烟台市投资促进中心副主任，研究方向为外商投资。

不易的成绩。截至 2019 年 11 月，全市累计设立外商投资企业 13493 家，实际使用外资 348.6 亿美元。外商投资企业对烟台市经济发展起到积极的促进作用，不仅带动形成电子信息、汽车制造等支柱产业，而且壮大了全市地区生产总值、促进了全市技术进步、带动了全市对外贸易、增加了全市财税收入。做好外商投资服务，将稳定全市经济发展的重要基本面。

（二）做好外商投资服务有利于扩大利用外资

一方面，做好外商投资服务将促进现有外商投资企业增资扩股。良好的外商投资服务，有助于外商投资企业稳定经营、降低成本、增加收入，进而增强企业的继续扩大投资的信心。长期以来，外商投资企业增资扩股已成为烟台扩大利用外资的重要来源。2019 年 1 ~ 11 月，全市外商投资企业新增合同外资 8.4 亿美元，占到全市合同外资总额的 15.1%。另一方面，做好外商投资服务将带动现有外商投资企业以商招商。随着现有外商投资企业的不断发展壮大，必将吸引其上下游合作伙伴和产业链配套企业跟进投资，形成良性循环的产业生态效应。

（三）做好外商投资服务有利于促进转型升级

良好的外商投资服务，为外商投资企业长期稳定经营提供了可能。只有通过长期稳定的经营，外商投资企业才能逐步集聚和积累转型升级所需的人才资源、技术成果、品牌价值、管理经验，才能孕育促进高质量发展的新产业、新技术、新业态、新模式、新动能。以富士康（烟台）科技工业园为例，从最初生产台式电脑为主，到游戏机、笔记本电脑、手机等产品入驻，再到目前智能机器人、8K 超清产业、工业互联网等项目的导入，企业转型升级的步伐不断加快。

二　烟台市外商投资服务工作状况

2019 年以来，烟台市创新体制机制，统筹做好“前招商”和“后招商”工作，坚持把深入实施“外商投资企业服务大使制度”作为提升优化涉外营商环境的有力抓手，大力开展“外商投资服务提升年”活动，充分发挥外商投资企业服务大使作用，全力以赴为外商投资企业发展解难题、办实事、送服务，在国际形势风云激荡、全球出口增速下滑的背景下，较好地稳定了外商投资企业的发展。1～11月，烟台市81家外商投资企业增资，新增合同外资8.4亿美元，增长26.3%。

（一）聚焦聚力顶层设计，选优配强大使队伍

市级层面，成立由市政府分管副市长任召集人的外商投资服务协调推进工作组，在46个市直部门设立外商投资服务大使具体联络人，形成了快速反应、上下联动、高效协同的服务机制。县市区、镇街（园区）层面，选派1152名了解外资相关政策、具备较强沟通协调能力的人员担任外商投资企业服务大使，形成了市级、县市区、镇街（园区）三级外商投资企业服务大使工作体系，每个外商投资企业设立一名“服务大使”，对企业诉求实行“包干负责制”“限时办结制”。在山东省商务厅2019年对各市落实外商投资企业服务大使制度的通报中，烟台市服务大使数量名列全省第一，是山东省外商投资企业服务大使数量最多、覆盖率最高、服务效能最好的城市。在总结前期经验做法的基础上，烟台市还将该做法推广到世界500强、中国500强、民营500强等三类500强企业以及瞪羚企业。截至2019年底，烟台市共设立三类500强企业服务大使94名，瞪羚企业服务大使20名，覆盖全市所有三类500强企业和瞪羚企业。

（二）大力强化制度建设，构建完善长效机制

烟台市出台《烟台市“外商投资企业服务大使”制度实施办法》，建立健全外商投资企业服务机制、信息传导机制、咨询和问题解决机制，对外商投资企业开展全覆盖、全方位、全周期贴心服务。开通了市级外商投资投诉24小时服务热线（6500120）和外商投资投诉电子邮箱，各县市区全部设立外商投资投诉电话并对外公布，畅通了外商投资企业诉求反映渠道。出台了《外商投资服务提升年活动方案》《烟台市外商投资投诉处理办法》《烟台市外商投资投诉工作机制》等系列文件，对外商投资投诉问题的受理条件、机构、职责、流程、时限、终结等进行了明确规定，确保了外商投诉行为有章可循，有法可依。

（三）找准问题实事求是，破解难题务求实效

坚持主动服务、上门服务、精准服务，当好外商投资企业的贴心“管家”。深入开展“化解外商投资企业历史遗留问题集中行动”，集中一个月的时间，对全市所有外商投资企业集中走访，全面梳理历史遗留问题，明确责任分工和完成时限，全力协调解决外商投资企业在生产经营中遇到的困难和问题，坚定企业发展信心，稳定投资规模速度。深入开展“进现场、解难题、促发展”活动，及时掌握外商投资企业的新动向、新诉求，有的放矢做好支持企业发展、鼓励企业增资、开展以商招商等工作。深入开展“践诺履责专项行动”，全面排查梳理招商引资过程中向外商投资企业承诺的投资政策、优惠条件等事项，有效期内坚决执行已出台的外资优惠政策。2019 年，全市外商投资企业服务大使累计走访外商投资企业 3646 次，协调解决企业诉求 120 余项，特别是圆满解决了困扰大宇造船十多年的保税货物免征港口建设费问题，预计每年为企业减轻负担 200 万～300 万元，切实维护了外商投资企业合法权益，受到外商投资企业的普遍好评。

（四）编制外商政策指南，提供贴心精准服务

深入开展“惠企政策进企业活动”，对全市各类优惠政策进行了全面梳理汇总，编印了《外商投资服务手册》，内容涵盖企业优惠政策、企业开办流程、涉外服务部门、交通出行、住宿、医疗、旅游等十多个方面，并通过外商投资企业服务大使把手册送到所服务的外商投资企业，在机场、涉外宾馆等公共场所免费发放，提供互联网同步下载服务。更新制作各语种《投资指南》《重点招商合作项目册》《产业扶持政策汇编》《招商政策快闪片》《招商引资宣传 PPT 片》等招商引资基础资料，为潜在的投资者提供实时、完备的信息。

（五）打造外商服务品牌，彰显烟台城市形象

通过设计发布“服务大使”LOGO、发放“服务大使”徽章、制作“服务大使服务监督铭牌”、发放“服务大使”宣传材料等方式，强化服务大使品牌建设，擦亮外商投资企业服务大使这一在全省乃至全国叫得响的“金字招牌”。2019 年以来，烟台市外商投资服务的经验做法获得国家、省商务部门推

广，中国改革网、《大众日报》、山东广播电视台、烟台日报等各级媒体予以广泛报道。烟台市还通过加强与各类媒体的合作，广泛宣传外商投资企业服务大使工作开展、优秀案例、专题培训等情况，增强外商投资企业对“服务大使”的认知度，进一步提升企业的归属感，真正把好事办好、实事办实。在2019年烟台市委、市政府开展的“五比”活动中，烟台市外商投资企业服务大使团队荣登“为民服务标兵榜”。

三 烟台市外商投资服务工作存在的问题

普华永道数据显示，在山东省2018年外商投资环境综合评估排名中，烟台市在16市中列第2位，总体表现优于省内绝大多数城市。但是在开展“化解外商投资企业历史遗留问题集中行动”中也发现，烟台市政务服务、营商环境依然存在不少短板。从收集到的103个问题看，政务服务类49项，占47.6%；政策落实类25项，占24.3%；土地规划类（包括不动产登记、土地指标）12项，占11.7%；要素保障类、金融服务类均为6项，各占5.8%；涉法涉诉类5项，占4.9%。其中政务服务类、政策落实类、土地规划类占到总数的八成多，成为“重灾区”。这些问题不同程度地影响了外商投资的信心、创新的热心、做实业的专心以及高质量发展的恒心。这也充分反映了烟台市在外商投资服务方面还存在以下三个方面的问题。

（一）政府诚信存在缺失

政府的特殊地位，决定了政府诚信在整个社会诚信体系中占据举足轻重的地位，在社会中具有巨大的示范效应。出现政府诚信问题，主要有以下因素。

1. 政策落实力度不够

近年来，由于全球跨境投资持续萎缩、国内经济下行压力加大，招商引资竞争日趋激烈。因此，地方政府普遍把招商引资作为对干部考核的一个重要参考指标，招引成果好坏直接关系干部业绩评价和职务升迁。但在考核过程中，往往只注重对结果的考评，忽略了对过程的考察。比如，有的地方在招商过程中只管项目落地，不严格按照法律法规和决策程序办事，导致后续出现诸多无法兑现的“僵尸合同”“僵尸协议”；有的已经签署的合同和协议，由于领导或工作人员的岗位调整，也面临落实难的问题，这些都严重影响政府的公信力。

2. 政务服务衔接不畅

为适应快速发展的中国经济的需要，中国政府机构改革的力度一直比较大。改革开放40多年来，中国已进行8次国务院政府机构改革，平均每5年就面临一次比较大的机构改革。在这一过程中，部分政府职能交叉调整，往往容易造成权责不对等、越位缺位、新官不理旧账等问题。地方层面还会面临区划调整带来的一系列新问题。例如，2003年，烟台市莱山区解甲庄工业园管委与烟台博斯纳钢琴公司的中方合资单位华德家具签订土地出让合同，承诺很快办理土地证，但此后该区域行政管理职能从莱山区转到高新区，而土地证问题也就迟迟未能得到解决。

3. 招商制度建设不足

关于招商引资是政府职能，还是市场行为，理论界还存在不同的观点。这也导致地方政府在经济下行背景下往往强化自身招商引资职能，而在经济发展稳定向好时又逐步弱化和淡化这一职能。由于职能时强时弱，地方政府对招商制度建设往往也是时紧时松，难以形成长期有效的约束机制和保障机制。一些地方为了片面追求政绩、赢得考核分数，在招商引资工作中竞相加码，甚至不严格履行相应决策程序，给出难以兑现的政策和优惠条件，也就不可避免地给政府诚信带来隐患。

（二）投诉机制不够健全

作为外商投资企业与政府之间的沟通桥梁，外商投资投诉受理机构作用不可或缺，负有及时受理、处理、转交、督办外商投诉案件，并为外商投资企业提供有关法律、政策咨询和信息服务的职责。但是现实中还存在以下问题。

1. 机构分散定位不清

历史上，烟台市在原外经贸局专门设有烟台市外商投诉中心。后来在机构改革中，由于市长公开电话办公室加挂外商投诉中心牌子，相关工作职能实际上发生转移。但是由于上下不对口，不少外商投诉仍通过渠道加以调处，往往导致失去职能的部门不愿接而新增职能的部门接不上的问题。例如2018年，烟台市12345市长公开热线接受群众反映的各类问题中，基本上没有与外商投资企业有关的问题。一些外商投资企业为寻求问题的解决，往往通过地方政府、外商投资管理部门、行业主管部门、信访部门、行业协会等多个渠道反映问题。虽然看似渠道很多，但是定位不清晰、职能不明确，缺乏联动机制。渠道分散、定位不清晰最终导致外商投资企业无处诉苦，造成政企信息闭塞、企业亟须解决的问题得不到及时有效解决。

2. 受理程序不够完善

一般来说，外商投诉受理机构只受理外商投资企业针对政府机构的投诉。但是实际工作中，外商投资企业往往把政府看成全能型政府，将企业之间的纠纷也反映到外商投诉受理机构。同时，由于信访渠道的存在，一些外商投资企业往往多头反映问题，导致政府行政资源的浪费。因此，有必要通过政府系统的顶层设计，明确外商投诉受理程序。但是从目前看，国家层面尚未出来系统的外商投诉处理办法，只是商务部在系统内部建立相关工作机制，难以协调解决外商投诉受理机构与信访部门多头受理外商投资企业投诉问题。

3. 处理方式不尽合理

根据商务部《外商投资企业投诉工作暂行办法》第 11 条规定，外商投诉受理机构处理投诉的方式主要为建议、协调、移交、转交、督促等。之前，烟台市对外商投资企业投诉处理的方式也大体如此。可见，烟台市目前的外商投诉受理机构实际上履行的是信访职能，通常没有直接解决纠纷、对争议做出调查和处断的权力。这种处理模式能否高效解决境外投资者和外商投资企业的投诉令人怀疑。另外，这种不解决实际问题的处理方式更易造成各行政部门都管都不管、相互扯皮、效率低下等问题，外商投资企业的投诉在其间移交转交、兜兜转转，很多争议无法得到快速、真正的解决。诚然，目前处理外商投诉的方式可以在第一时间降低外商与中国行政机关之间纠纷的热度，起到一定的维稳效应。但毕竟外商投诉受理机构不是维稳中心，其履行的应主要是纠纷解决方面的服务职能。因此，必须准确定位外商投诉受理机构的职责，摒弃以维稳为其终极工作目标的做法。

（三）服务质量有待提高

随着“放管服”改革的深入推进，政府职能部门服务质量得到显著提升，但依然存在不少问题。

1. 服务资源整合不够

外商投资企业在申请设立、筹备开业、开工建设、竣工投产、正常生产、清算解散等全生命周期的各个阶段，对政务服务的需求十分庞杂，涉及部门单位众多。从调研情况看，外商投资企业反映的问题和诉求一半集中在政务服务领域。但是由于各级外商投资服务人手力量有限，且外商投资企业的需求涉及较强的专业性、政策性，因此往往需要企业自行解决，从而迫使企业支付高昂的外部成本。

2. 要素资源保障不力

近年来，经济发展对要素资源的刚性需求与要素资源的刚性约束之间的矛盾日益凸显。最突出的问题是土地资源供给严重不足，一些项目因用地供应不上，虽然注册了，但迟迟无法开工；一些项目虽然采取分期供地方式已开工建设，但承诺的后续用地却难以及时到位，影响企业原有工作计划。这就容易导致投资者对地方政府的不满，进而影响投资者信心。

3. 政企互动机制缺失

企业参与动力不足，一方面政府大力优化提升服务，另一方面政府热、企业冷，政府与企业之间缺乏有效沟通。比如，烟台市先后出台了一系列支持企业发展的政策，但实际工作中，存在政策虽有不会用、政策虽多不管用、政策虽好不能用等问题。

4. 服务效能缺乏监督

与“简政放权”“放管结合”相比，“优化服务”是最有弹性的一个方面。通过与外商投资企业的沟通了解，有的部门在处理外商投资企业诉求上仍然存在形式主义问题，只执行服务流程，不讲究服务结果；有的缺乏紧迫感和责任感，表态多、承诺多，但行动少、进展慢，更有甚者推诿扯皮、敷衍了事；有的缺乏“好事办好，实事办实”的能力素质，对企业所提的问题“不会”“不懂”，不同程度地存在“脸好看，事难办”的现象。针对这些问题，相关监督机制还难以有效覆盖和根本解决。

四　优化烟台市外商投资服务的几点建议

当前，中国政府职能加快调整，开放领域不断扩大，政策信息更加透明，区域竞争日趋激烈。这都要求地方政府进一步改进和提升外商投资服务工作。优化外商投资服务是一项系统工程，各级各有关部门都要牢固树立问题导向，当好“服务员”，做到多措并举、狠抓落实，凝聚合力、久久为功。结合实际，下一步，烟台应重塑服务体系，创新服务制度，以提升外商投资服务质量和水平。

（一）全面加强政府诚信建设

1. 树立“诚信招商”理念

政府讲诚信不仅能让企业体会到政府诚信带来的好处，还会带动招引企业在当地的诚信行为，营造整个社会的诚信氛围，更好地促进经济的高质量发展。要引导各级各有关部门和招商人员，诚信招商、待商、留商，对尚未落户的项目要讲实情，对已经落户的项目要守信誉，坚决杜绝乱拍胸脯、乱给承诺的行为。同时，也要让各级各有关部门和招商人员认识到失信行为对招商引资造成的负面效应，加强他们对自身的道德约束。

2. 更加注重过程考核

在对各级各有关部门和招商人员进行政绩考核的过程中，避免仅仅以结果作为标准，要从注重结果的考核转变为结果考核与过程考核并重。在招商引资工作中，要制定一系列相应的考核指标，具体考核各级各有关部门和招商人员是否履行自己的诺言，是否诚信对待外商投资企业，以及在整个招商的过程中政府是否做到诚信。要尽可能核实在招商引资中报出的各种数据，做到有据可依，而不能仅仅局限于表面形式。总之，要通过深入的过程考核，对各级各有关部门和招商人员的行为进行及时的纠偏。同时，制定相应的惩戒机制，对在招商引资中出现的政府失信行为进行严惩，使政府失信付出的成本远远高于守诚信的成本。

3. 严格依法履行职能

增强政府职能部门法治意识，不断提升依法行政能力，提高运用法治思维和方式提升工作的能力。在各级政府及相关部门对外签署协议和合同过程中，要完善决策程序，严格按照机构职能范围行使权力，将责任落实到位，加强实施过程控制，全力解决政策落实难问题。

4. 全力推动践诺履责

要通过走访座谈等形式全面排查梳理，以书面形式明确在招商引资过程中向外商和外商投资企业承诺的投资政策、优惠条件等事项，有效期内坚决执行已出台的外资优惠政策，逐步清理“僵尸”协议和合同。每年至少应组织一次外商投资企业高管和有关部门、单位主要负责同志参加的座谈会，听取践诺履责情况，推动承诺事项落实落地。

（二）建立健全外商投资投诉处理机制

1. 构建外商投资服务体系

《中华人民共和国外商投资法》第 11 条规定，“国家建立健全外商投资服务体系，为外国投资者和外商投资企业提供法律法规、政策措施、投资项目信息等方面的咨询和服务”。结合山东省实施的外商投资企业服务大使制度，下一步，烟台市应不断完善市、县（市、区）、镇街（经济园区）三级服务大使工作体系，每设立一家外商投资企业就安排一名服务大使，形成快速反应、上下联动、高效协同的服务机制。要进一步畅通外商投资诉求反映渠道，依托外商投资企业服务大使管理平台，形成外商投资投诉网上提交、受理、转办、督办的工作机制，确保外商投资投诉得到及时有效解决，并有利于各级投资投诉受理机构及时发现问题、解决问题。要定期召开外企座谈会、业务培训会、政策宣讲会、外商联谊会等活动，密切政企互动，切实打通服务外商投资企业的“最后一公里”。

2. 加强投诉受理机构建设

《中华人民共和国外商投资法》第 26 条规定，“国家建立外商投资企业投诉工作机制，及时处理外商投资企业或者其投资者反映的问题，协调完善相关政策措施。外商投资企业或者其投资者认为行政机关及其工作人员的行政行为侵犯其合法权益的，可以通过外商投资企业投诉工作机制申请协调解决”。烟台要根据相关要求，健全完善外商投资企业投诉工作机制，按照统筹组织、上下联动、分工协作的原则，由烟台市“外商投资企业服务大使”协调推进工作组负责，全面指导烟台市外商投资投诉工作，加强各级各有关部门和单位对投诉事项的信息沟通和相互协作，开展投诉事项联合办理、典型案例统一通报、重要涉企事项专项调研等工作。各县市区“服务大使”牵头部门作为负责外商投资投诉处理工作的部门，承担辖区外商投资企业投诉处理工作。

3. 不断规范受理范围流程

健全完善《烟台市外商投资投诉处理办法》，对外商投资投诉问题的受理范围、受理条件、受理机构和职责、受理流程、受理时限、受理终结条件等逐一明确和落实到位，确保外商投资投诉行为有章可循，有法可依。对于咨询类的问题，应明确即时答复，实行日清零；对于一般性企业投诉问题，实行周清零；对于需多方协调的问题，实行半月清零；对于涉及企业投诉较为复杂及需要与上级部门协调沟通的问题实行季清零。通过制度化、常态化措施的出台，切实保障外商投资企业的合法权益，着力打造具有国际竞争力的投资环境。

（三）提高政府部门服务质量

1. 建立集约化政务服务平台

结合烟台市行政审批服务大厅建设，依托行政审批服务局，在大厅内设立外商投资企业综合服务窗口，赋予其相应的协调、调度、指导等权限，负责构建涵盖外商投资企业或者其投资者服务所需涉及所有部门单位的工作体系，统一协调解决外商投资企业全生命周期对政务服务的共性和个性需求。对外商投资企业或者其投资者咨询较多的事项，由外商投资企业综合服务窗口协调相关职能部门制作摆放明白纸；对投诉较多的事项，会同相关职能部门改进办事流程；对职能交叉的事项，会同编办等部门理顺工作职能。

2. 建立一体化政策集成平台

结合各级政府办公室制发文件、管理印章的职能，增加政策集成功能。一方面，由其统一对各类政策组织新闻发布、网上公开、政策解读等工作，确保第一时间通过统一渠道和平台对外公布和施行政策。由各部门自行出台的政策，也要建立备案制度，纳入统一管理，及时对外公布。另一方面，对各级政府对外签署的各类合同或协议，由各级政府办公室统一征求司法部门审查后才可对外签署、盖章，避免产生法律纠纷。所有已签署的合同或协议，均应实行严格的档案管理，以便查询和落实，避免因人事更迭而出现“新官不理旧账”的情况。

3. 建立透明化要素保障平台

发挥大数据部门的职能优势，建立统一的网上要素保障服务平台，将分散在各职能部门单位的平台整合到一起，方便外商投资企业或者其投资者查询、办理相关业务。比如，对外商投资企业经营所需的水、电、气、暖、通信等要素资源，均提供网上申请服务，不必挨个到各职能部门单位办理申请；对外商投资企业发展所需的土地、资金、技术、人才等要素资源，在实体交易平台的基础上，均在统一平台上开设端口，促进公平交易、透明交易。

4. 建立可视化效能监督平台

依托“烟台一手通”政务服务 App，深入开展政务服务“好差评”工作。由大数据部门每月形成窗口部门“好差评”工作内部通报，及时向各职能部门做好反馈，倒逼相关职能部门改进服务。待运营一段时间后，将内部通报改为网上通报，以便社会各界进行监督。同时，由纪检监察部门根据各部门、各窗口单位“好差评”情况，及时约谈排名后三位的部门主要负责人和窗口工作人员。

B.19

东营：大力推进资源型城市转型和黄河三角洲高质量发展

张月锐*

摘　要： 东营市是黄河入海口城市和黄河三角洲中心城市。加快实施资源型城市转型战略是东营市经济社会发展和黄河三角洲生态保护与高质量发展的重要内容。20世纪80年代以来，东营市积极探索和实践资源型城市转型的方向和出路，取得良好成效，但在转型发展中也面临一系列问题和制约因素。今后，东营市应继续以可持续发展为方向，按照高效生态的发展定位，围绕“打造山东高质量发展的增长极，黄河入海文化旅游目的地，建设富有活力的现代化湿地城市”的目标定位，大力发展现代高效农业、绿色加工制造业和现代服务业，努力构筑科技先导型和资源节约型的接续产业体系。

关键词： 东营　资源型城市转型　黄河三角洲

2019年9月18日，习近平总书记在郑州召开的“黄河流域生态保护和高质量发展座谈会”上发表了重要讲话。他的讲话高屋建瓴、哲理深刻，为今后一个时期黄河流域治理保护和沿黄地区发展指明了方向，提供了遵循。东营是黄河入海口城市、黄河三角洲中心城市，同时又是石油资源型城市，承担着重大政治责任，迎来了重大历史机遇。多年来，东营坚持高效生态定位，以实施供给侧结构性改革为动力，立足新旧动能转换，积极推动资源型城市转型，

* 张月锐，东营市新旧动能办副主任，研究方向为区域经济。

培育新的增长点，取得了一系列成效，为实现黄河三角洲生态保护和高质量发展进行了积极实践。围绕贯彻习近平总书记讲话精神，可以看出在今后相当长的时期内，加快实施资源型城市转型，仍是东营市经济社会和黄河三角洲生态保护与高质量发展的一个重要主题。

一 资源型城市转型发展的探索和实践

习近平总书记指出，“黄河流域又被称为‘能源流域’”[①]。东营是一座因油而生、因油而兴的城市，是国家重要的能源基地。中石化胜利油田85%的油气产量集中在东营境内，中海油渤海油田20%的原油储量、33%的天然气储量和16%的原油产量集中在东营沿海。东营发挥石油资源优势，大力发展石油接续和替代产业，培育了一批石化企业。从20世纪80年代开始，东营市对本区域内以石油经济为主而形成的地区二元经济结构，以及由此带来的诸多现实问题和将来出现“油竭城衰”局面进行了深刻反思，提出“加快转型”是实现地区经济社会可持续发展的唯一战略选择，明确提出只有主动转型、积极转型，才能尽快抓住发展的先机，掌握发展的主动权，由此揭开了作为资源型城市的转型篇章。东营市转型历程，可以归纳为三个阶段。

第一阶段，初步探索阶段——从石油资源开发起步向综合功能型城市发展。向综合功能型城市发展的战略思想最早可追溯到1988年。当时，东营市成立不到5年时间，市域经济正在借助改革开放之风快速发展。1988年6月，东营市委、市政府积极推动，力促山东省政府和民盟中央共同提出倡议，在东营市召开了“黄河三角洲经济、技术和社会发展战略研讨会”。山东省委、省政府及国内100多位领导和著名专家参加了这次会议。会议形成的重大成果就是讨论和确立了面向21世纪东营和黄河三角洲开发建设的基本战略，即发挥地区资源优势，从石油勘探开发起步，延伸产业链条，大力发展石油化工产业，逐步建立科学合理的产业结构，形成面向国内外市场的新型产业体系，力争经过几年努力，把黄河三角洲建成能源、化工和农牧渔业“三大”基地和

① 习近平：《在黄河流域生态保护和高质量发展座谈会上的讲话》，http://www.mwr.gov.cn/ztpd/2019ztbd/rhhcwzfrmdxfh/ttxw/201910/t20191024_1365876.html。

现代化、外向型的新经济区，把东营市建设成为引领黄河三角洲开发开放、具有综合功能的工业港口城市。该战略的成功之处是不仅提出了依托石油资源优势带动区域经济发展的指导思想，而且借鉴世界石油城市发展的经验，提出了在胜利油田处于规模开发时期，探索建立石油替代产业，大力发展地方经济，把东营市建设成为综合功能工业港口城市的战略思路。但是，这一战略的局限性在于石油资源属国家宏观调控资源，地方不具有支配权。这样，实施石油工业带动战略就失去了重心内容。因此，适时调整战略方向，寻求新的发展途径成为当务之急。

第二阶段，孕育成长阶段——发展黄河三角洲高效生态经济。世纪之交，在东营市积极探索新的发展战略之际，1999 年 6 月，原中央领导同志沿黄视察时最后一站来到东营市，经过几天实地考察，明确指示：东营市要“努力把黄河三角洲建设成经济繁荣、环境优美的新经济区”，把经济建设、生态建设和社会发展结合起来，实现可持续发展。在这一思想指导下，东营市委、市政府向省和国家决策机构大量争取。在 2001 年 3 月召开的全国人大会议上，“发展黄河三角洲高效生态经济”被列入国家的“‘十五’计划纲要”，标志着黄河三角洲开发进入了一个新的时期。为响应国家部署，山东省第九次党代会下达了“加强黄河三角洲高效生态经济区规划建设”的战略任务。2008 年，山东省委、省政府制定了黄河三角洲高效生态经济区发展规划，围绕规划实施，省委、省政府制定出台了促进黄河三角洲高效生态经济区又好又快发展的 34 条政策意见。在各级政府的不懈努力下，高效生态经济不断取得进展，地区经济社会呈现良好发展态势。国家看到这一战略的正确方向。2009 年 12 月，国务院制定实施了《黄河三角洲高效生态经济区发展规划》。2011 年 1 月，国务院批复了《山东半岛蓝色经济区发展规划》。黄蓝两大战略规划的实施，标志着东营市转型建设进入一个新的历史纪元。

第三阶段，全面实施阶段——实施新旧动能转换，助推黄蓝战略，构建现代产业体系。在东营市全力推进黄蓝两大国家战略实施的关键时期，2018 年 1 月，国家批复山东省建设新旧动能转换综合试验区，东营作为试验区重要区块，同步纳入建设范围。几年来，东营围绕新时代发展目标定位，坚持以新旧动能转换为动力，大力发展高效生态经济，逐步建立起绿色生态农业、环境友好型工业、现代服务业为支撑的现代产业体系。围绕现代产业体系培育，突出做大做强石化、有色金属、橡胶、石油装备、现代高效农业等传统产业，加快应用新技术新管理新模式，推动传统产业全产业链整体跃升，培育形成新动能基础力量。其中石化产业，落实“1 +4 + N”的产业布局，全市7家化工园区全部通过省政府认定，化工重点监控点已认定3家。橡胶轮胎产业，设立了100亿元的企业重组基金，推动轮胎企业兼并重组、资源整合。全市有7家企业入围全球轮胎行业75强。石油装备产业，着力打造以东营经济开发区、东营高新区为双核，垦利开发区、河口开发区为双翼的“2 +2”产业布局。围绕海洋装备研发、智能高端改造升级、特种产品提质增效，实施了18个优质高效项目。建成全国唯一的国家采油装备工程技术研究中心，被授予“中国石油装备制造业基地”称号，获批国家火炬计划石油装备特色产业基地。有色金属产业，列入省主导产业集群转型升级示范工程。阴极铜产能90万吨，居全省首位。东营鲁方金属材料有限公司入选全国第四批绿色工厂。现代高效农业产业，规划建设7个市级乡村振兴特色示范片区，打造一批高水平示范典型。以工业化理念推进农业现代化，以发展工业园区模式建设现代农业园区，加快培育“四型”（终端型、体验型、循环型、智慧型）农业。全市共有现代农业园区199家，建设面积111.2万亩，累计投资160亿元，年产值达134亿元，农业园区化率50%。新材料产业，明确了发展关键战略材料和前沿新材料的路径和思路举措，组建了产业发展智库，并设立1亿元的股权投资基金。成立国家级稀土催化研究院，推动全市稀土应用上下游企业的发展。文化旅游产业，明确了“一核引领、两带崛起、三区突破”的发展思路，实施黄河入海核心吸引物培育、沿黄沿海旅游休闲产业集聚带等五大富民工程和五大支撑体系。航空航天产业，全力推进中国商飞民机试飞中心东营基地项目建设，与北京航空航天大学共同创办北航东营研究院。

在着力加强现代产业体系构建的同时，突出生态保护与高质量发展并重，为城市转型筑牢良好环境基础。坚持新发展理念，按照“重在保护、要在治理，生态优先、绿色发展”的要求，全力实施黄河三角洲生态大保护。先后完成了三期自然保护区总体规划的编制工作，并于2015年8月出台详细规划。突出抓好生态保护地方立法工作，颁布了《山东黄河三角洲国家级自然保护区条例》《东营市湿地保护条例》《东营市海岸带保护条例》，推动自然保护区管理、湿地保护与治理和海岸带保护纳入法治轨道。实施了国际重要湿地保护与恢复工程等湿地修复项目，开展了以互花米草治理、盐地碱蓬和海草床恢复为主要内容的潮间带湿地恢复治理，努力提高湿地生态质量。推进黄河三角洲生态调水，淡水湿地面积不断扩大，累计恢复湿地 233 平方公里，30 厘米以上土壤层含盐量平均下降幅度超过 40%。加强关键物种繁殖栖息地保护和鸟类保护，生物多样性明显增加，自然保护区鸟类由 1992 年建区时的 187 种增加到现在的 368 种，国家一级重点保护鸟类 12 种，每年途经东营的候鸟数量超过 600 万只，被国际野生动物保护组织授予"中国东方白鹳之乡""中国黑嘴鸥之乡"。

全面提升城市生态环境质量。深入实施生态环境保护和"四减四增"三年行动计划，坚决打好污染防治攻坚战，全市生态环境质量持续改善。东营湿地资源丰富，特别是中心城河网水系密集，已逐步形成较为完善的水网格局，河湖、水系、湿地水面总面积达 49.46 平方公里。围绕建设富有活力的现代化湿地城市，突出抓好《东营市建设湿地城市方案》的落实，把湿地规划和各类专项规划纳入国土空间规划，坚持用法治方式保护环境，用生态的办法改善生态，丰富湿地文化内涵，充分彰显"蓝绿交织、清新明亮，湿地在城中、城在湿地中"的鲜明特色。全市湿地保护率达到 51.3%，保护面积 2350 平方公里，2018 年被评为首批国际湿地城市。

二　推进城市转型面临的突出问题和制约因素

20 世纪 80 年代以来，东营市积极探索和实践资源型城市转型的方向和出路，逐步取得良好成效。但城市转型是一项系统工程，既涉及地方基础设施建设、替代产业的发展，又牵扯到胜利油田人员安置以及技术、政策等诸多方面。东营在转型发展中面临着一系列问题和制约因素。

（一）国际油价长期低位徘徊，转型发展的财政支撑减弱

据有关研究机构预测，国际油价将长期维持低位状态。原油价格剧跌并且长期在低位徘徊，给东营带来重大影响。根据测算，当原油价格在 35 ~ 60 美元/桶变动时，1 美元影响地方级收入约 2165 万元；在 65 ~ 85 美元/桶间变动时，1 美元影响地方级收入 2500 万 ~ 2700 万元。原油价格按 50

美元/桶测算，胜利油田实现的东营市市县级收入将减少11.52亿元，其中，减少市本级8.3亿元。

（二）经济发展不平衡不充分，质量和效益不够高

新旧动能转换正在起步，传统动能主体地位尚未根本改变，多数产业处于价值链中低端，转型升级压力大。新经济规模偏小，新动能对经济发展的引领支撑作用尚未形成。自主创新能力不强，高层次人才匮乏。交通基础设施建设落后，配套支撑能力不强。有效投资乏力，出口困难增多，财政收支矛盾突出。民生领域存在不少欠账和短板，公共服务能力有待进一步提升。

（三）胜利油田存留问题逐年加大，转型负担加重

一是油田就业问题。近年来，中石化集团实施了以减员增效为主的一系列改制措施，随着国际石油价格的剧跌和低位徘徊，油田下岗人员增多和职工子女就业难的问题更为突出。二是油田社会职能移交地方，加重了政府的负担。2004年国家选择中石化集团公司等三家国有企业作为中央企业分离办社会职能的试点以来，中石化将中小学教育、城区油田地段的道路卫生、绿化、雨污排水系统等社会职能逐步移交地方政府。这些大都是社会公益性事业，是政府承担事项。随着这部分事业人员生活水平提高、人员工资增长，加之国家补助有限，其支出不断增加，给地方财政造成极大压力，进一步削弱了转型发展能力。另外，由于历史原因，胜利油田的一些独立工矿区的教育、医疗、卫生、文体娱乐等设施不配套，造成职工生活不便，需要逐步实施回撤，集中居住。东营和油田持续稳定发展面临的压力不断增加。

（四）生态环境脆弱，制约区域经济社会发展

海岸防护设施不完备，现有防潮堤标准低，风暴潮威胁较大，海岸蚀退明显。失去黄河水保障的黄河故道地区，持续缺乏水沙补给不仅直接导致沿海滩涂的蚀退，而且打破了河流、沼泽、海滩的自然连通格局，破坏了该区域水盐平衡，海水与地下盐水沿河道和地层孔隙向内陆入侵，造成淡水的储备空间被海水取代，发生海水倒灌，加速了土壤盐碱化。不仅造成盐地碱蓬这一先锋植物面积锐减，而且植被演替中间地带的獐茅、芦苇等植被已不断退化、消失，

甚至已经形成灌木植被的柽柳等植被面积也开始萎缩、消失，在广袤的高潮滩地带形成了大片裸地，湿地生态质量降低，生物多样性和生物量明显减少，生态承载力减弱。水资源供需紧张，配置不够合理。东营市多年平均降雨量不足600毫米，且年际年内降水不均。地下水含盐量高，利用范围有限。黄河作为重要客水来源，引水量受到国家分配指标限制。当前，全市人均占有当地水资源量仅为296立方米，不到全省的4/5，不到全国的1/6，远低于国际公认的人均占有水资源量1000立方米的临界值，属北方典型的缺水城市。另外，从水资源配置来看，近80%用水主要集中在农业生产领域。

（五）基础设施配套不完善，发展空间拓展受到牵制

从全国看，东营市处于对外交通的“末端”，与环渤海、京津冀和长三角等地区联通缺少便捷运输通道，对外空间服务与拓展能力相对不足。东营港为国家一类开放口岸，但港口规模偏小、功能不完善；东营胜利机场飞行区容量小，服务保障能力较差，航线航班少；铁路腿短，运输技术等级低，疏通能力薄弱。从市域内部看，受石油生产和历史板块的影响，中心城区在空间上相对分散，空间结构呈现“双城格局”，各种运输场站相互割裂，自成体系，运输效率低下；给排水、绿化等基础配套由于条块管理、规划不足等原因，在城市内部难以协调和有效衔接，一定程度上导致综合效益无法充分发挥。

三　推进资源型城市转型的主要路径

推进东营市资源型城市转型，要以可持续发展为方向，按照高效生态的发展定位，牢固树立和贯彻新发展理念，以推进供给侧结构性改革为主线，以新技术、新产业、新业态、新模式为引领，紧紧围绕“打造山东高质量发展的增长极，黄河入海文化旅游目的地，建设富有活力的现代化湿地城市”新时代东营发展目标定位，大力发展现代高效农业、绿色加工制造业和现代服务业，努力构筑科技先导型和资源节约型的接续产业体系。

（一）突出绿色特色，加快农业结构升级

坚持生态优先，深入推进产业结构调整与转型升级，强化现代农业装备与

科技投入，创新经营体系与品牌建设，促进农业生产经营方式、资源利用和管理方式有效转变，走出一条产出高效、产品安全、资源节约、环境友好的现代农业发展道路。大力发展绿色农业。综合运用工程、技术、管理等措施，不断提高水、土地、能源利用效率。深化全域土地综合整治试点，开展农村建设用地整治，增加有效耕地面积。积极利用胜利油田注水站废热资源，发展现代设施农业。充分挖掘土地、光能、水源、热量等自然资源的潜力，推进传统种植与养殖、光伏发电等有机结合，发展立体农业。实施农药减量控害和化肥减量增效工程，推广病虫害绿色防控、立体种养结合、配方施肥、有机肥替代化肥等技术，提高农药、化肥的施用效率。推进农业废弃物综合利用，全面推进农作物秸秆原料化、燃料化、肥料化、基料化、饲料化“五化”应用，开展农膜回收，进一步减少地膜残留。实施渔业品牌提升工程。以贝类、对虾等加工为重点，开展贝类高值化利用，加快推进贝类净化、对虾深加工等产业发展。推行黄河口大闸蟹、南美白对虾等水产品标准化生产，建设标准化渔业基地。积极推进品牌创建，主打“黄河口”金字招牌，创新黄河口大闸蟹品牌推广模式。加快推进现代化海洋牧场建设。拓展现代化海洋牧场规模，提升现代化海洋牧场综合效益。构建立体养殖模式，推进海洋牧场与旅游业深度融合，建成东营北部海上旅游观光目的地，打造品种众多、模式先进的底播型海洋牧场“东营样板”。推进农牧融合发展。加快推广燕麦、甜高粱、青贮玉米等优质饲草料品种，促进饲草料生产利用与畜牧养殖产业融合发展，构建粮经饲统筹、种养结合、农牧循环绿色发展新机制。搞好规模化养殖场废物处理设施改造提升，实现畜禽粪污无害化处理和资源化利用。发展智能农业装备制造业。研发生产第三代智能农机的控制芯片、操作系统、轮毂式发电机、大扭矩测速器等核心部件，培育形成以无人智能系统研发、核心零部件制造、整机装配及市场化应用、大数据系统服务为核心的智能农机装备产业。提高农业高端服务业水平。坚持公益性服务与市场化服务相结合，积极发展科技金融、检测认证、产权交易、农业物联网电商、土壤—水分—作物品质等测试平台、大数据服务、职业农民培训、农业科技交流与展示交易等高端科技服务业，培育全链条农业科技服务产业体系。

（二）突出产业转型，走新型工业化道路

一是打造绿色循环能源石化基地。坚持创新、安全、绿色、质效联动发

展，以集群集聚、上大拉长为方向，强化能源储备保障能力，实施基础化工产业优化整合，积极开发战略性新型材料，加快建设全国重要的绿色循环能源石化基地。以万亿级石化产业集群为目标，着力建设以东营港经济开发区为主体的鲁北高端石化产业基地核心区、广饶石化产业片区，加快发展利华益等多家获批化工重点监控点企业，形成“一区、一片、多点”发展格局。推动石化产业绿色循环发展。利用先进的装备、技术、工艺和管理模式，采用绿色工艺和先进三废治理措施、加强物料有效利用等手段，建成资源节约、环境友好、绿色循环、高端高效的美丽石化产业基地。提升壮大石化产业链群。以芳烃综合利用、烯烃综合利用、化工新材料三大产业链为核心，着力发展先进基础材料、关键战略材料。实施石化盐化一体化项目，形成多元化、精细化、功能化的新型盐化工体系。二是构建新兴产业发展集群。牢固树立新发展理念，着力推动新旧动能转换，以现代产业体系为核心，以实施“优势产业＋人工智能”行动为抓手，培育优势新兴产业集群，形成高质量发展新动能、新引擎。推动优势新兴产业规模壮大。瞄准国际标准，加快应用新技术新管理新模式，促进石油装备、新材料、有色金属等优势新兴产业实现整体跃升。加快未来新兴产业快速崛起。突破发展航空航天产业，培育壮大新能源产业，提升生物医药产业发展层级。三是建设区域科技创新中心。充分整合油地校及国内外高端科技、人才资源，以东营科学城、东营科技文化城为重点，积极打造区域创新中心。支持东营港建设省级高端石化创新创业共同体，鼓励开发区、东营区依托稀土催化研究院、北京航空航天大学东营研究院、东营石油装备产业技术研究院等建设创新创业共同体。支持符合区域产业发展方向的孵化器、众创空间和产业基地，建设完善创新创业孵化链。推进企业技术改造，增强企业创新能力，大力培育创新型企业。充分发挥山东省高端化工产业技术研究院等创新平台作用，推动形成产业高端化、布局集约化、结构绿色化、管理高效化发展格局。

（三）突出改造提升，加快服务业发展

立足产业基础，突出市场化、产业化、社会化、国际化，着力推动全市服务业重点行业转型发展、创新发展。一是着力优化提升传统服务业。应用先进发展理念、现代技术和新型商业模式，加快推动全市商贸流通业、会展业、居

民住房服务等传统服务业转型发展，培育形成竞争新优势。重点实施商贸流通转型升级发展战略，围绕打造新商业经营业态，推动线上线下融合发展，强化商业流通业态创新。着力培育居民新消费新供给模式，开展多层次、多领域产品开发，构建差异化、特色化、便利化的现代商贸服务体系，提升商贸服务业发展质量和效益。结合地区优势产业发展，积极打造一批会展业高端平台，形成集展览、会议、食宿、购物、商务、文化休闲等功能于一体的城市新型会展商务区，推动会展业与城市协同发展。二是着力发展高端服务业。瞄准国内外先进水平“寻标对标”，大力发展技术含量和附加值高、对地方贡献大的现代服务业。规划建设一批特色服务出口基地，积极拓展服务外包行业领域，推进服务外包业务向产业价值链高端延伸，着力提高服务外包高端业务比重。加快推进国家级、省级、市级工业设计中心和工业设计企业建设，培育高端设计服务品牌，推动工业设计向高端综合设计服务升级，促进工业设计向品牌形象策划、产品内涵设计等领域延伸。大力引进国际顶尖智库、会计审计师事务所、律师事务所等，积极发展工程咨询以及战略规划、资产评估、会计、审计、税务、勘察设计、营销策划、市场调查、管理咨询、产权交易、信用评估等专业咨询服务。围绕建设教育强市，坚持教育优先发展，大力发展多种形式的教育培训服务，建立健全现代职业教育和终身职业培训体系，不断提升教育培训水平。创新人才培养模式，坚持产教融合、校企合作、工学结合，积极推进实训基地建设，建设与区域经济和产业转型发展相适应的职业教育体系。

（四）深化油地合作，推动区域融合发展

实施统一规划、统一布局、统一政策，完善共建机制，创新合作模式，拓宽合作领域，携手推进资源型城市转型。深化油地高层对接机制，定期协商油地共建重大事宜，拓宽合作领域，扎实有效地推进资源整合、产业融合、工作结合，开创油地深度融合发展的新局面。按照有利于油地优势互补、共同发展的原则，定期研究制定油地相互支持、共同发展的激励政策和相关制度保障措施。按照发挥优势、共建共享的原则，深入研究油地深度融合的结合点、切入点，积极搭建双方沟通平台、人才专家平台、科技合作平台、项目转化平台。加强产业合作，按照资源共享、集约布局的原则，进一步整合区域生产要素，推动石油化工、石油装备制造等优势产业集群集约发展。油地共同谋划、培育

和发展石油接续产业和新兴产业，促进资源型城市转型。围绕经济融合、产业升级、材料研发、新能源利用、工程设备制造、区域公共服务等重点领域，谋划确定一批重点合作项目，集中推进。推动中国石油大学相关专业在东营恢复本科办学，布局建设实训基地和重点实验室。建立区域一体的就业、文化、医疗、社保、住房等社会保障体系，推进联防联治和安全生产，维护区域社会和谐稳定。

（五）加大生态建设力度，保障区域生态安全

实施黄河三角洲防洪减灾工程，基本形成沿岸高标准的闭合防潮体系，减少风暴潮等海洋灾害侵袭。按照“防洪、除涝、改碱、拦蓄”的要求，对全市 30 条骨干河道进行河道疏浚和建筑物配套，确保防洪标准提高到二十年一遇、排涝标准提高到五年一遇。加大湿地保护与恢复力度。科学制定湿地治理恢复规划，加快推进实施，扩大湿地保护面积，促进湿地生态系统良性循环。采取工程和生物措施，对各类湿地进行生态修复和生态补水，提高植被覆盖率，恢复退化湿地的结构和功能。结合湿地恢复与治理，加大对大汶流鸟类分布区等六个重要生态区生物多样性保护，提高湿地资源的生态价值，清理各类污染，维持黄河三角洲国家级自然保护区的原始属性和景观稳定。深入开展全市国家级海洋特别保护区的规范化建设和管理，建立外来物种生态安全评价制度，为海洋生物资源的恢复和提高创造良好条件，提升海洋生态环境保护水平。健全海洋环境监测预警系统，建立浅海原油泄漏、海洋倾废等方面的应急防范体系，强化对沿海石油开采、重化工业的环境风险防范。开展入海入河排污口排查整治，实现达标排放。突出直排海污染源监管，全面实施排污许可制度，严格控制排污总量。推进城镇雨污分流改造，实现生活污水全收集、全处理。强化农村生活污水、畜禽养殖污染治理，推广农药减量控害、化肥减量增效。

（六）突出完善配套，强化城市和基础设施建设

坚持高起点规划、高标准建设、高效能管理、高效益经营，构建布局合理、特色鲜明、优势互补的城市体系。继续突出“大空间、大水面、大绿地”特色，加强中心城建设改造，按照现代城市标准，搞好规划建设，初步构建起

现代化城市框架。加快大王、稻庄、永安、陈庄等中心镇建设，合理引导农民向小城镇集聚。加快推进基础设施建设，围绕构筑海陆空立体交通体系，重点抓好四大工程的推进和建设。一是加快东营港和广利港建设，进一步扩大港口规模。加快东营港10万吨航道导堤、4个10万吨泊位工程和25万吨级原油进口泊位及配套工程建设，打造黄河流域入海通道。二是加快东营港疏港铁路、东营至青州高速公路扩容项目建设，完善市内交通网络。三是配套完善东营机场，争取增加航线和飞行班次。四是早日争取开工建设京沪二通道高速铁路，建设东营—济南高铁、德龙烟快速铁路复线。

（七）扩大区域合作，拓展转型发展新空间

顺应经济全球化和区域经济一体化趋势，积极参与京津冀协同发展。发挥自身比较优势，以优势互补、经济纽带、市场运作、要素流动为要点，统筹推进产业发展，资源能源、基础设施、生态建设、公共服务的一体化建设，找准定位，明确重点，积极加强合作。尽快建立合作发展协调机制，研究确定区域合作发展的主要目标，商定区域合作的战略重点，协调制定落实各方政策，创新合作体制机制。深度参与“一带一路”合作建设。支持有资质的民企平等参与“一带一路”有关重大项目分包、设备招标，鼓励、支持更多民间资本参与境外项目投资、工程承包、劳务输出和与国外企业之间的经贸合作。借力壮大本土总部经济，形成境内外产业互补、要素合理配置的协调发展格局。

B.20
潍坊：积极推动青潍高质量一体化发展

董彦岭*

摘　要： 青潍一体化发展，是胶东半岛一体化的重要内容。潍坊与青岛地缘相连，人缘相亲，人文相近，经济相通，在一体化发展方面具有得天独厚的优势。经过多年的培育与发展，青潍一体化在经济、交通、市场、环保、信息等方面取得长足的进步，但仍存在一些问题和制约。未来，应该立足潍坊自身特色优势，积极利用青岛优势资源，突出“互补、借势、协同、共进”理念，围绕现代农业、先进制造、文化旅游、科创教育、对外开放五大重点领域，积极主动地接轨青岛、融入青岛，率先实现青潍联动，一体化发展。

关键词： 青岛　潍坊　联动发展　胶东半岛一体化

世界经济日益走向区域集团化和国际化，区域竞争日益表现为以中心城市为核心的区域城市集团之间的竞争。为了能在全球经济竞争中脱颖而出，各地区纷纷与周边地区统筹、联动发展，把促进区域一体化发展当作壮大城市实力的重要举措。党的十九大报告将区域协调发展列入新时代国家发展战略，区域协调发展受到前所未有的重视。如已出台的西咸一体化规划（2008 年）、粤港澳一体化规划（2019 年）、长株潭一体化发展规划（2018 年）等，都充分整合城市群内外各种资源、凸显城市群一体化发展特色，争取在经济发展中率先

* 董彦岭，经济学博士，山东财经大学区域经济研究院院长，教授，研究方向为区域经济学、金融理论与政策。

崛起。

胶东半岛是中国重要的经济板块，半岛内各城市地理位置相连、历史文化相近、经济社会往来密切，为区域一体化发展提供了良好的基础。2019 年 4 月，刘家义书记在省委海洋发展委员会第二次全体会议上指出，胶东半岛各市不能搞同质化竞争，要在规划控制、城市空间布局、重大项目建设、基础设施建设、港口发展等方面加强统筹，推动胶东半岛一体化发展，努力把胶东半岛建设成世界知名的半岛城市群、全国重要的航运贸易中心和金融中心、具有国际竞争力的现代海洋产业集聚区、具有世界先进水平的海洋科教核心区、全国重要的海洋生态文明示范区。

为加快推动胶东半岛一体化步伐，2019 年 6 月，山东省发改委起草了《关于加快胶东半岛一体化发展的指导意见》，并下发征求各地市政府的意见建议。9 月，山东省省长龚正主持召开省政府常务会议，专门研究加快胶东半岛一体化发展事宜，会议强调，要加快推进胶东半岛一体化发展，坚持系统的思维、用好统筹的办法，在基础设施、产业创新、对外开放、生态环境、公共服务、要素资源配置等方面，加大协同推进力度，构建高质量发展的动力系统。要树立“一盘棋”思想，建立健全分工协作和利益共享机制，充分发挥各市比较优势，实现优势互补、错位协同、合作共赢。

潍坊作为胶东半岛重要的城市，与青岛地缘相近、亲缘相通，具有一体化发展的良好基础条件。青潍一体化发展，是胶东半岛一体化的一个重要的子单元，在胶东半岛一体化中具有特别重要的意义。早在 2007 年，青岛、潍坊就提出“青潍一体化”的发展概念。十几年来，两个城市在经济、人才、文化等方面加强交流合作，取得巨大的成绩。进入新时代，综观发展大势，推动青潍更高质量的一体化发展，加快接轨青岛步伐、主导融入“青岛都市圈”建设，是潍坊培育发展新优势、提升区域竞争力的必然选择。

近期，青岛提出打造山东的“国际客厅”。省委常委、青岛市委书记王清宪表示，青岛要强化平台思维，通过搭建重大活动平台和“双招双引”展示平台，让全球的人流、物流、资金流、信息流、技术流通过青岛源源不断地输送到全省其他兄弟城市，打造山东的“国际客厅”。同时积极欢迎和邀请兄弟城市更多参与到青岛的各类平台中来，面向更大的范围整合要素资源，共享机遇，携手发展。青岛“国际客厅”的打造为青潍一体化发展提供了难得的战略机遇。

与此同时，2019 年 3 月，潍坊市委书记惠新安南下嘉兴、上海、泉州、宁波、苏州等地考察学习后，在召开的“全市解放思想优化环境加快高质量发展”研讨交流会上着重强调，要借势借力“青岛都市圈”，推动青潍一体化发展，推动潍坊经济社会向更高质量发展。在同年潍坊市“两会”上，市长田庆盈所作《政府工作报告》中也提出：积极推进区域一体化特别是青潍一体化发展，全面提升基础设施联通连接水平。在此背景下，开展青潍一体化发展研究，针对潍坊如何在更高水平上与青岛展开一体化发展合作，在胶东半岛一体化发展中率先崛起，已显得十分必要且具有重要的现实意义。

一　青潍一体化发展的主要优势

潍坊与青岛地缘相连，人缘相亲，人文相近，经济相通，在一体化发展方面具有得天独厚的优势。

（一）经济基础比较雄厚

青岛和潍坊两市是山东省传统的经济强市，经济发展水平一直保持在全省前列。2018 年，青岛市 GDP 为 12001.5 亿元，位居全省第一；潍坊市 GDP 为 6156.7 亿元，位居全省第四，两市 GDP 总和占山东省 GDP 总量的 23.3%。人均 GDP 方面，青岛市为 12.92 万元，位居全省第三；潍坊市为 6.58 万元，位居全省第六。而且，目前青潍两市经济发展均已进入工业化后期阶段，经济空间正从原来的中心集聚向外围扩散转变。这为青潍两地未来一体化发展提供了良好的基础。

（二）战略地位不断加强

青潍两市无论在省内还是在国家的发展中，其地位都在不断增强。青岛市 2010 年首次进入 GaWC 评选的世界城市榜单，2018 年被评定为“Beta –”级别。上合峰会的举办和建设上海合作组织地方经贸合作示范区更是扩大了青岛的国际影响力。2019 年青岛自贸区的批复建设，将进一步提升青岛在全国经济格局中的影响力。潍坊通过主办潍坊国际风筝会、世界风筝锦标赛、鲁台会、菜博会、中日韩产业博览会等文体会展活动，极大地提高了潍坊市的国际知名度。青岛、潍坊两市战略地位的不断提升，为两地一体化发展提供了良好的支撑。

（三）经济互补逐渐增大

近年来，青岛与潍坊两市的发展，形成了明显的梯度，同质化竞争程度变小，经济互补性增强，合作发展的空间越来越大。对潍坊来说，其地理位置优越、资源丰富、农业产业化水平高，但城市规模和经济总量偏小，产业没有形成优势集群，对外开放水平也需要进一步的提升。因此，潍坊的发展迫切需要青岛的带动和辐射。青岛是“一带一路”倡议的桥头堡，潍坊可以利用与青岛的联动融入“一带一路”倡议，提升区域发展水平，进一步提升产业聚集和发展水平。对青岛来说，与潍坊联动，可以解决青岛沿海地区土地资源及其承载力不足的问题，也可利用潍坊丰富的资源、广袤的滩涂发展重化工业和制造业。并且对接潍坊后，青岛都市圈将拥有更多的出海口，对接环渤海、东北亚都会更加便利，形成一个具有较强国际竞争力的都市圈。青岛也可由此增强辐射能力，拉开整个城市的架构，格局随之登上一个台阶。

（四）交通体系不断完善

目前，青潍两地区域交通持续改善，已形成连接全部县级城市的高速公路网络结构。济青高铁和青连铁路的开通，进一步缩短了两地的通勤时间，加深了两地的联系。未来，济青高速改扩建、潍莱高铁、潍烟高铁、德龙烟铁路扩能改造，京沪高铁二通道潍坊段和济南—潍坊、潍坊—黄岛、潍坊—青岛胶东机场、潍坊港疏港高速、莱州—董家口港潍坊段 5 条高速的规划建设，以及青潍城际铁路、潍坊到黄岛和潍坊到新机场高速公路的建设等，将极大提高青潍两地的通达水平。不断完善的交通网络体系，将极大地促进青潍两地的一体化发展。

二　青潍一体化发展取得的进展

早在 2007 年，青岛、潍坊就提出“青潍一体化发展”概念。10 年来，青岛和潍坊越走越近，两个城市在经济、人才、交通、能源、文化等方面加强交融合作，一体化发展取得长足的进展。

（一）一体化共识广泛达成

近年来，青岛、潍坊两市在推进青潍一体化发展方面，达成了广泛共识。两市政府及其有关部门积极协同，在一体化发展方面取得长足进步。两市先后出台了《关于加快推进青潍一体化发展的指导意见》《关于加强交流合作促进共同发展的框架协议》《加快推进全面发展战略合作框架协议》《青潍一体化时尚体育先行　青岛潍坊签署城市帆船运动交流合作备忘录》等政策文件，从决策、协调、执行三个层面，建立了两市合作推进机制。市级建立了双方高层领导互访制度和市长联席会议制度；市、县两级都成立了推进一体化发展的组织协调机构，建立了日常工作联系机制和工作协调与信息资源共享机制。青潍一体化发展已基本达成共识，成为两地共同奋斗的目标。

（二）一体化工作稳步进行

当前，青潍两地政府开展了大量的推动一体化发展的工作。例如，青岛17个部门与潍坊相关部门达成对口接轨协议，11个区（市）与潍坊15个区（市、县）建立了友好关系。潍坊市、区（市、县）两级都成立了接轨青岛领导机构，配备了专门工作人员。住建部门成立了“青岛—潍坊建设合作理事会”；农业农村部门建立了农业执法协调机制和农业信息共享机制；人力资本和社会保障部门成立了企业联盟、培训联盟、劳务合作联盟等促进就业联盟。双方还通过展会、博览会、互访等多种形式加强沟通交流，寻找合作切入点，多领域、多层次开展互动交流活动。2018年，青岛有关区市、部门积极赴潍开展互动交流活动，到潍坊考察、洽谈合作项目近百批次、900余人次。潍坊500多家企业先后到青岛开展洽谈对接活动，落实签约项目。

（三）一体化规划相继推出

为更好地促进青潍一体化发展，青潍两市制定了《青岛—潍坊区域协调发展规划编制大纲》，完成了两市市域城镇体系拼图，确立了青潍一体化规划合作基本原则及主要工作。对潍坊与周边区域重大基础设施一体化发展问题进行了专题研究，对潍坊与周边相邻区域特别是青岛之间包括航空、铁路、公路、港口等区域交通基础设施，电网、天然气管网、输油管道等能源基础设施以及水资源基础设施等基础设施一体化提出对策建议。这些规划和研究，为未来青潍一体化的深入推进提供了明确的指引。

（四）经济合作势头良好

当前，青潍两地在经济发展方面开展了广泛的合作。青潍两市共同开辟了农产品“绿色通道”，两地农产品运输车辆每天达150多车次，潍坊30多家企业在青岛设立了办事处和代理机构，产品进入青岛各大超市。潍坊面向青岛规划建设了先进制造、高端食品、海洋化工产业园区，吸引了大批青岛企业来此进驻。不完全统计，2018年，青岛企业在潍坊落实项目113个，相继开工建设，总投资100多亿元。青潍两地开展了在货物揽放、干线运输和落地配送等现代物流方面的合作；潍坊综合保税区与青岛保税区开展“区区联动”机制，与青岛机场合作设立了国际货运直通场站，实现了青岛机场功能后移潍坊；青岛保税港区在诸城设立了功能区保税物流中心，通过与青岛保税港区在功能政策、信息处理和业务操作上的互联互动，深化了潍坊与青岛的经济联系。

（五）基础设施互联互通

为切实推动青潍一体化，以枢纽型、功能性、网络化的重大基础设施建设为重点，两地之间开展了大量的基础设施共建活动，为两地一体化发展提供了良好的基础设施支撑体系。例如，诸城、昌邑、高密连接青岛的3条陆上通道进一步打通；2018年，济青高铁正式开通，青潍两市实现“30分钟生活圈”；潍坊港集装箱开通“大连—潍坊—青岛”航线；青岛国际机场潍坊候机楼（虚拟空港）建成启用；昌邑—新河输水管道、峡山水库—青岛供水等工程的实施也加深了两地水利合作。潍坊至青岛新机场及连接线、莱州至董家口港高速等3条高速公路，已经列入省级规划，预计2020年开工建设。

（六）市场共育逐渐开展

为深入推进青潍一体化，两地政府坚持“政府协调，资源共享、市场共通、利益共有”的原则，共同培育统一的市场体系，先后签订了《青潍工商一体化备忘录》《外商投资企业登记注册合作交流六项措施》《公司股权登记管理试行规定》等合作文件，极大推动人力、资本、技术等发展要素在青潍之间自由流动，有力地推动了两市市场一体化发展，极大地提高了两地资源配置效率。

（七）环保共管有序推进

为实现青潍一体化高质量发展，两地以构建生态安全格局和共建环境基础设施为支撑，以统一环境监管为手段，努力推进区域环境保护与治理一体化。目前，青潍两市建立了跨界河流污染监控一体化机制，重点开展了济青高速公路、胶济铁路沿线生态经济带建设，建立了机动车尾气监测管理合作机制、危险废弃物处置一体化机制和信息互通机制。通过区域环境质量的共管共治，有效维护了区域生态环境安全，增强了两地区域经济社会可持续发展能力。

（八）资源共享领域拓宽

为加快推进青潍一体化，近年来，青潍两地在科技、文化、社会管理等方面进行了全方位的合作共享。潍坊先后与中国海洋大学等多所驻青高等院校、科研机构签署了全面战略合作协议，合作共建重点实验室、人才培养、成果转化基地和联合研发中心等产学研一体化创新平台。两地签署了《青岛潍坊旅游线路及产品一体化框架协议》，共同开发两地旅游资源，培育壮大两地旅游市场。为共同维护社会稳定，两市签订了社会管理合作意向书。另外，潍坊实现了与青岛电子政务网络的互联互通，农业、人事、建设、房管、信息产业等部门也初步建立了网站互联、信息互通机制。

三 青潍一体化发展存在的不足

经过多年的培育与发展，青潍一体化虽然在经济、交通、市场、环保、信息等方面取得长足的进步，但也存有以下不足。

（一）城市产业分工不够明确

区域一体化在很大程度上是产业间的地区合作。目前，青潍地区产业关联度很小，产业结构相对独立、自成体系，没有形成彼此间的产业链，尚未真正形成有机联系的经济圈。从主导产业看，潍坊主导产业主要是机械装备、电子信息、石化盐化、纺织服装、食品加工、造纸包装六大产业；青岛市主导产业主要集中在现代海洋、智能家电、轨道交通装备、汽车制造、现代金融、现代物流、现代旅游、商务服务、健康养老等八大产业上，两市主导产业既有结构雷同，也有结构差异，关键问题是两市的主导产业之间没有太多关联，导致两市无法实现产业有效对接，从而损害了区域经济整体优势竞争力。

（二）要素流动环境有待提高

目前，青潍两地在推动资金、技术、人才、信息等生产要素自由流动方面做了大量工作，取得长足进展，但相对而言，生产要素自由流动与一体化要求还有不少差距。要素自由流动的机制尚未建立健全，流动渠道不畅通，要素市场没有完全相互开放，特别是在资本自由流动方面还没有迈出实质性步伐。例如，从信息要素来看，信息沟通机制尚未健全，信息沟通平台没有完全建立，阻碍了各地政务、商务和公共信息的公开、交流与共享，使企业交易成本提高，影响了区域一体化合作的开展。

（三）城镇功能联系相对偏弱

当前，青潍两市各个城镇之间功能相对独立，城镇间缺乏分工协作，城镇体系还处于半离散、不成熟的发展阶段。各城镇在人口分布、资源特点、发展水平、交通条件等方面存在较大差异，城镇空间发展尚处于分散发展阶段，没有形成显著的空间聚合态势。青岛和潍坊中心城区与各自管辖的县（市）之间联系相对较强，但青岛与潍坊中心城区及所辖县（市）之间的联系较弱，青岛作为龙头辐射带动作用不明显。

（四）生态环境压力日趋严峻

目前，受青潍两地经济社会快速发展的需求，两地水资源总量严重下降，对跨区域调水依赖度逐年提高。水资源短缺导致地表水环境退化，河道断流，天然湿地消失，地下水超采形成地下水漏斗区，并导致咸海水倒灌，导致区内土壤盐渍化严重。入海污染现象不容乐观，滨海岸线生态退化，海洋渔业资源水平下降，生态灾害频发。两市地表水环境、大气环境质量还有待进一步提升，节能减排压力巨大。两市环境监管缺乏区域统筹，两市地区之间、城乡之间产业准入标准、环保执法力度、污染治理水平存在差异，环境基础设施建设因缺乏统筹规划而难以发挥最大效益，环境管理协调不足、缺乏联动。日趋严峻的生态环境压力给两地一体化发展提出更高的要求。

（五）一体化合作机制需要加强

一体化合作效率的高低，与区域性经济规划和决策主体的状态密切相关。例如，长三角地区从积极培育虚拟主体开始，逐步走向培育合作型的行为主体，已建立多种形式的合作协商机制，如建立长三角地区城市经济协调会议制度，每年围绕不同主题对本地区经济互动进行讨论，并就有关城际、省际的产业、人才、资金、交通、通信、能源、环境等规划与合作开展深入磋商；举办“长江发展论坛”年会；举办沪、苏、浙经济发展座谈会等。相比之下，青潍行政区划关系复杂，长期的条块分割管理，导致一些区域性交通基础设施和环境治理工程因各自政府之间缺乏协调而进展缓慢。两地还没有形成区域性经济一体化规划和决策的主体，缺乏高效的协调机构和协商对话机制，区域合作基本处于务虚的自然状态。

四　青潍一体化发展的重点路径

（一）突出重点、优势互补，率先实现青潍重点领域合作共赢

立足潍坊自身特色优势，积极利用青岛优势资源，突出“互补、借势、协同、共进”理念，围绕现代农业、先进制造、文化旅游、科创教育、对外开放五大重点领域，积极主动地接轨青岛、融入青岛，率先实现青潍联动，一体化发展。

1. 现代农业：面向青岛和日韩打造农产品精品直供基地

青岛作为中国新一线城市，全市有近千万人口，商贸服务业发达，高端酒店、餐饮、会展等新兴服务业发展迅速，对各类农产品尤其是高端农产品有巨大的市场需求。潍坊市农业产业化水平较高、特色农业明显、农产品资源丰

富，是国家级农副产品加工示范基地。潍坊应紧紧抓住青岛市对农产品的多样化需求，借助新产业、新模式催化效应，以应用示范为主线，探索高端直供、订单生产、网络销售、专柜直销等“精品直供”销售模式，使更多的优质农产品直接进入青岛的各类市场，并利用现代信息技术开展网络营销，畅通农产品销售的“网上通道”。围绕蔬菜、瓜果、花卉、苗木、畜禽以及农产品加工等主导产业，建设面向青岛的农副产品标准化生产加工供应基地，同步建设优质农产品配送中心，为青岛大型农贸市场提供安全优质农产品。加大青岛核心城区农超对接力度，在麦凯乐、佳世客、利群、家乐福、沃尔玛等大型超市建立直销专柜，依托知名品牌、高端营销，实现潍坊农产品的优质优价。面向青岛高端酒店、餐饮、展会，积极探索农产品个性化的定制服务，努力打通高端农产品营销渠道，提升农产品增值服务价值链。

青岛胶东国际机场定位为面向日韩地区的区域门户机场，可为潍坊加强日韩交流提供最直接的渠道。青岛港是太平洋西海岸重要的国际贸易口岸和海上运输枢纽。潍坊是中国重要的农产品生产地和集散地，“寿光蔬菜”品牌国际闻名，寿光国家农业开放试验区正加快建设，东亚畜牧产品交易所已获批运行。潍坊应充分借助青岛的对外开放优势，大力发展“高端输出”的“外向型农业”，借助青岛海湾型城市发展腾飞之势，撬动和放大潍坊现有农业资源和优势。重点用好青岛联通日韩的窗口作用，发挥潍坊作为青岛都市圈成员城市的优势，深耕日韩农贸，拓展合作渠道，提升合作层次，巩固并壮大潍坊农业进军国际市场的“发力点”。加强与青岛外贸部门和出口代理机构的联系与合作，尽快在青岛筹建跨国农产品集团总部，借助青岛出口口岸和农业订单多的优势，为采购潍坊农产品提供优惠政策和优质服务。立足港口带动，做足出口贸易型农业文章，加快扩容和提升出口型农产品生产加工基地规模和水平，加速潍坊农业国际化步伐，借力青潍一体化，提升在国际市场的影响力和美誉度。

2. 先进制造：携手青岛共建世界级智能制造产业基地

近年来，青岛正围绕“互联网＋”“海洋＋”“标准化＋”“国际化＋”，大力开展产业转型升级。青岛先进制造业转型升级为潍坊发展提供了难得机遇。潍坊完备的制造业体系、广阔的平原地带、全省东西联通的战略节点优势，都是青岛先进制造业再次腾飞所需要利用和开发的。潍坊应充分发挥地理区位、土地资源、产业基础等比较优势，积极主动承接青岛高端先进制造业的转移和配套，大力发展“腹地经济”。发挥潍坊北部沿海土地资源优势和产业基础优势，重点针对青岛市装备制造、汽车及零部件、海洋工业、电子电器、汽车船舶制造、纺织服装等制造传统优势领域以及近年来快速兴起的通用航空、高速铁路、文化影视等高端产业，为青岛优势制造业“补链”，建设面向青岛的加工制造业配套生产基地。利用青岛的品牌和市场网络优势，强化新能源、海洋化工等先进制造业和电商物流等领域重点产业精准对接，全面承接青岛乃至全球溢出的高端资源，努力争取更多国内外先进制造业高端项目落地潍坊。

对接青岛不是简单的承接配套，而是在一体化过程中不断强化自身的核心竞争力。青潍两市在先进制造业领域都有各自核心优势，尤其是在新能源汽车、智能制造方面，青潍两市均为中国新能源汽车试点城市，因此，青潍两市应把主要精力放在互延长板上，强化协同创新。建议围绕新能源汽车领域，率先开展青潍先进制造协同创新示范试点，促进青潍创新链和产业链深度融合，重构区域产业创新链，发挥合力，产业共兴，共同参与国际市场竞争。潍坊应发挥好潍柴、福田重工等企业的龙头作用，以国际动力城的申报为契机，对接青岛市先进制造优势企业，在产业协同创新、联合攻关方面进行多层次、全方位的合作，进一步拉长优势长板，提升产业链整体创新水平，拉伸价值链条，努力形成新的经济增长点，联手共建世界级先进制造产业集群。深化开展潍坊“产业转型升级”攻坚行动，紧跟青岛“高端制造业＋人工智能”攻势，突破发展新一代人工智能，以人工智能推动产业转型升级。强化两市在智能制造方面的互动交流，立足潍柴、迈赫、歌尔等企业的核心技术优势，主动对接青岛智能家电、轨道交通等领域的优势企业，围绕着制约青潍智能制造产业发展的一些核心技术进行联合攻关，突破制造业与互联网融合发展的技术障碍，提高产业系统解决方案供给能力，重点由单纯加工制造向设计、研发、品牌、服务等价值链中高端延伸，形成青潍智能制造合力。

3. 文化旅游：打造青潍区域民俗休闲旅游度假基地

一方面，青岛是世界知名的旅游目的地城市，侧重于海滨风情游、历史文化城市游、海洋科普娱乐游。潍坊的历史文化、民俗民艺、乡村风情等民俗景观具有很强的地域特色，与青岛旅游主题的互补性很强。另一方面，青岛滨海游主要在夏季，而潍坊的民俗游集中在春季和冬季，青潍旅游还具有很强的季节互补性。潍坊应深度挖掘潍坊生态、历史、文化底蕴，与青岛旅游特色错位发展，精准补位，以民俗体验、生态休闲等度假旅游产品为重点，打造青潍区域特色度假旅游目的地。做好文化旅游活动精准策划，通过潍坊年画进青岛、青潍蔬菜观光科普节等一系列主题交流活动，强化青潍文化互动、旅游交流，全面展示潍坊地域文化，讲好潍坊精彩故事。重点打造青岛滨海—青州古城—诸城恐龙“旺季联合游”、寻味青岛—滨海渔盐文化节—寿光菜博会—杨家埠年画“淡季互补游”等一批精品联合游线路。

潍坊旅游资源特色鲜明，但发掘不足，发展层次偏低、对外影响力较小，潍坊应立足自身旅游资源禀赋，积极牵手青岛组建旅游胜地“朋友圈”，借势青岛旅游品牌，多渠道提升潍坊旅游的知名度和影响力。深化与青岛文化旅游全方位、深层次、多维度的对接，旅游活动要与青岛啤酒节、滨海旅游等同向发力、同频共振，把青岛的海滨游与潍坊的民俗游结合起来，整体运作，突出青潍区域旅游标志，努力打造两地联合游品牌。加强与青岛新闻宣传部门对接，共同策划“青动潍坊”品牌，依托潍坊主流媒体在青岛成立潍坊城市形象创意传播中心，广泛宣传潍坊历史文化、风土人情等情况，形成青岛自然风光、潍坊文化内涵的优势叠加，增强对来青游客的吸引力。推进与青岛旅行社联盟合作签约，推进青潍共建旅游集团，努力实现青潍旅游资源共享、双方客源互推、对外宣传同步、对内信息共享，发挥旅游资源 + 旅游媒介的合力优势，联合推广精品游线合作项目，进一步展现潍坊旅游特色与亮点项目，打造青潍两地互为旅游客源地、旅游目的地的旅游娱乐业发展新格局，共享发展机遇。借力青岛文化产业发达的优势，加快培育壮大潍坊本地的演出娱乐、媒体广告、影视音像、创意传媒等新兴文化产业群，打造有较强实力的文化企业集团，提升“创意 +”产业融合水平和层次，创意潍坊建设，创新城市营销，增强城市感召力。

4. 科创教育：打造青潍高技能人才输送和协同创新示范基地

青岛高校和科研机构众多，拥有中国海洋大学、山东大学（青岛校区）、石油大学（华东）、哈尔滨工业大学（青岛校区）等一批部属重点高校，科研创新实力雄厚，青岛海洋科学与技术国家实验室是为数不多的国家尖端科研平台，还有 8 家各领域的国家重点实验室和众多国家级科研机构，青岛蓝谷和国际院士港正加快建设，这些都可以为潍坊破解技术难题和科技成果转化提供支持。青岛作为区域中心城市，更是集聚了资本、科技、知识、信息等生产要素，生产性服务业发达，在产业链上占据微笑曲线的两端，在创新链和价值链上都有明显优势。潍坊应加强与青岛高等院校、科研院所多层次、多形式科技交流与合作，充分借力青岛科技、人才等方面的优势，打造提升一批战略性新兴产业协同创新平台，弥补潍坊“学研”创研不足的短板。立足潍坊核心优势企业，加强与青岛高等院校、科研院所的成果和人才交流，联合打造重点实验室、工程技术科研中心、企业研发机构、区域特色产业创业中心等各类研发机构，抓住产业链条上的重要环节、核心难点、瓶颈问题进行联合攻关，粉碎潍坊企业创新突破的“绊脚石”，提高潍坊企业核心竞争力。聚焦应用技术研发和重点产业发展需求，推进青岛重大科技成果在潍坊落地和转化，探索一批产业合作新模式，借力青岛智慧，为潍坊快跑“添砖加瓦”。

青岛制造业发达，需要大量技术熟练的“蓝领”工人，而潍坊职业教育全省领先，有山东经贸职业学院、山东交通职业学院、山东职业信息技术学院、山东科技职业学院、山东畜牧兽医职业学院、潍坊工商实业学院、潍坊教育学院、潍坊职业学院、潍坊高级技工学校、山东轻工技工学校等众多高等职业院校，每年可输送各领域技能人才近万人。潍坊应发挥潍坊职业教育和劳动力资源丰富优势，对接青岛优势产业需求，向青岛输出高水平技能人才。加强与青岛企业开展的“订单培养”模式，实行与产业链相配套的中高职学校紧缺专业贯通招生。重点针对青岛汽车、机车、船舶、集装箱制造等优势领域，建设精准、高效的技能人才实训基地，为青岛培养、输送各类高技能人才，打造青岛的技能产业工人的输出中心。

5. 对外开放：携手青岛共同打造东北亚国际物流中心

青岛作为中国最早的沿海开放城市之一，举办过很多具有影响力的国际赛事和会议，被国际会议与大会协会（International Congress & Convention Association，ICCA）列入亚太百强国际会议目的地城市，是知名的“国际会客厅”。日本、韩国、泰国都设有驻青岛的领事馆，许多国家在青岛设置有合作中心和平台。潍坊可以借势青岛国际会议的办会效应，更多接受前沿信息、参与国际经贸合作；可以在“走出去”和“引进来”中利用这些国际平台和资源要素，充分释放对外开放活力，提升对外开放的水平。上合组织青岛峰会后，青岛迎来了全新的发展机遇，努力打造山东面向东北亚、联通日韩，扩大对外开放、整合全球资源要素的桥头堡、主阵地。这迫切需要潍坊抓住机遇，借势借力青岛这个国际化大平台，加强协作互动，深入落实“双招双引”攻坚行动，突出青潍宣传主题，制定好青潍一体化总体宣传推介方案，每年在青岛举办潍坊国际风筝节、渔盐文化节、莱博会等重大活动发布会，让更多国际目光关注潍坊，让更多国际元素走进潍坊，形成双向互动的良好氛围。

对外开放离不开现代物流业的强有力支撑。长期以来，现代物流一直是青岛做强优势特色产业、打造新旧动能转换产业新体系的重要支撑。围绕贯彻落实习近平总书记对青岛工作的重要指示精神，青岛发起了“十五个攻势”，加快建设开放、现代、活力、时尚的国际大都市，在“国际航运贸易金融创新中心建设攻势”中早已提出要“建设世界级的港城”的目标。伴随着中国（山东）自由贸易试验区总体方案获国务院批复，青岛定位要打造东北亚国际航运枢纽，国际贸易、航运物流名列青岛片区重点发展产业，目前，青岛市正致力发展航运物流、冷链物流、电商物流、供应链物流等高端业态，打造东北亚国际物流中心。潍坊正筹建国际综合交通物流枢纽城市，应积极融入青潍一体化物流网络，丰富物流服务业态，加快建设成鲁东物流中心，形成青岛口岸外贸货物重要集疏地，努力打造山东省乃至华东地区的重要物流节点。借势青岛港，弥补潍坊港先天不足，努力推动“挂人港”战略实施，做好与青岛港的规划衔接，充分利用青岛港现有货源、航线、资金、技术等方面基础优势，广泛开展集装箱航运业务合作，借力发展内、外贸支线和多式联运，将潍坊港建设成为青岛港重要的集装箱支线港。

（二）先行先试、重点突破，倾力打造青潍一体化先行示范区

推进青潍一体化发展是个系统工程，应坚持试点先行、重点突破、全面展开的原则，先行选择高密、诸城、滨海新区与青岛经济社会来往紧密、产业协作密切的区域作为先行示范区，重点开展与青岛的一体化对接，然后在此基础上，积累经验，逐步展开，努力提升青潍一体化的广度和深度。

1. 高密：青潍临空经济一体化先行示范区

青岛胶东国际机场位于青岛胶州市，紧邻潍坊高密市。胶东国际机场的建设将形成集航空、铁路、公路、城市轨道于一体的立体交通中心。未来，该区

域将发展成为国家级关键交通节点，面向日韩地区门户机场、东北亚地区重要的综合枢纽。随着机场规模的扩大、客货运量的增长，机场会对周边区域的土地利用模式产生影响，从而导致周边区域经济结构、产业结构随之改变。机场将同周边的区域进行融合，从而逐渐演化组合成一个临空经济高度集中的区域。高密比青岛大多数外围城镇更靠近胶东国际机场，到胶东国际机场车程只需30分钟左右。因此，应充分利用高密市区位优势、地缘优势、产业优势、成本优势，学习借鉴东莞松山湖科技产业园区、苏州金鸡湖商务区将山水林田湖与产业园区组团联动发展的做法，在高密市高标准规划建设潍坊临空经济区，使之成为青潍一体化发展先行示范区。潍坊临空经济区建设要重点发展临空指向型产业，建设临空物流基地、高新技术产业研发和制造基地、都市型现代农业基地，积极打造青潍一体化区域发展的重要增长极。要加快研究胶东临空经济示范区与潍坊临空经济区协同发展过程中，政策实施、产业发展、机制创新、平台建设等方面的重大问题。建立常态沟通机制，加强与胶州的沟通对接，建议成立由潍坊、青岛两地领导参与的青潍一体化发展协调小组，并建立建设临港经济发展区常态化联系沟通机制，成立规划、基础设施、产业发展、环境保护、财政金融等工作专班，构建层次分明、合作紧密、运转高效的工作运行体系，推动潍坊临空经济区建设尽快起步、见到成效。积极争取省级支持，借临港经济发展区建设纳入省长王书坚提级调度事项，建议由潍坊市委、市政府主要领导出面协调，把建设临港经济发展区升级为省级战略，确保土地规划调整、轨道交通对接等问题得到有效解决。

2. 诸城：青岛先进制造业转移配套基地

诸城与青岛地缘相近、人脉相亲、文化相通、经济相融，处于青岛1小时核心经济圈和1小时都市生活圈，自古以来人员经济来往十分密切。诸城一直有着良好的产业基础，尤其汽车制造和机械制造行业优势十分突出。例如，诸城是亚洲最大的经济型商用车生产基地、全国最大的轻型汽车生产基地、全国最大的汽车车桥制造基地。全市培育期发展起了福田汽车、义和车桥、美晨科技等骨干企业，实现了从整车制造到车桥、仪表、冲压件、转向机、线束、座椅、油箱等主要零部件地域化生产的产业体系。诸城装备制造产业已发展成包括高端数控机床、智能装备、食品机械、环保机械等门类众多、品种较全的优势产业，其中食品包装机产量占全国总量的80%以上，是全国最大的食品机械生产基地。诸城可充分发挥经济要素成本低、基础好的优势，增强承接青岛产业转移能力，推动制造业特色化差异化发展。可依托机械制造和汽车制造产业基础，借青岛打造智能高端机械化基地之际，充分发挥本地设备基础好、熟练工艺人员多、企业需求足等优势，积极承接青岛制造产业转移，对制造业体系中的智能化先进机械加工、环保机械高端装备、数控机床等产业，重点加以推进，努力成为青岛先进制造业转移配套基地，成为具有鲜明产业特色的青潍一体化先行示范区。示范区的打造可借助地缘、人缘优势，充分利用青岛的溢出效应、调整效应和需求效应，在诸城东部与青岛接壤的临青地区重点建设青潍先进制造和汽车制造一体化发展合作示范园区。要扩大对青产业对接规模，抓住青潍一体化发展机遇，提升发展层级，建成承接青岛先进制造业转移的重要基地。加强与诸城籍青岛政府、商界人士的联系，加大青岛招商力度，增强对青招商实效，深化诸城—青岛产业对接。要积极与青岛有关方面对接，努力寻找双方结合点，主动拿出厂房、设备、股份等优质资产与青岛的大企业开展多种形式的嫁接联合，借助外力发展壮大。积极探讨两地合作建立园区发展模式，重点选定一批符合双方利益点的合作项目，形成两地联手合作产业共建的新机制和新领域。

3. 滨海新区：青潍临港产业一体化先行示范区

滨海新区位于渤海莱州湾南畔，是连接山东半岛与京津和华北地区的重要节点，先后被确定为国家科技兴贸创新基地、国家生态工业示范园区、国家职业教育创新发展试验区、国家级园区循环化改造示范试点园区、国家产城融合示范区和山东科学发展园区等。蓝黄两大国家战略和胶东半岛高端产业集聚区的一个省级战略在此融会叠加。区内地下卤水储量丰富，且地下卤水埋藏浅，易开发，发展海洋化工具有得天独厚的条件。潍坊港是国家一类开放口岸，是山东渤海湾港口的核心港区。另外，区内拥有400多平方公里可直接开发利用的工矿存量用地，为大规模开展经济建设提供了丰富的土地资源基础。因此，滨海新区可充分发挥自身优势，积极与青岛开展一体化发展对接，力争发展成为青潍临港产业一体化发展先行示范区。在青潍临港产业一体化的具体发展上，可重点考虑两大产业：一是海港物流产业，可在山东港口集团统筹指导方针下，重点引入青岛港口一些液化品物流、散杂货物流等，实现两地港口衔接互补、共同发展。同时针对潍坊港自然条件不足，无法进出大吨位船舶、难以开通远洋航线的实际，建议实施“挂大港”战略，积极做好与青岛港的规划衔接，充分利用青岛港现有货源、航线、资金、技术等方面基础优势，广泛开展集装箱航运业务合作，借力发展内、外贸支线和多式联运，将潍坊港建设成为青岛重要的集装箱支线港。二是化工产业。化工产业是青岛市重要的产业之一，年产值已超过2000亿元。但青岛城市的未来发展是世界重要的高科技研发中心和制造中心城市、滨海旅游度假城市和亚洲重要的会展城市，化工产业与城市未来发展严重不符。可以预计，未来青岛将会限制并逐步搬迁一批化工产业。滨海新区作为山东省重要的化工产业基地，有着雄厚的化工产业发展基础和大片的建设用地，具有承接青岛化工产业转移的独特优势和良好基础。因此，滨海新区应加快设立承接青岛化工产业转移的示范园，有目的地承接青岛化工产业的转移。积极与青岛政府和重点企业合作共建，充分利用飞地经济、园中园等发展模式，共同打造化工产业转移示范园区。同时要加快成立定向的青岛化工产业转移承接团队，做好产业转移承接服务。在加大资金支持力度、加强土地供应保障和资源环境保护等方面出台系列支持政策，增强产业转移的针对性和承接平台吸引力。

（三）加强领导、精心谋划，完善青潍一体化发展体制机制

建立领导有力、层次清晰、运转高效的一体化发展体制机制是推进青潍一体化发展的重要保障。可借鉴粤港澳大湾区、长三角一体化等国家战略，健全完善青潍一体化发展的制度机制。建议近期由市委、市政府主要领导同志带队，赴青岛拜会青岛市委、市政府主要领导，就青潍一体化战略实施进行沟通交流，达成合作共识，并建立以下体制机制，推动两地从实从快启动有关工作。

1. 建立高层次的决策协商机制

建议成立青潍一体化发展领导小组，由两市党政主要领导、相关部门主要负责人参加，下设领导小组办公室，领导小组重点研究解决青潍一体化建设中政策实施、项目安排、体制机制创新、平台建设等方面的重大问题，形成一体发展的顶层设计和高层推动格局。抓住省里推进济莱区划调整、做大做强省会城市和发挥青岛独特优势、引领山东发展的有利时机，积极争取上级支持，尽快在省级层面出台支持政策、建立工作机制。

2. 建立高效率的协调推进机制

在青潍两地政府开展良好协作的基础上，加强沟通交流，夯实合作基础。建立两地常务副市长联席会议制度，具体负责落实主要领导会晤座谈确定的重大事项，形成常态化的沟通联系机制。积极推动各县市区（开发区）、市直有关部门与青岛市相关部门、县市区（开发区）间的对口交流，强化对区域规划、产业发展、基础设施、环境保护、资源利用等领域的对接合作。适时组织潍坊党政代表团到青岛学习考察，举办青潍一体化发展恳谈会。

3. 建立高规格的合作运行机制

制定《进一步推进青潍一体化的实施意见》，将青潍一体化规划、土地、建设等方面的审批管理一揽子整合到青潍一体化发展领导小组管理之中，进一步明确青潍一体化的发展定位、总体思路、基本原则、实施路线、体制机制、人才培养、支持政策等目标和措施，为一体化发展提供保障。加强两市干部之间的交流，加强两市领导干部经常性的对调任职，适时选派优秀中青年干部赴青挂职锻炼，邀请青岛党政机关干部和高校、科研院所、国有企事业单位干部人才来潍坊市指导交流，增进彼此了解，拓展工作视野，全面提升一体化合作水平。

4. 建立高协同的规划编制机制

在前期开展青潍一体化合作示范区战略研究等规划的基础上，完善各类规划，推动青潍一体化高质量发展。完善规划体系，加强区域内城市规划、经济社会发展规划、土地利用总体规划的统筹与整合，科学界定各项规划的主导性内容，形成定位清晰、功能互补、统一衔接、全面协调的规划体系。加快开展青潍一体化总体规划的研究，明确青潍一体化的发展目标、功能定位、建设思路，确定青岛、潍坊两市各自的发展战略和目标定位，提出建设行动计划，确定近期实施规划，明确重点项目库，为一体化统筹发展的分步实施提供依据。强化规划协调性，加强两市相关主管部门之间的有效衔接，在一体化领导小组框架下，统一协调规划编制和实施中的重大问题。

5. 建立高水平的项目推进机制

要认真落实既有规划的部署和已经达成的合作协议，制定重点项目清单和工作台账，搞好年度计划实施，确保重点项目落到实处。两市领导小组每年年初提出青潍一体化发展年度重点项目计划，明确责任部门、时间节点和责任人，强力推进工作落实。围绕临空经济区、大型基础设施和产业合作项目建设，成立专门的工作推进小组，倒排工期，压茬推进，强力推进。组织高密、诸城和滨海新区分别抽调骨干力量，组建青潍一体化先行示范区建设工作小组，加强项目推进工作调度，先行先试，定期汇报工作进展，及时解决先行示范区建设中的实际问题。

6. 建立省级统筹协调机制

建议在《胶东半岛一体化发展规划》中，优先把青潍一体化作为胶东半岛一体化发展中的先行示范区，并在其中明确指出青潍一体化发展的重点产业、重点项目和重点区域。为调动青潍一体化双方的积极性，建议从省级层面成立推动青潍一体化发展领导小组，统筹指导和综合协调青潍一体化发展战略实施，研究审议重大规划、重大政策、重大项目和年度工作安排，协调解决重大问题，督促落实重大事项，全面做好青潍一体化发展各项工作。领导小组办公室设在省发展改革委，承担领导小组日常工作。同时研究制定青潍一体化发展的指标体系、政策体系、标准体系、统计体系、绩效评价及政绩考核体系，从省级层面对青潍一体化发展进行监督与考核。

皮书

智库报告的主要形式
同一主题智库报告的聚合

皮书定义

皮书是对中国与世界发展状况和热点问题进行年度监测，以专业的角度、专家的视野和实证研究方法，针对某一领域或区域现状与发展态势展开分析和预测，具备前沿性、原创性、实证性、连续性、时效性等特点的公开出版物，由一系列权威研究报告组成。

皮书作者

皮书系列报告作者以国内外一流研究机构、知名高校等重点智库的研究人员为主，多为相关领域一流专家学者，他们的观点代表了当下学界对中国与世界的现实和未来最高水平的解读与分析。截至 2020 年，皮书研创机构有近千家，报告作者累计超过 7 万人。

皮书荣誉

皮书系列已成为社会科学文献出版社的著名图书品牌和中国社会科学院的知名学术品牌。2016 年皮书系列正式列入“十三五”国家重点出版规划项目；2013~2020 年，重点皮书列入中国社会科学院承担的国家哲学社会科学创新工程项目。

中国皮书网

（网址：www.pishu.cn）

发布皮书研创资讯，传播皮书精彩内容
引领皮书出版潮流，打造皮书服务平台

栏目设置

◆ **关于皮书**

何谓皮书、皮书分类、皮书大事记、
皮书荣誉、皮书出版第一人、皮书编辑部

◆ **最新资讯**

通知公告、新闻动态、媒体聚焦、
网站专题、视频直播、下载专区

◆ **皮书研创**

皮书规范、皮书选题、皮书出版、
皮书研究、研创团队

◆ **皮书评奖评价**

指标体系、皮书评价、皮书评奖

◆ **互动专区**

皮书说、社科数托邦、皮书微博、留言板

所获荣誉

◆ 2008 年、2011 年、2014 年，中国皮书网均在全国新闻出版业网站荣誉评选中获得“最具商业价值网站”称号；

◆ 2012 年，获得“出版业网站百强”称号。

网库合一

2014年，中国皮书网与皮书数据库端口合一，实现资源共享。

中国社会发展数据库（下设 12 个子库）

整合国内外中国社会发展研究成果，汇聚独家统计数据、深度分析报告，涉及社会、人口、政治、教育、法律等 12 个领域，为了解中国社会发展动态、跟踪社会核心热点、分析社会发展趋势提供一站式资源搜索和数据服务。

中国经济发展数据库（下设 12 个子库）

围绕国内外中国经济发展主题研究报告、学术资讯、基础数据等资料构建，内容涵盖宏观经济、农业经济、工业经济、产业经济等 12 个重点经济领域，为实时掌控经济运行态势、把握经济发展规律、洞察经济形势、进行经济决策提供参考和依据。

中国行业发展数据库（下设 17 个子库）

以中国国民经济行业分类为依据，覆盖金融业、旅游、医疗卫生、交通运输、能源矿产等 100 多个行业，跟踪分析国民经济相关行业市场运行状况和政策导向，汇集行业发展前沿资讯，为投资、从业及各种经济决策提供理论基础和实践指导。

中国区域发展数据库（下设 6 个子库）

对中国特定区域内的经济、社会、文化等领域现状与发展情况进行深度分析和预测，研究层级至县及县以下行政区，涉及地区、区域经济体、城市、农村等不同维度，为地方经济社会宏观态势研究、发展经验研究、案例分析提供数据服务。

中国文化传媒数据库（下设 18 个子库）

汇聚文化传媒领域专家观点、热点资讯，梳理国内外中国文化发展相关学术研究成果、一手统计数据，涵盖文化产业、新闻传播、电影娱乐、文学艺术、群众文化等 18 个重点研究领域。为文化传媒研究提供相关数据、研究报告和综合分析服务。

世界经济与国际关系数据库（下设 6 个子库）

立足“皮书系列”世界经济、国际关系相关学术资源，整合世界经济、国际政治、世界文化与科技、全球性问题、国际组织与国际法、区域研究 6 大领域研究成果，为世界经济与国际关系研究提供全方位数据分析，为决策和形势研判提供参考。

法律声明

“皮书系列”（含蓝皮书、绿皮书、黄皮书）之品牌由社会科学文献出版社最早使用并持续至今，现已被中国图书市场所熟知。“皮书系列”的相关商标已在中华人民共和国国家工商行政管理总局商标局注册，如LOGO（）、皮书、Pishu、经济蓝皮书、社会蓝皮书等。“皮书系列”图书的注册商标专用权及封面设计、版式设计的著作权均为社会科学文献出版社所有。未经社会科学文献出版社书面授权许可，任何使用与“皮书系列”图书注册商标、封面设计、版式设计相同或者近似的文字、图形或其组合的行为均系侵权行为。

经作者授权，本书的专有出版权及信息网络传播权等为社会科学文献出版社享有。未经社会科学文献出版社书面授权许可，任何就本书内容的复制、发行或以数字形式进行网络传播的行为均系侵权行为。

社会科学文献出版社将通过法律途径追究上述侵权行为的法律责任，维护自身合法权益。

欢迎社会各界人士对侵犯社会科学文献出版社上述权利的侵权行为进行举报。电话：010-59367121，电子邮箱：fawubu@ssap.cn。

社会科学文献出版社